비기(秘記)
四柱誌評
(사주지평)

사주지평(四柱誌評)

펴 낸 날　2015년 1월 10일

지 은 이　석삼정 스님(속명, 박종진)
펴 낸 이　최지숙
편집주간　이기성
편집팀장　이윤숙
기획편집　김송진, 윤은지, 주민경, 김규빈
표지디자인　펜꾯
책임마케팅　임경수
펴 낸 곳　도서출판 생각나눔
출판등록　제 2008-000008호
주　　소　경기도 고양시 덕양구 화중로 130번길 24, 한마음프라자 402호
전　　화　031-964-2700
팩　　스　031-964-2774
홈페이지　www.생각나눔.kr
이 메 일　webmaster@think-book.com

- 책값은 표지 뒷면에 표기되어 있습니다.
  ISBN 978-89-6489-340-1　03150

- 이 도서의 국립중앙도서관 출판 시 도서목록(CIP)은 서지정보유통지원시스템 홈페이지(http://seoji.nl.go.kr)와 국가자료공동목록시스템(http://www.nl.go.kr/kolisnet)에서 이용하실 수 있습니다(CIP제어번호: CIP2014036357).

Copyright ⓒ 2015 by 석삼정, All rights reserved.
　·이 책은 저작권법에 따라 보호받는 저작물이므로 무단전재와 복제를 금지합니다.
　·잘못된 책은 구입하신 곳에서 바꾸어 드립니다.

비기(秘記)

四柱誌評
(사주지평)

석삼정 著

생각나눔

머리말

　명리학(命理學)은 연해자평, 삼명통회, 적천수 등 많은 고서(古書)가 있고, 많은 학자들이 연구해 왔으나 동양 사상철학은 형이상학적(形而上學的) 학문으로 사물(事物)의 근본(根本)이 되는 음양(陰陽)인 태양과 달, 오행(五行)이 되는 목성·화성·토성·금성·수성 등 다섯 개의 별 오성(五星)의 기(氣)가 작용하는 것을 지구에 있는 물질오행으로 응용하여 사람의 천성(天性)과 운명(運命)을 예지(豫知)해야 하는 학문이기에 난해한 점이 너무 많아 이치에 맞게 체계적으로 정립되지 못하고 미완성(未完成)된 학문이라 할 수 있다.

　그런데 유독 명리학은 미완성된 많은 고서(古書)의 한계를 뛰어넘는 비약의 발전을 기하지 못하고, 명리 고서가 명리학의 전부인양 추종하며 제자리걸음만 해온 것이 사실이다.

　소승이 이를 타개하고 과학적 학문으로 발전시키려 많은 명리 고서를 탐독하고 수만 명의 운명감정을 통하여 실증(實證)하면서 심오한 이치를 깨달아 명리학 역사상 처음으로 명리 사주학이 과학적 학문으로 발전할 수 있는 핵심의 원리(原理)인 체(體)와 의식(意識) 이분법(二分法)과 원근법(遠近法)의 이치를 깨달아 정립하여 2012년 사주대학 상·하권을 출간한 바 있다.

사주대학을 출간 후 연구를 계속하여 새로운 이치(理致)를 초보자도 이해하기 쉽게 상세히 요점을 정립하여 사주지평(四柱誌評)을 출간하게 되었다.

　사주지평을 공부하여 체와 의식 이분법과 원근법의 이치를 이해하고 운명감정에 임하게 된다면 거의 모두 적중할 것이다. 후학들에게 큰 도움이 될 것으로 확신하며 사주학의 새로운 지침서가 될 것으로 굳게 믿는다.

2014년 추운 겨울날 산사에서
석삼정

차례

머리말 ... 4

운명(運命) ... 10
조물주는 우주 만물을 관리하는 시스템(system)이 있다 ... 13

제1장 천간(天干), 지지론(地支論) ... 15

01 천간(天干) ... 16
02 지지(地支) ... 19
03 간지(干支) 음양(陰陽) 소속표(所屬表) ... 22
04 육십갑자론(六十甲子論) ... 23
05 절기론(節氣論) ... 26

제2장 사주(四柱)를 정하는 법 ... 29

01 사주팔자(四柱八字) ... 30
02 생년(生年)의 간지(干支)를 정하는 법 ... 32
03 생월(生月)의 간지(干支)를 정하는 법 ... 34
04 생일(生日)의 간지(干支)를 정하는 법 ... 38
05 생시(生時)의 간지(干支)를 정하는 법 ... 40
06 표준시(標準時) ... 43
07 서머타임 시축(時縮) ... 44
08 야자시(夜子時)와 명자시(明子時) ... 45
09 대운(大運)을 정하는 법 ... 46

제3장 음양(陰陽) 오행론 ... 49

01 천지개벽(天地開闢) 음양(陰陽) 창조 ... 50
02 오행(五行) ... 52
03 오행상생(五行相生) ... 60
04 체(體)와 의식(意識) 이분법(二分法) ... 61
05 오행상극(五行相剋) ... 75

제4장 지지(地支) 장간법(藏干法)과 합(合)   79

  01 지지(地支) 장간법(藏干法)   80
  02 천간합(天干合)   84
  03 삼합국(三合局)   87
  04 지지(地支)육합(六合)   92
  05 암합(暗合)   93
  06 합(合)의 응용(應用)   95

제5장 신살론(神殺論)   99

  01 천간(天干) 상충(相冲)과 칠살(七殺)   101
  02 지지상충(地支相冲)   105
  03 삼형살(三刑殺)   114
  04 파살(破殺)   124
  05 육해살(六害殺)   126
  06 원진살(怨嗔殺)   127
  07 귀문관살(鬼門關殺)   129
  08 백호살(白虎殺)   133
  09 괴강살(魁罡殺)   136
  10 도화살(桃花殺)   139
  11 역마살(驛馬殺)   142
  12 화개살(華蓋殺)   145
  13 고란살(孤鸞殺)   147
  14 현침살(懸針殺)   149
  15 홍염살(紅艶殺)   151
  16 생사이별(生死離別) 일진(日辰)   152
  17 천을귀인(天乙貴人)   154
  18 문창성(文昌星)   157
  19 양인(陽刃)   159
  20 건록(建祿)   162

제6장 십이운성(十二運星) — 163

    01 장생(長生) — 168
    02 목욕(沐浴) — 169
    03 관대(冠帶) — 171
    04 건록(建祿: 관리의 봉급) — 172
    05 왕(旺) — 173
    06 쇠(衰) — 174
    07 병(病) — 175
    08 사(死) — 176
    09 묘(墓) — 177
    10 절(絶) — 188
    11 태(胎) — 192
    12 양(養) — 193
    13 십이운(十二運)의 응용(應用) — 194

제7장 육신론(六神論) — 195

    01 육신(六神) — 196
    02 비견(比肩) — 200
    03 겁재(劫財) — 218
    04 식신(食神) — 251
    05 상관(傷官) — 279
    06 편재(偏財) — 335
    07 정재(正財) — 369
    08 편관(偏官) — 405
    09 정관(正官) — 451
    10 편인(偏印) — 484
    11 정인(正印) — 518

제8장 용신(用神) 격국(格局)   545

   01 일주(日主)의 강약(强弱)   546
   02 용신(用神)   552
   03 격국(格局)   558

제9장 간명법(看命法)   585

   01 중화(中和)   586
   02 용신(用神)의 진가(眞假)   588
   03 용신(用神)의 기반(羈絆)   589
   04 용신(用神)의 합화(合化)와 형충(刑冲)   590

제10장 응용론(應用論)   593

   01 육친(六親)관계 원근론(遠近論)   594
   02 빈부(貧富) 장수(長壽) 단명(短命)   607
   03 궁합론(宮合論)   611
   04 행운(行運) 및 운명감정   627

글을 마치며   637

운명(運命)

운명에 대하여 이론이 많으나 명리학에 운명의 정의는 간단하고 명백하다. 오행(五行)의 생극(生剋) 왕성(旺盛) 휴수(休囚) 제화(制化) 등의 기운(氣運)에 의하여 유도되는 예언적인 사람의 길흉화복(吉凶禍福)을 의미하는 것이다.

명리 사주학상의 법칙에 의하여 유도되는 타고난 운명은 거의 절대적이다. 인간의 운명이란 그 사람의 출생년월일시 여하에 의하는 것으로 명리학자의 입장에서 보면 엄연히 예약되어 있는 것이나 다름없다. 부모가 자식을 낳아 양육하지만, 자식의 생사(生死)는 정해진 운명의 법칙에 의할 뿐이다.

소승이 30여 년간 사주학을 연구하다 깨달음을 얻고 지은 글이다.

전생에 지은 업(業)의 업보(業報)로 운명이 생성(生成)되고 운(運)은 마음과 환경을 생성하며 마음은 행동을 생성하고 행동은 결과를 생성하나니 운은 마음이고 마음이 운이다. 마음은 몸의 주인이 되어 모든 일을 시키나니 성공할 운이오면 바른 마음이 생성되어 성공할 일을 골라 행동하여 성공하게 되고 실패할 운이오면 실패할 일이 꼭 성공할 것 같은 마음이 생성되어 망(亡)할 일만 골라 행동하다 실패하게 되는 것이다.

고로 마음가짐에 따라 운(運)이 변하는 것이 아니고 운에 따라 마음이 변하니 모든 일의 성패는 타고난 명(命:사주)과 변화하는 운의 흐름에 달려 있는 것이며 운에 따라 마음도 관상도 환경도 변화하는 것이다.

그러므로 인간 생활의 모든 것은 그 사람이 출생할 때 엄연히 예정되어 있는 것이다. 그런데 사주보다 관상이고 관상보다 심상이 중요하니 마음가짐에 달려있다는 속담이 있다. 이 말은 옛날에 유명한 운명가가 흉한 사주를 타고난 친구에게 그대로 이야기하면 실망할 것 같아 위안하기 위하여 한 말이다.

그런데 명리학을 폄하하는 사람들이 이 속담을 자주 인용한다. 속담대로 마음가짐에 달려 있다면 운명감정의 예지(豫知)는 아예 불가능하다. 어떤 마음을 가져 운이 어떻게 변화한 지 모르기 때문이다.

또한, 종교가는 자기 종교를 믿으면 병든 자는 구원을 받아 완쾌되고 가난한 사람은 부자가 되고 모든 소원이 이루어지는 것처럼 설교하고 무속인은 굿을 하면 모든 소원이 이루어진다고 주장한다.

그렇다면 종교가나 무속인 또는 신도들은 부귀영화를 누리고 살아야지 어찌 종교가나 무속인, 신도 중에 질병과 가난으로 고통받고 어렵게 사는 분이 많을까?

종교를 믿거나 굿을 하여 질병이나 가난에서 벗어나고 단명할 사람이 장수하여 행복한 삶을 누릴 수 있다면 이 세상에 불행할 사람이 어디에 있겠는가.

어떤 운명가는 운명을 개척할 수 있다는 말을 한다. 운명이 개척된다면 그 운명가는 자기운명을 개척하여 부귀영화를 누리지 어찌 운명감정이나 하면서 어렵게 살고 있을까?

다만 타고난 운명의 기운(氣運)이 섭생(攝生) 이름·배우자·교육·신앙 등의 상대적인 기운에 의하여 아주 작은 미세한 변화는 일어난다. 작고 미세한 변화라도 기대할 수 있으니 운명에 대하여 연구할 필요가 있는 것이며 미래가 안 보이고 답답하면 운명감정을 받게 되는 것이다.

운명가는 흉한 사주를 감정할 때 그 사람이 체념하지 않도록 작은 변화의 좋은 점을 살펴 희망을 주어야 하는 사명이 있는 것이며 모든 사람은 자기의 타고난 천명을 알고 분수를 지킨다면 작은 행복이라도 누릴 것이다.

명리 사주학은 인간의 본성과 미래를 예지하는 유일한 학문이니 연구하고 또 연구할 필요가 있는 것이다.

조물주는 우주 만물을 관리하는 시스템(system)이 있다

　전지전능(全知全能)한 조물주는 우주 만물을 창조하고 우주 전체를 관리 운영하는 시스템(필요한 기능을 실현하기 위하여 관련 요소를 어떤 법칙에 따라 조합한 집합체)이 있기에 그 시스템 속에 짜여 있는 대로 조직되고 기능 하도록 하였다고 보는 것이다.

　시스템 속의 개체 일부에 인간을 관리 운영하는 시스템이 조직되고 조직된 법칙대로 자동으로 기능 하도록 되어 있어 자신이 지은 업(業)의 업보(業報)대로 운명이 생성(生成)되고, 타고난 운명과 우주의 변화에 따라 각종의 기운(氣運)이 생성(生成)되어 합이나 상생 상극, 형충파해(刑沖破害) 등으로 흥망성쇠(興亡盛衰)와 길흉화복(吉凶禍福) 등의 작용, 반작용이 일어나는 것이라고 소승은 추정한다.

　그러므로 사주팔자는 운명의 시스템이 되는 것이다. 조물주가 관리 운영하는 시스템 속에 각종의 기운이 기능하는 것을 지능이 높은 사람이 알아내어 각각 그 기운에 걸맞은 이름을 붙여 발전시켜온 것이 명리사주학인 것이다.

제 1 장
천간(天干), 지지론(地支論)

01 천간(天干)   16
02 지지(地支)   19
03 간지(干支) 음양(陰陽) 소속표   22
04 육십갑자론(六十甲子論)   23
05 절기론(節氣論)   26

01 천간(天干)

천간(天干)은 하늘을 상징하고 양(陽)이 되는 것이며, 지지(地支)는 땅을 상징하고 음(陰)이 되는 것이다.

양 중(陽中)에 유음(有陰)으로 양(陽)이 있으면 음(陰)도 있는 것이므로 천간은 양(陽)이라도 음(陰)도 있는 것이다.

음(陰) 중에 유양(有陽)으로 음(陰)이 있으면 양(陽)도 있는 것이므로 지지(地支)는 음(陰)이라도 양(陽)이 있는 것이다.

천간(天干)은 열 개이니 십간(十干)이라 이름하고, 지지(地支)는 열두 개이니 십이지(十二支)라 이름한 것이다.

▼ 십간표(十干表)

| 甲 갑옷 갑 | 乙 새 을 | 丙 남녁 병 | 丁 고무래 정 | 戊 천간 무 | 己 몸 기 | 庚 별 경 | 辛 매울 신 | 壬 북방 임 | 癸 북방 계 |

▼ 십간(十干)의 음양(陰陽)

오행(五行)	목(木)	화(火)	토(土)	금(金)	수(水)
양(陽)	甲	丙	戊	庚	壬
음(陰)	乙	丁	己	辛	癸

▼ 갑목(甲木)

갑목(甲木)은 양목(陽木)이고 대림목(大林木)이니 큰 나무이며 목성(木星) 별의 기(氣)가 된다.

▼ 을목(乙木)

을목(乙木)은 음목(陰木)이고 초목으로 꽃나무이며 새싹이고 목성(木星) 별의 기(氣)가 된다.

▼ 병화(丙火)

병화(丙火)는 양화(陽火)이고 불꽃이 되며, 태양이고 화성(火星) 별의 기(氣)가 된다.

▼ 정화(丁火)

정화(丁火)는 음화(陰火)이고 초불, 등불, 등대불이 되며 화성(火星) 별의 기(氣)가 된다.

▼ 무토(戊土)

무토(戊土)는 양토(陽土)이고 건조하며 큰 산, 제방이고 토성(土星) 별의 기(氣)가 된다.

▼ 기토(己土)

기토(己土)는 음토(陰土)이고 습토(濕土)이며 전답(田畓), 평원, 모래, 흙 등이고 토성(土星) 별의 기(氣)가 된다.

▼ 경금(庚金)

경금(庚金)은 양금(陽金)이고 강금, 강철, 광석 등이며 금성(金星) 별의 기(氣)가 된다.

▼ 신금(辛金)

신금(辛金)은 음금(陰金)이고, 보석, 가공된 금속 등이며 금성(金星) 별의 기(氣)가 된다.

▼ 임수(壬水)

임수(壬水)는 양수(陽水)이고 바닷물, 호수, 얼음, 냉수 등이며 수성(水星) 별의 기(氣)가 된다.

▼ 계수(癸水)

계수(癸水)는 음수(陰水)이고 시냇물, 샘, 비, 이슬 등이며 수성(水星) 별의 기(氣)가 된다.

02 지지(地支)

▼ 지지표(地支表)

| 子
아들
자 | 丑
소
축 | 寅
범
인 | 卯
토끼
묘 | 辰
별
진 | 巳
뱀
사 | 午
낮
오 | 未
아닐
미 | 申
거듭
신 | 酉
닭
유 | 戌
개
술 | 亥
돼지
해 |

▼ 지지(地支)의 음양(陰陽)

오행(五行)	목(木)	화(火)	토(土)	금(金)	수(水)
양(陽)	寅	巳	辰戌	申	亥
음(陰)	卯	午	丑未	酉	子

▼ 자(子)

조물주는 천지개벽을 하면서 우주 만물을 창조(創造)할 때, 사상(四象)의 시초로 개물(開物)을 수(水)로 창조하였으니, 태초(太初) 시원(始原)의 의미를 지닌 것이다.

자(子)는 양수(陽水)로 샘, 차가운 냉수 등이며 수성(水星) 별의 기(氣)가 된다. 지장간의 정기가 음(陰)이니 사용할 때는 음으로 쓴다.

▼ 축(丑)

축(丑)은 음토(陰土)로 축축이 젖은 습토이고 논, 밭, 평원, 모래, 흙이 되며 토성(土星) 별의 기(氣)가 된다.

▼ 인(寅)

인(寅)은 양목(陽木)이고 큰 나무이며 목성(木星) 별의 기(氣)가 된다.

▼ 묘(卯)

묘(卯)는 음목(陰木)이고 화초목이며 목성(木星) 별의 기(氣)가 된다.

▼ 진(辰)

진(辰)은 양토(陽土)이고 고산, 초원, 평원, 질퍽한 습토, 습지가 되며 토성(土星) 별의 기(氣)가 된다.

▼ 사(巳)

사(巳)는 음화(陰火)이며 용광로, 광명, 화공약품 등이고 화성(火星) 별의 기(氣)가 된다. 지장간에 정기가 양(陽)이니 사용할 때는 양이 된다.

▼ 오(午)

오(午)는 양화(陽火)이고 불꽃, 태양열, 봉화 등이 되며 화성(火星) 별의 기(氣)가 된다. 지장간의 정기가 음(陰)이니 사용할 때는 음으로 쓴다.

▼ 미(未)

미(未)는 음토(陰土)이고 건조한 밭, 화원 등이고 토성(土星) 별의 기(氣)가 된다.

▼ 신(申)

신(申)은 양금(陽金)으로 강철, 고철, 광석, 바위 등이고 금성(金星) 별의 기(氣)가 된다.

▼ 유(酉)

유(酉)는 음금(陰金)으로 보석, 가공된 금속, 금, 은 등이고 금성(金星) 별의 기(氣)가 된다.

▼ 술(戌)

술(戌)은 양토(陽土)이고 큰 산, 제방, 동굴, 산성, 건조한 흙 등이 되며 토성(土星) 별의 기(氣)가 된다.

▼ 해(亥)

해(亥)는 음수(陰水)이고 호수, 얼음호수, 우박, 이슬 등이며 수성(水星) 별의 기(氣)가 된다. 지장간의 정기가 양(陽)이니 사용할 때는 양으로 쓴다.

03 간지(干支) 음양(陰陽) 소속표(所屬表)

甲寅 (갑인)	雷 (뢰)	棟梁 (동량)	大林 (대림)	開闢 (개벽)	首長 (수장)	廣谷 (광곡)	曲直 (곡직)
乙卯 (을묘)	風 (풍)	活木 (활목)	花草 (화초)	藥草 (약초)	幼草 (유초)	瓊林 (경림)	
丙巳 (병사)	日 (일)	太陽 (태양)	發電 (발전)	日月 (일월)	光明 (광명)	大驛 (대역)	炎上 (염상)
丁午 (정오)	星 (성)	燈火 (등화)	光火 (광화)	列星 (열성)	老人 (노인)	烽火 (봉화)	
戊辰戌 (무진술)	霞 (노을하)	高山 (고산)	山城 (산성)	雲霧 (운무)	文具 (문구)	草澤 (초택)	稼穡 (가색)
己丑未 (기축미)	雲 (운)	田園 (전원)	活土 (활토)	雲澤 (운택)	沙土 (사토)	花園 (화원)	
庚申 (경신)	月 (월)	剛金 (강금)	古鐵 (고철)	工場 (공장)	名都 (명도)	神器 (신기)	從革 (종혁)
辛酉 (신유)	霜 (상)	珠玉 (주옥)	白金 (백금)	刃劍 (인검)	妓女 (기녀)	寺鍾 (사종)	
壬亥 (임해)	露 (로)	湖水 (호수)	雪湖 (설호)	盜賊 (도적)	監獄 (감옥)	黃泉 (황천)	潤下 (윤하)
癸子 (계자)	霖 (림)	生泉 (생천)	霧露 (무로)	溪水 (계수)	黃泉 (황천)	墨池 (묵지)	

04 육십갑자론(六十甲子論)

1. 육십갑자(六十甲子)

간(干)은 싹이고 지(支)는 뿌리로서 십간(十干)과 십이지(十二支)를 분배하여 갑자(甲子)로 시작하여 다섯 번을 돌려서 계해(癸亥)까지 배열하면 육십갑자(六十甲子)가 되는 것이다.

갑자(甲子)에서 계해(癸亥)까지 갑자(甲子), 갑인(甲寅), 갑진(甲辰), 갑오(甲午), 갑신(甲申), 갑술(甲戌)을 갑순(甲旬)이라고 한다.

천간(天干)의 십자(十字)가 여섯 번씩 배합하여 돌아가면 육갑(六甲)이 되는 것이다.

▼ 육십갑자표(六十甲子表)

甲子 (갑자)	乙丑 (을축)	丙寅 (병인)	丁卯 (정묘)	戊辰 (무진)	己巳 (기사)	庚午 (경오)	辛未 (신미)	壬申 (임신)	癸酉 (계유)	戌亥 (술해공망)
甲戌 (갑술)	乙亥 (을해)	丙子 (병자)	丁丑 (정축)	戊寅 (무인)	己卯 (기묘)	庚辰 (경진)	辛巳 (신사)	壬午 (임오)	癸未 (계미)	申酉 (신유공망)
甲申 (갑신)	乙酉 (을유)	丙戌 (병술)	丁亥 (정해)	戊子 (무자)	己丑 (기축)	庚寅 (경인)	辛卯 (신묘)	壬辰 (임진)	癸巳 (계사)	午未 (오미공망)
甲午 (갑오)	乙未 (을미)	丙申 (병신)	丁酉 (정유)	戊戌 (무술)	己亥 (기해)	庚子 (경자)	辛丑 (신축)	壬寅 (임인)	癸卯 (계묘)	辰巳 (진사공망)
甲辰 (갑진)	乙巳 (을사)	丙午 (병오)	丁未 (정미)	戊申 (무신)	己酉 (기유)	庚戌 (경술)	辛亥 (신해)	壬子 (임자)	癸丑 (계축)	寅卯 (인묘공망)
甲寅 (갑인)	乙卯 (을묘)	丙辰 (병진)	丁巳 (정사)	戊午 (무오)	己未 (기미)	庚申 (경신)	辛酉 (신유)	壬戌 (임술)	癸亥 (계해)	子丑 (자축공망)

2. 육갑공망(六甲空亡)

육갑공망(六甲空亡)이란 천간(天干)의 갑(甲)에서부터 계(癸)까지를 지지(地支)에 배열하면 십이지(十二支) 중 이지(二支)가 남는 것을 공망이라 하며, 또한 천중살(天中殺)이라 하는 것이다.

- 갑자순중(甲子旬中)은 술해(戌亥)가 공망(空亡)이다.
- 갑술순중(甲戌旬中)은 신유(申酉)가 공망(空亡)이다.
- 갑신순중(甲申旬中)은 오미(午未)가 공망(空亡)이다.
- 갑오순중(甲午旬中)은 진사(辰巳)가 공망(空亡)이다.
- 갑진순중(甲辰旬中)은 인묘(寅卯)가 공망(空亡)이다.
- 갑인순중(甲寅旬中)은 자축(子丑)이 공망(空亡)이다.

기사년(己巳年)에 출생하였다면 기사(己巳)부터 경오(庚午), 신미(辛未), 임신(壬申), 계유(癸酉) 계(癸)가 끝나고 다음 술해(戌亥)가 남는 것이 공망(空亡)이므로 사주(四柱)에 술해(戌亥)가 있으면 공망이 되는 것이다. 공망이란 '없다'는 뜻이며, '있어도 없는 것과 같다'는 뜻이다. 공망은 연주(年柱)와 일주(日柱)를 위주로 산출하여 응용하는 것이다.

▼ 공망이라도 공망된 지지(地支)가 합(合)이 되거나 형충 되면, 해공(解空)이라고 하여 공망에서 벗어나므로 공망의 작용력이 없는 것이다.

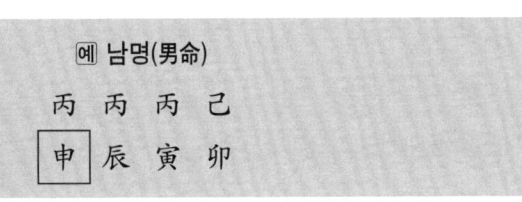

이 명조(命造)는 병화일주(丙火日主)가 인월(寅月)에 생하고 무토(戊土)가 사령(司令)하여 실령(失令)하였으나 인비(印比)가 생조(生助)하여 신왕하므로 인성을 제(制)하는 편재가 용신이다. 연주(年柱)가 갑술(甲戌) 순중(旬中)에 있으니 신(申)편재 용신이 공망이나 인신충(寅申冲)이 되어 해공(解空)이 되었으므로 공망의 작용력이 없다. 월지(月支)에 인(寅)이 없었다면 용신이 공망이 되어서 불길하였을 것이다.

- 용신이나 희신(喜神)이 공망이 되면 희용신(喜用神)의 작용력이 떨어져서 불길한 것이다.
- 기신(忌神)이나 병신(病神)이 공망이면 작용을 못 하므로 길(吉)한 것이다.
- 연월일시(年月日時)가 모두 공망이면, 공망으로 보지 않는 것이다.
- 연월주(年月柱)가 공망이면, 조상·부모덕이 없는 것이다.
- 시주(時柱)가 공망(空亡)이면 자식이 없거나 있어도 도움이 안 되는 것이다.
- 재관(財官)이 공망이면, 처자(妻子)의 연(緣)이 박하고 처자가 있어도 없는 것과 같이 덕(德)이 없는 것이다.
- 공망되는 육친과 오행(五行)은 공허(空虛)하여 탐(貪)하지 않는 것이나 탐하고 안 하고는 의식에 있는 것이다.

05 절기론(節氣論)

✔ 이십사절기(二十四節氣)

일 년(一年)을 15일 간격으로 기후(氣候)가 24번 변화하므로 이십사절기(二十四節氣), 또는 절후(節侯)라 이름하고 사용하게 된 것이다.

절기가 시작되는 것을 절입(節入)이라 이름하고, 양력으로 기준을 삼아서 매월 초순(初旬)에 해당하며, 절입(節入)은 월(月)의 분기점으로 절입 되는 시간에 따라 월(月)이 바뀌는 것이다.

입춘(立春)이 시작되는 시간에 연(年)이 바뀌는 기준이 되고, 입춘이 절입 하는 시각(時刻)부터 연(年)은 시작되고 일월(一月)인 인월(寅月)이 시작되는 것이다.

- 일월(一月)은 입춘(立春)이 드는 시각(時刻)부터 시작된다.
- 이월(二月)은 경칩(驚蟄)이 드는 시각(時刻)부터 시작된다.
- 삼월(三月)은 청명(淸明)이 드는 시각(時刻)부터 시작된다.
- 사월(四月)은 입하(立夏)가 드는 시각(時刻)부터 시작된다.
- 오월(五月)은 망종(芒種)이 드는 시각(時刻)부터 시작된다.
- 유월(六月)은 소서(小暑)가 드는 시각(時刻)부터 시작된다.
- 칠월(七月)은 입추(立秋)가 드는 시각(時刻)부터 시작된다.
- 팔월(八月)은 백로(白露)가 드는 시각(時刻)부터 시작된다.

- 구월(九月)은 한로(寒露)가 드는 시각(時刻)부터 시작된다.
- 시월(十月)은 입동(立冬)이 드는 시각(時刻)부터 시작된다.
- 십일월(十一月)은 대설(大雪)이 드는 시각(時刻)부터 시작된다.
- 십이월(十二月)은 소한(小寒)이 드는 시각(時刻)부터 시작된다.

▼ 월별(月別) 절후표(節侯表)

地支 (지지)	寅	卯	辰	巳	午	未	申	酉	戌	亥	子	丑
月別 (월별)	1月	2月	3月	4月	5月	6月	7月	8月	9月	10月	11月	12月
節入 (절입)	立春 (입춘)	驚蟄 (경칩)	淸明 (청명)	立夏 (입하)	亡種 (망종)	小暑 (소서)	立秋 (입추)	白露 (백로)	寒露 (한로)	立冬 (입동)	大雪 (대설)	小寒 (소한)
中氣 (중기)	雨水 (우수)	春分 (춘분)	穀雨 (곡우)	小滿 (소만)	夏至 (하지)	大暑 (대서)	處暑 (처서)	秋分 (추분)	霜降 (상강)	小雪 (소설)	冬至 (동지)	大寒 (대한)

제 2 장
사주(四柱)를 정하는 법

01 사주팔자(四柱八字)   30
02 생년(生年)의 간지(干支)를 정하는 법   32
03 생월(生月)의 간지(干支)를 정하는 법   34
04 생일(生日)의 간지(干支)를 정하는 법   38
05 생시(生時)의 간지(干支)를 정하는 법   40
06 표준시(標準時)   43
07 서머타임 시축(時縮)   44
08 야자시(夜子時)와 명자시(明子時)   45
09 대운(大運)을 정하는 법   46

01 사주팔자(四柱八字)

사주(四柱)는 연주(年柱), 월주(月柱), 일주(日柱), 시주(時柱)가 네기둥이니, 사주라 하고, 팔자(八字)는 천간(天干)과 지지(地支)가 음양으로 배열되어 간지(干支)가 여덟 자가 되므로 팔자(八字)라 하는 것이다.

- 태세(太歲)에 의하여 연주(年柱)가 된다.
- 월건(月建)에 의하여 월주(月柱)가 된다.
- 일진(日辰)에 의하여 일주(日柱)가 된다.
- 시간(時間)에 의하여 시주(時柱)가 된다.

- 연주(年柱)는 근(根: 뿌리 근) 뿌리가 된다.
- 연간(年干)은 조부(祖父) 자리가 된다.
- 연지(年支)는 조모(祖母) 자리가 된다.
- 연간(年干)에서 연지(年支)를 동주(同柱: 한가지 동, 기둥 주)라고 하는 것이다.

- 월주(月柱)는 묘(苗: 싹 묘) 싹이 된다.
- 월간(月干)은 부친(父親)의 자리가 된다.
- 월지(月支)는 모친의 자리가 되니 월주(月柱)는 부가(父家)가 되는 것이다.

- 월간(月干)은 남형제 자리가 된다.
- 월지(月支)는 여형제 자리가 된다.
- 월간(月干)에서 월지(月支)를 동주(同柱)라고 하는 것이다.

- 일주(日柱)는 화(花: 꽃 화) 꽃이 된다.
- 일간(日干)은 자신이 된다.
- 일지(日支)는 남자는 처의 자리가 된다.
- 일지(日支)는 여자는 남편의 자리가 된다.
- 일지(日支)는 부부(夫婦)가 거주하는 안방이 된다.
- 일간(日干)에서 일지(日支)는 좌지(坐地: 앉을 좌)가 되고 동주(同柱)라고 하는 것이다.

- 시주(時柱)는 실(實: 열매 실) 열매가 된다.
- 시간(時干)은 자식(子息)의 자리가 된다.
- 시지(時支)는 여식(女息)의 자리가 된다.
- 시간(時干)에서 시지(時支)를 동주(同柱)라고 하는 것이다.

천간(天干)은 양(陽)이 되어 남자의 자리가 되고, 지지(地支)는 음(陰)이 되므로 여자의 자리가 되는 것이다.

02 생년(生年)의 간지(干支)를 정하는 법

간지(干支)가 무엇인지 안 다음은 생년월일시(生年月日時)를 정하는데 있어서, 연(年)은 사주(四柱)의 근본(根本)이니 우선 연(年)의 간지(干支)부터 정하는 것이 순서이다.

연(年)의 간지(干支)는 금년(今年)의 간지(干支)부터 생년(生年)까지 육십갑자(六十甲子)를 거꾸로 더듬어 가면 된다.

예를 들어, 2000년의 간지(干支)를 알려면 금년(今年) 서기 2007년부터 7년 전에 해당하므로 금년(今年)의 간지(干支), 정해(丁亥)를 기준으로 하여 육십갑자(六十甲子)의 순을 역(逆)으로 병술(丙戌), 을유(乙酉), 갑신(甲申), 계미(癸未), 임오(壬午), 신사(辛巳), 경진(庚辰)으로 더듬어 가면 7년 전 경진(庚辰)이 2000년의 간지(干支)임을 알 수 있다.

여기에서 주의할 점은 만세력의 생년(生年)은 음력을 기준으로 하여 정한 것이고, 연(年)의 기준을 정월(正月) 초하루를 기준으로 하는 것이 아니라, 입춘(立春)을 기준으로 하는 것이다.

그러므로 다 같이 2000년에 출생하였다 하더라도 입춘 전에 출생하였으면 연주(年柱)는 경진(庚辰)이 아니고 1999년의 간지(干支)인 기묘(己卯)가 되는 것이며, 입춘 후에 출생하였다면 연주(年柱)는 경진(庚辰)이 되는 것이다.

입춘 당일에 출생한 경우라도 그 해의 간지(干支)를 쓸 것인가? 그 전해의 간지(干支)를 쓸 것인가는 입춘 절입 시각(時刻)에 의하여 결정된다.

 만약 오후 2시에 절(節)이 바뀐다면 2시전에 출생한 사람은 입춘일에 출생하였더라도 전년(前年)의 간지(干支)를 쓰게 되는 것이다.

03 생월(生月)의 간지(干支)를 정하는 법

생월(生月)에 간지(干支)는 만세력에 나와 있는 각월(各月)의 월건(月建)에 의한다. 생월의 간지를 정함에 있어 참고해야 할 점은 연(年)의 간지를 정할 때, 입춘을 기준으로 하듯이 각월(各月)의 간지를 정함에 있어서도 절입 시각(時刻)을 기준으로 한다.

예를 들어 2000년 4월 3일 생의 사람은 4월의 절입 날이 4월 2일 입하(立夏) 시각(時刻)부터 이므로 생월(生月)의 간지(干支)는 4월의 월건(月建) 신사(辛巳)가 되는 것이다. 그러나 4월 입하 시각(時刻) 전에 출생하였다면 3월의 월건(月建)인 경진(庚辰)으로 간지(干支)를 삼는다.

▼ 각월(各月)의 절입(節入) 시기

1월	2월	3월	4월	5월	6월	7월	8월	9월	10월	11월	12월
立春 입춘	驚蟄 경칩	淸明 청명	立夏 입하	亡種 망종	小暑 소서	立秋 입추	白露 백로	寒露 한로	立冬 입동	大雪 대설	小寒 소한

각월(各月)에 절입 일시(日時)는 만세력에 기입되어 있으므로 이를 참고하면 된다.

각월(各月)의 간지는 만세력이 없어도 생월(生月)의 간지(干支)를 알 수 있는 방법이 있다. 월지를 월령(月令)이라 하고 월지(月支)는 어느 해를 막론하고 고정되어 있으므로 이를 암기해 두면 되는 것이다.

- 일월(一月)의 월지(月支)는 인(寅)
- 이월(二月)의 월지(月支)는 묘(卯)
- 삼월(三月)의 월지(月支)는 진(辰)
- 사월(四月)의 월지(月支)는 사(巳)
- 오월(五月)의 월지(月支)는 오(午)
- 유월(六月)의 월지(月支)는 미(未)
- 칠월(七月)의 월지(月支)는 신(申)
- 팔월(八月)의 월지(月支)는 유(酉)
- 구월(九月)의 월지(月支)는 술(戌)
- 십월(十月)의 월지(月支)는 해(亥)
- 십일월(十一月)의 월지(月支)는 자(子)
- 십이월(十二月)의 월지(月支)는 축(丑)

이상은 매월의 고정 월지(月支)이다. 다음 월건(月建)도 일정한 법칙에 의하여 정해지는 것이다. 이 법칙은 먼저 오행을 설명한 후에 제시하는 것이 이해하는 데 용이하겠으나 체계상 부득이 여기에서 설명한다. 오행의 간합(干合)이 있는데 다음과 같다.

- 갑기합화토(甲己合化土)
- 을경합화금(乙庚合化金)
- 병신합화수(丙辛合化水)
- 정임합화목(丁壬合化木)
- 무계합화화(戊癸合化火)

즉, 갑(甲)과 기(己)가 합(合)하여 본래의 오행을 떠나 토(土)가 된다는 것이다. 자세한 설명은 천간합을 참고하고 우선 여기에서는 갑(甲)과 기(己)

가 간합(干合)이 되면 그 오행(五行)이 토(土)가 된다는 것임을 알게 되는 것이다. 또한 오행의 상생법(相生法)이 있다. 목(木)이 화(火)를 생(生)하고, 화(火)는 토(土)를 생(生)하고, 토(土)는 금(金)을 생(生)하고, 금(金)은 수(水)를 생(生)하고, 수(水)는 목(木)를 생(生)하는 것이다.

본론에 들어가면 매월의 간(干)은 그 연간(年干)의 오행을 생(生)하는 오행의 양간(陽干)부터 시작한다.

예를 들어, 갑(甲)과 기(己)가 합(合)하여 토(土)가 되니, 갑(甲)과 기(己)가 연간(年干)인 해에는 토(土)를 생(生)하는 것은 화(火)가 되므로 丙, 丁, 戊, 己, 庚, 辛…… 순으로 월간(月干)이 시작된다. 따라서 갑(甲)이나 기(己)의 간(干)을 가진 해에 있어서는 일월(一月)의 간지(干支)는 병인(丙寅), 이월(二月)의 간지는 정묘(丁卯), 삼월(三月)의 간지는 무진(戊辰), 사월(四月)의 간지는 기사(己巳), 오월(五月)의 간지는 경오(庚午)가 된다.

독자의 이해를 돕기 위하여 다른 예를 들어 보면, 정해년(丁亥年)의 매달의 간지(干支)는 정임(丁壬)의 간합(干合)이 목(木)이므로 목(木)을 생(生)하는 수(水)의 양간(陽干)인 임(壬)으로부터 시작되므로 일월(一月)의 간지(干支)는 임인(壬寅)이고, 이월(二月)의 간지(干支)는 계묘(癸卯)이며, 삼월(三月)의 간지(干支)는 갑진(甲辰)이 되는 것이다.

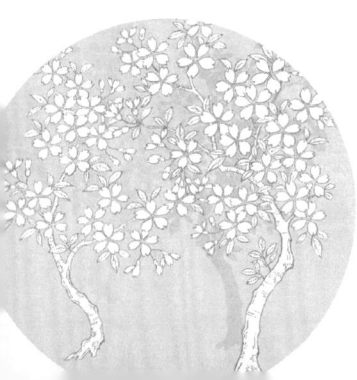

▼ 월간지(月干支) 조견표(早見表)

월(月) 절입월 연간	1월	2월	3월	4월	5월	6월	7월	8월	9월	10월	11월	12월
	입춘	경칩	청명	입하	망종	소서	입추	백로	한로	입동	대설	소한
甲己年	丙寅	丁卯	戊辰	己巳	庚午	辛未	壬申	癸酉	甲戌	乙亥	丙子	丁丑
乙庚年	戊寅	己卯	庚辰	辛巳	壬午	癸未	甲申	乙酉	丙戌	丁亥	戊子	己丑
丙辛年	庚寅	辛卯	壬辰	癸巳	甲午	乙未	丙申	丁酉	戊戌	己亥	庚子	辛丑
丁壬年	壬寅	癸卯	甲辰	乙巳	丙午	丁未	戊申	己酉	庚戌	辛亥	壬子	癸丑
戊癸年	甲寅	乙卯	丙辰	丁巳	戊午	己未	庚申	辛酉	壬戌	癸亥	甲子	乙丑

04 생일(生日)의 간지(干支)를 정하는 법

생일(生日)의 간지(干支)를 생년(生年)의 달력 없이 아는 것은 불가능하다. 생일(生日)의 간지는 만세력을 참고한다.

생일(生日)의 간지를 알아내는 법과 만세력을 보는 법은 다음과 같다.

예를 들어, 서기 2000년, 즉 경진년(庚辰年)에 경칩(驚蟄)의 절입(節入)일은 1월 30일이므로 1월 29일은 경칩전에 해당된다. 그러므로 월주(月柱)의 간지는 무인(戊寅)이 된다.

경진년(庚辰年) 1월의 만세력을 보면 다음과 같다.

戊 寅
正
月
大

이것은 1월은 큰달로써 30일까지 있다는 것을 표시하고 있는 동시에(음력은 큰달 30일) 초 1일의 간지(干支)는 계사(癸巳), 21일의 간지는 계축(癸丑)이라는 것을 표시한다.

그러므로 1월 29일의 간지를 알려면, 1일의 간지, 계사(癸巳)부터 차례로 더듬어 가면 된다. 2일의 간지는 갑오(甲午)가 되며, 29일의 간지는 신유(辛

酉)가 된다. 따라서 경진년(庚辰年) 1월 29일의 간지는 다음과 같다.

辛 戊 庚
酉 寅 辰
일 월 년
주 주 주

   여기에서 명심해야 할 점은 각년(各年)의 기준은 입춘(立春), 각월(各月)의 기준은 그 절입(節入) 시기를 표준으로 하듯, 날(日)의 경계는 자시(子時)를 기준으로 하는 것이다.
   즉, 당일 오후 12시 전에 출생하였다면, 그날의 간지(干支)를 쓰며, 당일 오후 12시 후에 출생하였다면 다음날의 간지를 일주(日柱)의 간지로 삼는 것이다.

05 생시(生時)의 간지(干支)를 정하는 법

밤 11시부터 1시까지를 자시(子時)라고 하며 밤 12시는 0시이고 자정(子正)이며 정자시(正子時)라 하고 정자시는 일주(日柱)를 분계(分界)하는 기준이 되는 것이다.

▼ 십이시간표(十二時間表)

地支 (지지)	子時 (자시)	丑時 (축시)	寅時 (인시)	卯時 (묘시)	辰時 (진시)	巳時 (사시)	午時 (오시)	未時 (미시)	申時 (신시)	酉時 (유시)	戌時 (술시)	亥時 (해시)
時間 (시간)	23 ~1	1 ~3	3 ~5	5 ~7	7 ~9	9 ~11	11 ~13	13 ~15	15 ~17	17 ~19	19 ~21	21 ~23

⏰ **시간(時干)의 산출법(算出法)**

시간(時干)이란, 시주(時柱)의 천간(天干)을 말하는 것이다. 시(時)의 간지(干支)는 월주의 지지(地支)와 같이 시지(時支)는 항상 일정하고 시간(時干)은 일간(日干)에 의하여 결정되는 것이다. 월간(月干)을 아는 법과 같이 조견표 없이 알 수 있는 방법이 있다.

일간(日干)이 간합(干合) 하여 화(化)한 오행(五行)을 극(剋)하는 양간(陽干)의 오행(五行)부터 자시(子時)의 시간(時干)을 시작하면 된다.

오행(五行)의 상극(相剋)은 다음과 같다.

- 목극토(木剋土)
- 토극수(土剋水)
- 수극화(水剋火)
- 화극금(火剋金)
- 금극목(金剋木)

간합(干合)은 월간(月干)을 정하는 법에서 설명하였다. 고로, 오늘 갑자일(甲子日)은 갑기(甲己) 간합(干合) 하여 토(土)가 되므로 목극토(木剋土) 하여 목(木)의 양간(陽干)인 갑(甲)이 첫 번째 시간(時干)이 된다.

새벽 0시에 출생하였다면 시주의 간지(干支)는 새벽 0시는 자시(子時)에 해당하므로 갑자(甲子)이며, 아침 6시 즉, 묘시(卯時)의 간지(干支)는 갑자(甲子), 을축(乙丑), 병인(丙寅), 정묘(丁卯) 순으로 짚어가면 정묘(丁卯)에 해당됨을 알 수 있는 것이다.

시(時)의 간(干)은 만세력에 쓰여 있지 아니하므로 시간 조견표를 항상 참조하여야 한다.

▼ 시간지(時干支) 조견표(早見表)

시간 일간	子	丑	寅	卯	辰	巳	午	未	申	酉	戌	亥
甲己日	甲子	乙丑	丙寅	丁卯	戊辰	己巳	庚午	辛未	壬申	癸酉	甲戌	乙亥
乙庚日	丙子	丁丑	戊寅	己卯	庚辰	辛巳	壬午	癸未	甲申	乙酉	丙戌	丁亥
丙辛日	戊子	己丑	庚寅	辛卯	壬辰	癸巳	甲午	乙未	丙申	丁酉	戊戌	己亥
丁壬日	庚子	辛丑	壬寅	癸卯	甲辰	乙巳	丙午	丁未	戊申	己酉	庚戌	辛亥
戊癸日	壬子	癸丑	甲寅	乙卯	丙辰	丁巳	戊午	己未	庚申	辛酉	壬戌	癸亥

이상으로 사주의 연월일시(年月日時)의 간지(干支)를 정하는 법을 알았을 것이다.

사주의 간지(干支)는 사람의 운명을 판단함에 있어 기준이 되는 것이므로, 만약 팔자(八字) 중 하나만 틀려도 전혀 다른 판단을 하게 되는 것이다. 그러면 생년월일시(生年月日時)를 제시하고 사주의 간지(干支)를 제시해 본다.

> [예] 2000년 4월 1일 오전 8시(음력)
>
> | 時 | 日 | 月 | 年 |
> |---|---|---|---|
> | 甲 | 壬 | 庚 | 庚 |
> | 辰 | 戌 | 辰 | 辰 |

사월(四月)이나 입하전(立夏前)에 출생하였으므로 경진월(庚辰月)이 된다. 일간(日干)이 임(壬)이니 정임(丁壬) 합화목(合化木) 하여 목(木)이 되므로, 목(木)을 극(剋)하는 금(金) 중 양금(陽金)인 경금(庚金)이 첫 번째 시간(時干)이 되는 것이다. 고로 경자, 신축, 임인, 계묘, 갑진으로 진시(辰時)이니 갑진시(甲辰時)가 되는 것이다.

> [예] 1984년 1월 3일 오전 10시(음력)
>
> | 時 | 日 | 月 | 年 |
> |---|---|---|---|
> | 丁 | 戊 | 乙 | 癸 |
> | 巳 | 辰 | 丑 | 亥 |

서기 1984년 갑자생(甲子生)이었으나 입춘(立春)이 1월 4일 날 절입(節入) 하므로 연(年) 및 월주(月柱)의 간지(干支)는 계해(癸亥) 을축(乙丑)이 되는 것이다.

1월 3일 간지(干支)가 무진(戊辰)이므로 시주(時柱)의 간지(干支)는 일간(日干)이 무(戊)이니 무계(戊癸)가 합화화(合化火) 하여 화(火)가 되니, 화(火)를 극(剋)하는 수(水)중 양수(陽水)인 임(壬)이 첫 번째 시간이 되는 것이다. 고로 임자시(壬子時)부터 시작하여 사시(巳時)에 출생하였으니 壬子, 癸丑, 甲寅, 乙卯, 丙辰, 丁巳 순으로 살펴가면 丁巳에 해당함을 알 수 있다.

06 표준시(標準時)

우리나라 표준시는 동경 127도(度)를 적용하여야 하는데, 동경(東經) 135도를 적용하여 사용하면 30분의 시차(時差)가 발생한다.

동경 127도(度)를 적용할 때 출생자는 11시(時)가 자시초(子時初)가 되고, 이것을 우리나라의 표준시간으로 사용하는 것이다.

동경 135도(度)를 적용할 때 출생자는 11시를 11시 30분으로 시계를 30분 빠르게 돌려놓은 것이므로 11시 30분에서 30분을 환원하여 사용하는 것이다. 그러므로 11시 30분이 11시와 같은 것이다.

⏰ 경도(經度) 적용(適用)

- 1908년 양력 4월 29일 동경(東經) 127도 30분 표준시 적용: 18시 30분을 18시로 조정, 1912년 1월 1일 11시 30분까지 사용 및 종료
- 1912년 양력 1월 1일 동경 135도 표준시 적용: 11시 30분을 12시로 조정, 1954년 3월 21일 00시 30분까지 사용 및 종료
- 1954년 양력 3월 21일 동경 127도 30분 표준시 적용: 00시 30분을 00시로 조정, 1961년 8월 9일 24시까지 사용 및 종료
- 1961년 양력 8월 10일 동경 135도 표준시 적용: 00시를 00시 30분으로 조정, 현재까지 사용중이며 30분을 환원하여 사용

07 서머타임 시축(時縮)

서머타임이란 하절기(夏節期)에만 시계를 한 시간 빠르게 돌려놓고 사용한 것이다. 오전 8시를 9시로 맞추어 놓은 것으로 이 기간에 출생한 사람은 1시간을 줄여서 적용해야 하는 것이다.

10시에 출생자는 9시로 환원하고, 11시에 출생자는 10시로 한 시간을 환원하여 사용하는 것이다.

▼ 서머타임 실시 현황: 양력

년도	시작: 조정	종료: 조정	표준시 기준
1948년	5월 31일 23시→24시	9월 12일 24시→23시	동경 135도 00분
1949년	4월 2일 23시→24시	9월 10일 24시→23시	동경 135도 00분
1950년	3월 31일 23시→24시	9월 9일 24시→23시	동경 135도 00분
1951년	5월 6일 23시→24시	9월 8일 24시→23시	동경 135도 00분
1955년	5월 5일 00시→01시	9월 9일 01시→00시	동경 127도 30분
1956년	5월 20일 00시→01시	9월 30일 01시→00시	동경 127도 30분
1957년	5월 5일 00시→01시	9월 22일 01시→00시	동경 127도 30분
1958년	5월 4일 00시→01시	9월 21일 01시→00시	동경 127도 30분
1959년	5월 3일 00시→01시	9월 20일 01시→00시	동경 127도 30분
1960년	5월 1일 00시→01시	9월 18일 01시→00시	동경 127도 30분
1987년	5월 10일 02시→03시	10월 11일 03시→02시	동경 135도 00분
1988년	5월 08일 02→03시	10월 9일 03시→02시	동경 135도 00분

08 야자시(夜子時)와 명자시(明子時)

자시(子時)는 밤 11시부터 01시까지이다. 0시를 자정(子正)이라고 하여 정자시(正子時)가 되는 것이며, 정자시는 일(日)을 시작하는 기점(起點)으로 하는 것이다.

11시부터 0시까지를 야자시(夜子時)라 하는 것이며, 0시 1초부터 1시까지는 명자시(明子時)라 하는 것이다.

야자시와 명자시를 구분하면 다음과 같다.

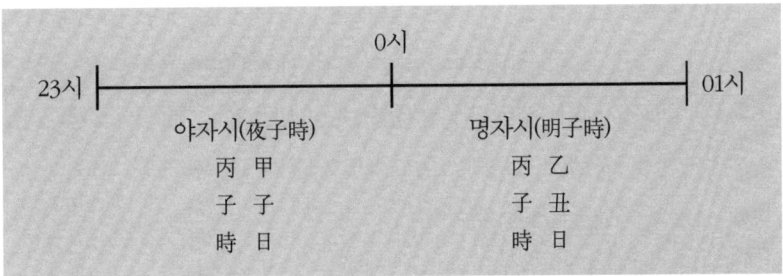

예를 들어, 갑자일(甲子日) 야자시는 0시 이전이므로 일주(日柱)는 갑자일(甲子日)을 그대로 쓰는 것이나, 0시가 지나지 않은 시간(時間)의 자시(子時)이므로 다음날 일진(日辰) 을축일(乙丑日)의 자시(子時)로 산출하여 병자시(丙子時)로 쓰는 것이니 갑자일(甲子日) 병자시(丙子時)가 되는 것이다.

그러나 명자시로 0시가 지난 후에 출생하였다면, 다음날 일진(日辰)인 을축일(乙丑日) 병자시(丙子時)로 바꾸는 것이다.

09 대운(大運)을 정하는 법

사주(四柱)의 간지(干支)는 사람의 운명(運命)이 어떠한 것인가를 아는 기준이 되며, 운(運)이 어떻게 어느 시기에 닥쳐올 것인가는 대운(大運)에 의하여 알 수 있는 것이다.

이 대운은 생월(生月)의 간지(干支)를 기준으로 하여 정하는 것인데, 연간(年干)이 甲, 丙, 戊, 庚, 壬으로 양(陽)에 속하는 남자와 연간(年干)이 乙, 丁, 己, 辛, 癸로 음(陰)에 속하는 여자의 대운은 순행(順行)한다.

연간(年干)이 乙, 丁, 己, 辛, 癸로 음(陰)에 속하는 남자와 연간(年干)이 甲, 丙, 戊, 庚, 壬 으로 양(陽)에 속하는 여자는 역행(逆行)한다. 즉, 갑진년(甲辰年) 병인월(丙寅月)생(生)이 남자면 대운(大運)은 丁卯, 戊辰, 己巳, 庚午…… 순으로 순행(順行)하고, 여자이면 대운(大運)은 乙丑, 甲子, 癸亥, 壬戌……로 역행(逆行)하는 것이다.

순행하는 대운을 '순운'이라 하고 역행하는 대운은 '역운'이라고 한다.

대운이 순행 또는, 역행하여 십 년마다 변하는데 몇 살 때마다 변하는가는 행운(行運) 세수(歲數)에 의한다.

- 양년생(陽年生) 남자와 음년생(陰年生) 여자는 대운(大運), 즉 순운은 그 생일부터 다음 달 절입일(節入日)까지 일수를 3으로 나눈다.
- 음년생(陰年生) 남자와 양년생(陽年生) 여자는 대운(大運), 즉 역운은 그 생일부터 그달의 절입일(節入日)까지의 일수를 3으로 나눈다.

이 일수의 계산은 정밀하게 생일 및 절입의 시간까지 계산하여야 한다.

보통 시간은 계산에 넣지 않고, 생일을 가산(加算)하면 절입일을 빼고 생일을 빼면 절입일을 가산하는 편법(便法)을 쓴다.

출생일부터 과거절이나 미래절로 향하여 나온 일수(日數)를 3으로 나누어 나눈 수가 1이면, 1대운(大運)이라 하고 5이면 5대운이라 하는 것이다. 그리고 일수를 3으로 나누고 1이 남으면 버리고, 2가 남으면 대운의 수에 1을 더 가산한다. 즉, 일수가 7일이면 대운의 수는 2가 되고, 일수가 8일이면 대운의 수는 3이 된다. 대운의 수가 3이면 3세, 13세, 23세…… 마다 대운이 변한다.

예 남명(男命): 경진년(庚辰年) 1월 22일 오전 10시 출생(음력)										
時	日	月	年		63	53	43	33	23	13	3
己	甲	戊	庚	→양년생	乙	甲	癸	壬	辛	庚	己
巳	寅	寅	辰		酉	申	未	午	巳	辰	卯

양년생(陽年生) 남자이니 순운(順運)이므로 월주(月柱)간지(干支)에 이어 己卯, 庚辰, 辛巳…… 순으로 진행한다. 1월 22일은 입춘 후인데 다음 절기는 경칩이다. 경진년의 경칩은 1월 30일이므로 생일부터 절입일까지 일수는 8일이다. 이를 3으로 나누면 2가 되고 2가 남는다. 2가 남는 것은 대운에 1을 가산하면 대운의 세수(歲數)는 3이 되는 것이다.

예 여명(女命): 경진년(庚辰年) 1월 19일 오전 10시 출생(음력)										
時	日	月	年		66	56	46	36	26	16	6
癸	辛	戊	庚	→양년생	辛	壬	癸	甲	乙	丙	丁
巳	亥	寅	辰		未	申	酉	戌	亥	子	丑

양년생(陽年生) 여자이니 역운(逆運)이므로 월주(月柱) 간지(干支)에 이어 丁丑, 丙子, 乙亥 순으로 역행한다. 경진년(庚辰年)의 입춘절입시는 기묘년(己卯年) 12월 29일 해시(亥時)이므로 생일부터 입춘절까지 19일이 된다. 이것을 3으로 나누면 6이 되고 1이 남는다. 1이 남으면 버려야 하므로 6대운이 되는 것이다.

제3장
음양(陰陽) 오행론

01 천지개벽(天地開闢) 음양(陰陽) 창조   50
02 오행(五行)   52
03 오행상생(五行相生)   60
04 체(體)와 의식(意識) 이분법(二分法)   61
05 오행상극(五行相剋)   75

01 천지개벽(天地開闢) 음양(陰陽) 창조

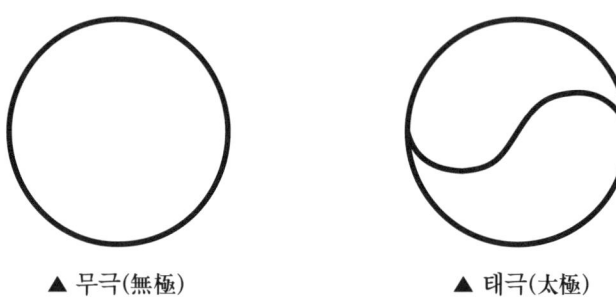

▲ 무극(無極)　　　　▲ 태극(太極)

　태극(太極)은 본래 무극(無極)에서 비롯된 것으로 조물주(造物主)가 천지개벽을 하기 전을 혼돈(混沌: 섞을 혼, 어두울 돈)이라 하고, 하늘과 땅이 창조되기 전을 무극(無極)이라 한다.
　해와 달, 별이 없으며 춥고 더움도 없었다. 공허한 하늘에는 비와 구름도 없었으며 바람도 없었다. 그리하여 어둡고 어두웠으며 아래에는 초목이나 짐승이나 사람 또한 없었으므로 언제나 어둠만 있는 진공(眞空)으로 무극이었으며 조물주가 천지개벽을 하기 전의 상태였지만 무극에는 무궁(無窮) 무량(無量)한 이치(理致)와 모든 근본이 되는 기운을 창조하는 단계였다.
　조물주는 태극에서 일기(一氣)가 생하고, 일기(一氣)는 동(動)하는 기(氣)와 정(靜)하는 기(氣)로 나뉘어 음양을 창조하였다. 이것을 양의(兩儀)라 하는 것이다.

청경(淸輕)하고 가벼운 것은 양(陽)이 된다.
중탁(重濁)하여 탁하고 무거운 것은 음(陰)이 된다.
양(陽)은 동(動)하는 기운이고, 음(陰)은 정(靜)하는 기운이다.
음양의 근원은 다음과 같다.
하늘 천(天)은 양(陽)이 되고, 땅 지(地)는 음(陰)이 된다.
태양(太陽)은 양(陽)이 되고, 달(月)은 음(陰)이 된다.
남자는 양(陽)이 되고, 여자는 음(陰)이 된다.

 명리학의 핵심은 음과 양이 만나는 음양(陰陽)의 상대성 원리에 있다. 만물과 사물은 음양이 아닌 것이 없으며, 음양이 짝 지어지거나 대립함으로써 변화가 일어나고 생산(生産)이 되는 것이다.
 천지 만물은 모두 음양 이원론(二原論)으로 성립이 되는 것이다. 하늘과 땅, 해와 달, 봄과 가을, 여름과 겨울, 장점과 단점, 전진과 후진, 짝수와 홀수, 선과 악, 이승과 저승, 혼(魂)과 백(魄), 부귀와 빈천 등 위와 같이 천지의 모든 형상과 사물은 음양(陰陽)으로 구분이 되는 것이다. 그러므로 모든 것은 음양의 배합으로 생산이 되는 것이다.
 하늘과 땅이 있으므로 천지 사이에 삼라만상(森羅萬象)이 나고 자랄 수 있는 것이며, 암수가 만나야 새로운 생명을 탄생시킬 수 있는 것이다. 음양의 근본 원리는 항상 변화하는 것이니, 고정되거나 정체되지 않는 것이다.
 낮과 밤이 교체되고 봄과 여름이 교체되며, 여름과 가을이 교체되고 가을과 겨울이 교체되면서 일 년(一年)이 만들어지는 것이다. 이렇게 음양이 변화하면서 음양의 작용으로 색다른 환경과 상황이 생성(生成)되도록 창조된 것이며, 음양은 끊임없이 변전(變轉)하여 가는 것이다.

02 오행(五行)

木	火	土	金	水
(나무 목)	(불 화)	(흙 토)	(쇠 금)	(물 수)

오행(五行)이란 목·화·토·금·수(木火土金水) 다섯 가지를 말한다.

사주학은 열 가지의 천간(天干)과 열두 가지의 지지(地支)를 음(陰)과 양(陽) 및 오행(五行)으로 분류하여 그 상호작용에 의해 사람의 운명을 예지(豫知: 미리 앎)하는 것이다. 그러므로 사주학의 기초는 오행에 있는 것이다.

조물주(造物主)는 하늘의 오성(五星)인 수성·화성·목성·금성·토성 등의 기(氣)에 맞추어 지구에는 태초(太初)에 처음으로 수(水)를 창조하고, 두 번째로 화(火), 세 번째로 목(木), 네 번째로 금(金), 다섯 번째로 토(土)를 창조하였다.

오행을 창조한 순서에 따라 천수(天數)가 정(定)해진 것이다.

- 수(水)는 1
- 화(火)는 2
- 목(木)은 3
- 금(金)은 4
- 토(土)는 5

1. 오행성(五行星)

오행성(五行星)은 목성(木星), 화성(火星), 토성(土星), 금성(金星), 수성(水星) 등이다.

하늘에서 해와 달은 태양(太陽)이고 태음(太陰)으로 음양(陰陽)을 상징하고 다섯 개의 별은 오행(五行)을 상징하는 것이다.

태양계(太陽系)에는 태양을 인력(引力) 중심으로 수성, 금성, 지구가 순서대로 유행(流行)하고, 지구의 위성(衛星)으로는 달이 공전(公轉)하며, 지구 밖으로는 화성, 목성, 토성이 순서대로 순환(循環) 유행(流行)하는 것이다.

토성(土星) 밖으로는 천왕성·해왕성·명왕성 등 아홉 행성(行星)과 이에 속한 32개의 위성(衛星) 및 1,600개 이상의 소행성·혜성·유성(流星)을 합한 것을 총칭하여 태양계라고 하는 것이다.

음양인 태양과 달, 태양계에 있는 다섯 개의 별 오행성의 기(氣)를 받아서 태어나고 지구에서 사는 사람이 타고난 사주가 그 기(氣)를 받으면서 운명에 길흉의 변화가 생성(生成)되는 것이므로 오행성, 별의 기(氣)가 유행(流行)하는 것을 응용하여 쓰는 것이 원래 명리의 기본이다.

그러나 대부분 명리학에서는 오행을 이해하기 쉽게 지구에 있는 물질 오행으로 응용하였다. 명심해야 하는 것은 오행성 별의 기(氣) 작용으로 운세가 변화한다는 점이다.

2. 오행론(五行論)

▼ 목(木)

목(木)의 방향은 동(東)쪽이고, 계절은 봄이며, 하루로 치면 아침에 해당한다. 봄은 동방목(東方木)이라 봄에는 동풍(東風)이 많이 불고, 기(氣)는 산소(酸素)가 되며, 색(色)은 청색(靑色)이고 성질은 인(仁)으로 마음이 여리고 인정이 많다.

▼ 화(火)

화(火)의 방향은 남(南)쪽이고, 계절은 여름이며, 하루로 치면 낮에 해당한다. 색은 적색(赤色)이며 기(氣)는 탄소(炭素)가 되고 성질은 예(禮)이니 겸손하고 예의가 바르나 불같이 성급하여 욱하고 화내는 경솔함이 있다.

▼ 토(土)

토(土)의 방향은 목화금수 사방의 중앙이며, 계절도 각 계절의 중앙이고, 하루로 치면 해가 중천에 떠 있는 낮에 해당한다. 기(氣)는 중성자(中性子)이고, 색은 황색(黃色)이며 성질은 신(信)이니 믿음이 있어 신앙인이 많고 성실한 것이다.

▼ 금(金)

금(金)의 방향은 서(西)쪽이고, 계절은 가을이며, 하루로 치면 저녁에 해당한다. 기(氣)는 질소가 되며, 색은 백색(白色)이고 성질은 의(義)이다. 의리는 있으나 경금(庚金)은 냉정하여 싸우고 감정이 있으면 상대를 않는 특성이 있다.

▼ 수(水)

수(水)의 방향은 북(北)쪽이고, 계절은 겨울이며 하루로 치면 밤에 해당한다. 기(氣)는 수소(水素)가 되며, 색은 흑색(黑色)이고 성질은 지(智)이다. 지혜가 있어 어려운 난처한 상황을 약게 처리하는 꾀가 많은 것이다.

3. 오행(五行) 계절(季節)의 왕쇠(旺衰)

오행 계절의 왕쇠는 실제 공부하고 통변하는 데 필요한 오행 상극·상생의 원리를 적용하여 설명해 놓은 것이다.

▼ 목(木)

목(木)은 봄 인묘(寅卯)월에 가장 왕성하고, 겨울 해자(亥子)월은 수생목(水生木) 하여 왕성하며, 사계절인 진술축미(辰戌丑未)월에 약해지고, 여름 사오(巳午)월에는 목생화(木生火) 하므로 쇠약해지며, 가을 신유(申酉)월에는 목(木)을 극하는 금이 왕성한 계절이므로 가장 쇠약해진다.

▼ 화(火)

화(火)는 여름 사오(巳午)월에 가장 왕성하고, 봄 인묘(寅卯)월은 목생화(木生火) 하므로 왕성하다.

가을 신유(申酉)월에 약해지며, 사계절인 진술축미(辰戌丑未)월에 설기 되어 쇠약해지고, 겨울 해자(亥子)월은 수가 왕 해지므로 수극화(水剋火) 하여 가장 쇠약해진다.

▼ 토(土)

토(土)는 사계절인 진술축미(辰戌丑未)월에 가장 왕성하고, 여름 사오(巳午)월은 화생토(火生土)하여 왕성하다. 가을 신유(申酉)월은 설기 되어 약해지고, 겨울 해자(亥子)월은 수가 왕하여 약해지며, 봄 인묘(寅卯)월에 목극토(木剋土) 하여 가장 쇠약해진다.

▼ 금(金)

금(金)은 신유(申酉)월에 가장 왕성하며, 토가 성(盛)하는 사계절인 진술축미(辰戌丑未)월에 토생금(土生金) 되어 왕성하다. 겨울 해자(亥子)월에 설기 되어 쇠약해지며, 봄 인묘(寅卯)월은 목왕(木王) 하여 약해지고, 여름 사오(巳午)월에는 화극금(火剋金) 하여 가장 쇠약해진다.

▼ 수(水)

수(水)는 겨울 해자(亥子)월에 가장 왕성하고, 가을 신유(申酉)월은 금생수(金生水) 하여 왕성하며, 봄 인묘(寅卯)월은 목이 왕성하여 설기 하므로 쇠약해지고, 여름 사오(巳午)월은 화(火)가 강하여 약해지며, 사계절인 진술축미(辰戌丑未)월에는 토(土)가 강하여 가장 쇠약해진다.

4. 계절(季節)의 왕상휴수사법(旺相休囚死法)

계절 일간 출생월	봄-木 1, 2, 3	여름-火 4, 5, 6	가을-金 7, 8, 9	겨울-水 10, 11, 12	土 四季節
木 甲乙	왕(旺) 寅卯	휴(休) 巳午	사(死) 申酉	상(相) 亥子	수(囚) 辰戌丑未
火 丙丁	상(相) 寅卯	왕(旺) 巳午	수(囚) 申酉	사(死) 亥子	휴(休) 辰戌丑未
土 戊己	사(死) 寅卯	상(相) 巳午	휴(休) 申酉	수(囚) 亥子	왕(旺) 辰戌丑未
金 庚辛	수(囚) 寅卯	사(死) 巳午	왕(旺) 申酉	휴(休) 亥子	상(相) 辰戌丑未
水 壬癸	휴(休) 寅卯	수(囚) 巳午	상(相) 申酉	왕(旺) 亥子	사(死) 辰戌丑未

5. 오색(五色)

- 목(木)은 녹색(綠色)이고 푸른색이다.
- 화(火)는 적색(赤色)이고 붉은색이다.
- 토(土)는 황색(黃色)이고 누런색이다.
- 금(金)은 백색(白色)이고 흰색이다.
- 수(水)는 흑색(黑色: 검정)이고 파란색이다.

6. 오궁(五窮)

- 목(木)은 눈(目: 눈 목)이다.
- 화(火)는 혀(舌: 혀 설)이다.
- 토(土)는 입(口: 입 구)이다.
- 금(金)은 코(鼻: 코 비)이다.
- 수(水)는 귀(耳: 귀 이)이다.

눈, 혀, 코, 귀, 입의 다섯가지 감각기관을 오궁, 또는 오근(五根)이라 하며 보고 듣고 먹고 맛과 향을 느끼므로 오욕(五慾)이 생성(生成)되는 원인이 되는 것이다.

7. 오기(五氣)

- 목(木)은 풍(風: 바람 풍)이다.
- 화(火)는 열(熱: 더울 열)이다.

- 토(土)는 습(濕: 젖을 습)이다.
- 금(金)은 조(燥: 마를 조)이다.
- 수(水)는 한(寒: 찰 한)이다.

8. 오행(五行)의 수(數) - 하도 낙서 참고, 오행의 수만 암기

수(水)	1, 6	1은 수(水)가 되고 5가 합하여 6이 되어 1과 6은 수(水)이다.
화(火)	2, 7	2는 화(火)가 되고 5가 합하여 7이 되어 2와 7은 화(火)이다.
목(木)	3, 8	3은 목(木)이 되고 5가 합하여 8이 되어 3과 8은 목(木)이다.
금(金)	4, 9	4는 금(金)이 되고 5가 합하여 9가 되어 4와 9는 금(金)이다.
토(土)	5, 10	5는 토(土)가 되고 5가 합하여 10이 되어 5와 10은 토(土)이다.

9. 오장육부(五臟六腑)

▼ 오장(五臟)

- 목(木)은 간장(肝臟)이다.
- 화(火)는 심장(心臟)이다.
- 토(土)는 비장(脾臟)이다.
- 금(金)은 폐장(肺臟)이다.
- 수(水)는 신장(腎臟)이다.

▼ 육부(六腑)

- 목(木)은 담(膽: 쓸개 담)이다.
- 화(火)는 소장(小腸)이다.
- 토(土)는 위장(胃腸)이다.
- 금(金)은 대장(大腸)이다.
- 수(水)는 방광(膀胱)이다.

03 오행상생(五行相生)

▼ 오행(五行) 상생표(相生表)

木生火 (목생화)	火生土 (화생토)	土生金 (토생금)	金生水 (금생수)	水生木 (수생목)

- 목생화(木生火) - 나무가 있어야 불이 살아나고 나무는 불을 생(生)하니 목생화(木生火)라 하는 것이다.
- 화생토(火生土) - 불에 타면 재가 흙이 되므로 화생토(火生土)라 하는 것이다.
- 토생금(土生金) - 땅속에서 금(金)이 나오고, 흙의 압축이 금(金)이 된 것이니 토생금(土生金)이라 하는 것이다.
- 금생수(金生水) - 철분이나 금석(金石)에서 습이 생성(生成)되어 물이 나오고 금(金)이 녹으면 물이 되므로 금생수(金生水)라 하는 것이다.
- 수생목(水生木) - 물이 있어야 나무가 살고, 물이 나무를 살리므로 수생목(水生木)이라 하는 것이다.

04 체(體)와 의식(意識)
이분법(二分法) – 예시: 사주 설명은 육신론 공부 후

    소승이 수십 년 동안 명리학 고서(古書)와 불교사상을 탐독하고 수만 명의 운명감정을 통하여 실증(實證)을 하면서 연구한 끝에 명리학 역사상 처음으로 명리 사주학이 과학적 학문으로 발전할 수 있는 핵심의 원리인 체(體)와 의식(意識) 이분법(二分法)의 이치(理致)를 깨달아 체계적으로 정립하여 제시(提示)하게 되었으며, 명리 사주학의 새로운 지평을 열었다고 자부(自負)한다.

    소승이 깨달음을 얻기 전, 명리(命理)의 심오(深奧)한 본질과 내재(內在)된 이치를 알지 못하고 각 육친의 본신(本身)인 체(體)와 체(體)의 합(合)이나 충극 된 것으로서 화합한다거나 불화하는 것으로 망령(妄靈)되이 작용력을 응용하여 운명감정을 한 것을 되돌아 보면 부끄럽고 가히 우습다 아니할 수 없다. 그도 그럴 것이 공부한 고대(古代)와 현대의 유명 역학서가 모두 그러한 이론으로 되어 있기 때문이다.

    그러나 상생(相生) 상극(相剋) 합(合)의 원리에서 명심하고 주목할 점이 있다. 의식(意識)이 없는 물질은 상생(相生) 받는 환경을 만나면 그 본능에 따라서 상생(相生)할 뿐이고, 충극 받는 환경을 만나면 그 본능에 따라서 충극 되어 약한 쪽이 상할 뿐이며, 합(合)이 되는 환경을 만나거나 사람이 인위적으로 합(合)을 시키면 합이 될 뿐이다. 그러나 의식이 있는 생명체는 다른 이치(理致)가 적용되는 것이다.

본신(本身)인 체(體)와 의식(意識)의 두 가지 근원으로 분류하여 상극(相剋)·상생(相生)·합(合)의 원리를 적용하는 것이다. 본신(本身)인 체(體)와 의식(意識)을 구분하는 원리는 다음과 같다.

- 목(木) - 목(木)은 체(體)가 되고 목(木)이 생(生)한 화(火)는 의식(意識)이 되며 죽으면 영혼이 된다.
- 화(火) - 화(火)는 체(體)가 되고 화(火)가 생(生)한 토(土)는 의식(意識)이 되며 죽으면 영혼이 된다.
- 토(土) - 토(土)는 체(體)가 되고 토(土)가 생(生)한 금(金)은 의식(意識)이 되며 죽으면 영혼이 된다.
- 금(金) - 금(金)은 체(體)가 되고 금(金)이 생(生)한 수(水)는 의식(意識)이 되며 죽으면 영혼이 된다.
- 수(水) - 수(水)는 체(體)가 되고 수(水)가 생(生)한 목(木)은 의식(意識)이 되며 죽으면 영혼이 된다.

일간(日干)은 체(體)가 되고 일간(日干)이 생(生)한 식상은 의식(意識)이 되는 것이며 죽으면 영혼이 되는 것이다.

각(各) 육친(六親) 오행은 체(體)가 되고 육친오행이 생(生)한 오행은 각(各) 육친의 의식(意識)이 되는 것이다. 각 육친오행의 관계는 충극이나 합으로 되어 있는 것이다.

체(體)와 체(體)의 합이나 충극은 작용력은 응용하지 않고, 성별과 육친이 누구인지 분별하는 기준으로만 보는 것이다.

사랑하고, 좋아하고, 미워하고, 싫어하고, 화합하고, 불화하는 것은 마음인 의식(意識)의 합이나 상생(相生), 상극, 상충에 있기 때문이다.

제3장 음양(陰陽) 오행론

✔ 체와 의식 이분법의 원리(原理)

```
[예] 체(體)는 甲 ┬→ 의식-丙 → 辛은 체·몸: 丙辛합은 甲이 사랑하는 마음
              └→ 의식-丙 → 庚은 체·몸: 丙庚극은 甲이 미워하는 마음
[예] 체(體)는 甲 ← 辛은 己의 의식: 己가 甲을 사랑하는 마음
              ← 庚은 己의 의식: 己가 甲을 미워하는 마음
[예] 체(體)는 甲 → 의식-丙 — 壬은 辛의 의식: 丙壬충은 의견충돌
[예] 체(體)는 甲 ← 庚은 甲을 사상(死傷): 처·己의 상관·자궁·언변
```

```
[예] 체(體)는 甲 → 丙 — 식신을 생성 庚을 제하고 살아남으려 한다.
[예] 체(體)는 甲 ← 庚은 己의 의식(意識)
```

편관이나 칠살(七殺)에 충극되면 사주에 식신이 없어도 자신을 사상(死傷)하는 칠살을 제하고 살아남으려 의식에서 식신이 생성되고 상대와 친화(親和)로 유도 시키려 사교성인 상관도 생성되는 것이다. 이치는 식신은 칠살을 억제하거나 사상하고 상관은 편관·칠살을 적당히 극하여 쓸만한 물건이 되도록 정성을 다하여 정제(精製)하는 것과 같기 때문이다.

```
[예] 체(體)는 甲 → 丁 — 상관 생성, 지기 싫어하는 오기, 고집, 공격성
[예] 체(體)는 甲 — 乙·겁재
```

겁재가 있어 신왕하고 시비분쟁이 생기면 사주에 상관이 없어도 의식(意識)에 상관이 생성되어 지기 싫어 고집과 오기를 부리며 거칠고 사납게 공격적으로 변하는 것이다.

```
[예] 체(體)는 甲 — 甲·비견
```

사주에 비견인 甲이 있고 신약하면 협력을 잘하고 형제나 친구를 좋아하나 신왕하면 경쟁심이 의식에 생성되어 형제와 싸우고 친구와도 불화하여 상대하기 싫어하는 것이다.
이치는 신약하면 도움과 의지가 필요하기 때문이고 신왕하면 비견이 경쟁자가 되기 때문이다.

[예] 체(體)는 甲 ─ 의식(意識) 丙 ─ 庚은 己의 의식(意識)
              └→ 병경극

甲의 체(體)와 己의 체(體)는 갑기합(甲己合)으로 성별은 남녀이고, 육친관계로는 정재(正財)이니 처가 된다. 甲의 의식(意識) 丙과 己의 의식인 庚이 병경극(丙庚剋) 하고, 己의 의식 庚이 甲의 체를 갑경충(甲庚冲) 하여 미워하는 증오심이 있다. 부부가 의견충돌이 되어 이혼을 염두에 두고 미워하여 싸우고 불화하는 것이 된다.

[예] 체(體)는 甲 ─ 의식(意識) 丙 ─ 辛은 戊의 의식(意識)
              └→ 병신합

甲의 체(體)와 戊의 체(體)는 갑무극(甲戊剋)으로 성별은 남녀이고 육친 관계로는 편재이니 애인이나 첩이 된다. 甲의 의식 丙과 戊의 의식 辛이 병신합(丙辛合)이 되었다. 불륜관계로 만났으나 서로가 사랑하는 것이 된다.

▼ 의식(意識)이 체(體)를 충극하면 미워하는 증오심이 되는 것이며, 상관은 정관을 사상(死傷)하는 것이다.

충극 당한 정관체(體)는 체를 보호하려는 의식(意識)인 식신이 사주에 없어도 의식에 식신이 생성되어 언행(言行)하는 것이다.

[예] 여명(女命)

┌→ 상관: 아들이며 자신의 의식
丙 庚 癸 丁 → 정관: 己를 생성(生成), 癸를 제함
子 辰 卯 酉
└→ 정재: 아들의 의식

이 명조(命造)는 연상(年上)에 정관 남편의 체(體)와 월상(月上)에 아들의 체(體)가 정계충(丁癸冲)이 되었다. 이것은 체와 체의 충극으로 충극의 작용력은 없으므로 응용하지 않

는다. 아들의 의식인 정재(正財)가 정관을 생하고 있으니 아들은 남편을 좋아하고 남편은 아들을 사랑한다. 자신과 남편 관계에서는 자신의 의식이며 상관인 계수(癸水)가 정관을 정계충(丁癸冲) 하여 사상(死傷)하니 아들의 체가 상관으로 변하는 것이다. 상관은 정관 남편입장에서 처(妻)의 의식이 되고 자신을 미워하는 증오심이 되며, 자궁이 되고 자신을 사상(死傷)하는 칠살이 되므로 악(惡)의 식신을 생(生)하여 칠살을 제(制)하고 살아남으려 자기 말이 법(法)이고 처를 구박하고 술만 먹으면 시비 구타하였으며, 칠살 자궁에 압도(壓倒)되어 처와 성관계하면 정력이 약해져 조루증이 오므로 재미가 없고, 다른 여자와 성관계하면 정력이 강해지고 재미가 있으므로 작첩(作妾: 애인)하여, 상관운인 계미년(癸未年)에 이혼하고 아들은 남편과 살고 있으며 자신은 재혼하였다.

예 여명(女命)

```
       ┌ 조모    ┌ 조부
    己  丙   甲   庚  → 부친, 조모의 상관, 의식
    丑  戌   申   子  → 정관: 부친의 의식
```

이 명조(命造)는 조부와 부친의 관계는 편인 조부의 체(體)와 편재 부친의 체가 갑경충(甲庚冲)이 되었으며, 부친의 의식인 정관이 편인을 생(生)하고 있다. 체와 체의 충극이니 조부와 부친은 불화하지 않았으며 부친은 효자였다. 조부와 조모관계는 조모의 의식이며 상관인 편재가 조부의 체를 갑경충(甲庚冲) 하여 사상(死傷)하니, 부친의 체가 조모의 상관으로 변하였다. 조부 입장에서 편재는 처(妻)의 의식이 되고 자신을 미워하는 증오심이 되며, 자신을 사상(死傷)하는 칠살이 되므로 악(惡)의 식신을 생(生)하여 칠살을 제(制)하고 살아남으려 자기 말이 법(法)이고 조모를 구박하고 구타하여 조부와 조모는 불화하였다.

▼ 사주팔자에 체(體)만 있고 의식인 식상(食傷)이 없어도 체가 충극이나 합(合), 또는 상생(相生)에 따라서 의식이 변화 생성되어 언행(言行)하는 것을 이치(理致)에 따라서 응용하여 통변 하는 것이다.

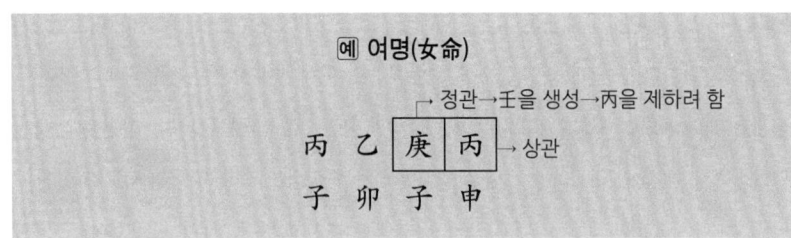

이 명조(命造)는 월상(月上)에 상관이 정관을 병경극(丙庚剋) 하였다. 庚 정관 남편입장에서 丙은 자신의 체(體)를 사상(死傷)하는 칠살이 되므로 칠살을 제(制)하고 살아남으려, 壬의 의식이 생성되는 것으로 추정 응용하는 것이다. 사주팔자에 壬이 없어도 壬 악(惡)의 식신을 생(生)하여 병임충(丙壬沖)으로 칠살을 제(制)하는 언행을 하니, 자기 말이 법(法)이고, 처를 구박하며 술만 먹으면 시비 구타하므로 상관운인 병자년(丙子年)에 가출 후 이혼하였다.

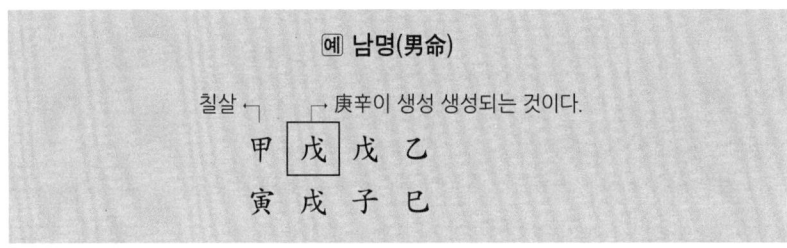

이 명조(命造)는 戊 체(體)가 甲 칠살에 갑무극(甲戊剋)이 되었다. 칠살은 강자(强者), 상인(上人), 손님 등이 되고, 아들이 되며, 처(妻)의 상관이 되고, 자신을 억압하거나 사상(死傷)하는 작용을 하는 것이다. 칠살에 충극되면 신경이 예민하고, 기분이 좋고 나쁜 표정관리가 안 되며, 체를 극(剋)하는 칠살에 대처해야 하므로 식상이 사주에 없어도 상대와 화친(和親)하거나 상대를 제압하려는 선악(善惡)의 의식인 식상이 생성되어 언행(言行)하는 것을 응용하여 통변하는 것이다.

▼ 대인관계(對人關係)

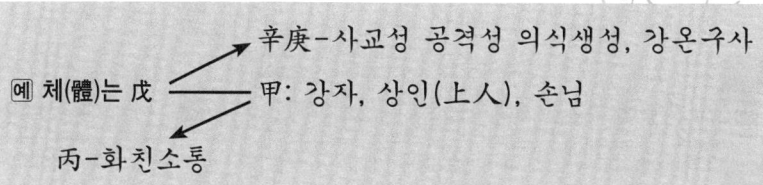

편관·칠살은 강자, 상인(上人), 손님 등의 체(體) 몸이 되고 상대가 공격하는 언행은 자신을 사상(死傷)하는 편관 칠살이 되는 것이다.

또한, 편관은 권력(權力: 강제로 복종시키는 힘)이 되므로 사주에 편관이 있으면 의식에 권력의 기질이 있어 강자에게 복종하게 되고 약자에게는 권력행사를 하니 난폭한 언행으로 제압하여 복종시키려 하는 것이다.

편관이 있으면 강자에게는 복종하거나 친하게 지내야 하므로 눈치를 살피며 잘 웃는 간교한 사교성과 거칠고 사나운 난폭함이 타고난 천성인 것이다.

고로 위명조는 기분이 좋고 나쁜 표정관리가 안 되고 위 설명한 바와 같이 언행 하는 것이다.

▼ 처(妻)와의 관계

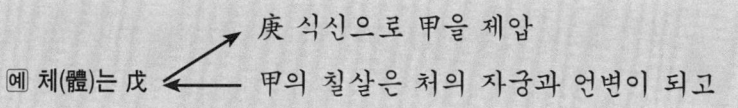

자신의 체를 사상하는 살기가 되므로 악의 식신을 생하여 제하고, 살아남으려 자기 말이 법이고 처를 쌍욕을 하면서 구박하고 대항하면 구타하며 칠살 자궁에 압도되어 처와 성관계하면 조루증이 오는 사람이다.

▼ 자식과의 관계

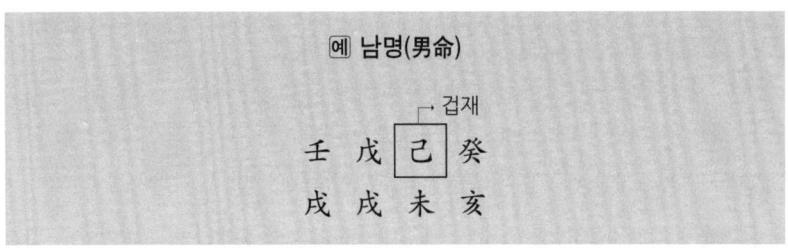

자신의 체(體)와 아들의 체(體)가 갑무극(甲戊剋)이 되었으나 이것은 체와 체의 충극(冲剋)으로 충극의 작용력은 없으니 아들을 미워하거나 구박하지 않는다. 그러나 자신이 처(妻)에게 거칠고 사납게 언행하여 아들이 자신을 기피하고 처만 따르므로 처와 한통속이라는 마음이 생성되어 처를 구박할 때 새끼와 한통속이라는 말을 하게 되는 것이다. 위와 같은 이치로 의식이 작용하여 언행(言行)하는 것을 응용하여 통변하는 것이다.

예 남명(男命)

```
          ┌→ 겁재
  壬  戊  己  癸
  戌  戌  未  亥
```

신왕에 겁재가 있으면 경쟁심이 강하고 욕심이 많으며 시비 분쟁이 일어나면 이기려는 오기(傲氣)가 생성되어 사납고 거칠게 언행(言行)하는 것을 응용하여 통변하는 것이다.

✔ 사주팔자는 운명의 시스템(system: 필요한 기능을 실현하기 위하여 어떤 법칙에 의하여 조합한 복합체)이 되므로 사주팔자에서 일간(日干)이나 육친이 체(體)와 의식이 합(合)이나 생설극제(生泄剋制), 형충파해 등이 되면 그 작용하는 기운(氣運)대로 각 육친은 언행(言行)하게 되어 있는 것이다.

▼ 의식(意識)이 체(體)와 합(合)하면 자신이 좋아하고 사랑하는 것

```
          예 여명(女命)
             ┌ 정관: 남편 → 의식이 을경합
    의식 ← 庚 戊 乙 癸
           申 午 卯 巳
```

이 명조(命造)는 의식인 식신과 정관이 을경합(乙庚合)이 되었다. 남편을 사랑하여 결혼하였고 해로(偕老)하고 있다.

▼ 의식과 의식이 합(合)이 되면 서로가 좋아하는 것

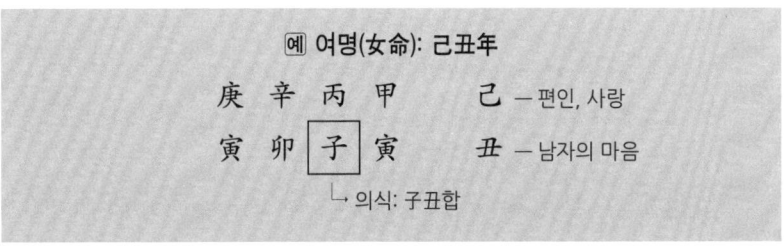

명조(命造)는 자신의 의식과 남자의 의식이 자축합(子丑合)이 되는 기축년(己丑年)에 남편을 만나 결혼하였다.

▼ 남명(男命)에서 정관이 일주(日主)와 합(合)이 되면 여자들이 자신을 좋아하여 잘 따르는 것이다. 이치(理致)는 정관은 여자들의 의식(意識)으로 자신을 좋아하는 마음이 되기 때문이다.

예 남명(男命)

```
                    ┌ 정관: 여자의 마음이 일주와 합
    壬  丁  壬  辛
    寅  丑  辰  酉
```

이 명조(命造)는 재성의 의식인 정관이 자신의 체(體)인 일주(日主)와 정임합(丁壬合)이 되었으며, 자신의 의식인 식상(食傷)이 편재와 진유합(辰酉合), 유축합(酉丑合)이 되었다. 여자들이 좋아하여 잘 따르고 자신도 여자들을 좋아하며 여자와 대화가 잘 통하고 여자친구가 많으며 음란(淫亂)하여 여자관계가 혼잡한 사람이다.

▼ 의식이 체(體)를 충극(沖剋) 하면 자신이 미워하는 것

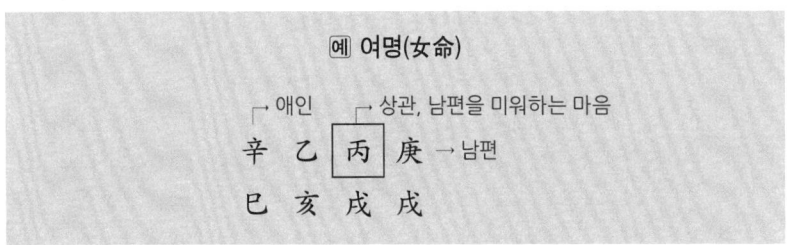

이 명조(命造)는 의식(意識)인 상관이 정관을 병경극(丙庚剋) 하고 편관과 병신합(丙辛合)이 되었다. 남편을 미워하고 애인을 좋아하여 애인 두고 살다가 이혼하고 애인과 재혼하였다.

▼ 식상(食傷)이 귀문관살이면 귀신이 빙의(憑依) 되어 신기(神氣)가 있는 것이다. 식상은 의식(意識)이 되고 귀문관살은 귀신이 통하는 살(殺)이 되기 때문이다.

예 여명(女命): 인미, 묘신, 귀문관살

```
丁 己 壬 壬
卯 [未] 寅 申  → 상관: 의식·귀문관살
```

이 명조(命造)는 의식(意識)이 귀문관살이고, 일지(日支) 안방이 귀문관살이다. 신기(神氣)가 있어 귀신이 잘 보이고 무속인에게 점치는 것을 좋아하며 무속인이 되는 것이 소원이라고 하는 여인이다.

▼ 식상(食傷)이 인성(印星)에 충극되면 스트레스를 잘 받는 것이다. 이치는(理致)는 의식인 식상이 인성에 충극 되어 마음이 상(傷)하기 때문이다.

예 여명(女命)

```
己 壬 辛 辛
酉 辰 [卯] 酉  → 정인, 남편의 언행
              └ 의식: 묘유충·마음이 상함
```

이 명조(命造)는 정인이 혼잡하고 정인이 의식(意識)인 상관을 묘유충(卯酉冲) 하였다. 정인은 남편의 의식이니 남편이 속 터지는 언행을 골라 하여 스트레스를 잘 받는 여인이다.

- 체(體)와 의식(意識) 이분법(二分法)은 성격 독심술의 핵심의 원리가 되는 것이다.
- 의식인 마음은 몸·체(體)의 주인이다.
  내 몸체는 우주의 음양인 태양과 달·오행성(五行星) 별의 기(氣)를 받아 이루어졌고 그 몸을 다스리는 마음은 이(理)를 받아 이루어졌다. 하늘이 명한 것이 이(理)이고 그것이 나에게 있으니 성(性)이며 마음은 성(性)을 담는 그릇이다.

마음속에 마음이 있어 그것이 정신의 근원이 되는 의식(意識)이고 심령(心靈)이며 죽어 심령이 육체를 떠나면 영혼이고 영혼은 불멸(不滅)하니 몸체는 늙으나 그 마음은 늙지 않고 마음은 오행성 별의 기(氣)를 받으면서 변화 생성되는 것이 바로 정(情)이다.

그래서 사람의 마음을 크게는 성정(性情)으로 나누어 말하며 마음은 행동하고 행동하면 결과가 나타난다.

고로 신살(神殺)의 성정과 십신(十神)의 성정을 이해하면 그 마음과 마음의 변화를 정확하게 예측할 수 있는 것이다.

그래서 신살과 십신의 성정을 이해하기 쉽게 기술(記述)해 놓았다.

- 모든 것은 이치가 있으나 끝까지 탐구하지 않아 아는 것이 극치에 이르지 못하는 것이다.

이분법은 명리 사주학에서 처음 제시된 이론으로 어려움이 있겠으나 예시를 반복하여 살펴보면 이해가 될 것이다.

제3장 음양(陰陽) 오행론 73

▼ 체와 의식 이분법과 운세변화도

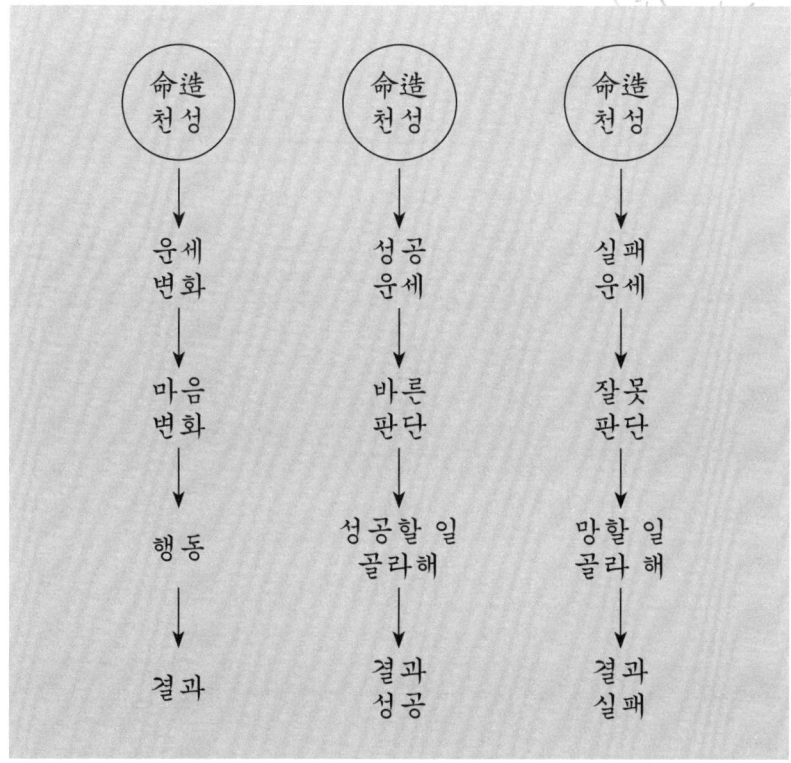

- 각(各) 육친(六親) 오행(五行)은 체(體)가 되고, 각 육친이 생(生)한 오행(五行)은 육친의 의식이 되며, 죽으면 영혼이 되는 것이다.
  예를 들어, 부친이 사망하였다면 편재가 생한 관성은 부친의 영혼이 되는 것이다.
  정관(正官)은 원한이 없는 영혼이 되고, 칠살(七殺)은 원한(怨恨)이 많은 영혼이 되는 것이다.

▼ 육친의 영혼이 자신의 의식과 합(合)이 되거나 귀문관살(鬼門關殺)이면 해당 육친의 영혼이 빙의(憑依)된 것으로 응용하는 것이다.

예 여명(女命)

庚 癸 乙 辛
申 卯 未 亥
   └ 외조모영혼

이 명조(命造)는 외조모가 무속인이었다. 편관은 외조모가 되고 인성(印星)은 외조모의 영혼이 되는데, 자신의 의식인 식신과 묘신(卯申) 귀문관살에 을경암합(乙庚暗合)이 되었다. 외조모의 영혼이 빙의(憑依)되어 외조모가 꿈에 너를 도와주러 왔다며 자주 나타나더니 몸이 아파 내림굿을 하고 무속인이 되었다.

• 기타 이분법 설명은 육신론에서 독심술을 참고

05 오행상극(五行相剋)

▼ 오행(五行) 상극표(相剋表)

木剋土 (목극토)	土剋水 (토극수)	水剋火 (수극화)	火剋金 (화극금)	金剋木 (금극목)

- 목극토(木剋土) - 나무는 흙을 뚫고 나오며, 뿌리가 흙을 뚫고 들어가므로 목극토(木剋土)라 한다.
- 토극수(土剋水) - 흙에 의하여 물이 막히고, 흙으로 제방을 쌓아서 물을 막으니 토극수(土剋水)라 한다.
- 수극화(水剋火) - 물은 불을 끄고 불은 물을 만나면 꺼지므로 수극화(水剋火)라 한다.
- 화극금(火剋金) - 불은 쇠를 녹일 수 있으니 화극금(火剋金)이라 한다.
- 금극목(金剋木) - 쇠는 나무를 베어 자를 수 있으므로 금극목(金剋木)이라 한다.

오행 상극은 체(體)와 의식(意識) 이분법(二分法)으로 응용하는 것이다.
극(剋)을 하는 자는 극(剋)하며 기(氣)가 소모되어 약해지므로 '소모약(消耗弱)'이라 하고 극(剋)을 받는 자는 극(剋)을 받아서 약해지므로 '극제약(剋制弱)'이라 하는 것이다.

양(陽)이 양(陽)을 만나고 음(陰)이 음(陰)을 만나면 음양(陰陽)이 부조(不調)되어 극(剋)을 하게 되는 것이다.

상극(相剋)은 상대의 강왕(强旺) 하고 쇠약한 세력에 따라서 변화하게 되어 있는 것이니 수극화(水剋火)하나 물이 약하고 불이 강하면 오히려 물이 마른다. 다른 오행도 같은 원리를 적용한다.

▼ 간지(干支) 오행(五行) 배속표

구 분	목(木)	화(火)	토(土)	금(金)	수(水)
천 간	甲乙	丙丁	戊己	庚辛	壬癸
지 지	寅卯	巳午	辰戌丑未	申酉	亥子
오 성	목성	화성	토성	금성	수성
계 절	봄	여름	환절기	가을	겨울
하 루	아침	점심	오후	저녁	한밤중
인 생	소년기	청년기	중년기	장년기	노년기
기 운	풍(風)	열(熱)	습(濕)	조(燥)	한(寒)
오 방	동방	남방	중앙	서방	북방
세 계	극동	적도부근	중국, 인도	유럽, 미국	북구, 러시아
속 성	인정	예의	신용	의리	지혜
색 상	청색	적색	황색	백색	흙색
오 수	3, 8	2, 7	5, 10	4, 9	1, 6
맛	신맛	쓴맛	단맛	매운맛	짠맛
입 속	맛	혀	입술	치아	침
발 음	ㄱ ㅋ	ㄴ ㄷ ㄹ ㅌ	ㅇ ㅎ	ㅅ ㅈ ㅊ	ㅁ ㅂ ㅍ
오 령	혼(魂)	심신(心神)	의(意)	기백(氣魄)	정(情)
신 체	근육	혈맥	살	뼈. 피부	골수
오 장	간장	심장	비장	폐장	신장
육 부	담장	소장	위장	대장	방광
얼 굴	눈	혀	입	코	귀

제 4 장
지지(地支)
장간법(藏干法)과 합(合)

01 지지(地支) 장간법(藏干法)   80
02 천간합(天干合)   84
03 삼합국(三合局)   87
04 지지(地支)육합(六合)   92
05 암합(暗合)   93
06 합(合)의 응용(應用)   95

01 지지(地支) 장간법(藏干法)

천(天)은 가볍고 맑은 기(氣)가 되고 지(地)는 무겁고 탁(濁)한 질(質)이다. 그 사이에 명(命)과 운(運)을 품수(稟受: 천생으로 받음)하여 사람이 태어나니 천간(天干)을 천원(天元)이라 하고 하늘을 상징하는 것이다.

지지(地支)는 지원(地元)이라 하고 지구를 상징하는 것이다.

장간(藏干)은 인원(人元)이라 하고 만물을 상징하는 것이다.

지장간(地藏干)이란 지지(地支)에 암장(暗藏)되어 있는 천간을 지장간이라고 하는 것이다.

지장간은 천간(天干)을 응용하는 것이고, 지지(地支)는 천간을 통근(通根)시켜서 강약 왕쇠를 결정하는 데 중요한 역할을 하는 것이다.

출생 시에 어느 기(氣)가 맡고 있는가? 즉, 사령관장(司令管掌: 일을 맡아서 주관함)에 따라 인명(人命)의 영고성쇠(榮枯盛衰: 인생의 번성과 쇠락이 바뀜)를 좌우하는 기운이 강(强)하므로 인원용사(人元用事) 또는, 용신(用神)이라 하는 것이다.

지장간은 1개월간에 기후의 변화를 나타낸 것이니 여기(餘氣), 중기(中氣), 정기(正氣)로 구분되며, 여기, 중기, 정기의 기(氣)가 있어서 작용하는 것이다.

- 여기(餘氣)는 전월(前月)의 기가 남아 있다는 뜻이다.
- 중기(中氣)는 여기와 정기의 중간 기(氣)란 뜻이다.

• 정기(正氣)는 그달에 오행(五行)의 본기(本氣)를 뜻한다.

✓ 사령일수(司令日數)

▼ 인신사해(寅申巳亥)는 7일, 7일, 16일을 각각 사령(司令: 맡아 주관) 하는 것이다.
- 여기(餘氣)는 7일을 사령(司令) 하는 것이다.
- 중기(中氣)는 7일을 사령(司令) 하는 것이다.
- 정기(正氣)는 16일을 사령(司令) 하는 것이다.

생지(生支)	여기(餘氣)	중기(中氣)	정기(正氣)
寅	戊 7일	丙 7일	甲 16일
申	戊 7일	壬 7일	庚 16일
巳	戊 7일	庚 7일	丙 16일
亥	戊 7일	甲 7일	壬 16일

▼ 자묘유(子卯酉)에는 10일, 20일씩 각각 사령(司令) 하고, 오(午)는 10일, 9일, 11일을 각각 사령(司令) 하는 것이다.
- 여기(餘氣)는 10일간을 사령(司令) 하는 것이다.
- 중기(中氣)는 오중(午中) 기토(己土)만 9일을 사령(司令) 하는 것이다.
- 정기(正氣)는 20일을 사령(司令) 하는 것이고, 오중(午中) 기토(己土)는 11일을 사령(司令) 하는 것이다.

왕지(旺支)	여기(餘氣)	중기(中氣)	정기(正氣)
子	壬 10일		癸 20일
午	丙 10일	己 9일	丁 11일
卯	甲 10일		乙 20일
酉	庚 10일		辛 20일

▼ 진술축미(辰戌丑未)는 9일, 3일, 18일을 각각 사령(司令) 하는 것이다.
- 여기(餘氣)는 9일을 사령(司令) 하는 것이다.
- 중기(中氣)는 3일을 사령(司令) 하는 것이다.
- 정기(正氣)는 18일을 사령(司令) 하는 것이다.

고지(庫支)	여기(餘氣)	중기(中氣)	정기(正氣)
辰	乙 9일	癸 3일	戊 18일
戌	辛 9일	丁 3일	戊 18일
丑	癸 9일	辛 3일	己 18일
未	丁 9일	乙 3일	己 18일

예를 들어, 술월(戌月)은 辛, 丁, 戊의 기(氣)가 소장(所藏)되어 있다.

한로(寒露)가 시작되고, 9일까지는 전월인 유월(酉月)의 정기(正氣)인 신금(辛金)이 관장하니 9일 중에 태어난 명조(命造)는 신금(辛金)의 기(氣)를 받고 태어난 것이다.

9일이 지나 12일까지 3일간은 중기(中氣)인 정화(丁火)가 사령(司令) 하니 이중에 태어난 명조(命造)는 중기(中氣)인 정화(丁火)의 기(氣)를 받은 것이다. 12일 후로 18일간은 술월(戌月)의 정기(正氣)인 무토(戊土)가 사령(司令) 하니 이중에 태어난 명조(命造)는 정기(正氣)인 무토(戊土)의 기(氣)를 받은 것이다. 그러므로 술월(戌月)은 본래 토기(土氣)의 달이지만 출생한 일수(日數)에 따라 금기(金氣)나 화기(火氣)로도 보는 것이다.

- 여기, 중기, 정기로 나누어진 것을 담당하는 것이 사령신(司令神)이고, 담당하는 시간이 사령(司令) 일수(日數)가 되는 것이다. 여기(餘氣), 중기(中氣), 정기(正氣)는 상순(上旬), 중순(中旬), 하순(下旬)으로 기후의 차이가 있는 것을 분류하여 적용하는 것이다.

- 지장간을 응용하는 것은 지지(地支)에 암장(暗藏)되어 있는 육친과 오장육부(五臟六腑) 등을 응용하는 것이다.
- 월령(月令)은 강약왕쇠(强弱旺衰)와 한난조습(寒暖燥濕)에 미치는 영향력이 크게 작용하는 것이다.
- 지장간(地藏干)에서 투간(透干)된 것은 지지(地支)에 통근(通根) 하였으므로 투간 되는 세력에 따라 변화가 많은 것이다.
- 여기(餘氣)는 최약(最弱) 하게 작용하는 것이며, 중기(中氣)는 차강(次强) 하게 작용하는 것이고, 정기(正氣)는 최강(最强) 하게 작용하는 것이다.
- 해중(亥中) 무토(戊土)는 절지(絶地)에 암장되고, 해중(亥中)갑목(甲木)의 극(剋)을 받아 최약 하므로 응용하지 않는 것이다.

▼ 지장간표(地藏干表)

月別 월별	1月	2月	3月	4月	5月	6月	7月	8月	9月	10月	11月	12月
	寅	卯	辰	巳	午	未	申	酉	戌	亥	子	丑
餘氣 여기	戊 7일 2시	甲 10일 3시	乙 9일 3시	戊 7일 2시	丙 10일 0시	丁 9일 3시	戊 7일 2시	庚 10일 3시	辛 9일 3시	戊 7일 2시	壬 10일 1시	癸 9일 3시
中氣 중기	丙 7일 2시		癸 3일 1시	庚 7일 3시	己 9일 1시	乙 3일 1시	壬 7일 2시		丁 3일 1시	甲 7일 1시		辛 3일 1시
正氣 정기	甲 16일 5시	乙 20일 6시	戊 18일 6시	丙 16일 5시	丁 11일 2시	己 18일 6시	庚 16일 5시	辛 20일 6시	戊 18일 6시	壬 16일 5시	癸 20일 2시	己 18일 6시

02 천간합(天干合)

天干合 천간합	甲己合 갑기합	乙庚合 을경합	丙辛合 병신합	丁壬合 정임합	戊癸合 무계합
合化五行 합화오행	合化土 합화토	合化金 합화금	合化水 합화수	合化木 합화목	合化火 합화화

　천간(天干)의 합(合)은 양(陽)이 음(陰)을 보고, 음(陰)이 양(陽)을 보면 합(合)이 되는 것이다.

　남녀(男女)가 서로 만나 부부의 연(緣)을 맺을 수 있는 것과 같으니 갑(甲)이 기(己)를 보면 처(妻)로 삼을 수 있고 기(己)가 갑(甲)을 보면 부(夫)로 삼을 수 있는 이치(理致)인 것이다.

　이와 같이 생성(生成)된 법칙은 합(合)이 있은 후에 다른 물질을 생(生)하고 화(化)하여 가는 것인즉, 사회(社會)의 구조와 인사(人事)가 다 이러한 것이다.

- 양간(陽干)은 음간(陰干)을 만나서 극(剋)을 하면서 합(合)하는 것이다.
- 음간(陰干)은 양간(陽干)을 만나서 극(剋)을 받으며 합(合)하는 것이다.
- 체(體)와 체(體)의 합(合)은 좋아하고 사랑하는 것으로 응용하지 않는 것이다.

- 의식(意識)의 합(合)은 사랑하고 좋아하는 것이다.

　천간(天干)이 합(合)이 되면 화(化)하는 것이므로 갑기(甲己)가 합(合)하여 중성(中性)에 속하는 토(土)로 화(化)하는 것이다.
　그러면 토(土)는 갑기(甲己) 합화토(合化土)로 먼저 시작하는가? 그것은 수화목금(水火木金)의 질(質)이 토(土)에 기착(寄着: 가는 길에 잠깐 머뭄)되어 토기(土氣)에 의하여 생성(生成)되고, 소멸되기 때문이다.

　수(水)는 토(土)가 없으면 흐르지 못하고 화(火)는 토(土)가 없으면 불태울 수 없으며, 목(木)은 토(土)가 없으면 생장(生長)할 수 없는 것이다. 그러므로 토(土)에서부터 간합(干合)이 시작되었고, 토생금(土生金) 하므로 을경(乙庚)이 화금(化金)이 되었으며, 금생수(金生水) 하여 병신(丙辛)이 화수(化水) 되었고, 수생목(水生木) 하여 정임(丁壬)이 화목(化木)이 되었으며, 목생화(木生火) 하여 무계(戊癸)가 화화(化火)가 된 것이다. 고로 상생(相生)하는 순서에 따라 합(合)하고 화(化)하는 것이다.

- 갑기(甲己)가 합화(合化)하면 토(土)가 되므로 갑기합토(甲己合土)다.
- 을경(乙庚)이 합화(合化)하면 금(金)이 되므로 을경합금(乙庚合金)이다.
- 병신(丙辛)이 합화(合化)하면 수(水)가 되므로 병신합수(丙辛合水)다.
- 정임(丁壬)이 합화(合化)하면 목(木)이 되므로 정임합목(丁壬合木)이다.
- 무계(戊癸)가 합화(合化)하면 화(火)가 되므로 무계합화(戊癸合火)다.

　▼ 천간합(天干合)은 두양간(二陽干)이 하나의 음간(陰干)과 합하는 것은 쟁합(爭合: 서로 다투는 합)이라고 하는 것이다.

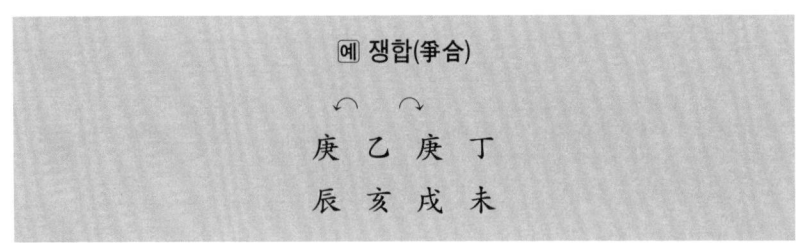

▼ 합화(合化)하는 오행이 득령(得令) 하여 생조(生造) 하면 합력이 강(强)하고 합화(合化)가 잘 되는 것이다.

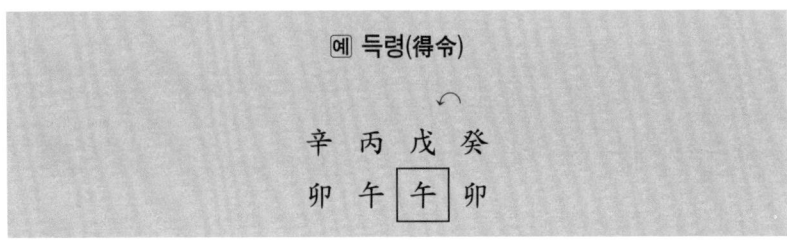

▼ 합화(合化)하는 오행이 월령(月令)에서 극설(剋泄)되어 실령(失令) 하면 합력이 약(弱)하고 합화(合化)가 안 되는 것이다.

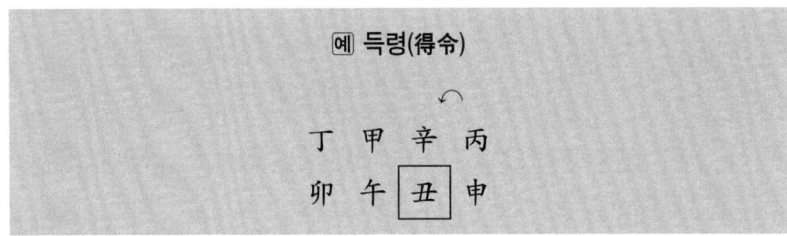

03 삼합국(三合局)

▼ 삼합표(三合表)

亥卯未 木局 (해묘미 목국)	寅午戌 火局 (인오술 화국)	巳酉丑 金局 (사유축 금국)	申子辰 水局 (신자진 수국)

삼합(三合)은 십이운(十二運)에서 장생(長生), 왕(旺), 묘(墓)의 왕성한 기운(氣運)끼리 만나서 삼합국(三合局)을 이루는 것이다.

삼합(三合)이 되면 자오묘유(子午卯酉)인 왕기(旺氣)의 오행으로 합화(合化)하는 것이다.

- 해묘미(亥卯未)는 목국(木局)이다.
- 인오술(寅午戌)은 화국(火局)이다.
- 사유축(巳酉丑)은 금국(金局)이다.
- 신자진(申子辰)은 수국(水局)이다.

▼ 월령(月令)이 제왕(帝旺)이나 장생(長生)은 합력이 강하고 묘(墓)이면 중기(中氣)가 사령(司令) 해야 득령(得令) 하므로 합이 되고 오행(五行)으로 화(化)하나 여기(餘氣), 정기(正氣)이면 실령(失令) 하여 합은 되나 오행으로 화(化)하지는 않는 것이다.

예 남명(男命)

己 辛 丁 丁
亥 卯 未 酉

이 명조(命造)는 미월(未月)에 생(生)하고 을목(乙木)이 사령(司令) 하여 해묘미(亥卯未) 삼합(三合)이 득령(得令) 하였으니 목국(木局)으로 화(化)하여 재다신약(財多身弱)이 되었다. 고로 재관운(財官運)에 불길하였다.

예 여명(女命)

庚 乙 乙 辛
辰 亥 未 卯

이 명조(命造)는 미월(未月)에 생(生)하고 기토(己土)가 사령(司令) 하여 해묘미(亥卯未) 목국(木局)이 실령(失令) 하였으므로 합(合)은 되나 목국(木局)으로 화(化)하지는 않는다. 신약으로 신유술(申酉戌) 대운에 불길하였고 해자(亥子) 대운에 발복(發福)하여 부자가 되었다.

▼ 월령(月令)을 제외하고 삼합(三合)이면 합력이 약하고 화국(化局)이 안 되는 것이다.

삼합(三合)은 사정(四正)인 자오묘유(子午卯酉) 왕(旺)이 있어야 삼합(三合)이 되고 왕(旺)이 없으면 삼합(三合)이 되지 못한다.

- 삼합(三合)하면 합화(合化)하여 국(局)을 이루어 자오묘유(子午卯酉) 왕기(旺氣) 오행으로 화(化)하는 것이다.
- 삼합은 장생(長生), 왕(旺), 묘(墓)가 합(合)한 것이니, 해묘미(亥卯未) 삼합(三合)에서 해(亥)는 목(木)이 장생(長生)하는 자리이고, 묘(卯)는 목(木)의 왕(旺)이 되어 최강(最强)한 자리이며, 미(未)는 목(木)의 묘고

(墓庫)로 목(木)의 창고라 삼자(三字)가 모이면 목국(木局)을 이루는 것이다.
인오술(寅午戌), 사유축(巳酉丑), 신자진(申子辰), 삼합(三合) 모두 이러한 이치(理致)로 되어 있다.

▼ 월령(月令)을 제외하고 삼합(三合)을 이루면 실령(失令)한 것이므로 합(合)은 되나 합화(合化)는 안 되는 것이다.

예 남명(男命)
壬 戊 己 丙
戌 寅 亥 午

이 명조(命造)는 인오술(寅午戌) 삼합(三合)이나 해월(亥月)이라 실령(失令) 하여 합(合)은 되나 합화(合化)는 안 되므로 신약(身弱)이다.

• 삼합(三合)은 이자(二字)가 만나서 합(合)하면 반합(半合)이 되는 것이다. 반합에는 가합(假合: 거짓 가)이 있고, 진합(眞合)이 있으며 입묘(入墓) 합(合)이 있다.

왕(旺)이 없는 합(合)은 가합이라 한다. 인술(寅戌), 해미(亥未), 사축(巳丑), 신진(申辰) 등이 이에 해당한다.
합력이 없어 합(合)으로 논하기가 어려우며 암합(暗合)은 된다.
진합(眞合)이란 왕(旺)이 있고 장생(長生)이 있는 것을 말한다.
인오(寅午), 신자(申子), 해묘(亥卯), 사유(巳酉) 등이 이에 해당하며 합력(合力)이 최강(最强) 한 것이다.
입묘합(入墓合)이란 반합(半合) 중 자오묘유(子午卯酉)의 왕기(旺氣)가 진술축미(辰戌丑未)의 묘(墓)와 합(合)하는 것을 입묘합(入墓合)이라 하는 것이다.

▼ 입묘합(入墓合)은 묘미(卯未), 오술(午戌), 유축(酉丑), 자진(子辰) 등이 이에 해당하며, 합(合)이 되면 입묘(入墓)로 작용하여 합화(合化)가 안 되는 것이다.

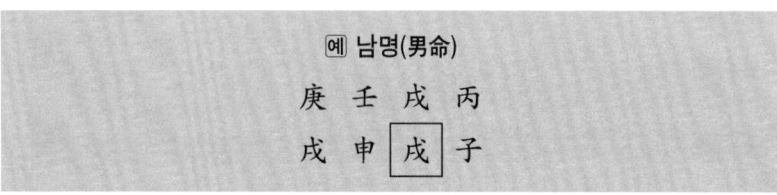

이 명조(命造)는 월지(月支)가 술(戌)이다. 오(午)가 합(合)하면 오술합화(午戌合化)하는 것이 아니고 입묘합(入墓合)이 되는 것이다. 병오년(丙午年)에 정재(正財)가 입묘(入墓) 되어 처가 사망하였다.

- 삼합(三合)은 근합(近合: 가까울근)이 되면 합력이 강하고 합화(合化)가 잘되는 것이다.
- 삼합(三合)에서 원합(遠合: 멀 원)은 합력이 약하고 합화(合化)하는 기운이 약하게 작용하는 것이다.

▼ 용신(用神)이 합(合)으로 기반(羈絆: 굴레 기, 줄 반)되면 용신 작용이 약해지는 것이다.

이 명조(命造)는 사유합(巳酉合)으로 용신이 기반(羈絆) 되어 용신 작용이 약하므로 불길하다.

- 삼합도 체(體)와 의식(意識) 이분법(二分法)의 원리를 적용하는 것이다.

04 지지(地支) 육합(六合)

지구(地球)가 자전하면서 태양(太陽)의 둘레를 공전하는 과정에서 태양과의 정점이 합치되는 상태에서 육합(六合)이 되는 것이다.

육합(六合)이 삼합(三合)보다 합력이 강하나, 타오행으로 변화하지 않는 것이다. 고로 합으로만 표기하였다.

- 자축합(子丑合)
- 인해합(寅亥合)
- 묘술합(卯戌合)
- 진유합(辰酉合)
- 사신합(巳申合)
- 오미합(午未合)

- 근합(近合)은 합력이 강하고, 원합(遠合)은 합력이 약한 것이다.
- 육합(六合)도 체(體)와 의식(意識) 이분법(二分法)의 원리를 적용하는 것이다.

05 암합(暗合)

　암합(暗合)이란 어두운 곳에서 은밀히 합(合)을 이룬다는 뜻이며, 지장간(地藏干)에 의하여 합(合)하는 것이다. 암합은 간지(干支)의 암합이 있고, 지지(地支)의 암합이 있다.

　간지(干支) 암합은 동주(同柱)에서 간지(干支)가 합(合)하는 것을 말한다. 원주(遠柱) 되면 간지(干支) 암합으로 응용하지 않는다. 예를 들어, 신사(辛巳)가 동주(同柱)하여 같은 기둥에 있으므로 사중병화(巳中丙火)가 천간(天干)의 신금(辛金)과 합(合)이 되어 병신(丙辛)으로 간지(干支) 암합이 되는 것이다.

　간지(干支) 암합은 庚辰, 辛巳, 壬午, 丙戌, 丁亥, 戊子, 癸巳, 甲午, 己亥 등이다. 壬戌, 乙酉, 己卯 등은 지지(地支)에서 극(剋)하는 칠살이 있으므로 간지(干支) 암합에서 제외된다.

　壬戌이나 乙巳는 한쪽의 의식(意識)이 극(剋)하여 불화로 변하므로 간지(干支) 암합에서 제외하는 것이다.

　지지(地支) 암합은 각 지장간에 암장(暗藏)된 오행이 합(合)하는 것을 말한다. 예를 들면, 인유(寅酉)는 인중병화(寅中丙火)와 유중신금(酉中辛金)이 병신합(丙辛合)으로 암합이 되는 것이다.

　지지(地支)에서 암합되는 것은 子巳, 子辰, 子戌, 巳丑, 寅午, 寅戌, 寅丑, 寅酉, 卯申, 丑午, 巳戌, 午亥, 未申, 未亥, 申辰, 巳酉, 亥丑 등이다.

- 암합은 원주(遠柱) 되어 있으면 합력이 약하고 근합(近合)은 합력이 강한 것이다.

▼ 암합(暗合)에서 정기(正氣)의 암합은 합력이 강한 것이다.

> 예 사(巳)의 정기(正氣) ― 丙 ― 辛은 酉의 정기(正氣)

06 합(合)의 응용(應用)

- 합(合)은 체(體)와 의식 이분법(二分法)의 원리를 적용하는 것이다.
- 체(體)와 체(體)의 합은 부부(夫婦)가 될 수 있는 조건이 되는 것이지, 좋아하고 화합하는 것은 아닌 것이다.

▼ 의식(意識)의 합은 유정(有情)하여 좋아하고 사랑하는 것이며, 의식(意識)의 충극은 미워하여 증오(憎惡)하는 것이다.

예 여명(女命)

```
                 ┌→ 의식, 상관
        乙  己 │庚│ 甲  → 남편의 체: 丙을 생성
        丑  丑  午  辰
```

이 명조(命造)는 월상(月上)에 의식인 상관이 연상(年上)의 정관 남편의 체(體: 몸)를 갑경충(甲庚冲) 하고 시간(時干)의 편관과 을경합(乙庚合)이 되었다. 남편은 자기 말이 법(法)이고, 작첩(作妾: 애인) 하며 구박 구타하여 미워하다 상관운인 경진년(庚辰年)에 이혼하고 을사생(乙巳生) 남자를 사랑하여 재혼하였다.

> **[예] 남명(男命)**
>
> ┌ 모친　　┌ 부친·의식 壬을 생성 丙을 제함
> 乙　丙　│庚│　丙　→ 모친의 상관
> 未　申　 寅 　辰

이 명조(命造)는 월상(月上)의 편재와 시상(時上)의 정인이 체(體)와 체는 을경합(乙庚合)이 되었으나 모친의 의식(意識)인 병화(丙火)가 부친의 체를 병경극(丙庚剋) 하였다. 부친입장에서 병(丙)은 자신을 사상(死傷)하는 칠살이 되므로 악(惡)의 식신을 생(生)하여 칠살을 제(制)하고 살아남으려 자기 말이 법(法)이고 모친을 구박 구타하며 작첩(作妾) 하니, 모친이 미워하고 증오하다 비견운인 병자년(丙子年)에 가출 부모가 이혼하였다.

- 삼합(三合)은 왕(旺)으로 합해가는 것이다(亥가 卯로 합).
- 합(合)이 많으면 결단력이 부족하고 게으른 것이다.
- 합(合)은 화합(和合)하고 만나는 것이며, 충(沖)은 충돌하고 미워하는 것이다.
- 합(合)이 있고 충극(沖剋)이 있으면 선합(先合), 후충(後沖)으로 응용하는 것이다.
- 의식(意識)이 다른 육친의 체(體)와 합(合)하면 그 육친을 좋아하는 것이다.
- 합(合)하고 화(化)하는데 따라서 길흉(吉凶)의 변화가 많은 것이다.
- 기신(忌神)이나 흉신(凶神)이 합(合)이 되면 기흉신(忌凶神)의 작용을 하지 않아서 길(吉)한 것이다.

▼ 지지(地支)가 합(合)이 되면 지지와 동주(同柱)한 천간(天干)도 지지를 따라 이동하는 것이다. 그러나 명조(命造)의 천간(天干)에서 충극(沖剋)이 되면 지지를 따라 이동하지 못하는 것이다.

제4장 지지(地支) 장간법(藏干法)과 합(合)

⑩ 여명(女命)

丁 癸 辛 己   丁 — 편재, 겁재의 돈
巳 卯 未 亥   亥 — 겁재, 남동생

이 명조(命造)는 겁재와 편재운이고, 겁재가 일지(日支)에 해묘(亥卯)로 합(合)이 되는 정해년(丁亥年)에 십여 년 동안 소식을 끊고 지내던 남동생이 찾아와 사업에 성공하여 돈을 많이 벌었다며 2억 원을 주고 갔다. 겁재(劫財)는 이성(異性)형제가 되므로 남동생이 되고, 편재는 겁재의 정재(正財)이니 남동생의 돈이 되는 것이며 亥가 왕(旺)인 卯로 합한 것이다.

⑩ 남명(男命)

丁 庚 壬 癸   甲 — 편재
亥 子 戌 未   申 — 비견

이 명조(命造)는 편재(偏財)와 비견(比肩)이 일지(日支)에 신자합(申子合) 되는 갑신년(甲申年)에 부동산 중개업을 하는 친구가 땅을 사라고 권유하여 매입하였다가 몇 달 뒤에 매도하여 3억 원을 횡재하였다. 申이 왕(旺)인 子로 합한 것이다.

▼ 여명(女命)에서 의식(意識)인 식상과 인성이 합(合)이 되는 운(運)에 애인을 만나는 것이다. 이치(理致)는 식상은 자신의 의식(意識)이 되고 자궁이 되며 인성은 남자의 의식(意識)이 되고 성기가 되기 때문이다.

⑩ 여명(女命)

庚 辛 丙 甲   己 — 편인
寅 卯 子 寅   丑 — 편인 자축합

이 명조(命造)는 식신(食神)과 편인(偏印)이 자축합(子丑合) 되는 기축년(己丑年)에 남편을 만나 결혼하였다.

▼ 운명(運命)은 전생(前生)의 업보(業報)로 생성(生成)된 것이니 육친은 전생의 업연(業緣)에 따라 합(合)이 생성되고 동거(同居)하게 되는 것이다.

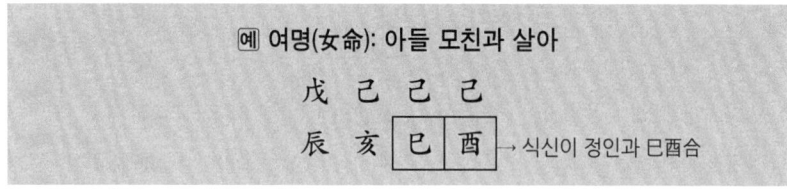

예 여명(女命): 아들 모친과 살아

戊 己 己 己
辰 亥 巳 酉 → 식신이 정인과 巳酉합

이 명조(命造)는 식신이 정인과 사유합(巳酉合)이 되고 사해충(亥巳沖)으로 해중갑목(亥中甲木) 정관(正官)을 사중경금(巳中庚金) 상관이 갑경암충(甲庚暗冲) 하였다. 남편과 이혼하고 아들은 모친과 살고 있다.

▼ 합화(合化) 한 육신은 온전하지 못하고 사상(死傷) 되는 것이다. 이치(理致)는 다른 오행(五行)으로 화(化)하면서 체(體)가 약해지기 때문이다.

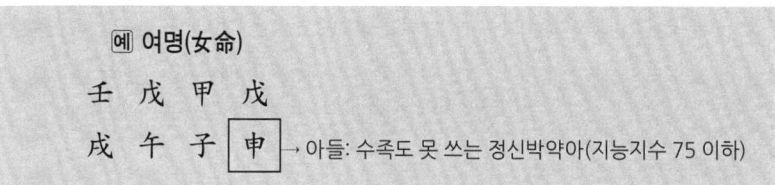

예 여명(女命)

壬 戊 甲 戊
戌 午 子 申 → 아들: 수족도 못 쓰는 정신박약아(지능지수 75 이하)

이 명조(命造)는 연지(年支)에 식신이 신자합(申子合) 하여 금(金)이 수(水)로 화(化)하여 금(金)의 체(體)가 상(傷)하고 술(戌)에 암장되어 있는 신금(辛金)은 토생금(土生金) 되어 온전하다. 큰아들은 수족을 못 쓰는 정신박약아며 작은아들과 딸은 건강하고 정상이다.

제 5 장
신살론(神殺論)
이분법 적용

01 천간(天干) 상충(相冲)과 칠살(七殺)	101	11 역마살(驛馬殺) 142
02 지지상충(地支相冲)	105	12 화개살(華蓋殺) 145
03 삼형살(三刑殺)	114	13 고란살(孤鸞殺) 147
04 파살(破殺)	124	14 현침살(懸針殺) 149
05 육해살(六害殺)	126	15 홍염살(紅艶殺) 151
06 원진살(怨嗔殺)	127	16 생사이별(生死離別) 일진(日辰) 152
07 귀문관살(鬼門關殺)	129	17 천을귀인(天乙貴人) 154
08 백호살(白虎殺)	133	18 문창성(文昌星) 157
09 괴강살(魁罡殺)	136	19 양인(陽刃) 159
10 도화살(桃花殺)	139	20 건록(建祿) 162

✔ 신살론(神殺論)

　신살(神殺)은 길신(吉神), 흉신(凶神)과 칠살(七殺) 등을 총칭하여 신살이라 하는 것이다.

　신살은 간지(干支) 음양을 대조하여 인명(人命)의 길흉사(吉凶事)를 판단하여 응용 통변 하는 것이다.

　신살은 체(體)와 의식(意識)이분법(二分法)의 원리로 응용하는 것이다.

01 천간(天干) 상충(相沖)과 칠살(七殺)

천간(天干) 상충(相沖)이란 서로의 기질이 상반(相反)되어 정면으로 대립하여 충돌하는 것이다.

- 양대양(陽對陽)이 상충(相沖) 하는 것이다.
- 음대음(陰對陰)이 상충(相沖) 하는 것이다.

▼ 천간(天干) 상충표(相沖表)

甲庚相沖 (갑경상충)	乙辛相沖 (을신상충)	丙壬相沖 (병임상충)	丁癸相沖 (정계상충)

충(沖)은 양대양(陽對陽), 음대음(陰對陰)이 정면으로 극(剋)을 강(强)하게 하므로 상대를 무력하게 하거나 사상(死傷)하는 것이다.

- 금목(金木)의 상충(相沖)은 동서(東西)의 상충(相沖)이다.
- 수화(水火)의 상충(相沖)은 남북(南北)의 상충(相沖)이다.

금목(金木)이 상충 하는 것은 금(金)이 목(木)을 충(沖)하는 것이고, 목(木)은 금기(金氣)로부터 충(沖)을 받고 약해지거나 사상(死傷) 되는 것이다.
수화(水火)가 상충 하는 것은 수(水)가 화(火)를 충(沖)하는 것이고, 화(火)는 수기(水氣)로부터 충(沖)을 받고 약해지거나 사상(死傷) 되는 것이다.

▼ 천간(天干) 상극표(相剋表)

甲戊相剋 (갑무상극)	乙己相剋 (을기상극)	丙庚相剋 (병경상극)	丁辛相剋 (정신상극)	戊壬相剋 (무임상극)	己癸相剋 (기계상극)

- 상극(相剋)은 양(陽)과 양(陽)이 상극(相剋)하는 것이다.
- 상극(相剋)은 음(陰)과 음(陰)이 상극(相剋)하는 것이다.

극(剋)은 충(沖)과 같이 양대양(陽對陽), 음대음(陰對陰)이 극(剋)을 하므로 상대를 무력하게 하거나 사상(死傷)하는 것이다.

목토(木土)가 상극(相剋)하는 것은, 목(木)이 토(土)를 극(剋)하는 것이고, 토(土)는 목기(木氣)로부터 극(剋)을 받고 약해지거나 사상(死傷) 되는 것이다.

화금(火金)이 상극하는 것은 화(火)가 금(金)을 극(剋)하는 것이고, 금(金)은 화기(火氣)로부터 극(剋)을 받고 약해 지거나 사상(死傷) 되는 것이다.

토수(土水)가 상극하는 것은, 토(土)가 수(水)를 극(剋)하는 것이고, 수(水)는 토기(土氣)로부터 극(剋)을 받고 약(弱)해 지거나 사상(死傷) 되는 것이다.

충극(沖剋)하는 쪽이 약하고 충극 당하는 쪽이 강하면 약해지거나 사상(死傷)되지 않는 것이며 오히려 충극한 쪽이 상(傷)하는 것이다.

예를 들어 목(木)이 태왕하고 금(金)이 약하면 목다금결(木多金缺) 되어 쇠가 이지러지기도 하고 부러지는 것이다.

기타 오행 충극도 같은 원리를 적용한다.

- 근(近) 충극(沖剋)은 충극 하는 강도(强度)가 강한 것이다.
- 원(遠) 충극(沖剋)은 충극 하는 강도(强度)가 약한 것이다.

충극(沖剋)은 충극 하는 자로부터 일곱 번째가 만나서 충(沖)이 되고, 극(剋)이 되므로 칠충(七沖)이라고 한다. 충(沖)은 정면으로 충돌하여 충의 강도(强度)가 강하고, 극(剋)은 측면에서 극하므로 극의 강도가 충(沖)보다 약하다고 하나, 운명(運命) 감정 시 강도를 연구해 본 결과 충극의 강도와 작용력은 같았다. 그러므로 인성(印星)이 있어 관인상생(官印相生)으로 충극의 강도가 약한 것은 편관(偏官)이 되고, 인성이 없어 충극의 강도가 강한 것은 칠살(七殺)로 정(定)하여 응용 하는 것이다. - 천간(天干) 충극은 편관·칠살 참고.

• 충극은 체(體)와 의식(意識) 이분법(二分法) 원리로 응용하는 것이다. 체(體)와 체의 합(合)이나 충극은 작용력은 응용하지 않고 성별(性別)과 육친이 누구인지 분별하는 기준으로만 보는 것이다. 사랑하고, 좋아하고, 미워하고, 싫어하고, 화합하고, 불화하는 것은 마음인 의식(意識)의 합(合)이나 상생(相生), 상극(相剋), 상충(相沖)에 있기 때문이다.

▼ 의식이 체(體)를 충극(沖剋) 하면 미워하는 증오심이 되는 것이며, 상관은 정관을 사상(死傷)하는 것이다.
충극 당한 정관(正官) 체(體)는 체를 보호하려는 의식(意識)이 생성(生成)되어 언행(言行)하는 것이다.

예 체(體)는 甲 → 丙 - 식신을 생성 庚 칠살을 제하려 한다.
예 체(體)는 甲 ── 庚은 己의 의식(意識) 미워하는 마음 甲을 사상

예 여명(女命)

```
                    ┌─ 아들: 상관, 의식
    丙  庚  癸  丁  → 정관 → 己: 식신생성
    子  辰  卯  酉
                    └─ 정재: 아들의 의식
```

 이 명조(命造)는 연상(年上)의 정관(正官) 남편의 체(體)와 월상(月上)에 아들의 체(體)가 정계충(丁癸冲)이 되었다. 이것은 체와 체의 충극(冲剋)으로 충극의 작용력은 없으므로 응용하지 않는다. 아들의 의식(意識)인 정재(正財)가 정관을 생하고 있으니 아들은 남편을 좋아하여 아들과 남편은 사이가 좋다. 자신과 남편 관계에서는 자신의 의식(意識)이며 상관(傷官)인 계수(癸水)가 정관을 정계충(丁癸冲) 하여 사상(死傷)하니 아들의 체(體)가 상관으로 변하는 것이다.

 상관(傷官)은 정관 남편입장에서 처(妻)의 의식(意識)이 되고 자신을 미워하는 증오심이 되며, 자궁이 되고, 자신을 사상(死傷)하는 칠살이 되므로 악(惡)의 식신을 생(生)하여 칠살을 제(制)하고 살아남으려 자기 말이 법(法)이고, 처를 구박하고 술만 먹으면 시비 구타하였으며, 칠살·자궁에 압도되어 처와 성관계하면 정력이 약해져 조루증이 오므로 재미가 없고, 다른 여자와 성관계하면 정력이 강해지고 재미가 있으므로 작첩(作妾: 애인)하여, 상관운인 계미년(癸未年)에 이혼하고 아들은 남편과 살고 있으며, 자신은 재혼하였다.

- 칠살(七殺)에 충극(冲剋)되는 운에는 질병, 수술, 사고 등이 발생하며 신약은 사망하는 것이다.
 이치는 칠살은 자신을 사상(死傷)하기 때문이다.
- 충극되는 운에 충극된 육친오행이 강하면 분리되어 떠나거나 불화하고 약하면 사망하는 것이다.
 이치는 충극되면 동요되어 움직이기 때문이고 약하면 사상(死傷)되기 때문이다.

02 지지상충(地支相冲)

▼ 지지상충표(地支相冲表)

寅申冲 (인신충)	巳亥冲 (사해충)	子午冲 (자오충)	卯酉冲 (묘유충)	辰戌冲 (진술충)	丑未冲 (축미충)

　지지(地支) 상충(相冲)이란 방향적으로 대립되고 기질(氣質)이 상반되어 서로 충(冲)이 되는 것이므로 천간 상충과 비슷하게 작용하는 것이며, 칠위(七位)째를 만나면 충(冲)이 되므로 육충(六冲), 또는 칠충(七冲)이라고 하는 것이다.

　지지충(地支冲)은 지장간에서 서로 충극 되므로 길흉의 변화가 다양하며 천간(天干)에도 막대한 영향을 미치게 되는 것이다.

　지지충은 충(冲)을 하는 자와 충(冲)을 받는 자의 세력에 따라서 길흉과 육친관계에 영향을 미치는 것이다.

- 인신충(寅申冲), 사해충(巳亥冲)은 사장생(四長生) 지지(地支)가 상충(相冲) 하는 것이다.
- 자오충(子午冲), 묘유충(卯酉冲)은 사제왕(四帝旺) 지지(地支)가 상충(相冲) 하는 것이다.
- 진술충(辰戌冲), 축미충(丑未冲)은 사고(四庫) 지지(地支)가 상충(相冲) 하는 것이다.

- 근충(近沖)은 충극(沖剋) 하는 강도(强度)가 가장 강(强)한 것이다.
- 원충(遠沖)은 충극(沖剋) 하는 강도(强度)가 약(弱)한 것이다.
- 상충(相沖)은 충돌하고 불화하는 것이다.
- 상충(相沖)은 민첩하고 민감한 것이다.
- 상충(相沖)은 개척하고 혁신하는 것이다.
- 충극(沖剋)을 받는 자는 약해지거나 사상(死傷)되며 동요되어 분리되는 것이다.
- 진술충(辰戌沖), 축미충(丑未沖)은 동질(同質)이 충(沖)을 하는 것이니, 붕충(朋沖: 벗 붕)이라고 하는 것이다.
- 충극한 쪽이 약하고 충극 당한 쪽이 강하면 오히려 충극한 쪽이 상(傷)하는 것이다.

▼ 지지(地支) 상충(相沖)도 체(體)와 의식(意識)이분법(二分法) 원리를 적용하는 것이다. 본신(本身)인 체(體)와 의식(意識)으로 분류하여 응용 통변하는 것이다.

체(體)와 체의 합(合)이나 충극은 작용력을 응용하지 않고 성별과 육친(六親)을 분별하는 기준으로만 적용한다.

화합하고, 사랑하고, 불화하고, 미워하는 것은 의식(意識)의 합(合)이나 충극의 작용력에 있기 때문이다. 이 법(法)은 운명 감정을 하는 데 핵심의 원리가 되는 것이다.

예	辛 → 亥 → 巳 : 정관의 체(體) 몸
	↓
	체(體) 의식: 남편을 미워하는 마음·상관

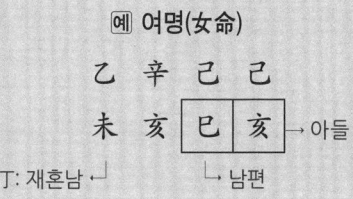

이 명조(命造)에서 아들과 남편의 관계를 보면, 상관과 정관이 사해충(巳亥冲)이 되었다. 이는 남편의 체(體)와 아들의 체가 되니, 체와 체의 충극(冲剋)으로 아들과 남편은 불화(不和)하거나 서로 미워하지 않는다. 자신과 남편의 관계에서는 자식이었던 상관(傷官)이 남편의 체를 사해충(巳亥冲) 하여 사상(死傷)하는 상관으로 변하였다. 남편이 무능하고 술만 먹으면 구박 구타하여 증오하다 상관운(傷官運)인 임오년(壬午年)에 이혼하고 재혼하였으며 아들은 남편과 살고 있다.

- 지지충(地支沖)은 지장간에서도 충(沖)하는 것이고, 길흉(吉凶)과 이해(利害)의 변화가 많아서 응용하는 범위가 다양하게 많은 것이다.

▸ 지장간의 여기(餘氣)와 여기(餘氣)가 충(沖)하고, 중기(中氣)와 중기(中氣)가 충(沖)하고, 정기(正氣)와 정기(正氣)가 충(沖)하는 것이 강(强)하게 작용하는 것이다.
여기(餘氣)와 중기(中氣), 중기(中氣)와 정기(正氣)가 교차 충극(沖剋)하는 것은 충(沖)으로 응용하지 않는 것이다.

- 인신상충(寅申相沖)은 중기(中氣)의 신중임수(申中壬水)는 인중병화(寅中丙火)를 충(沖)하고 정기(正氣)의 신중경금(申中庚金)은 인중갑목(寅中甲木)을 충(沖)하는 것이다.

▼ 인신상충(寅申相沖)은 역마살의 상충(相沖)이므로 낙상수, 교통사고 등이 발생할 수 있으며, 질병은 담(膽: 쓸개 담), 소장(小腸), 갑상선, 머리, 신경계통 등에 이상이 오고 해당 육친이 질병이나 사고로 사상(死傷) 되거나 이별 분리되는 것이다.

예 남명(男命)					
辛	壬	甲	戊	戊	— 칠살
亥	申	子	申	寅	— 인신충, 丙- 애인

이 명조(命造)는 인신충(寅申沖) 되는 무인년(戊寅年)에 애인을 태우고 운전하다 운전미숙으로 교통사고가 발생하여 자신은 경상을 입고 애인은 사망하였다. 인신충(寅申沖)으로 신중임수(申中壬水)가 인중병화(寅中丙火)를 충(沖)하였기 때문이다.

▼ 사해상충(巳亥相沖)은 중기(中氣)의 사중경금(巳中庚金)이 해중갑목(亥中甲木)을 충(沖)하고, 정기(正氣)의 해중임수(亥中壬水)는 사중병화(巳中丙火)를 충(沖)하는 것이다. 사해상충은 역마살의 상충(相沖)이니 낙상수, 교통사고 등이 발생할 수 있으며, 질병으로는 소장, 시력, 담(膽: 쓸개 담), 신경계통(구완와사), 갑상선, 혈압 등에 이상이 오고, 해당 육친의 질병, 사고, 사망 등이 발생할 수 있는 것이다.

예 남명(男命)			
戊	丙	己	辛
戌	午	亥	丑

└ 甲: 혈관

이 명조(命造)는 사해충(巳亥沖) 되는 신사년(辛巳年)에 고혈압으로 뇌출혈이 발생하여 사망하였다.

예 남명(男命): 딸 사망

딸: 정관 ← 丁 庚 己 甲
　　　　　　亥 辰 巳 午

이 명조(命造)는 식상(食傷)이 관성을 사해충(巳亥冲) 하고 정계충(丁癸冲) 하는 계해년(癸亥年)에 딸이 교통사고로 사망하였다.

예 여명(女命): 딸이 미국 유학

己 壬 辛 己
酉 寅 未 亥 → 甲: 딸

이 명조(命造)는 식신이 사해충되는 신사년(辛巳年)에 딸이 미국으로 유학을 떠났다.

▼ 자오상충(子午相冲)은 여기(餘氣)의 자중임수(子中壬水)가 오중병화(午中丙火)를 충하고, 정기(正氣)의 자중계수(子中癸水)는 오중정화(午中丁火)를 충하는 것이다.

질병으로는 심장, 시력, 혈압 등에 이상이 오고, 사고, 수술 등이 있으며, 해당 육친이 질병, 사고, 사망 등이 발생할 수 있다.

예 여명(女命): 아들 사고, 사망

乙 甲 壬 乙
亥 戌 午 酉

이 명조(命造)는 식상과 인성이 병임충(丙壬冲), 자오충(子午冲) 되는 병자년(丙子年)에 아들이 교통사고로 사망하였다.

▼ 묘유상충(卯酉相沖)은 여기의 유중경금(酉中庚金)이 묘중갑목(卯中甲木)을 충하고, 정기의 유중신금(酉中辛金)은 묘중을목(卯中乙木)을 충하는 것이다.

질병으로는 간장, 담(膽: 쓸개담), 혈관, 신경계통 등에 이상이 오고, 교통사고, 사고, 수술 등이 있으며, 해당 육친이 질병, 사고, 사망 등이 발생할 수 있는 것이다.

예 남명(男命): 교통사고 사망

庚 乙 辛 己
辰 卯 未 卯

이 명조(命造)는 일주(日柱)가 묘유충(卯酉冲), 을신충(乙辛冲)으로 천충지충되는 신유년(辛酉年)에 교통사고로 사망하였다.

예 여명(女命)

己 癸 辛 戊
未 卯 酉 子

이 명조(命造)는 식신(食神)이 묘유충(卯酉冲) 되는 계유년(癸酉年)에 자궁암 수술을 받았다.

▼ 진술상충(辰戌相沖)은 여기(餘氣)의 술중신금(戌中辛金)은 진중을목(辰中乙木)을 충(沖)하고, 중기(中氣)의 진중계수(辰中癸水)는 술중정화(戌中丁火)를 충(沖)하는 것이며, 붕충(朋沖) 되어 무토(戊土)가 사상(死傷) 되는 것이다.

질병으로는 신장, 심장, 위장, 피부, 당뇨, 갈비 부위 등에 이상이 오고,

낙상, 사고 등이 발생할 수 있으며, 해당 육친(六親)이 질병, 사고, 사망 등이 발생할 수 있다.

	예 여명(女命)		
辛	丙	庚	丙
卯	戌	寅	子

이 명조(命造)는 식신(食神)이 진술충(辰戌冲)이 되는 경진년(庚辰年) 경진월(庚辰月)에 등산 갔다가 낙상으로 팔이 부러졌다.

	예 남명(男命)		
甲	甲	癸	丙
子	子	巳	辰 → 부친

이 명조(命造)는 편재(偏財)가 진술충(辰戌冲) 되는 병술년(丙戌年)에 부친이 건설현장에서 사고로 사망하였다.

▼ 축미상충(丑未相沖)은 여기(餘氣)의 축중계수(丑中癸水)는 미중정화(未中丁火)를 충(沖)하고, 중기(中氣)의 축중신금(丑中辛金)은 미중을목(未中乙木)을 충(沖)하는 것이다.

질병으로는 비장(脾臟), 척추신경, 근육, 피부 등에 이상이 오고, 사고, 낙상 등이 발생할 수 있으며, 해당 육친(六親)의 질병, 사고, 사망 등이 발생하고 또는 조상묘 이장, 토지개발, 토지매매 등이 되는 것이다.

	예 남명(男命)		
乙	己	乙	辛
丑	未	未	丑 → 비견: 축미충

이 명조(命造)는 비견이 축미충(丑未沖)이 되었다. 동생 두 명이 어렸을 때 사망하고 자신은 척추병으로 고생하고 있다.

|예| 여명(女命)

丙 乙 丁 甲
子 卯 丑 寅

이 명조(命造)는 월지(月支)의 편재(偏財)가 축미충(丑未沖) 되는 신미년(辛未年)에 부친이 교통사고로 사망하였다.

|예| 남명(男命)

辛 丙 乙 辛
卯 午 未 丑

이 명조(命造)는 축미충(丑未沖)이 되는 계미년(癸未年)에 조상 묘소를 이장하였다.

▼ 일주(日柱)가 천충지충(天沖地沖) 되는 운에 길흉의 변화가 많으며 가옥을 매도하고 이사를 하는 것이다.

|예| 여명(女命): 아파트 매입

己 甲 甲 庚   庚 → 갑경충
巳 申 申 寅   寅 → 인신충

이 명조(命造)는 전세를 살다가 일주(日柱)가 천충지충(天沖地沖)되는 경인년(庚寅年), 정인운(正印運)인 무자월(戊子月)에 APT를 매입하여 이사하였다.

예 **남명(男命): 전급매**

| 戊 | 癸 | 丁 | 癸 | 己 → 기계극 |
| 午 | 酉 | 巳 | 卯 | 卯 → 묘유충 |

이 명조(命造)는 일주(日柱)가 천충지충(天冲地冲)되는 기묘년(己卯年)에 부채가 많아 살던 텃밭을 급매하였다.

예 **남명(男命): 가옥, 전매도**

| 丁 | 戊 | 癸 | 辛 | 甲 → 갑무극 |
| 巳 | 辰 | 巳 | 丑 | 戌 → 진술충 |

이 명조(命造)는 일주(日柱)가 천충지충(天冲地冲)되는 갑술년(甲戌年) 갑술월(甲戌月)에 집과 텃밭을 급매하고 이사하였다.

03 삼형살(三刑殺)

　　삼형살(三刑殺)은 삼합국(三合局)이 방합(方合)을 만나 세력이 강왕(强旺)해져서 형살로 작용하는 것이다. 만물의 이치(理致)가 세력이 과다하면 넘치고 무너지며, 너무 강하면 꺾어지거나 부러지는 것과 같아서 형살(刑殺)이 되는 것이며 다른 이치로는 육합(六合), 삼합(三合)에 의하여 일가(一家)를 이루고, 단체나 회사를 이루며 조직을 형성한다면 이를 분리(分離), 변화(變化), 해산(解散), 시키는 것이 충(沖)이 되고, 조직 사회와 국가의 질서를 위하여 형벌권(刑罰權)을 행사하고 제재조치를 취하는 것이 형(刑)이 되는 것이다. 고로 삼형살이 되는 운에 관재(官災)가 발생하는 것이다.

▼ 삼합(三合) 방합(方合)

삼합(三合)	亥	卯	未	寅	午	戌	巳	酉	丑	申	子	辰
방합(方合)	亥	子	丑	巳	午	未	申	酉	戌	寅	卯	辰
삼형살(三刑殺)	自刑	刑	刑	刑	自刑	刑	刑	自刑	刑	刑	刑	自刑

▼ 삼형살표(三刑殺表)

寅巳申三刑 (인사신삼형)	丑戌未三刑 (축술미삼형)	子卯刑 (자묘형)	辰辰, 午午, 酉酉 亥亥 (진진),(오오),(유유),(해해) 자형(自刑)

- 시세지형(恃勢之刑): 인사형(寅巳刑), 사신형(巳申刑), 인신형(寅申刑), 인신(寅申)은 형(刑)도 되고, 충(沖)도 되나, 충(沖)으로 강하게 작용하는 것이다. 이치(理致)는 인신(寅申)은 금목(金木)의 기질이 상반되어 충돌하기 때문이다.
- 무은지형(無恩之刑): 축술형(丑戌刑), 술미형(戌未刑), 미축형(未丑刑), 축미(丑未)는 형(刑)도 되고 충(沖)도 되고 파(破)도 되므로 흉(凶)이 더한 것이다.
- 무례형(無禮刑): 자묘형(子卯刑)
- 자형(自刑): 진진형(辰辰刑), 오오형(午午刑), 유유형(酉酉刑), 해해형(亥亥刑)

✔ 인사신(寅巳申)은 시세지형(恃勢之刑)이다

인사신(寅巳申) 삼위는 각(各) 오행의 장생지(長生地)이고 녹지(祿地)라 강한 세력을 믿고 저돌적이며 급진적이고 추진력이 왕성하다.

삼형에 신왕은 저돌적이고 급진적이라 추진력이 강하고, 신약은 능력도 없으면서 저돌적으로 과격하게 추진하므로 관재, 구설, 충돌, 사고 등이 발생하고 수술도 하는 것이다.

삼형이 있고 신약하면 무능하고 성급하며 거칠고 사나워서 살생하고 파괴하는 것을 좋아하는 것이다.

신왕하고 삼형이면 영웅적 기질이 있고 추진력이 강하여 성공하므로 부귀하는 것이다.

삼형은 권세로 청격이고 신왕하면 무관으로 진출하여 군인, 경찰, 교도관, 법관 등이 되는 것이다.

✔ 축술미(丑戌未)는 무례지형(無禮之刑)이다

축술미(丑戌未)는 삼위(三位)가 토(土)라 비유하면 형제와 같으니 우애(友愛)가 있어야 할 형제끼리 서로가 형(刑)이 된다 하여 예의를 저버린 것과 같으니 무례지형(無禮之刑)이라 이름한 것이다.

축술미(丑戌未) 삼형은 예의와 체면이 없으며 은혜를 배반하고 적과 내통을 잘하며 냉정하고 성질나면 과격하다.

축술미 삼형이 있고 청격(淸格)이면 무관으로 진출하여 군인, 교도관, 법관, 의사 등이 되는 것이다.

신왕하고 삼형이 있으면 권세를 좋아하는 것이다.

✔ 자묘형(子卯刑)은 무은지형(無恩之刑)이다

자(子)는 묘(卯)를 수생목(水生木)으로 생(生)하는데 목(木)에서 자(子)는 욕지(浴支)가 되므로 아들이 모친을 연모하는 것이 되어 은혜를 모르고 형(刑)하니, 패륜(悖倫), 불륜(不倫), 무은(無恩) 등이 성립되므로 무은지형(無恩之刑)이라 이름한 것이다. 고로 예의와 체면이 없고 냉정하여 타인에게 불쾌감을 주는 것이 특징이다.

✔ 자형(自刑)

자형(自刑)인 진진(辰辰), 오오(午午), 유유(酉酉), 해해(亥亥)는 강한 것끼리 만나 태강(太强)하고 과다하여 넘치고 부러져서 스스로 형하므로 자형(自刑)이라 이름한 것이다.

▼ 신약하고 의식(意識)인 식상이 자형(自刑)이면 공상이 많고 의지가 약하며, 정신이상이 되기도 하고 오래 못살 것 같은 마음이 생성(生成) 되는 것이다. 이치(理致)는 의식(意識)이 자형으로 강하고 과다하여 넘치거나 부러져 상(傷)하기 때문이고 설기가 과다하기 때문이다.

|예| 남명(男命)

甲	己	辛	丁
戌	酉	亥	酉	→ 식신: 자형

이 명조(命造)는 기토일주(己土日主)가 해월(亥月)에 생(生)하여 실령(失令) 하고 식신이 혼잡하며 유유(酉酉) 자형(自刑)이다. 공상이 많고 체구에 비하여 체질이 약(弱)하며 의지(意志)가 약하고 오래 못살 것 같은 마음이 잠재되어 있다. 상관운(傷官運)인 임신년(壬申年)에 정신이상이 되었다.

▼ 신왕 하고 의식(意識)인 식상이 자형(自刑)이면 의지가 강하고 활동력이 있는 것이다. 이치(理致)는 신왕 하니 설기를 감당할 수 있기 때문이다.

|예| 남명(男命)

식신 ←

癸	己	己	戊
酉	酉	未	戌

이 명조(命造)는 기토일주(己土日主)가 미월(未月)에 생하고 기토(己土)가 사령(司令) 하여 득령(得令) 하였으며 비겁이 생조(生造) 하니 신왕하며 식신이 자형(自刑)이다. 마음이 넓고 인자하며 의지(意志)가 강하고 근면 성실하다.

▼ 육친 오행이 자형(自刑)이면 해당 육친이 불구가 되거나 단명하는 것이다. 이치(理致)는 과다하면 넘치고, 강하면 부러져서 사상(死傷) 되기 때문이다.

```
        예 남명(男命)
         丁 乙 甲 辛
         亥 亥 午 亥
```

이 명조(命造)는 정인(正印)이 해해(亥亥) 자형(自刑)이다. 모친이 네 살 때 사망하고 부친이 네 번 재혼하였으나 실패하였다.

✔ 삼형살(三刑殺)의 응용

▼ 신왕하고 삼형살(三刑殺)이 있으며 용신이 뚜렷하면 무관(武官)으로 진출하여 법관이나 군인, 경찰, 교도관 등이 되며 또는 의사, 간호사, 도축업, 식육점, 식당업 등에 종사하게 되는 것이다.

```
              예 남명(男命)
 정관,용신 ← 癸 丙 庚 己
              巳 申 午 巳
```

이 명조(命造)는 병화일주(丙火日主)가 오월(午月)에 생(生)하고 정화(丁火)가 사령(司令)하여 득령(得令)하고, 비겁이 혼잡하여 신왕하고 사신(巳申) 삼형살이 있으며 정관이 용신이다. 법관(法官)으로 진출하여 법원장까지 하였다.

▼ 육친(六親) 오행이 삼형살이고 태약(太弱)하면 그 육친이 불구가 되거나 단명(短命)하는 것이다. 이치(理致)는 과다하면 넘치고 무너지며 강(强)하면 부러져 사상(死傷) 되기 때문이다.

```
         예 남명(男命)
         己 甲 癸 壬
         巳 寅 丑 戌 → 부친
```

이 명조(命造)는 재성이 축술형(丑戌刑)이고 백호살(白虎殺)도 된다. 부친이 다리 불구이고, 숙부는 농약 먹고 자살하였다.

예 여명(女命)

壬	癸	乙	丙
戌	未	未	辰	→ 남편

이 명조(命造)는 관성이 술미(戌未) 삼형(三刑)이고 진술충(辰戌冲)이 되었다. 남편이 사고로 흉사(凶死)하고 재혼하였으나 남편이 병사(病死)하였다.

예 남명(男命): 아들 다리 불구

辛	庚	戊	丁
아들 ← | 巳 | 申 | 申 | 未 |

이 명조(命造)는 편관이 사신(巳申)삼형살(三刑殺)이다. 아들을 낳고 보니 다리 한쪽이 짧은 불구다.

예 여명(女命): 언니 살해

乙	己	癸	庚
亥	亥	未	戌
언니 ↵		↳ 오빠

이 명조(命造)는 비겁(比劫)이 술미형(戌未刑)이다. 언니가 정신이상이 되어 발가벗고 동네를 돌아다니자 오빠가 목 졸라 살해하여 산속에서 화장하였다.

▼ 육친(六親) 오행이 삼형살 운에 육친이 사망하는 것이다. 이치(理致)는 과다하면 넘치고 무너지며, 강하면 부러져서 사상(死傷) 되기 때문이다.

> **예 남명(男命): 모친 사망**
>
> | 戊 | 辛 | 丙 | 庚 |
> |---|---|---|---|
> | 子 | 丑 | 戌 | 寅 |
>
> 　　　↳ 모친

이 명조(命造)는 정인이 축술형(丑戌刑) 되는 기축년(己丑年) 병자월(丙子月)에 모친이 노환으로 사망하였다.

- 삼형살(三刑殺)은 교통사고, 수술, 관재(官災), 불구, 육친의 질병, 사고, 사망 등의 암시가 있는 흉살(凶殺)이다.

▼ 인사신(寅巳申) 삼형(三刑)에 상관운(傷官運)이면 교통사고가 발생하는 것이다. 이치(理致)는 저돌적이고 과격해지기 때문이고 상관은 상대를 상(傷)하게 하고 법(法)을 위반하기 때문이다.

> **예 남명(男命): 구속**
>
> | 戊 | 癸 | 丁 | 癸 | 甲 → 상관 |
> |---|---|---|---|---|
> | 午 | 酉 | 巳 | 卯 | 申 → 사신형 |

이 명조(命造)는 상관에 사신형 되는 갑신년(甲申年) 기사월(己巳月)에 운전하다 과실로 사람을 추돌 사망하게 하고 도주하였다가 뺑소니로 구속이 되었다.

▼ 재성(財星)이 삼형살(三刑殺)이면 여자나 돈 문제로 관재(官災)가 발생하는 것이다.

예 남명(男命): 구설, 관재

甲 甲 癸 壬　　丁 → 상관
戌 戌 丑 申　　丑 → 재성, 축술형

이 명조(命造)는 평교사 때 학부형과 애인관계였다가 그 학교를 떠났는데, 십 년 뒤에 교장이 되어 다시 그 학교로 부임하였다. 상관에 재성이 축술형(丑戌刑) 되는 정축년(丁丑年)에 십 년 전 여자 문제를 학부형들이 들추어 진정서를 내고 시비하여 관재구설이 있었다.

예 남명(男命): 관재, 수술

癸 乙 丙 庚　　己 → 재성, 삼형
未 未 戌 子　　丑

이 명조(命造)는 재성이 술미형(戌未刑)이 되어 처(妻)와 이혼하고 재혼하였다. 재성이 축술미(丑戌未) 삼형(三刑) 되는 기축년(己丑年) 신미월(辛未月)에 부부 싸움을 하고 처(妻)가 가출, 위자료 청구 소송을 하여 그 충격으로 뇌출혈이 발생하여 수술을 받았다.

예 남명(男命): 구속

己 丁 甲 壬　　丙 → 겁재
酉 丑 辰 子　　戌 → 상관, 축술형

이 명조(命造)는 겁재운에 식상이 축술형(丑戌刑) 되는 병술년(丙戌年)에 거래처와 돈 문제로 싸우다 사기혐의로 구속되었다.

▼ 식신(食神)은 업무이고 경제 활동이 된다. 식신이 삼형살이면 직장 업무나 하고 있는 일에 시비 관재(官災)가 발생하는 것이다.

| 예 여명(女命): 관재 |

```
甲 甲 乙 丁      辛
子 申 巳 未      巳 → 식신, 사신형
```

이 명조(命造)는 직장에서 경리로 일하고 있는데 식신이 사신형(巳申刑) 되는 신사년(辛巳年)에 업무상 과실로 회사에 손해를 보게 하여 관재(官災)가 발생하고 실직하였다.

▼ 여명(女命)에서 식상(食傷)은 자궁과 유방과 태아가 된다. 식상의 삼형살은 유산이 되거나 낙태수술을 하게 되고 자궁이나 유방에 질병이 발생하여 수술을 받게 되는 것이다.

| 예 여명(女命): 겁재는 이성, 낙태수술 |

```
        辛 丁 己 戊      丙 → 겁재
  식신 ← 丑 酉 未 午      戌 → 상관, 삼형
```

이 명조(命造)는 겁재에 식상이 축술미(丑戌未) 삼형되는 병술년(丙戌年)에 남자 만나 성관계하고 낙태수술을 하였다.

▼ 무토(戊土)는 위장이 된다. 술토(戌土)가 삼형(三刑)이 되면 위장수술을 받을 수 있는 것이다. 이치(理致)는 위장에 해당되는 술토(戌土)가 삼형(三刑)이 되기 때문이다.

| 예 남명(男命) |

```
              甲 己 丁 甲
        위장 ← 戌 丑 丑 申
```

이 명조(命造)는 술(戌)이 축술형(丑戌刑) 되어 위장병이 있다. 축술형(丑戌刑) 되는 병술년(丙戌年)에 위암 제거수술을 받았다.

▼ 여명(女命)에서 식상(食傷)은 자식이 된다. 식상이나 재성이 삼형살(三刑殺) 운에 입태하여 아기를 낳으면 기형아를 낳는 것이다. 이치(理致)는 형(刑)이 되어 태아가 사상(死傷)되기 때문이다.

> **예 여명(女命)**
>
> 壬 丁 丁 己
> 寅 未 丑 酉

이 명조(命造)는 식상이 축술미(丑戌未) 삼형(三刑)이 되는 갑술년(甲戌年)에 임신하여 딸을 출산하였는데 수족을 못 쓰는 지적장애인이었다.

04 파살(破殺)

▼ 파살표(破殺表)

子酉破 (자유파)	午卯破 (오묘파)	寅亥破 (인해파)	申巳破 (신사파)	辰丑破 (진축파)	戌未破 (술미파)

파(破)는 문자 그대로 파괴한다는 의미이니 분리, 이별 파손 등의 흉한 일이 생긴다는 흉살(凶殺)이다.

파살(破殺)은 지장간에 영향을 미치므로 다양하게 응용하는 것이다.

파살은 형충보다 작용력이 약하나 형충(刑沖)이 가세하면 그 영향력은 확대되는 것이다.

- 사신파(巳申破), 술미파(戌未破)는 삼형이 되므로 형살로 응용하는 것이다.
- 자유파(子酉破)는 귀문관살이 되므로 같이 응용하며 흉(凶)이 더한 것이다.
- 용신이나 길신(吉神)을 파(破)하면, 흉하고 흉신(凶神)을 파(破)하면 길(吉)한 것이다.

▼ 육친(六親)을 파(破)하면 사상(死傷) 되거나 불구가 되는 것이다.

예 남명(男命)			
庚	丙	癸	己
寅	子	酉	巳

이 명조(命造)는 정재가 자유파(子酉破)에 귀문관살이다. 또한 정재의 의식(意識)이 정재를 파(破)한 것이다. 처(妻)가 우울증으로 고생하다 음독 스스로 목숨을 끊었다.

05 육해살(六害殺)

▼ 육해살표(六害殺表)

子未害 (자미해)	丑午害 (축오해)	寅巳害 (인사해)	卯辰害 (묘진해)	申亥害 (신해해)	酉戌害 (유술해)

해(害)는 육합(六合) 하는 자를 충(沖)하여 합을 못하게 방해하는 것이 육해(六害)가 되는 것이다.

자축(子丑)이 합(合)을 하는데 미(未)가 축(丑)을 축미충(丑未沖) 하여 합을 방해하므로 자미(子未)는 해(害)가 되는 것이다.

나머지 다른 해(害)도 다 이런 원리에서 비롯되었다.

육해에서 자미(子未)와 축오(丑午)는 원진이고 인사(寅巳)는 삼형살이므로 육해와 중복되는 것이나 해살(害殺)의 작용력이 미약하므로 원진살과 삼형살의 원리대로 응용 통변하면 된다.

해살은 작용력이 약하므로 중요시하지 않으나, 응용 통변할 수 있는 부분은 의식(意識)이 해살이면 불화하고 시기심, 심술이 많다고 할 수 있는 것이다.

06 원진살(怨嗔殺)

양(陽)은 순행(順行)하여 충(沖)하고 다음에 만나는 기운(氣運)과 원진(怨嗔)이 되고, 음(陰)은 역행(逆行)하여 충(沖)하고 다음에 만나는 기운(氣運)과 원진이 되는 것이다.

원진살은 인정이 있고 잘 베푸니 일명(一名) 대모살(大耗殺: 큰 대, 줄 모)이라고도 한다.

▼ 원진살표(怨嗔殺表)

子未 (자미)	丑午 (축오)	寅酉 (인유)	卯申 (묘신)	辰亥 (진해)	巳戌 (사술)

원진살(怨嗔殺)은 충(沖)하고 나서 만나는 것이므로 싸움을 하고 나서 서로가 미워하고 원망하는 것이다.

원진살은 체(體)와 의식(意識) 이분법(二分法)의 원리를 적용한다.

▼ 의식(意識)이 원진살 되는 육친에게 베풀고 배신당하며 미워하고 불화(不和)하는 것이다.

[예] 남명(男命)

己 丙 辛 乙
亥 戌 巳 巳 → 형제: 친구

이 명조(命造)는 의식인 식신이 비견과 원진살(怨嗔殺)이다. 형제나 친구에게 베풀고 배신을 당하므로 형제 및 친구들을 원망하고 미워하는 사람이다.

• 원진살(怨嗔殺)은 헤어지면 그리워하고 만나면 불화하는 것이다.

07 귀문관살(鬼門關殺)

일지(日支)나 의식	子	丑	寅	卯	辰	巳	午	未	申	酉	戌	亥
귀문관살	酉	午	未	申	亥	戌	丑	寅	卯	子	巳	辰

귀문관살은 귀신귀(鬼), 문문(門), 통할관(關) 자로 귀신이 통(通)하는 문이라는 뜻이 되는 것이다. 그러므로 귀문관살은 빙의신(憑依神: 귀신들림)과 밀접한 관계가 있는 것이다.

이 명조(命造)는 의식(意識)인 상관이 묘신(卯申) 귀문관살이고, 일지(日支)안방이 인미(寅未) 귀문관살이다. 꿈과 예감이 잘 맞고 귀신이 보일 때가 있으며, 무속인이 좋아 무속인이 되는 것이 소원이라고 하는 여인이다.

✓ 모태(母胎) 빙의(憑依)란 무엇인가?

모태(母胎) 빙의(憑依)란, 영(靈)에 빙의된 여명(女命)이 임신하면 태아에게 빙의 되는 것을 말한다. 고로 엄마가 무속인이면 그의 딸도 무속인이 될 확률이 많은 것이다. 또한 낙태를 시킨 여명(女命)은 낙태령이 자궁에 빙의 되었다가 임신하면 태아에게 빙의 되는 것이다. 이렇게 빙의 된 것을 모태(母胎) 빙의라 하는 것이다. 고로 빙의령을 천도(薦度) 한 후 아기를 갖는 것이 현명한 방법이라 하겠다.

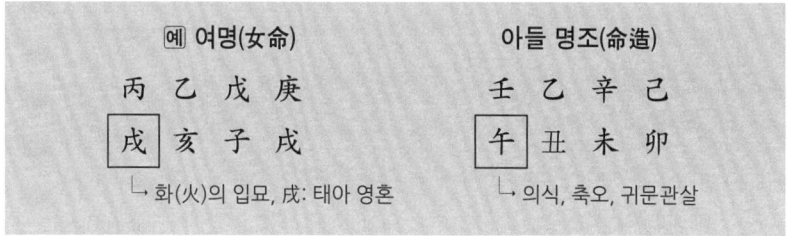

이 명조(命造)는 처녀 때 낙태 수술을 하였다. 낙태령이 자궁에 빙의(憑依) 되었다가 결혼하여 임신하자 그 태아에게 빙의 된 것이다. 아들을 낳았는데 정신지체 장애자다. 아들 명조에서는 비견의 입묘지(入墓地)와 의식이 오미합(午未合)이고 축오(丑午) 귀문관살이다.

✓ 빙의(憑依) 증상
- 꿈과 예감이 잘 맞으며 심리변화가 심하여 기분이 좋았다가도 이유 없이 기분이 상하고 짜증이 난다.
- 혼자 있는데 옆에 누가 와 있는 느낌을 받을 때가 있다.
- 무서운 장소에 가면 모든 사람이 머리카락이 서고 소름끼치듯, 무섭지도 않은데 머리에서 소름끼치듯 싸늘한 전율이 일어날 때가 잦다.
- 마음이 여리고 인정이 많은데 성질나면 험독(險毒)한 마음이 치밀어 오른다.
- 환령(換靈)이 보이거나 환청이 들리고 귀에서 매미 우는소리가 난다.

- 자신과 싸운 사람은 재화(災禍)가 일어나는 것을 느낀다.
- 생각지도 않은 엉뚱한 공상이 떠올라 혼자 웃기도 하고, 마음이 우울하고 인생(人生)이 무상하다고 생각하며 한이 많은 노래를 좋아한다.
- 혼자 있는 것을 좋아하고, 감수성이 예민하여 눈물이 많고, 고독을 즐기며 야릇한 쾌감을 느낄 때가 잦으며, 자살 충동을 느낄 때가 잦다.
- 전신이 아파서 고통을 받고 있는데 병원에 가면 병명이 안 나오고 신경성이라 하며, 약을 복용하면 처음은 효과가 있는듯하다가 계속 복용하면 효과가 없다.
- 술을 마시면 갑자기 돌변하여 난폭해지고 눈에 살기가 있으며 술이 깨면 자신이 한 언행을 기억하지 못한다.

▼ 일지(日支)나 의식인 식상(食傷)이 귀문관살이면 변태성욕이 있는 것이다. 이치(理致)는 바람기가 많았던 영(靈)이나 결혼 못하고 죽은 빙의신이 자신의 육신을 통하여 성관계 시 오르가슴의 쾌감을 느끼려 하기 때문이다.

예 여명(女命)				
	乙	戊	癸	甲
묘신: 귀문관살 ←	卯	申	酉	子	→ 자유: 귀문관살

이 명조(命造)는 의식인 식상이 자유(子酉), 묘신(卯申) 귀문관살이다. 변태성욕이 있어 동생 같은 사람이나 늙은이하고도 성관계를 즐기며 짐승같이 성관계한다고 하는 여인이다.

▼ 의식(意識)인 식상(食傷)이나 일지(日支)가 귀문관살이면 신(神)이나 종교에 관계되는 스님, 목사, 신부, 수녀, 박수, 풍수, 무속인, 운명가, 연예인 등으로 진출하는 것이다.

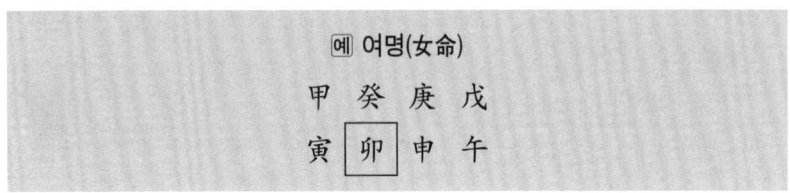

[예] 남명(男命)

辛 乙 壬 庚
巳 丑 午 子

이 명조(命造)는 의식(意識)이며 경제활동인 식신이 귀문관살이다. 정신분열증으로 고생하다 출가하여 스님이 되었다.

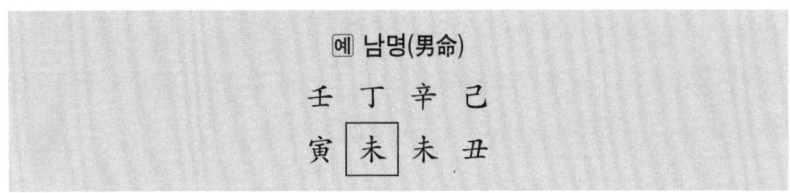

[예] 여명(女命)

甲 癸 庚 戊
寅 卯 申 午

이 명조(命造)는 식신이 묘신(卯申) 귀문관살이다. 연극을 하는 연예인이 되었다.

[예] 남명(男命)

壬 丁 辛 己
寅 未 未 丑

이 명조(命造)는 식신이 인미(寅未) 귀문관살이다. 명리학을 공부하여 운명가가 되었다.

08 백호살(白虎殺)

| 甲辰 | 乙未 | 丙戌 | 丁丑 | 戊辰 | 壬戌 | 癸丑 |
| 갑진 | 을미 | 병술 | 정축 | 무진 | 임술 | 계축 |

백호살(白虎殺)은 일명(一名) 오귀살(五鬼殺)이라 한다.

백호살은 구궁법(九宮法)에서 중궁(中宮)에 해당되며, 백호살은 갑진(甲辰), 을미(乙未), 병술(丙戌), 정축(丁丑), 무진(戊辰), 임술(壬戌), 계축(癸丑) 등이다.

백호살은 객사(客死), 급사(急死), 혈광사(血光死) 하는 흉살로 돌발적인 교통사고, 사고, 산망(産亡), 자살, 화재, 피살, 타살, 급성질병사, 심장마비사 등이 발생할 수 있다.

▼ 신약하고 오행이 편중되고 일주(日柱)가 백호살이면 흉사(凶死) 단명(短命)하는 것이다.

예 남명(男命): 사고 사망

```
        乙 丁 戊 丙      戊 → 상관
 용신 ← 巳 丑 戌 申      寅 → 역마삼형
```

이 명조(命造)는 정화일주(丁火日主)가 백호살이며, 술월(戌月)에 생(生)하고 무토(戊土)

가 사령(司令) 하여 실령(失令) 하였으며 식상에 설기 되어 신약으로 겁재가 용신이고 인성이 희신이다. 상관에 인사신(寅巳申) 삼형이 되는 무인년(戊寅年)에 공사 중이던 트럭에서 전봇대가 굴러 혈광사 하였다.

▼ 백호살이라고 하여 모두 흉사(凶死) 단명하는 것은 아니다. 일주(日柱)가 백호살이라도 오행이 중화(中和)되어 청격(淸格)이면 부귀 장수(長壽)하는 것이니, 격국과 살성(殺星)을 살펴서 판단해야 한다.

예 남명(男命): 90세 장수

丙 甲 己 辛
寅 辰 亥 酉

이 명조(命造)는 갑진일주(甲辰日柱)가 백호살이며 해월(亥月)에 생(生)하고 임수(壬水)가 사령(司令) 하여 득령(得令) 하였으며 인비(印比)가 생조(生助) 하여 신왕하고, 식신이 설기하니 오행이 중화되어 청격(淸格)이다. 90세까지 장수(長壽)하였다.

▼ 육친(六親)에 해당하는 오행(五行)이 백호살이고 태약하거나 형충(刑沖)이 되었으면 그 육친은 흉사(凶死)하는 것이다. 이치(理致)는 백호살은 혈광지살이고, 태약하기 때문이며, 형충이 되면 사상(死傷) 되기 때문이다.

예 남명(男命)

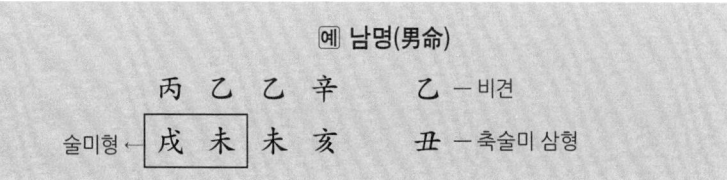

丙 乙 乙 辛   乙 - 비견
술미형 ← 戌 未 未 亥   丑 - 축술미 삼형

이 명조(命造)는 재성이 을미(乙未), 병술(丙戌) 백호살이고 술미형(戌未刑)이다. 고모와 백부가 교통사고로 혈광사(血光死) 하고 부친은 을축년(乙丑年)에 간암으로 사망하였다.

| 예| 남명(男命)

庚 癸 辛 丙
申 丑 丑 戌 → 자식·장애인

이 명조(命造)는 관성(官星)이 병술(丙戌) 백호살이고, 축술(丑戌) 삼형(三刑)이다. 큰아들이 수족을 못 쓰는 지체장애인이다.

▼ 여명(女命)에서 식상(食傷)이 백호살이 되거나 형충되는 세운(歲運)에 임신하면 사산(死産) 되거나 기형아를 출산하는 것이다.

| 예| 여명(女命)

辛 丁 丁 甲   丙
亥 丑 丑 辰   戌 ― 축술형

이 명조(命造)는 식상이 백호살에 축술형(丑戌刑)이 되는 병술년(丙戌年)에 임신하고 아들을 출산하였는데 미숙아였으며 하루 지나 사망하였다.

09 괴강살(魁罡殺)

| 庚辰
(경진) | 庚戌
(경술) | 壬辰
(임진) | 壬戌
(임술) |

괴강이란 하늘의 우두머리 별을 일컬으며, 월장법(月將法)에서 진(辰)은 천강(天罡)이고 술(戌)은 하괴(河魁)가 된다. 괴강은 우두머리 괴(魁), 북두성강(罡) 자로 괴강살이 있으면 극(極)과 극(極)을 치닫게 된다. 괴강은 일주(日柱)를 위주로 하는 것이다.

▼ 괴강살(魁罡殺)의 명조(命造)는 고집이 세고 자존심이 강하여 상대에게 불복종(不服從)하며, 오히려 상대를 제압하려는 강압적인 언행(言行)을 하는 것이다.
이치는 괴강은 우두머리별이 되기 때문이다.

예 남명(男命)

戊 壬 己 乙
申 辰 卯 未

이 명조(命造)는 임진일주(壬辰日柱)가 괴강살이고 상관이 견관(見官) 되었으며, 시상(時上)에 편관이 있다. 평상시에는 부드러운 면도 있으나 자존심이 강하고 우월감이 있어 상대에게 절대 복종하지 않으며 강압적이고, 성질나면 난폭한 언행(言行)으로 상대를 제압하려 하는 사람이다.

▼ 여명(女命)이 괴강살(魁罡殺)이면 고집이 세고 남편에게 복종하지 않으며 상대를 제압하려는 기질이 있고 남편이 무능하며 생사(生死) 이별하게 되는 것이다. 이치(理致)는 다음과 같다.

경진일(庚辰日) 괴강살은 일지(日支) 남편궁인 안방이 상관의 고(庫)가 되어 정관을 상(傷)하게 하기 때문이다.

例 여명(女命)

庚 庚 乙 癸
辰 辰 丑 卯

이 명조(命造)는 경진일(庚辰日) 괴강살이고 상관이 연상(年上)에 있으며 인비(印比)가 생조(生助) 하여 신왕 하다. 남편이 무능하고 작첩(作妾: 애인) 하여 상관운인 계유년(癸酉年)에 이혼하였다.

▼ 경술일(庚戌日) 괴강살은 일지(日支) 남편궁이 관성의 입묘지(入墓地)이고, 일지(日支) 안방에 겁재 신금(辛金)이 들어 있기 때문이다.

例 여명(女命)

丁 庚 癸 庚
亥 戌 未 子

이 명조(命造)는 경술일(庚戌日) 괴강살이고, 식상이 혼잡하며 관성이 태약하다. 두 번 결혼하였으나 남편이 모두 사망하였다.

▼ 임진일(壬辰日) 괴강은 남편궁인 일지(日支) 안방에 겁재의 남편인 편관이 들어와 있으니, 후처(後妻)가 되거나 첩(妾)이 되며, 이혼하고 재혼하는 경우가 많다.

예 여명(女命)
戊 壬 壬 壬
申 辰 寅 子 → 겁재
↳ 겁재의 남편

이 명조(命造)는 임진일(壬辰日) 괴강살이고 비겁이 혼잡하다. 자식 낳고 이혼한 남자를 만나 후처로 결혼하였다.

▼ 임술일(壬戌日) 괴강은 일지(日支) 남편궁에 편관이 있어 명조(命造)에 겁재가 있으면 남의 남편이 되고, 관성은 입묘지(入墓地)가 된다.

예 여명(女命)
己 壬 丙 丁
酉 戌 午 亥

이 명조(命造)는 임술일(壬戌日) 괴강살이고 술(戌)에 관성이 입묘(入墓) 되었다. 입묘되는 경술대운(庚戌大運), 상관에 관성의 절지운(絕支運)인 을해년(乙亥年)에 남편과 바다 구경을 하고 돌아오다 교통사고로 남편이 사망하였다.

10 도화살(桃花殺)

일지	寅	午	戌	巳	酉	丑	申	子	辰	亥	卯	未
도화		卯			午			酉			子	

도화살(桃花殺)은 자오묘유(子午卯酉)가 된다. 도화는 오행의 욕지(浴支)가 되고, 일명(一名) 연살(年殺), 또는 패살(敗殺)이라고 한다.

도화는 일지와 년지를 기준으로 산출한다.

도화는 목욕하여 더러운 것을 씻어내는 동시에 발가벗은 것을 상징하므로 음란(淫亂)의 일성(一星)이다. 사람에 비유하면 사춘기에 해당하므로 유행과 화려하게 꾸미고 색정에 빠져들기 쉬운 때가 되는 것이다. 또한, 노련미 없이 일방적으로 진력(進力)하다 실패하므로 패살(敗殺)이라고도 하는 것이다.

도화살의 의의(意義)는 음란, 색정, 부정(不貞), 예술, 예능, 문학 등이다.

도화살은 체(體)와 의식(意識)이분법(二分法)의 원리로 응용하는 것이다.

▼ 남명(男命)이 의식(意識)인 식상이 도화살이고 재성이 혼잡하면 음란하여 음탕(淫蕩)함을 즐기므로 작첩(作妾: 애인) 하는 것이며 칠살이 있으면 더욱 심한 것이다. 이치(理致)는 의식이 도화살이면 음란한 마음이 생성되기 때문이다.

```
[예] 남명(男命)
癸 己 癸 壬
酉 巳 卯 辰
     └ 도화
```

이 명조(命造)는 용띠이니 신자진(申子辰) 수국(水局)으로 의식인 식신이 도화살이고 재성이 혼잡하다. 음란(淫亂)하여 음탕함을 즐기므로 애인을 여러 명 두고 간통하는 사람이다.

▼ 여명(女命)이 의식(意識)인 식상이 도화살(桃花殺)이고 편재가 있으면 수치심이 없고 음란하며 돈을 탐하여 돈을 받고 성관계를 하거나 창녀가 되는 것이다. 이치(理致)는 자궁에서 큰 재물을 생(生)하기 때문이다.

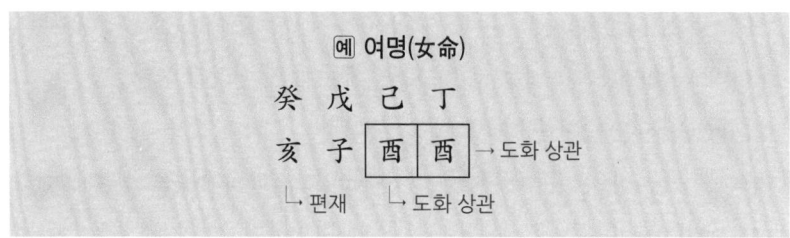

이 명조(命造)는 일지(日支)가 자(子)이니 신자진(申子辰) 수국(水局)으로 의식(意識)이며 자궁인 상관 유금(酉金)이 도화살이고 상관이 편정재(偏正財)를 생(生)하고 있다. 음란하여 수치심을 모르고 돈을 탐하여 18세부터 유부남과 돈을 받고 성관계하다가 창녀가 되어 40세가 넘도록 창녀생활을 하였다.

▼ 의식(意識)인 식상이 도화살이면, 미인으로 애교가 있고 인기가 있는 것이며, 예술, 예능에 소질이 있는 것이다.

예 여명(女命)
乙 乙 庚 己
酉 亥 午 酉

이 명조(命造)는 연지(年支)가 유(酉)이니 사유축(巳酉丑) 금국(金局)으로 월지(月支) 오(午)가 도화가 되는데, 식신이 되므로 의식에 도화(桃花)가 되는 것이다. 미인이고 애교가 있으니 어디를 가나 인기가 있으며 예능에도 소질이 있어 연예인이 되었다.

▼ 도화살(桃花殺)이 있다고 하여 모두 음란하고 음탕(淫蕩)함을 즐기는 것은 아니며 수치심이 없는 것이 아니다.

정관이 유기(有氣) 하여 청격(淸格)이면 음란한 마음을 억제하며 명예와 도덕성을 중시하므로 품행이 단정하고 문학에 소질이 있는 것이다.

	예 남명(男命)		
용신: 정관 ← 丁	庚	戊	丁
亥	午	申	酉

이 명조(命造)는 닭띠이니 사유축(巳酉丑) 금국(金局)으로 오(午)가 도화살이고 일간(日干)에서는 욕(浴)이 된다. 시상(時上)에 정관이 투간(透干) 하여 유기(有氣) 하고 식신 또한 유기 하다. 공학박사가 되어 연구소에 근무하며 정직하고 품행이 단정하며 가정에 충실하니 처자(妻子)와 행복하게 살아가고 있다.

11 역마살(驛馬殺)

역마살은 인신사해(寅申巳亥)가 되고, 삼합(三合)의 첫자(字)를 충(沖)하는 자가 역마가 되며, 삼합(三合)의 첫자(字)는 지살(地殺)이 되는 것이다.

- 해묘미(亥卯未) - 巳는 역마, 亥는 지살(地殺)
- 인오술(寅午戌) - 申은 역마, 寅은 지살(地殺)
- 사유축(巳酉丑) - 亥는 역마, 巳는 지살(地殺)
- 신자진(申子辰) - 寅은 역마, 申은 지살(地殺)

▼ 역마는 체(體)와 의식(意識) 이분법(二分法)의 원리(原理)로 응용하는 것이다. 역마는 지살(地殺)과 대충(對沖) 되어 변화하는 것이므로 능동적이며, 명조(命造)에 의식(意識)인 식상이나 일지(日支) 또는, 관성이나 재성이 역마(驛馬)이면 외국출입을 하게 되고, 활동하는 직업에 종사하거나 무역업 또는 외교관 등으로 진출하는 것이다.

지살(地殺)은 수동적으로 스스로 움직이지 않고 지시를 받고 움직이는 것이니 이동발령과 변동을 뜻하며 활동하는 직업을 갖게 된다.

예) 남명(男命)

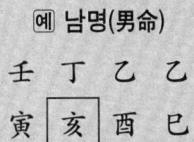

```
壬 丁 乙 乙
寅 亥 酉 巳
```

이 명조(命造)는 연지(年支)가 사(巳)이니 사유축(巳酉丑) 삼합(三合)의 첫자를 충(冲)하는 정관이 역마살이고, 관인상생(官印相生)이 되었다. 외교관으로 진출하였다.

예) 여명(女命): 제약회사, 생산직

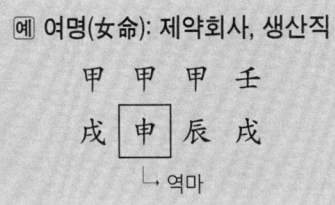

↳ 역마

이 명조(命造)는 연지(年支)가 술(戌)이니 인오술(寅午戌) 삼합(三合)의 첫 자를 충(冲)하는 신이 역마살이고 역마에 좌(坐)하였다. 말을 타는 형상이니, 어느 직장에 가도 분주하게 움직이는 직종에 근무하게 되는 사람이다(제약회사 생산직).

▼ 역마살(驛馬殺)이 상충(相冲) 되거나 삼형이면 교통사고, 낙상, 등의 암시(暗示)가 있는 것이다.

예) 남명(男命): 역마충, 사고 사망

```
丙 己 丁 戊
寅 亥 巳 戌
```

이 명조(命造)는 일지(日支)가 해(亥)이니 해묘미(亥卯未) 삼합(三合)의 첫자를 충하는 사(巳)가 역마가 되고, 연지(年支)가 술(戌)이니 인오술(寅午戌) 삼합(三合)으로 신(申)이 역마가 된다. 상관 역마가 인사신(寅巳申) 삼형(三刑)이 되는 임신년(壬申年)에 자신이 운전하다 교통사고로 사망하였다.

▼ 역마(驛馬) 육친 오행이 형충(刑冲)이면 사고, 교통사고, 등으로 객사(客死)하는 것이다.

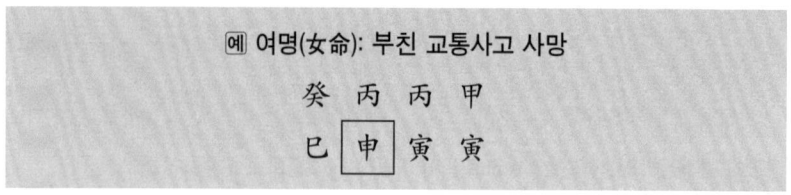

예 여명(女命): 부친 교통사고 사망

癸 丙 丙 甲
巳 申 寅 寅

이 명조(命造)는 연지(年支)가 인(寅)이니 인오술(寅午戌) 삼합(三合)의 첫자를 충하는 편재가 역마이고, 인사신(寅巳申) 삼형살이다. 부친이 교통사고로 객사하였고, 모친은 재혼하여 고모에게 성장하였다.

▼ 여명(女命)에서 역마 관성이 있고 형충(刑冲)이 되면 남자를 잘 만나게 되고 잘 헤어지는 것이다. 이치(理致)는 역마는 차마(車馬)가 되어 동요되기 때문이다.

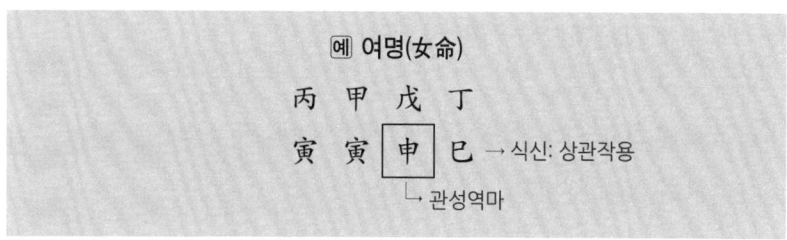

예 여명(女命)

丙 甲 戊 丁
寅 寅 申 巳 → 식신: 상관작용
      └ 관성역마

이 명조(命造)는 일지(日支)가 인(寅)이니 인오술(寅午戌) 삼합(三合)의 첫자를 충(冲)하는 신(申) 편관이 역마이며 인신충(寅申冲), 인사신(寅巳申) 삼형(三刑)이 되었다. 남자를 잘 만나게 되고 잘 헤어지니 33세까지 동거한 남자가 열 명이 넘는다.

12 화개살(華蓋殺)

 화개(華蓋)란 형상을 지칭한 것이니 이 별(星)은 형상이 덮개와 같아서 항상 대제좌(大帝座: 큰 대, 임금 제, 자리 좌)를 덮고 있어 화개살이라 한 것이다.
 화개는 삼합국(三合局)의 끝 자인 묘(墓)가 되는 것이다.

- 해묘미(亥卯未) - 未
- 인오술(寅午戌) - 戌
- 사유축(巳酉丑) - 丑
- 신자진(申子辰) - 辰

▼ 화개(華蓋)는 대제좌를 덮고 있어 고집이 세며 집착이 강하고 치밀 철저하며 예능과 문학에 소질이 있는 것이다. 의식인 식상이 화개살은 위와 같은 기질이 가중(加重)되는 것이다.

> **예** 남명(男命)
>
> 己 丙 丙 己
> 丑 戌 寅 亥

 이 명조(命造)는 일지(日支)가 술(戌)이니 인오술(寅午戌) 삼합국(三合局)의 끝 자, 술(戌)이 화개살이 되고 의식이 된다. 고집이 세고 집착이 강하며, 총명하고 예능과 문학적 소질이 있어 시인이 되었다.

▼ 화개살은 종교철학이고 일념(一念)으로 정진하는 것이니, 종교 지도자나 운명가로 진출하는 경우가 많다.

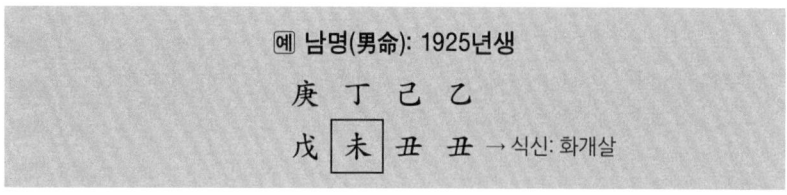

예 남명(男命): 1925년생

庚 丁 己 乙
戌 未 丑 丑 → 식신: 화개살

이 명조(命造)는 연지(年支)가 축(丑)이니 사유축(巳酉丑) 삼합국(三合局)의 끝 자, 축(丑) 식신이 화개살이 된다. 종교지도자로 종정스님이 되셨다.

13 고란살(孤鸞殺)

| 丁巳 | 戊申 | 辛亥 | 甲寅 |

고란살은 일주(日柱)를 위주로 적용하는 것이다.

여명(女命)에 고란살이 있으면 생사(生死) 이별하게 되는 것이다. 이치(理致)는 십이운(十二運)에서 목화금수(木火金水)의 관성이 일지(日支) 남편궁에서 절(絶)이 되기 때문이다.

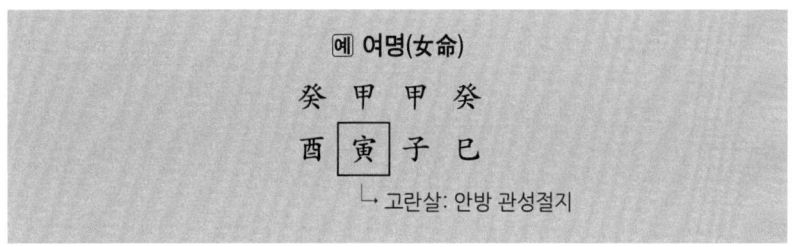

예 여명(女命)

癸 甲 甲 癸
酉 寅 子 巳

↳ 고란살: 안방 관성절지

이 명조(命造)는 갑인일주(甲寅日柱)이니 남편궁인 일지(日支)가 관성의 절지(絶支)로 고란살이다. 정해년(丁亥年)에 남편이 장암으로 사망하였다.

예 여명(女命)

```
癸 辛 癸 癸
巳 亥 亥 丑
```
↳ 고란살: 안방 관성절지

이 명조(命造)는 신해일주(辛亥日柱)로 일지(日支)가 상관에 관성화(火)의 절지(絶支)가 되어 고란살이다. 남편이 구타 폭행하여 신사년(辛巳年)에 이혼하였다.

14 현침살(懸針殺)

현침살(懸針殺)이란 글자의 모양이 침(針)과 같다 하여 일명(一名) 현침살이라 하는 것이다.

현침살은 의식인 식상(食傷)과 일시(日時)를 기준으로 한다. 현침살은 칼과 주사기를 쓰는 의사, 침을 쓰는 한의사, 간호사, 또는 바느질을 하는 직업 등이며, 또한 총칼을 쓰는 군인이나 포수(砲手)도 되는 것이다.

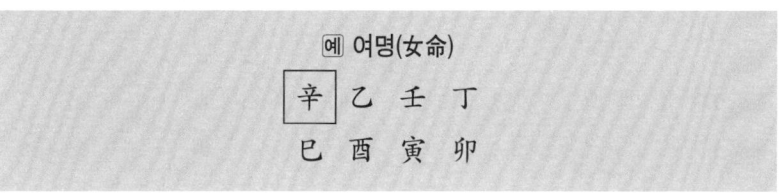

이 명조(命造)는 시상(時上) 편관(偏官) 신금(辛金)이 현침살(懸針殺)이다. 병술년(丙戌年)에 직업군인이 되었다.

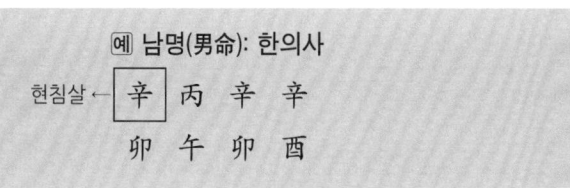

이 명조(命造)는 현침살(懸針殺)이 혼잡하다. 경희대 한의과를 나와 한의사가 되었다. 초등학교 때부터 한의사가 되는 것이 소원이었다고 한다.

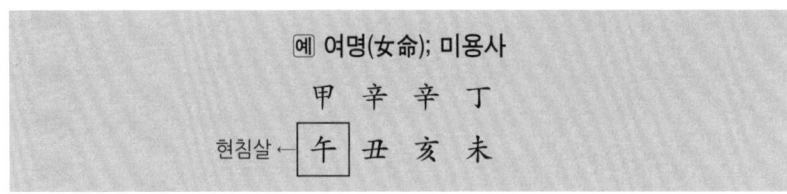

이 명조(命造)는 관성(官星)이 현침살(懸針殺)이다. 미용실을 20년 동안 하고 있다.

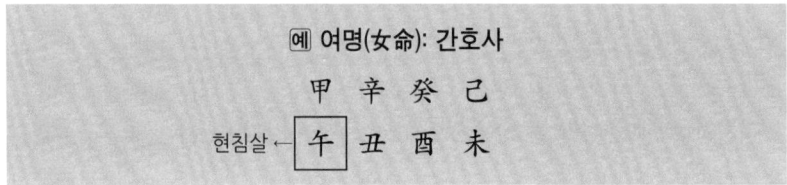

이 명조(命造)는 관성(官星)이 현침살(懸針殺)이다. 간호사가 되었다.

15 홍염살(紅艶殺)

일간(日干)	甲	乙	丙	丁	戊	己	庚	辛	壬	癸
홍염살	午	申	寅	未	辰	辰	戌	酉	子	卯

홍염살(紅艶殺: 붉을 홍, 고울 염)이 있으면 허영심이 있어 사치를 좋아하고 남명(男命)은 작첩(作妾) 하고 여명(女命)은 음란하여 창기(娼妓)가 되는 것이다.

예 남명(男命)

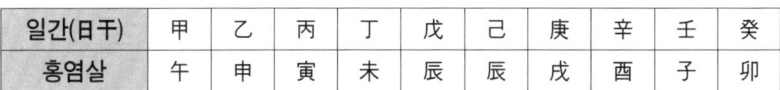

이 명조(命造)는 정미일(丁未日)에 생(生)하였으니 홍염살이며, 겁재의처 편재가 있다. 을유년(乙酉年)에 애인 만나 간통하다 병술년(丙戌年) 계사월(癸巳月)에 처(妻)가 알게 되어 이혼하였다.

예 여명(女命)

```
乙 甲 丁 丙
丑 午 酉 午
```

이 명조(命造)는 갑오일(甲午日)에 생(生)하여 홍염살이고 상관이 혼잡 태강하여 정관을 극(剋)하고 있다. 이혼하고 술집에서 창기(娼妓)로 일하고 있다.

16 생사이별(生死離別) 일진(日辰)

甲寅	丙午	戊戌	己丑	庚申	壬子
乙卯	丁巳	戊辰	己未	辛酉	癸亥

생사이별(生死離別) 일진(日辰)은 일주(日柱)가 간여지동(干與支同)으로 일주(日柱)의 천간과 지지가 같은 오행으로 되어 있는 것을 말한다.

일지(日支) 배우자궁인 안방에 자신과 비슷한 사람이 들어와 있는 것과 같으니, 남명(男命)은 처가 애인을 만나기 쉽고, 여명(女命)은 남편이 애인을 만나기 때문이다.

예 남명(男命)

乙 丁 癸 戊
巳 巳 亥 戌

이 명조(命造)는 정사일주(丁巳日柱)가 간여지동(干與支同)이고, 겁재에 정재가 장생(長生)하고 있으며, 상관이 생재(生財)하고 월상(月上)에 처가 미워하는 칠살이 정계충(丁癸冲)하였다. 병자년(丙子年)에 처가 바람나 가출 이혼하였다.

| 예 여명(女命) |

辛 乙 丙 戊
巳 卯 辰 申 → 정관, 남편
　　└ 상관

　이 명조(命造)는 을묘일주(乙卯日柱)로 간여지동이고, 남편을 미워하는 상관이 있다. 남편이 병술년(丙戌年)에 작첩(作妾) 하여 불화하다 이혼하였다.

17 천을귀인(天乙貴人)

일간(日干)	甲戊庚	乙己	丙丁	辛	壬癸
천을귀인	丑未	申子	酉亥	寅午	卯巳

　천을(天乙)은 천상(天上)의 신(神)으로서 자미원(紫微垣: 큰 곰 자리를 중심으로 170개의 별로 이루어진 천자 자리별) 밖에 있으면서 태을성(太乙星)과 더불어 천황(天皇) 대제(大帝)를 섬기는 일성(一星)이다.

　조물주(造物主)의 영(令)을 받은 만신(萬神)을 주재하는 천상신(天上神)으로서 옥형(玉衡: 북두칠성의 다섯째 별)을 잡고 천상(天上)이나 인간의 모든 일을 헤아리며 그 신이 임(臨)하는 곳에는 일체의 신(神)들이 피하여 숨어 버린다는 지존(至尊)의 신(神)이다.

　천을귀인은 일간(日干)을 지지(地支)에 비교하여 산출하는 것이다.

▼ 천을귀인이 기신(忌神)이라도 형충 공망(空亡)이 없으면 귀인이 임하므로 인덕(人德)이 있는 것이다.

제5장 신살론(神殺論) 155

```
[예] 남명(男命)              처의 명조(命造)
  乙 壬 癸 辛           壬 丙 丙 辛 → 유산
  巳 戌 巳 巳           辰 午 申 巳
   └ 처, 편재, 천을귀인        └ 부모 유산 받아
```

이 명조(命造)는 임수일주(壬水日主)가 사월(巳月)에 생하고 경금(庚金)이 사령(司令) 하여 득령(得令) 하였으나 천을귀인 재성이 혼잡 태강하여 신약으로 정인이 용신이고, 귀인 재성이 병(病)이며 비겁이 약신(藥神)이다. 천을귀인이 병으로 기신(忌神)이나 형충과 공망이 없고 유기(有氣) 하다. 인덕이 있고 처의 덕이 있는 사람이다. 처가가 부자인데 처남들이 없고 처제만 있어 처가 유산을 거의 물려받아 자신을 도우니 부유(富裕)하게 살고 있다.

▼ 천을귀인(天乙貴人) 일귀격(日貴格)

일주(日柱)	丁酉日	丁亥日	癸卯日	癸巳日

▼ 일귀격(日貴格)이란 천을귀인이 일지(日支)에 있는 것을 말하는데, 즉 정유일(丁酉日), 정해일(丁亥日), 계묘일(癸卯日), 계사일(癸巳日) 등이다. 형충, 공망이 있으면 파격(破格)이 되어 일귀격에서 제외된다. 일귀격은 부귀영화를 누리고 인덕이 있으나 형충이나 공망이 있으면 총명하여도 일생(一生) 고생이 많고 빈곤한 것이다.

```
[예] 남명(男命): 이승만 대통령 명조(命造)
        庚 丁 己 乙
        子 亥 卯 亥
```

이 명조(命造)는 정해일주(丁亥日柱)로 일귀격이고 관성이 귀인(貴人)이며 관인상생(官印相生)이 되고 형충이 없다. 고로 대통령이 되었다.

▼ 여명(女命)에서 식상이 천을귀인이고 용신이나 희신이면, 자식이 귀(貴)하게 되고 자식 복이 있는 것이다.

남명(男命)에서는 관성이 귀인이고 용신이나 희신에 해당하면 자식이 귀(貴)하게 되고 자식 복이 있는 것이다.

> 예 여명(女命)
>
> 乙 癸 庚 戊
> 자식 ← 卯 巳 申 子

이 명조(命造)는 계수일주(癸水日主)가 신월(申月)에 생하고 경금(庚金)이 사령(司令) 하여 득령(得令) 하고 인비(印比)가 생조(生助) 하여 신왕하니 인성을 극(剋)하는 재성이 용신이고 식신이 희신(喜神)이며 식신과 재성이 귀인이다. 자식들이 의사, 교수 등으로 출세하였으며 효자다.

18 문창성(文昌星)

일간(日干)	甲	乙	丙	丁	戊	己	庚	辛	壬	癸
문창성	巳	午	辰戌	丑未	申	酉	亥	子	寅	卯

- 문창성(文昌星)은 식신(食神)의 녹(祿)에 해당한다.
- 문창성은 일간(日干)을 위주로 산출하는 것이다.
- 문창성은 일간(日干)이 생(生)한 식신(食神)이므로 지혜롭고 총명하며 언변이 이론적이고 창의성이 있으며 손재주가 있고, 문창성이 유기하면 소설가나 학자가 되는 것이다.

예) 여명(女命)

庚 戊 庚 己
申 辰 午 亥
└→ 문창성

이 명조(命造)는 무일주(戊日主)가 오월(五月)에 생(生)하여 신왕(身旺)하고 시지(時支)의 신(申) 식신(食神)이 문창성이다. 지혜롭고 총명하며 치밀 철저한 편이다. 문창성과 학문인 정인(正印)이 있어 학업에 열중 대학교수가 되었다.

참고: 문창성과 천주(天廚: 하늘 천, 부엌 주) 귀인(貴人)은 식신의 녹(祿)에 해당하므로 같다.

천주 귀인은 식복이 있고, 음식 솜씨가 좋아서 요리사 등에 많고 요식업이 적합하며, 미각이 발달하여 있고 손맛이 있는 것이다.

19 양인(陽刃)

일간(日干)	甲	丙	戊	庚	壬
양인(陽刃)	卯	午	午	酉	子

양인은 너무 극왕(極旺) 함을 뜻함이니 십이운성(十二運星)에서 왕(旺)이 양인이다.

- 양(陽)은 본래 강(强)한데 겁재를 만나면 정재를 겁탈하고 충극하여, 사상(死傷)하는 힘이 강하기가 칼날과 같다 하여 인(刃: 칼날 인)이라 이름한 것이다.
- 년지에 양인이 있으면 은혜를 원수로 갚는다.
- 양인은 강렬하고 거칠고 사나움을 나타내는 별이므로 드물게 열사나 군인으로 이름을 날리는 자가 있다.
- 신약하고 일지가 양인이면 의리가 있는 것이다.
- 신왕하고 양인이 있으면 성급하고 사나우며 야망이 크고 욕심이 많으며 심술이 많아 남이 잘못되는 것을 좋아하고 경쟁심이 강하여 성실하나 부귀하지 못한다.

▼ 양인(陽刃) 겁재가 혼잡하여 신왕하고 양인이 기신(忌神)이 되면 전생에서 남의 배우자를 고의나 과실로 사망하게 한 업(業)이 있거나 간음한 업(業)이 있어 업보(業報)로 생성된 것이며, 또한 남의 돈을 빌려쓰고 갚지 않은 업이 있어 생성된 것이니, 양인은 전생에 빚(채무)을 받으러 온 인연이 되는 것이다.

금생(今生)에서 그 업보를 받게 되니 상처(喪妻)하거나 처(妻)에게 애인이 생겨 간통하게 되는 것이며, 인덕이 없고 형제나 친구의 덕(德)이 없어 잘해주고 배신을 잘 당하며, 돈을 빌려주면 받을 수가 없고 빌려 쓰면 다 갚아야 하는 것이다.

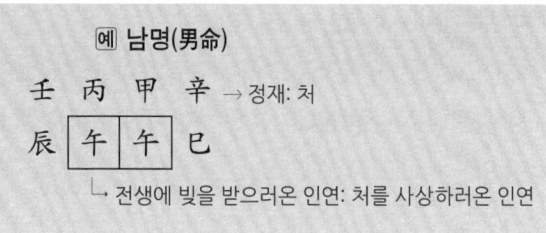

이 명조(命造)는 전생(前生)에서 과실로 남의 배우자를 사망하게 한 업(業)이 있고, 남의 돈을 빌려 쓰고 갚지 않은 빚(채무)이 있어 그 업보(業報)로 양인이 겹쳐 기신(忌神)으로 생성된 것이다. 금생(今生)에서 그 업보를 받게 되니 인덕이 없고, 형제나 친구의 덕(德)이 없어 돈을 빌려주면 상대가 망(亡)하거나 주지 않아 받을 수가 없었고, 처(妻)가 심장병으로 고생하다가 사해충(巳亥冲) 되고 재성의 병(病)이 되는 을해년(乙亥年)에 사망하였으며 성실하였으나 빈곤하게 살았다.

▼ 양인(陽刃)을 형충하면 태강즉절(太剛則折: 너무 세거나 빳빳하면 꺾어지기 쉬움)되어 급변, 급재난 등으로 교통사고, 사고, 수술, 불구 등의 암시(暗示)가 있는 것이다.

양인이 입묘(入墓) 되는 운에 사망하는 것이다. 이치(理致)는 양인의 지장간에 일간(日干)이 암장(暗藏)되어 근(根)이 되기 때문이다.

예 남명(男命): 사망

庚 庚 丙 己
辰 申 寅 酉 → 양인: 유축합, 입묘

이 명조(命造)는 양인(陽刃)이 연지(年支)에 있다. 양인(陽刃)이 유축합(酉丑合)으로 입묘(入墓) 되는 53세 신축년(辛丑年) 무자월(戊子月)에 심장마비로 사망하였다.

20 건록(建祿)

일간(日干)	甲	乙	丙	丁	戊	己	庚	辛	壬	癸
건록(建祿)	寅	卯	巳	午	巳	午	申	酉	亥	子

건록(建祿)은 십이운(十二運)에서 녹(祿)이 되는 것이고, 월령(月令)에 있는 것을 건록이라고 하는 것이다.

녹(祿)은 일간(日干)에서 지지(地支)의 비견이 되는 것이고, 무토(戊土)와 기토(己土)의 녹은 화토(火土)가 동궁(同宮)이 되어 편인에서 녹이 되는 것이다.

- 일지(日支)에 녹(祿)이 있으면 좌록(坐祿)이다.
- 시지(時支)에 녹(祿)이 있으면 시록(時祿)이다.

녹(祿)은 일간(日干)을 통근(通根) 조력(助力)하는 길신(吉神)이다. 녹이 용신이나 희신에 해당하면 인덕과 덕망(德望)이 있는 것이다.
 녹(祿)이 형충이나 공망이면 불길할 것이다. 이치(理致)는 근(根)이 상(傷)하고 공망은 없는 것이 되기 때문이다.
 신약하면 녹이 길신(吉神)이나 신왕하면 녹이 기신(忌神)이 되므로 겁재와 같은 작용을 하여 재물을 손상하는 것이다.

제 6 장
십이운성(十二運星)
이분법 적용

01 장생(長生)   168
02 목욕(沐浴)   169
03 관대(冠帶)   171
04 건록(建祿: 관리의 봉급)   172
05 왕(旺)   173
06 쇠(衰)   174
07 병(病)   175
08 사(死)   176
09 묘(墓)   177
10 절(絕)   188
11 태(胎)   192
12 양(養)   193
13 십이운(十二運)의 응용(應用)   194

여기에서 십이운(十二運)이란? 태양의 위성(衛星)으로서 일정한 경사도(傾斜度)와 고정 좌표(座標)를 유지하면서 자전(自轉)과 공전(公轉)을 하는 과정에서 음양 오행의 정기(正氣)를 받고 출생한 인간이 어떻게 흥망성쇠하고 사망하는가의 과정을 측정해 보는 방법론이다.

측정해 보는 방법에 있어, 오행(五行)을 십간(十干)과 십이지(十二支)를 배열하여 변화 과정을 측정하는 것이다.

십이운 포태법에서 관대, 쇠, 태, 양 등은 중요하게 응용되지 않으므로 살펴는 보고 암기하지 않아도 된다.(암기할 필요가 없는 것은 ✕표기)

▼ 십이운(十二運) 조견표(早見表)

천간 십이운	甲乙	丙丁	戊己	庚辛	壬癸
장생(長生)	亥	寅	寅	巳	申
목욕(沐浴)	子	卯	卯	午	酉
✕관대(冠帶)	丑	辰	辰	未	戌
녹(祿)	寅	巳	巳	申	亥
왕(旺)	卯	午	午	酉	子
✕쇠(衰)	辰	未	未	戌	丑
병(病)	巳	申	申	亥	寅
사(死)	午	酉	酉	子	卯
묘(墓)	未	戌	戌	丑	辰
절(絶)	申	亥	亥	寅	巳
✕태(胎)	酉	子	子	卯	午
✕양(養)	戌	丑	丑	辰	未

포태법에서 양, 갑목(甲木)이 亥에 장생하여 子에 목욕, 丑에 관대, 寅에 녹, 卯에 왕, 辰에 쇠, 巳에 병, 午에 사 하는 것은 기(氣:기운기)를 말한 것이고 음, 을목(乙木)이 午에서 장생하여 巳에 목욕, 辰에 관대, 卯에 녹, 寅에 제왕, 丑에 쇠, 子에 병, 亥에 사 하는 것은 역순으로 배열한 것이며 乙목을 甲목의 가지로도 응용하여 午월이 되면 가지가 왕성하게 뻗어 나가므로 을목이 오월에 장생한다 한 것이니 이것은 질(質:바탕질)을 말한 것이다. 다른 오행도 동일한 이치로 설명되어 있어 큰 오류가 있는 것이다. 포태법의 생왕묘절은 오행의 생왕묘절이지 십간의 생왕묘절이 아니므로 연구하고 많은 운명감정으로 임상을 통하여 오행의 기(氣)에 준하여 양간을 기준으로 바로 잡은 것이다.

십이운성은 사람이 생로병사(生老病死) 하는 것과 같아서 윤회(輪廻)의 원리로 영혼이 모태(母胎)와 인연을 맺고, 모체로부터 태어나서 늙고, 병들고, 죽는 것과 같이 사람의 일생(一生)에 비유한 것이다.

- 천간(天干)은 지지(地支)에 비교하여 오행이 생왕(生旺) 하면 세력을 얻어서 강왕(强旺) 해지는 것이다.
- 천간(天干)은 지지에 비교하여 오행이 사절(死絶) 되면 세력을 얻지 못하여 쇠약해 지는 것이다.
- 오행(五行)의 왕쇠(旺衰)란 생왕(生旺) 한 것은 왕(旺)이며, 사절(死絶) 된 것은 쇠(衰)라 하여 강약의 분기점으로 응용하는 것이다.

오행이 사계절(四季節)을 지나면서 낳아서 왕성하고, 죽어 다시 생(生)하는 과정을 응용하는 것이고, 왕상휴수(旺相休囚)라고도 이름하여 쓰는 것이다.

- 포태법(胞胎法)은 일간(日干)의 왕쇠(旺衰)를 응용하는 것이다.
- 육친(六親)의 왕쇠(旺衰)와 병사(病死)를 응용하는 것이다.
- 기신(忌神)의 왕쇠(旺衰)를 응용하는 것이다.
- 용신(用神)의 왕쇠(旺衰)를 응용하는 것이다.

십이운(十二運)은 태, 중, 말(胎,中,末)이라는 십이 단계 순환(循環)운동을 계속하는 것이다. 이를 사맹(四孟), 사정(四正), 사계(四季)로 나눈다.

✔ 사맹(四孟)이란 인신사해(寅申巳亥)를 말하는데, 인(寅)은 화(火)의 장생지(長生地), 신(申)은 수(水)의 장생지, 사(巳)는 금(金)의 장생지, 해(亥)는 목(木)의 장생지가 된다.

✔ 사정(四正)이란 자오묘유(子午卯酉)를 말하는데, 사정, 또는 사중(四仲)이라고 한다. 기세(氣勢)의 순수한 정기(正氣)란 의미도 되며, 봄, 여름, 가을, 겨울의 한가운데 달이 됨을 나타내는 것이다. 사정은 목욕지(沐浴支)에 해당한다.

목(木)은 자(子)가 목욕(沐浴)이 되고, 금(金)은 오(午)가 목욕이 되며, 화토(火土)는 묘(卯)가 목욕이 되고, 수(水)는 유(酉)가 목욕이 된다.

사정은 오행의 사지(死支)도 된다. 자(子)는 금(金)의 사지(死支)가 되고, 오(午)는 목(木)의 사지가 되며, 묘(卯)는 수(水)의 사지가 되고, 유(酉)는 화토(火土)의 사지가 된다.

✔ 사계(四季)란 사묘(四墓: 무덤 묘) 또는 사고(四庫: 창고 고)라고 하여 진술축미(辰戌丑未)를 뜻한다. 즉, 사계(四季)란 계절의 마지막 달 환절기를 말한다.

3월은 진월(辰月)로서 봄의 마지막이 되고, 6월은 미월(未月)로서 여름의 마지막이 되고, 9월은 술월(戌月)로서 가을의 마지막이 되고, 12월은 축월(丑月)로서 겨울의 마지막이 된다.

사고(四庫)란 가을에 곡식을 거두어 저장하는 창고와 같고, 사묘(四墓)란 시신을 무덤에 매장하는 것과 같다 하여 사고(死庫), 사묘(四墓)라 이름한 것이다.

- 십이운(十二運) 중에 태(胎), 양(養), 장생(長生), 목욕(沐浴), 관대(冠帶), 제왕(帝旺)은 유기(有氣)이고, 쇠(衰), 병(病), 사(死), 묘(墓), 절(絶)은 무기(無氣)이다.
- 십이운(十二運)의 응용은 운명을 감정하는 데 있어서 매우 중요한 부분이므로 이치(理致)에 물리가 나도록 공부하여야 한다.

01 장생(長生)

 장생(長生)은 모체(母體)로부터 태어나 세상과 인연을 맺는 시기이다. 생(生)은 태어남을 뜻하고 기운을 받는 것이니 강왕(强旺) 해지는 것이다. 장생은 음양이 교차하지 않고 양간(陽干)이 양(陽)을 만났어도 지장간(地藏干)에서 장생하고 있으므로 생(生)을 많이 받는 것이다. 장생은 지장간에서 투간(透干) 되고 통근(通根) 되어 생왕(生旺) 해지는 것이다.
 장생지는 편인이지만 시기 질투심이 없는 것이다. 이치는 일간(日干)이 장생하여 생(生)을 많이 받기 때문이다. 장생은 인신사해(寅申巳亥)가 되는 것이다.

 ▼ 장생지에 있는 육친은 형충(刑沖)이 없으면 대부분 장수(長壽)하는 것이다.

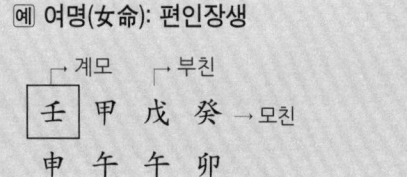

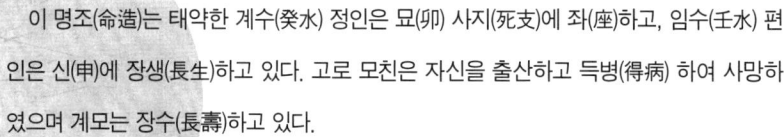

 이 명조(命造)는 태약한 계수(癸水) 정인은 묘(卯) 사지(死支)에 좌(座)하고, 임수(壬水) 편인은 신(申)에 장생(長生)하고 있다. 고로 모친은 자신을 출산하고 득병(得病) 하여 사망하였으며 계모는 장수(長壽)하고 있다.

02 목욕(沐浴)

목욕(沐浴)은 수련하고 성장해 가는 과정이며 씨앗이 싹을 틔우고 성장해 가는 것과 같다.

목욕은 발가벗고 생활하여도 수치심을 모르는 유년기(幼年期: 6세 미만)와 같은 의미이며, 몸을 깨끗이 씻는 나체이므로 색정 색란의 기운(氣運)이 있어 음란한 것이다.

▼ 욕(浴)은 일명(一名) 패살(敗殺)이라고 하여 부끄러운 줄을 모르고 행동하는 것이므로 정(情)에 약하고 사치를 잘하며, 음욕(淫慾) 하여 바람기가 많은 것이다.

그러나 정관이 유기(有氣) 하고 상관이 없으며 관살이 혼잡하지 않으면 음란하지 않고 품행이 단정한 것이다. 이치(理致)는 정관이 유기하므로 부정직한 언행(言行)을 억제하기 때문이다.

이 명조는 갑목일주(甲木日主)가 오(午)월에 생(生)하고 재성이 혼잡 태강하여 신약하며 조후(調候)가 필요하니 정인이 용신이고, 자(子) 정인은 목욕(沐浴)이 되며 남자의 성기가

되고 상관 자궁과 자오충(子午冲)이 되었다. 여름철 가뭄에 나무가 물을 만나야 하니, 성관계하면 기운이 나고 음란하여 부끄러운 줄을 모르며, 자식 낳고 살다가 바람나 가출 이혼하고 남자관계가 창녀와 같은 여인이다.

예 여명(女命)

| 정재 ← | 己 | 甲 | 辛 | 戊 |
| 식신 ← | 巳 | 子 | 酉 | 子 |

이 명조(命造)는 갑목일주(甲木日主)가 자(子) 욕지에 좌(座)하였으나 상관이 없고 관성이 혼잡하지 않으며, 정관이 유기(有氣) 하고 관인상생(官印相生)이 되었으며, 식신이 생재(生財) 하여 바르고 정직하며, 치밀·철저하고 근면·성실하며 절약하고 품행이 단정하여 음란하지 않으니 남편과 화합하며 자식들과 행복하게 살고 있다.

03 관대(冠帶) - ✕

관대(冠帶: 조선시대 문무백관이 입던 관복)는 성장하여 교육을 마치고 취업하려는 시기이다.

관대는 월령(月令)의 사령신(司令神)과 지장간(地藏干)에 투간(透干) 되는 세력의 결과에 따라서 왕쇠(旺衰)의 변화가 많은 것이다.

관대는 진술축미(辰戌丑未)가 되고 오행의 고묘(庫墓)가 되는 것이다.

※ 관대는 운명감정에서 중요하게 응용하지 않는다.

04 건록(建祿: 관리의 봉급)

건록(建祿)은 만물이 성장해서 열매를 맺는 것과 같고, 임관(臨官)은 사회에 진출하여 자기의 직업에 충실하고 봉급을 받는 것이니 건록이라 이름한 것이다.

녹(祿)은 일간(日干)과 오행이 같아서 근(根)이 되어 통근(通根)이 되므로 생왕(生旺) 해지는 것이다.

05 왕(旺)

왕(旺)은 만물의 열매가 성숙된 것과 같고, 장년기(長年期)에 해당하며 혈기왕성하여 능력을 발휘하는 시기로 절정기(絶頂期)에 이르는 것이고, 왕(旺)은 자신을 조력(助力)하는 오행을 만나서 조왕(助旺)이 되는 것이다.

06 쇠(衰) - ✗

만물(萬物)이 왕성한 기운이 지나면 점차 쇠퇴하는 것과 같고 노쇠(老衰)하여 정년을 퇴직할 노년기(老年期)에 접어드는 시기이다. 쇠(衰)는 기운을 받지 못해 쇠약해 지는 것이며, 이치(理致)는 생(生)하는 오행이 입묘(入墓) 되기 때문이다.

※ 쇠는 이치는 참고하나 운명감정에서 중요하게 응용하지 않는다.

07 병(病)

만물(萬物)의 결실이 끝나가는 시기이며, 사람은 노년기(老年期)에 접어든 시기이다. 병(病)은 일간(日干)을 생(生)하는 오행이 절(絶)이 되고 설기되어 기운(氣運)이 저절로 빠져나가 쇠(衰)해지고 병마(病魔)가 침범하여 득병(得病)하는 시기에 해당하는 것이다.

득병하면 체력(體力)이 약해지니 기운이 없고 의욕이 상실되어 매사 자신감이 없고 공상이 많으며 망상(妄想)하니 우울증이 오고 심하면 정신이상이 되는 것이며, 사망하기도 하는 것이다.

병(病)은 신병(身病)이 있어서 욕심이 없어지고 인생을 마무리하는 단계를 의미하는 것이다.

08 사(死)

모든 식물이 열매가 결실되어 모체(母體)에서 분리되는 시기이며, 사(死)는 기력이 쇠진하여 활동하지 못하는 휴면기(休眠期)에 해당한다. 사(死)는 설기하는 오행을 만나서 설기약 되며 자신의 원기(元氣)가 설기(泄氣)되어 저절로 빠져나가므로 도기(盜氣)라고 하는 것이다.

사(死)는 병들은 후에 만나는 것이니 설기가 심하면 신약은 사망하는 것이다. 사(死)의 운(運)은 죽을 것 같은 마음이 생성되며, 잘 먹어도 기운이 없고 삶이 무상하고 허망(虛妄), 허탈(虛脫)하며 자신감이 없어 의욕이 상실되므로 우울증이 오고 정신이상이 되기도 하는 것이다.

사운(死運)은 설기가 많으므로 약을 먹어도 효과가 없는 것이다. 신약한 명조(命造)는 병사운(病死運)에 성취되는 것이 없는 것이며, 신약은 칠살에 사지(死支)를 만나면 사망하는 것이다.

09 묘(墓)

묘(墓)는 농사일을 끝내고 추수하여 곡식을 창고에 저장하는 시기이고 사람은 죽어서 무덤에 묻히는 시기에 해당하는 것이다.

묘는 사망한 후에 무덤에 묻히는 것이므로 묘의 운(運)을 만나면 다 산 것 같아 인생이 무상(無想)하고 허망·허탈하며, 자신감이 없고 우울한 마음이 생성(生成)되니 우울증이 오고 심하면 정신이상이 되기도 하며, 신왕은 합(合)하여 입묘(入墓) 되면 사망하여 무덤에 묻히는 것이다.

묘(墓)가 아닌 고(庫: 창고 고)로 작용하면 기(氣)가 한곳으로 취합되어 암장(暗藏)되어 있으므로 중기(中氣)에서는 근(根)이 되는 것이다.

- 신왕(身旺)이나 다른 왕(旺)한 오행(五行)이 묘고(墓庫)를 만나면 고장(庫藏)에서 근(根)이 되고 입묘(入墓) 되어 불길한 것이다.
- 신왕(身旺)이나 다른 왕(旺)한 오행이 묘(墓)를 만나서 삼합국(三合局)을 이루면 암장된 오행의 기(氣)가 강(强)하게 작용하고 입묘(入墓) 되어 사망할 수 있으므로 불길한 것이다.
- 쇠약(衰弱)한 오행이 묘고(墓庫)를 만나면 고(庫)에서 근(根)이 되므로 길(吉)한 것이다.

1. 묘고론(墓庫論)

묘고(墓庫)란 재성의 무덤이기도 하고 재산 창고가 되기도 한다는 뜻이다. 재고(財庫)로 작용하면 재산창고, 금고(金庫)가 되어 부자가 되는 것이나 재묘(財墓)로 작용하면 상처(喪妻)하게 되므로 처(妻)의 무덤이 되는 것이다. 이를 구분하는 방법은 다음과 같다.

▼ 재묘(財墓)

재묘(財墓)의 이치(理致)는 명조(命造)에 겁재가 있고 재성의 묘(墓)가 있으며, 편관(偏官)이나 칠살이 월상(月上)이나 시상(時上)에 있으면, 정재가 입묘(入墓) 된 것으로 처(妻)의 무덤이 되는 것이다. 이치(理致)는 겁재는 정재를 사상(死傷)하고, 칠살이나 편관은 정재를 설기하여 상(傷)하게 하며, 처(妻)나 재성(財星)으로 인한 고통의 살이 되기 때문이다.

식상이 있어도 입묘(入墓) 된 재성은 죽어서 무덤에 들어 있는 이치(理致)가 되므로 생재(生財)가 안 되는 것이다.

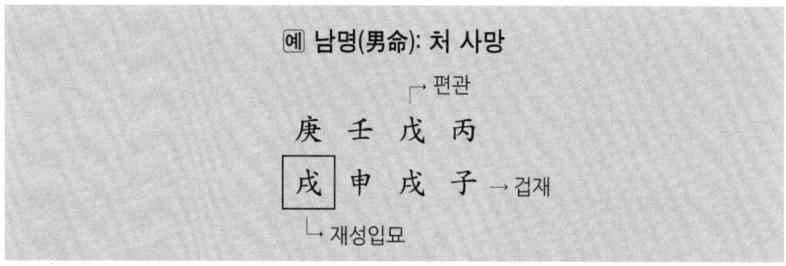

이 명조(命造)는 연지(年支)에 겁재가 있고, 술(戌) 묘고(墓庫)가 있으며, 편관이 혼잡 태강(太强)하다. 고로 재성의 묘고는 재묘(財墓)가 되므로 처의 무덤이 되는 것이다. 재성이 오술합(午戌合)으로 입묘(入墓) 되는 병오년(丙午年)에 상처(喪妻: 처의 죽음)하였다.

▼ 재고(財庫)

재고(財庫)에 대하여 이치(理致)를 설명하면 다음과 같다.

겁재와 칠살이 없고 재성의 묘고(墓庫)가 있으며 식상(食傷)이 생재(生財) 하면 재성의 묘고는 재고(財庫)로 재산 창고가 되는 것이니 용신운을 만나면 거부(巨富)가 되는 것이다.

이치(理致)는 겁재가 없으니 정재가 사상(死傷) 되거나 쟁재(爭財) 되지 않기 때문이고, 식상이 생재(生財) 하면 재산이 증식되고 관리가 철저하기 때문이며, 칠살이 없으니 재성이 설기되지 않아 유기(有氣) 하고, 칠살은 재성으로 인한 고통의 살(殺)인데 칠살이 없으면 재성으로 인한 고통을 받지 않기 때문이다.

예 남명(男命): 큰 부자

己	丙	辛	辛
丑	寅	卯	巳

└→ 재고: 재물창고

이 명조(命造)는 겁재와 편관 칠살이 없고 재성을 생하는 상관이 있으며, 묘고(墓庫)가 시지(時支)에 있다. 고로 묘고는 재묘(財墓)가 아니고 재산창고인 재고(財庫)가 되는 것이다. 용신운인 술유신(戌酉申) 대운에 발복하여 2,000억대 거부(巨富)가 되었다.

• 개고론(開庫論)

재성(財星)의 묘고(墓庫)가 있고 형충이 되면 개고(開庫)가 되어 재물복이 있다는 학설이 있으나 감정 결과 맞지 않고, 이치(理致)에 부합되지 않으므로 채용(採用)하지 않는다. 이치(理致)는 묘고가 묘(墓)인지 고(庫)인지 정립되지 않은 상태에서 묘고가 형충된 것을 가지고 추정한 것이기 때문이다.

2. 재성입묘(財星入墓)

재성입묘(財星入墓)란 무엇인가? 재성이 무덤에 들어 있다는 뜻이다. 예를 들어, 임계(壬癸) 일간(日干)이라면 그의 재성은 병정화(丙丁火)인데 화(火)의 묘(墓)는 술(戌)이 되므로 임계(壬癸) 일간(日干)이 술(戌)이 있으면 재성입묘라 하는 것이다. 여기에서 참고할 것은 음간(陰干)도 양간(陽干)과 같은 기준으로 적용하는 것이다.

- 목(木)의 묘(墓)는 미(未)
- 화(火)의 묘(墓)는 술(戌)
- 토(土)의 묘(墓)는 술(戌)
- 금(金)의 묘(墓)는 축(丑)
- 수(水)의 묘(墓)는 진(辰)

재성의 입묘(入墓)는 처나 부친 부친의 형제가 단명(短命)하여 무덤으로 들어간다는 뜻이므로 상처(喪妻)하게 되고, 부친이나 부친의 형제가 단명하게 되는 것이다. 그러면 재성입묘가 처의 무덤인지 부친의 무덤인지를 알아야 한다. 이를 이치(理致)에 맞게 분류하여 제시한다.

▼ 정재(正財) 처(妻)의 입묘(入墓)

명조(命造)에 겁재와 칠살이 있고 재성이 입묘(入墓) 되었으면, 정재가 입묘(入墓) 된 것으로 처의 무덤이 되는 것이다. 이치(理致)는 겁재는 정재를 사상(死傷)하고, 칠살이나 편관은 정재를 설기하여 상(傷)하게 하며, 처나 재성으로 인한 고통의 살이 되기 때문이다.

예) 남명(男命): 처 사망

```
        ┌ 칠살
戊 丁 癸 辛 → 부친
申 丑 巳 卯
   └ 재성입묘
```

이 명조(命造)는 재성의 묘(墓)가 있고 겁재가 월지(月支)에 있으며 칠살이 있으니 정재가 입묘(入墓)된 것이다. 정재가 유축합(酉丑合)으로 입묘에 칠살운인 계유년(癸酉年)에 처가 출산하다 사망하였다. 이 명조에서 참고할 것은 연간(年干)의 신금(辛金)은 편재이니 부친이다. 겁재가 없고 비견이 있었다면 처의 무덤이 아니고 부친의 무덤이 되었을 것이다. 비견이 없으니 부친은 장수(長壽)하였다.

▼ 편재(偏財) 부친의 입묘(入墓)

편재 부친의 입묘(入墓)는 명조(命造)에 비견과 칠살(七殺)이나 편관이 있고, 재성이 입묘(入墓) 되었으면 편재가 입묘 된 것이니 부친의 무덤이 되는 것이다. 이치(理致)는 비견은 편재를 사상(死傷)하기 때문이고, 칠살은 재성을 설기하여 상(傷)하게 하며 일간(日干)을 충극하니 재성으로 인한 고통의 살(殺)이 되기 때문이다.

예) 남명(男命): 2세 부친 사망

```
丙 庚 庚 癸
子 辰 申 未 → 재성입묘
```

이 명조(命造)는 비견이 혼잡하고 칠살이 있으며 재성(財星)이 연지(年支)에 입묘(入墓)되었다. 고로 부친이 두 살 때 사망하였다.

▼ 백부(伯父), 숙부, 고모의 입묘(入墓)

 백부(伯父), 숙부, 고모의 재성입묘(財星入墓)는 어떻게 구분하여야 할 것인가? 먼저 육친을 정확히 숙지한 다음 설명하기로 한다. 백부, 숙부, 고모는 정재이고, 숙모는 편인이며, 사촌은 겁재가 되는 것이다. 백부, 숙부, 고모의 재성입묘(財星入墓)는 겁재와 정관이 있고, 재성의 입묘지(入墓支)가 연월주(年月柱)에 있으면, 백부나 숙부, 고모 등의 무덤이 되므로 단명한 것으로 본다.

 이치는 겁재는 정재를 사상(死傷)하기 때문이고, 정관은 정재를 설기하여 상(傷)하게 하며 겁재, 사촌에게는 칠살이 되어 고통을 주기 때문이다. 그러면 처와 백부, 숙부, 고모 등은 같은 정재인데 어떻게 구분할 것인가? 그것이 문제다. 답을 제시하면 다음과 같다. 이치(理致)는 명조(命造)에 겁재가 있고 재성이 입묘(入墓)에 칠살이 있으면 처가 입묘(入墓)된 것이고, 정관이 있으면 백부나 숙부 또는 고모가 입묘 된 것으로 본다.

 '편관 칠살이 있는가? 정관이 있는가?'에 따라 분류되는 것이다.

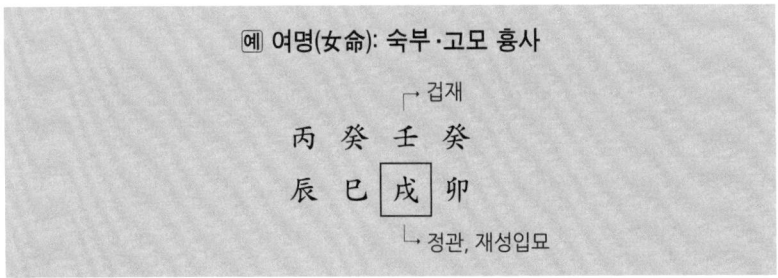

 이 명조(命造)는 월상(月上)에 겁재가 있고, 월지(月支)에 정관이 있으며 재성이 월지(月支) 술(戌)에 입묘(入墓) 되었다. 숙부가 군대에서 사고로 사망하고, 고모는 출가 후 30세에 음독자살하였다.

3. 관성입묘(官星入墓)

관성(官星)의 입묘(入墓)란 무엇인가? 관성이 묘궁(墓宮)에 들어 있다는 뜻이다.

예를 들어, 경신(庚辛) 일간이라면 그의 관성은 화(火)가 되니 화(火)의 입묘는 술(戌)이 되므로 명조에 술(戌)이 있으면 관성이 입묘 된 것이니 그 관성에 해당하는 육친이 단명(短命)하게 되는 것이다.

여명(女命)은 남편이, 남명(男命)은 자식이 건강치 못하고 무능력하며 단명하는 것이다.

관성의 입묘에서 편관의 입묘(入墓)인가? 정관의 입묘인가를 분류하는 이치(理致)는 다음과 같다.

▼ 정관입묘(正官入墓)

명조(命造)에 상관이 있고 인성(印星)이 태강하거나 없으며 관성이 입묘(入墓) 되었으면 정관이 입묘 된 것이다. 이치(理致)는 상관은 정관을 사상(死傷)하기 때문이고, 인성은 관성을 설기하여 태약하게 하기 때문이며, 인성이 없으면 의식이 없는 것이 되기 때문이고, 관성입묘는 남편의 무덤이 되기 때문이다.

```
예 여명(女命): 남편 사망

        ┌ 편관    ┌ 정관
        壬  丙  癸  丁 → 겁재
        辰  申  丑  未 → 상관
        └ 정관입묘
```

이 명조(命造)는 상관이 있고 관성이 입묘(入墓) 되었으니 정관이 입묘(入墓) 된 것이다. 또한, 일지(日支) 안방에 편관이 신(申)에 장생(長生)하고 시상(時上)에 투간(透干) 되었으니,

남편이 사망하고 겁재의 남편과 재혼하라고 운명지어진 것이다. 관성이 입묘(入墓) 되는 병진대운(丙辰大運) 병자년(丙子年)에 남편이 교통사고로 사망하고 재혼하였다.

▼ 편관입묘(偏官入墓)

명조(命造)에 식신이 있고 관성이 입묘(入墓) 되었으며, 인성(印星)이 있거나 없으면 편관이 입묘된 것이다. 이치는 식신은 편관을 사상(死傷)하기 때문이고, 인성은 관성을 설기하여 태약하게 하기 때문이며, 인성이 없으면 의식이 없는 것이 되기 때문이고, 관성입묘는 편관의 무덤이 되기 때문이다.

예) 여명(女命): 남편 사망

```
戊 辛 甲 甲
子 亥 戌 午 → 편관
   └ 식신  └ 관성입묘
```

이 명조(命造)는 식신이 있고 정인(正印)이 혼잡하며 관성이 입묘(入墓) 되었으니 편관이 입묘(入墓) 된 것이다. 관성이 오술합(午戌合)으로 입묘 되는 경오년(庚午年)에 재혼한 남편이 심장마비로 사망하였다.

예) 남명(男命): 자식 3명 사망

```
상관 ← 丙 乙 癸 丁 → 식신
       戌 卯 丑 丑 → 관성입묘
```

이 명조(命造)는 관성이 입묘(入墓) 되고 식상이 있으며, 백호살이 세 개가 된다. 편정관(偏正官)이 입묘(入墓) 된 것이다. 아들이 1세에 병사(病死)하고, 셋째 딸은 칠 개월 만에 사망하였으며, 넷째딸은 11세에 교통사고로 사망하였다.

4. 인성입묘(印星入墓)

인성(印星)의 입묘(入墓)란 무엇인가? 인성이 묘궁(墓宮)에 들어 있다는 뜻이다.

예를 들어, 무기(戊己) 일간(日干)이라면 그의 인성은 화(火)가 되는데, 화(火)의 묘(墓)는 술(戌)이 되므로 명조에 술(戌)이 있으면 인성이 입묘(入墓) 된 것이다.

▼ 인성입묘에서 정인의 입묘인가? 편인의 입묘인가는 다음과 같다. 명조(命造)에 인성이 입묘 되고 정재(正財)가 있으면 정인이 입묘(入墓) 된 것이고, 편재(偏財)가 있으면 편인이 입묘 된 것이다. 정인이 입묘 되었으면, 모친이 단명하고 편인이 입묘 되었으면 조부가 단명하는 것이다.

이치는 정재는 정인을 사상(死傷)하기 때문이고, 편재는 편인을 사상(死傷)하기 때문이다.

이 명조(命造)는 정재(正財)가 있고 인성이 일지(日支)에 입묘(入墓) 되었으니 정인이 입묘(入墓) 된 것이다. 모친이 부친과 이혼하고 재혼하였는데, 인성이 해묘미(亥卯未) 삼합(三合)으로 입묘(入墓) 되는 정해년(丁亥年) 계묘월(癸卯月)에 고층 아파트 옥상에서 투신자살하였다.

| 예 남명(男命): 조부 단명

```
癸 甲 戊 戊  → 편재
酉 寅 午 辰  → 편인, 입묘
```

이 명조(命造)는 편재가 혼잡 태강하고 인성(印星)이 연지(年支)에 입묘(入墓) 되었으니 편인이 입묘(入墓) 된 것이다. 고로 조부가 단명(短命)하였다.

5. 식상(食傷)입묘(入墓)

식상(食傷)의 입묘(入墓)란 무엇인가? 식상이 묘궁(墓宮)에 들어 있다는 뜻이다. 예를 들어, 갑목일주(甲木日主)이면 그의 식상은 화(火)가 되는데 화(火)의 묘(墓)는 술(戌)이 되므로 명조에 술(戌)이 있으면 식상이 입묘(入墓) 된 것이다.

▼ 여명(女命)에서 인성이 혼잡하거나 인성에 식상이 충극(沖剋) 되고 식상이 입묘(入墓) 되었으면 단명하는 자식이 있는 것이다. 이치(理致)는 인성은 식상을 사상(死傷)하기 때문이고, 식상 입묘(入墓)는 자식의 무덤이 되기 때문이다.

| 예 여명(女命)

```
癸 癸 乙 丙
亥 巳 未 申
      └ 식상입묘
```

이 명조(命造)는 식상이 입묘(入墓) 되고, 사해충(巳亥冲)으로 해중갑목(亥中甲木)이 사중경금(巳中庚金)과 갑경(甲庚) 암충(暗冲) 되었다. 계해년(癸亥年)에 딸이 교통사고로 사망하였다.

6. 비겁(比劫) 입묘(入墓)

　비겁(比劫)의 입묘(入墓)란 무엇인가? 비겁이 묘궁(墓宮)에 들어 있다는 뜻이다. 예를 들어, 경금일주(庚金日主)이면 그의 비겁은 경신금(庚辛金)이 되는데 금(金)의 묘(墓)는 축(丑)이 되므로 명조에 축(丑)이 있으면 비겁이 입묘 된 것이다.

　명조(命造)에 관성이 있고 비겁이 입묘 되었으면 단명(短命)한 형제, 자매가 있는 것이다. 이치(理致)는 관성은 비겁을 사상(死傷)하기 때문이고, 비겁입묘는 형제의 무덤이 되기 때문이다.

	예 여명(女命)		
戊	丙	甲	庚
戌	子	申	子

　이 명조(命造)는 재관이 강하고 비겁이 술(戌)에 입묘(入墓) 되었다. 어린시절 동생이 사망하고 을유년(乙酉年) 병술월(丙戌月)에 언니가 뇌출혈로 사망하였다.

10 절(絶)

절(絶)은 일명(一名) 포(胞: 태 포)라고 하며, 일대(一代) 일생(一生)의 기(氣)가 '다한다', '끊어진다'는 뜻이다. 고로 절(絶)이 되는 운(運)에 생(生)이 다하여 사망하는 경우가 많다.

절(絶)에서 윤회(輪廻)하여 태(胎)로 생(生)하는 이치(理致)가 있는 것이니, 포(胞: 태 포)로 새롭게 모태(母胎)와 인연을 맺게 되는 것이다.

절(絶)은 갱신이고 변신으로 잉태를 시작하니 준비를 상징하는 것이다.

절지(絶支)에서 사망하면 환생(幻生)이 빠른 것이다. 이치(理致)는 절(絶)이 된 다음은 태(胎)가 되기 때문이다.

절(絶)은 일생(一生)의 기(氣)가 다하여 끊어지는 것이니, 노년(老年)에 절운(絶運)을 만나면 인성(印星)이 있어도 관인상생(官印相生)이 안 되는 것이다. 이치(理致)는 기(氣)가 다하여 병(病)이 들어 죽을 때가 되면 물 한 모금도 먹을 수 없는 것과 같다.

예 남명(男命)				76	66	56	46	36	26	16	6
乙	甲	辛	壬	己	戊	丁	丙	乙	甲	癸	壬
丑	午	亥	戌	未	午	巳	辰	卯	寅	丑	子

이 명조(命造)는 갑목(甲木)이 입묘되는 미(未) 대운, 절(絶)이 되는 갑신년(甲申年), 인성(印星)이 절(絶) 되는 기사월(己巳月)에 종명(終命)하였다.

1. 병사묘절(病死墓絕)에 우울증, 정신이상

▼ 신약한 명조(命造)는 병사(病死)운, 신왕한 명조는 묘(墓)나 절(絕)이 되는 운(運)에 우울증이 오거나 정신이상이 되는 것이다. 이치(理致)는 병(病)과 사(死)는 설기(泄氣) 되어 기운이 저절로 빠져나가 득병(得病)하여 사망하는 시기가 되고, 묘(墓)는 입묘(入墓)로 무덤에 들어가는 시기가 되며 절(絕)은 일생의 기(氣)가 다하여 끊어지는 시기가 되므로 기운이 없고 죽을 것 같아 의욕이 상실되어 자신감이 없으며, 인생이 무상하고 허망하여 슬픈 마음이 생성되기 때문이다.

예 남명(男命)

壬 丙 甲 辛
辰 午 午 巳

이 명조(命造)는 병화일주(丙火日主)가 오월(午月)에 생(生)하고 정화(丁火)가 사령(司令)하여 득령(得令) 하였으며 비겁과 인성이 혼잡 득지(得地) 득세(得勢)하여 일주(日主)가 태왕(太旺)하다. 왕화(旺火)가 오술합(午戌合)으로 입묘되는 병술년(丙戌年)에 우울증으로 고생하다 임진월(壬辰月) 경인일(庚寅日)에 음독자살하였다.

2. 대운(大運) 세운(歲運) 병사묘절(病死墓絕) 사망

▼ 신약한 명조(命造)는 대운(大運)이 병(病)이나 사(死)가 되고 세운(歲運)이 다시 병(病)이나 사(死)가 되면, 질병이나 사고, 자살 등으로 대부분 사망하고 묘(墓)나 절(絕)운에 사망하는 경우도 간혹 있는 것이다. 이치(理致)는 병(病)은 일간(日干)을 생(生)하는 인성이 절(絕)이 되어 생조(生助)를 받지 못하고 설기되어 기운(氣運)이 빠져나가 쇠(衰)해지고 병마가 침범

하기 때문이며, 사지(死支)는 음양이 조화되어 원기(元氣)가 과다하게 새어 나가 사망하는 시기가 되고, 묘(墓)는 무덤이 되어 입묘(入墓) 되기 때문이며, 절(絶)은 일생(一生)의 기(氣)가 다하여 끊어지기 때문이다.

【예】 남명(男命): 52세 사망

				51	41	31	21	11	1
己	庚	庚	甲	丙	乙	甲	癸	壬	辛
卯	午	午	申	子	亥	戌	酉	申	未

이 명조(命造)는 경금일주(庚金日主)가 오월(五月)에 생하고 정화(丁火)가 사령(司令) 하여 실령(失令) 하였으며, 재관이 강하여 신약하다. 칠살에 사(死)가 되는 병자대운(丙子大運), 병지(病支)가 되는 을해년(乙亥年) 신사월(辛巳月) 무진일(戊辰日)에 장암으로 사망하였다.

【예】 여명(女命): 22세 사망

				16	6
甲	壬	甲	丙	壬	癸
辰	戌	午	申	辰	巳

이 명조(命造)는 임수일주(壬水日主)가 오월(午月)에 생하고 기토(己土)가 사령(司令) 하여 실령(失令) 하였으며 재관이 혼잡태강하여 신약하니 연지(年支)에 편인이 용신이다. 입묘(入墓) 되는 임진대운(壬辰大運), 수(水)가 절(絶)이 되는 정사년(丁巳年) 기유월(己酉月) 경인일(庚寅日)에 우울증으로 고생하다 음독자살하였다(인성용신에 재운은 필사).

▼ 신왕한 명조(命造)는 대운이 묘(墓)나 절(絶)이고, 세운(歲運)이 재차 묘(墓)나 절(絶)이면 질병이나 사고·자살 등으로 대부분 사망하고 병(病) 이나 사운(死運)에 사망하는 경우도 간혹 있는 것이다. 이치(理致)는 신왕 하니 설기(泄氣) 되는 병사(病死)는 사망률이 적으며 묘(墓)는 왕기(旺氣)가 입묘(入墓) 되어 무덤에 들어가는 시기가 되기 때문이고, 절(絶)은 일생의 기(氣)가 다하여 끊어지기 때문이다.

제6장 십이운성(十二運星) 191

예 남명(男命): 53세 사망	51 41 31 21 11 1
乙 甲 甲 戊 亥 午 寅 寅	庚 己 戊 丁 丙 乙 申 未 午 巳 辰 卯

이 명조(命造)는 갑목일주(甲木日主)가 인월(寅月)에 생(生)하고 갑목(甲木)이 사령(司令)하여 득령(得令) 하고 인비(印比)가 혼잡하여 득지(得地) 득세(得勢)로 신왕 하다. 칠살에 절(絕)이 되는 경신(庚申)대운, 칠살과 사(死)가 되는 경오년(庚午年)에 간암으로 사망하였다.

예 남명(男命): 30세 사망

乙 甲 癸 壬
亥 寅 卯 寅

이 명조(命造)는 갑목일주(甲木日主)가 묘월(卯月)에 생(生)하고 대부분 비겁(比劫)으로 되어 있으며 인성(印星)이 생조(生助) 하여 종왕격(從旺格)이 되었다. 왕세(旺勢)의 사(死)가 되는 오(午) 대운, 입묘(入墓) 되는 신미년(辛未年), 절지(絕支)가 되는 병신월(丙申月)에 교통사고로 사망하였다.

▼ 신약하고 대운(大運)이 편관 칠살운이고 세운(歲運)이 병사(病死) 운이면 사망하는 것이다. 이치(理致)는 신약이 칠살(七殺)에 극(剋)이 되고, 병사(病死)는 기(氣)가 과다하게 설기되어 병들고 죽음에 이르기 때문이다.

예 여명(女命): 27세 사망	27 17 7
戊 辛 丁 己 子 卯 卯 酉	庚 己 戊 午 巳 辰

이 명조(命造)는 신금일주(辛金日主)가 묘월(卯月)에 생(生)하고 을목(乙木)이 사령(司令)하여 실령(失令) 하였으며, 재관이 강(强)하여 신약하다. 편관이 되는 오(午)대운 병(病)이 되는 을해년(乙亥年)에 간암으로 사망하였다.

11 태(胎) - ×

태(胎)는 절(絶)에서 일대(一代)의 기(氣)가 끊어져 일생(一生)을 마치고 절(絶)의 끊어지는 곳에서 기(氣)가 다시 연결되므로 포태법(胞胎法)이라고 하며 잉태를 뜻하는 것이므로 윤회(輪回) 환생(幻生)의 원리와 같은 것이다.

태(胎)는 윤회하여 영혼이 새롭게 모태(母胎)와 인연을 맺는 것이며, 태(胎)는 전생에서 지은 업연(業緣)에 따라 부(父)와 모(母)의 인연이 점지 되고 잉태되어 다시 태어남을 준비하는 과정인 것이다. 고로 절(絶)에서 사망하면 환생(幻生)이 빠른 것이며, 병(病)에서 죽으면 환생이 느려지는 것이다. 이치는 겨울이면 빠른 기간 내에 새봄을 만날 수 있으나 여름이면 새봄을 만나려면 가을과 겨울을 지나야 새봄을 만날 수 있는 것과 같다.

- 태(胎)는 잉태하였으므로 새로운 시발(始發)이 되는 것이다.
- 태(胎)는 음양이 교차한 것이나 극제(剋制)하는 것이니 일주(日主)를 약하게 하는 작용을 하는 것이다.
- 태(胎)는 자오묘유(子午卯酉)에 해당한다.

12 양(養) - ×

  양(養)은 모체(母體)에서 자라면서 환생(幻生: 바꾸어 태어남)을 준비하는 과정인 것이다. 양(養)은 모체 내에서 갇혀 보호받고 있으므로 자신의 뜻과는 관계없이 타인에 의하여 길흉(吉凶)이 발생하는 것이다.
  양(養)은 진술축미(辰戌丑未)가 되는 것이다.
  ※ 태와 양은 운명감정에서 중요하게 응용되지 않는다.

13 십이운(十二運)의 응용(應用)

- 득실(得失)에 따라서 오행(五行)의 강약(强弱), 왕쇠(旺衰)를 분류하는 것이다.
- 월지(月支)를 월령(月令)이라 하고, 월령은 계절에 해당하므로 오행의 왕쇠(旺衰)를 결정하는데 가장 중요한 것이다.
- 월령(月令)에서 생왕(生旺)하고 사절(死絶) 되는 것에 따라 강약(强弱), 왕쇠(旺衰)를 분류하는데 그 비중이 크게 작용하는 것이다.
- 월령(月令)이 생왕(生旺) 하면 득령(得令)이라 하는 것이며 월령(月令)에서 사절(死絶) 되면 실령(失令)이라 하는 것이다.
- 간지(干支)의 세력으로 강약(强弱) 왕쇠(旺衰)를 분류하는 것이다.
- 십이운(十二運)은 일간(日干)을 위주로 왕쇠(旺衰)를 응용하며, 육친 오행의 강약(强弱) 왕쇠(旺衰)도 응용하는 것이다.
- 십이운(十二運)은 오장육부(五臟六腑)의 강약(强弱) 왕쇠(旺衰)도 응용하는 것이다.

제 7 장
육신론(六神論)
이분법 적용

01 육신(六神)	196
02 비견(比肩)	200
03 겁재(劫財)	218
04 식신(食神)	251
05 상관(傷官)	279
06 편재(偏財)	335
07 정재(正財)	369
08 편관(偏官)	405
09 정관(正官)	451
10 편인(偏印)	484
11 정인(正印)	518

01 육신(六神) - 이분법 적용

　육신의 원명(原名)은 십신(十神)이나 부모·형제 등 육친(六親)에 비교하였다 하여 육신이라 이름한 것이다.

　사주팔자 중에 일주(日主)의 천간(天干)을 일간(日干), 일주(日主) 또는 기신(己身)이라 하며, 일간(日干)은 사주팔자의 주인공이 되는 것이므로, 다른 칠자(七字)와의 오행이 상극되고 상생하는 변화에 따라 육친을 결정하는 것이다.

　또한, 육친 관계에서 음양의 조화에 따라 정(正: 바를 정)과 편(偏: 치우칠 편)으로 구분하니, 양(陽)이 음(陰)을 보고 음(陰)이 양(陽)을 보면 정(正)이 되고, 양(陽)이 양(陽)을 보고 음(陰)이 음(陰)을 보면 편(偏)이 되는 것이다.

비아자(比我者) 나와 같은 것	비견(比肩), 겁재(劫財)
아생자(我生者) 내가 낳은 것	식신(食神), 상관(傷官)
아극자(我剋者) 내가 극(剋)한 것	편재(偏財), 정재(正財)
극아자(剋我者) 나를 극(剋)한 것	편관(偏官), 정관(正官)
생아자(生我者) 나를 낳은 것	편인(偏印), 정인(正印)

▼ 십신표(十神表)

일간 십신	甲	乙	丙	丁	戊	己	庚	辛	壬	癸
비견 (比肩)	甲寅	乙卯	丙巳	丁午	戊辰戌	己丑未	庚申	辛酉	壬亥	癸子
겁재 (劫財)	乙卯	甲寅	丁午	丙巳	己丑未	戊辰戌	辛酉	庚申	癸子	壬亥
식신 (食神)	丙巳	丁午	戊辰戌	己丑未	庚申	辛酉	壬亥	癸子	甲寅	乙卯
상관 (傷官)	丁午	丙巳	己丑未	戊辰戌	辛酉	庚申	癸子	壬亥	乙卯	甲寅
편재 (偏財)	戊辰戌	己丑未	庚申	辛酉	壬亥	癸子	甲寅	乙卯	丙巳	丁午
정재 (正財)	己丑未	戊辰戌	辛酉	庚申	癸子	壬亥	乙卯	甲寅	丁午	丙巳
편관 (偏官)	庚申	辛酉	壬亥	癸子	甲寅	乙卯	丙巳	丁午	戊辰戌	己丑未
정관 (正官)	辛酉	庚申	癸子	壬亥	乙卯	甲寅	丁午	丙巳	己丑未	戊辰戌
편인 (偏印)	壬亥	癸子	甲寅	乙卯	丙巳	丁午	戊辰戌	己丑未	庚申	辛酉
정인 (正印)	癸子	壬亥	乙卯	甲寅	丁午	丙巳	己丑未	戊辰戌	辛酉	庚申

▼ 육친표(六親表)

비견 (比肩)	男	형제(兄弟), 동료, 친구.
	女	자매(姉妹), 동료, 친구.
겁재 (劫財)	男	여자형제, 이성(異性), 이복형제, 고조모, 처 애인, 선후배.
	女	남자형제, 이복형제, 고조모, 시부·남편의 첩, 선후배, 이성.
식신 (食神)	男	장모, 사위, 손자, 증조부, 부하, 제자.
	女	딸, 증조부, 부하, 제자.
상관 (傷官)	男	조모, 손녀, 외조부(外祖父), 부하, 제자.
	女	조모, 아들, 외조부(外祖父), 부하, 제자.
편재 (偏財)	男	부친, 애첩(愛妾), 애인, 처남, 형수, 제수.
	女	부친, 시모(媤母), 증손녀, 외손녀.
정재 (正財)	男	처(妻), 처제, 백부숙부, 고모, 제수.
	女	백부, 숙부, 고모, 외손자
편관 (偏官)	男	아들, 매부, 매제, 고조부, 조카, 외조모, 상인(上人), 강자.
	女	재혼 남편, 애인, 시누이, 며느리, 조카딸, 외조모, 고조부, 상인, 강자.
정관 (正官)	男	딸, 증조모, 조카딸, 상인(上人), 귀인(貴人: 신분이 높은 사람).
	女	남편, 남편의 형제, 상인(上人), 조카, 귀인(貴人).
편인 (偏印)	男	조부, 계모, 서모, 외숙(外叔), 증손자, 외손자.
	女	조부, 계모, 서모, 외숙(外叔), 손녀(孫女).
정인 (正印)	男	모친, 장인, 외손녀, 증손녀, 이모.
	女	모친, 손자, 이모.

✔ **중요한 참고 사항** ▶ 일간(日干)을 기준으로 각 육친을 대비하여 응용하듯 육친관계의 응용도 일간처럼 각 육친입장에서 다른 육친을 대비하여 응용하는 것이 특징이라 할 수 있다.

그래서 (예시) 사주의 설명을 보면 '모친 입장에서', '부친 입장에서', '처 입장에서' 등으로 되어 있고 다른 육친도 그렇게 설명되어 있다. 이와 같은 응용법을 숙지해야 한다.

02 비견(比肩)

나(日干)와 같은 오행(五行)으로 음양(陰陽)이 같으며 서로가 어깨를 견줄 만하다 하여 비견(比肩: 견줄 비, 어깨 견)이라 이름한 것이다. 남명(男命)에서는 형제, 친구, 동료 등이 되고, 여명(女命)에서는 자매가 되고 친구, 동료 등이 되는 것이다.

1. 비견(比肩)의 성정(性情)

의지강(意志强: 결심 실행), 형제, 친구, 동료, 경쟁자(競爭者), 협력(協力: 신약), 고집(주장 강함), 과단성(딱 잘라 결정), 공정분배, 신왕 자존심, 분탈(分奪), 불화(不和), 이산(離散: 흩어짐), 분리(分離), 독립심(獨立心), 고독(孤獨) 등이며 조부와 모친의 의식(意識)이 되는 것이다.

2. 비견(比肩)의 응용(應用)

신약하면 비견이 용신이나 희신이 되는 것이며 화친(和親)하고 온순하며 협력하고 의리(義理)가 있는 것이다.

비견(比肩)은 약(弱)할 때는 협력(協力)하고, 비견이 혼잡하여 신왕하면 형제자매와 서로 싸우고 친구와도 분쟁(分爭)하여 분리되고 흩어지므로 고독하게 되는 것이다.

비견(比肩)과 겁재(劫財)를 비겁(比劫)이라고 하는 것이다.

비견이 혼잡하여 재성을 극(剋)하는 것을 군비쟁재(群比爭財)라고 하는 것이다.

비견은 식상(食傷)을 생하고, 재성을 극하며, 관성의 극을 받고, 인성(印星)의 생(生)을 받는 것이다.

비견은 체(體)와 의식(意識) 이분법(二分法)의 원리로 응용하는 것이다.

비견의 성정(性情)과 비견과 관련된 육친과 사물(事物)과 생설극제(生洩剋制) 하면서 생성되는 길흉(吉凶)과 이해(利害)와 육친 간의 의식 작용을 응용하는 것이다.

- 비견(比肩)은 인성(印星)이 많으면 생왕(生旺)이다.
- 비견(比肩)은 비겁(比劫)이 많으면 조왕(助旺)이다.
- 비견(比肩)은 식상(食傷)이 많으면 설기약(洩氣弱)이다.
- 비견(比肩)은 재성(財星)이 많으면 소모약(消耗弱)이다.
- 비견(比肩)은 관살(官殺)이 많으면 극제약(剋制弱)이다.

비견은 인성(印星)이 생한 것이니 모친과 조부의 의식(意識)이 되는 것이다.

비견은 일주(日主)와 같아서 형제와 친구, 선후배가 되는 것이다.

비견은 지지(地支)에 있으면 일주(日主)의 녹(祿)이고 근(根)이 되는 것이며, 무기(戊己)의 녹(祿)은 사오(巳午) 인성(印星)이 되는 것이다.

비견의 녹(祿)이 월령(月令)에 있으면 건록(建祿)이 되는 것이고, 일지(日支)에 있으면 좌록(坐祿)이 되며, 시지(時支)에 있으면 시록(時祿)이 되는 것이다.

비견이 혼잡하고 편관이 강하면 비견이 편재를 사상(死傷)하지 못하는 것이다. 이치(理致)는 편관이 비견을 극제(剋制)하여 편재를 충극하지 않게 견제하기 때문이다.

▼ 형제자매와 불화하고 친구와는 분리된다

비견(比肩)이 혼잡하여 신왕 하고, 비견이 기신(忌神: 꺼릴 기)이 되면 형제자매와 싸우고 친구와는 분리되며 돈을 빌려주면 받을 수가 없고 빌려 쓰면 이자까지 다 갚아야 하는 것이다. 이치(理致)는 비견끼리 쟁재하고 분리되며 재물을 분탈(分奪)해야 하므로 어려운 처지에 있는 형제나 친구들만 찾아와 돈을 빌려가 갚지 못하거나 사업에 실패하여 갚지 못하기 때문이다.

```
예 남명(男命)
          ┌비견
    己 庚 庚 戊
    卯 午 申 申 →비견
```

이 명조(命造)는 경금일주(庚金日主)가 신월(申月)에 생하고 경금(庚金)이 사령(司令) 하여 득령(得令) 하였으며, 비견이 혼잡 태강하여 신왕하므로 비견이 기신(忌神)이 된다. 형제자매와 싸우고 불화가 많아 잘 만나지 않으며 친한 친구도 없다. 돈을 빌려주면 받을 수가 없고, 빌려 쓰면 이자까지 다 갚아야 한다는 사람이다.

▼ 형제 친구의 덕(德)이 있으나 편애(偏愛)한다

신약(身弱)하여 비견이 용신이나 희신(喜神)이면 비견인 형제나 친구의 덕이 있고, 형제 친구를 좋아하며 협력을 잘하나 편애하는 성질이 있어 좋아하는 사람만 상대하는 것이다. 이치는 신약하여 비견이 용신이 되기 때문이고 자신을 위해주고 의지가 되는 사람만 좋아하기 때문이다.

예 남명(男命): 형제, 친구 덕 있어

```
乙 辛 辛 辛  → 형제, 친구
未 亥 卯 丑
```

이 명조(命造)는 신금일주(辛金日主)가 묘월(卯月)에 생(生)하고 을목(乙木)이 사령(司令)하여 실령(失令) 하였으며, 인비(印比)가 생조(生助) 하나 해묘미(亥卯未) 목국(木局)으로 재다신약(財多身弱)이 되어 비견이 용신이다. 형제, 친구를 좋아하고 형제, 친구의 덕이 있으며 편애하여 자신이 좋아하는 사람만 상대하는 사람이다.

3. 비견(比肩) 독심술(讀心術) - 이분법 적용

1 의지(意志)가 강하고 과단성이 있으나 고독

비견이 혼잡 태강(太强)하고 신왕 하면 의지(意志)가 강하고 과단성(果斷性)이 있어 혼자 용기 있게 결정을 잘하며 자기주장을 고집하여 논쟁하다 불화하며, 형제, 친구, 선후배가 많아도 불화하여 싸우고 이산(離散)되어 흩어지므로 사회에 나가 사람들과 교제하길 싫어하니 외롭고 고독한 것이다.

이치는 비견이 혼잡하여 신왕하기 때문이고, 시간을 오래 끌면 시시비비가 많아지기 때문이다.

예 남명(男命)

```
甲 甲 丙 甲  → 비견
戌 辰 寅 寅
```

이 명조(命造)는 갑목일주(甲木日主)가 인월(寅月)에 생(生)하고 갑목(甲木)이 사령(司令)

하여 득령(得令) 하였으며 비견이 혼잡하여 조력(助力)하므로 신왕 하다. 의지가 강하고 자기의 주장을 고집하여 논쟁하다 불화가 많으며, 과단성이 있어 과감하게 결정을 잘하고 형제나 친구와 불화하여 상대도 안하며 사회에 나가 사람들과 교제하길 싫어하므로 외롭고 쓸쓸한 사람이다.

❷ 의지(依支)하고 편애(偏愛)하며 자기 것은 소중

신약하여 비견(比肩)이 용신이면 부모나 형제에게 의지하고 형제나 친구를 좋아하나 이기적이라 편애하여 좋아하는 사람만 상대하며 자기 것이나 자기가 한 일은 소중하게 생각하고 남은 것이나 남이 한 일은 하찮게 생각하는 것이다. 이치는 신약하고 비견이 용신이니 자신을 위해주고 의지가 되는 사람만 좋아하며 자신이 유리한 대로 언행 하기 때문이다.

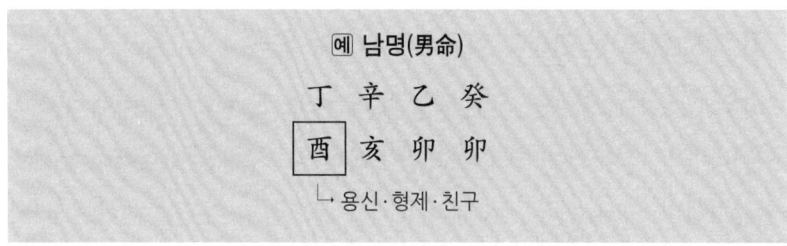

이 명조(命造)는 신금일주(辛金日主)가 묘월(卯月)에 생(生)하고 갑목(甲木)이 사령(司令)하여 실령(失令) 하였으며 재성이 혼잡 태강하여 재다신약(財多身弱)으로 비견이 용신이고 인성이 희신이다. 모친과 형제에게 의지하고 형제나 친구를 좋아하나 편애하여 자신에게 잘해주고 의지가 되는 사람만 상대하며 이기적이라 자기 것이나 자기가 한 일은 소중하게 생각하고 남의 것이나 남이 한 일은 하찮게 여기는 사람이다.

❸ 누구나 차별하지 않고 공정하게 분배

비견이 혼잡하면 경우가 바르고 사람을 차별하지 않으며 공정분배(公正分配)하는 것이다. 그러나 겁재(劫財)가 있으면 경우가 없고 공정하지 않은 것이다. 이치(理致)는 비견은 자신과 같은 동료가 되므로 공정분배하려는 마음이 생성되기 때문이며 겁재가 있으면 욕심이 많고 경쟁심이 강하여 잘난체하고 상대를 업신여기며 많이 가지려 분쟁(分爭)하기 때문이다.

```
        예 남명(男命)
        丁 庚 甲 庚
        亥 寅 申 寅
```

이 명조(命造)는 경금일주(庚金日主)가 신월(申月)에 생(生)하고 무토(戊土)가 사령(司令)하여 득령(得令) 하였으며, 비견이 혼잡하여 생조(生助) 하니 신왕(身旺) 하다. 경우가 바르고 사람을 차별하지 않으며 타인과 일을 하면 공정분배하는 사람이다.

4 동업(同業)을 좋아한다

신약(身弱)하여 비견이 용신이나 희신(喜神)이면 동업을 좋아하는 것이다. 이치(理致)는 신약하여 추진력이 약하므로 형제나 친구에게 의지하고 협력하여야 되기 때문이다.

```
        예 남명(男命)
        癸 丙 庚 庚
        巳 寅 辰 戌
```

이 명조(命造)는 병화일주(丙火日主)가 진월(辰月)에 생(生)하고 계수(癸水)가 사령(司令)하여 실령(失令) 하였으며, 식신이 설기 하고 재성이 혼잡하여 신약하므로 시지(時支)의 비견이 용신이다. 형과 협력하여 식품도매업을 동업하고 있는 사람이다.

5 쌍둥이 성격

쌍둥이는 일간(日干)은 형이 되고 일지(日支)나 시주(時柱)에 있는 비겁(比劫)은 동생이 되며 년월주에 비겁이 있으면 형이 되는 것이다. 비겁을 일간과 같이 비겁이 있는 위치에서 칠자(七字)를 대비하여 응용하는 것이다.

```
예 여명(女命)
          ┌ 언니
    丙 乙 壬 辛
    戌 亥 辰 酉
              └ 甲: 동생
```

쌍둥이의 명조(命造)이다. 언니는 일간(日干)이 되고 동생은 일지(日支)에 암장(暗藏)되어 있는 해중(亥中)의 갑목(甲木)이 된다. 언니는 정인과 상관이 있고 정재가 있어 자존심이 강하고 총명하며 치밀 철저하고 돈을 아껴 쓰고 검소하며 공부를 잘하여 교대에 진학하였다. 그러나 동생입장에서 정인은 편인이 되고, 정재는 편재가 되며, 상관은 식신이 되므로 게으르고 지구력이 약하여 시작은 잘하나 마무리를 못하며, 돈을 잘 쓰고 낭비하며 총명하지 못하고 공부에 관심이 없어 대학진학을 포기하고 직장생활을 하고 있다.

4. 비견(比肩)은 부친 입장에서 칠살(七殺)

비견(比肩)은 편재 부친 입장에서 처(妻)의 의식(意識)이 되고 자궁이 되며, 자신을 사상(死傷)하는 칠살이 된다.

▼ 부친은 자기 말이 법이고 모친을 구박·구타

비견이나 일주(日主)가 편재를 충극하였으면, 부친은 자기 말이 법(法)이고 모친을 구박하며, 대항하면 구타하고 편재가 편인과 동주(同柱)하였거나 가까이 있으면 작첩(作妾) 하는 것이다. 이치(理致)는 부친입장에서 비견은 처(妻)의 의식이 되고 자신을 미워하는 증오심이 되며, 자궁이 되고 자신을 사상(死傷)하는 칠살이 되므로 악(惡)의 식신을 생하여 칠살을 제(制)하고 살아남으려 하기 때문이고, 처와 성관계하면 정력이 약해져 조루증이 오고 재미가 없으며 다른 여자와 성관계하면 정력이 강해지고 재미가 있으며, 편인은 첩(妾: 애인)이나 재혼녀가 되기 때문이다.

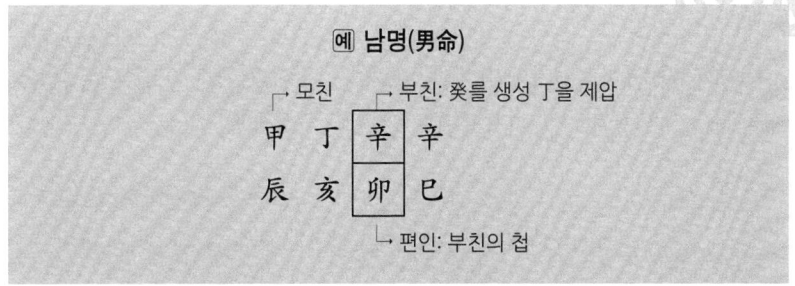

이 명조(命造)는 일주(日主)가 편재를 정신극(丁辛剋) 하고 편재와 편인이 월주(月柱)에 동주(同柱)하고, 있으며 정인은 시상(時上)에 있다. 부친은 자기 말이 법(法)이고 모친을 구박하며 술만 먹으면 시비 구타하고 작첩(作妾) 하여 부모가 이혼하였으며, 부친은 첩(妾: 서모)과 살고 자신은 모친과 살고 있다.

▼ 부친이 가난하다

연월주(年月柱)에 비견이 있고 기신(忌神)이면, 부친이 무능력하고 가난한 것이다. 이치(理致)는 부가(父家)에 재물인 재성이 없고, 재성을 극하는 비겁이 있기 때문이다.

예 남명(男命)

己 甲 甲 癸
巳 午 寅 卯 → 겁재
　　　└ 비견

이 명조(命造)는 연월주(年月柱)에 비겁이 있고 시주(時柱)에 재성이 있으며 식상이 생재(生財)하고 있다. 신강(身强)하므로 비겁이 기신(忌神)이다. 부친이 빈곤하여 빈가 태생으로 자수성가(自手成家)하였으며, 부모와 형제들을 도와주며 사는 사람이다.

▼ 비견운(比肩運)에 부모 불화, 이혼한다

비견이나 일주(日主)가 편재를 충극(沖剋) 하고 편재가 편인과 동주(同柱)하였거나 합(合) 또는 충(沖)이 되어 부모가 이혼할 명조(命造)는 비견운에 부모가 불화하거나 이혼하는 것이다. 이치(理致)는 비견은 부친입장에서 칠살이 되고 모친 입장에서는 남편을 미워하는 증오심 상관이 되기 때문이다.

이 명조(命造)는 비겁(比劫)이 혼잡하고 모친의 의식이며 상관인 일주(日干)가 편재를 을신충(乙辛冲) 하고 편재와 편인이 시주(時柱)에 동주(同柱)하고, 있으며 정인은 정재와 동주하고 있으니 부모가 이혼할 명조이다. 부친이 작첩(作妾) 하여 비견이 편재를 을신충(乙辛冲) 하는 신미년(辛未年)에 부모가 불화하다 이혼하였다.

▼ 부친에게 효도(孝道)하여도 칭찬 안해

비견(比肩)이 혼잡하고 편재를 생(生)하는 식상(食傷)이 없으며 비견이 편재를 충극(沖剋) 하였으면, 부친에게 효도하려 잘하여도 잘한 일은 칭찬하지 않고 단점만 골라 이야기하며 자신을 경계하는 것이다. 이치(理致)는 비견은 부친 입장에서 자신을 극하여 상(傷)하게 하는 칠살이 되므로 악의 식신을 생(生)하여 칠살을 제(制)하려 하기 때문이다.

```
     예 남명(男命)

     戊 辛 己 庚
     戌 酉 卯 寅
           └ 편재, 비견: 묘유충
```

이 명조(命造)는 편재를 생하는 식상(食傷)이 없고, 비견이 편재를 묘유충(卯酉冲) 하였다. 부친에게 효도하려 하여도 부친은 칭찬은 하지 않고 단점만 골라 이야기하며 자신을 미워하였다는 사람이다.

5. 비견(比肩) 모친론 - 이분법 적용

비견(比肩)은 모친의 의식이 되고, 모친이 부친을 미워하는 증오심이 되는 것이다.

▼ 비견이나 일주(日主)가 편재를 충극하였으면 부친이 모친에게 미움받는 언행(言行)을 하여, 모친이 부친을 미워하고 증오하는 것이다. 이치(理致)는 비견은 모친입장에서 의식이 되고 상관(傷官)이 되며, 남편을 미워하는 증오심이 되기 때문이다.

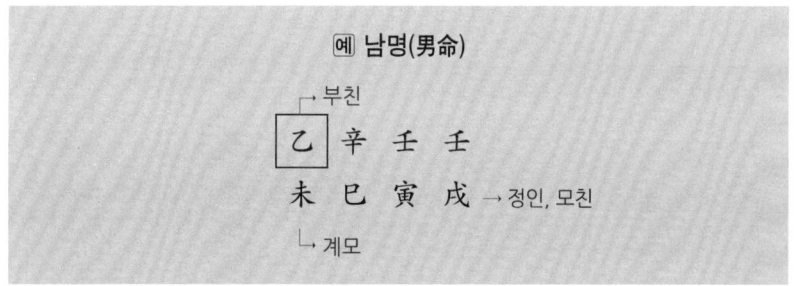

이 명조(命造)는 일주(日主)가 편재를 을신충(乙辛冲)하고 편재가 편인과 동주(同柱)하고

있으며, 모친인 정인은 연지(年支)에 떨어져 있고, 월지(月支)에는 모친의 재혼남 정재가 있다. 부친이 무능하고 작첩(作妾) 하여 모친이 가출 부모가 이혼하였다.

6. 비겁(比劫) 혼잡, 조실부모(早失父母)

▼ 비겁(比劫)이 혼잡 태강하고, 편재를 생하는 식상(食傷)이 없으며, 정인을 생하는 관성이 없거나 약하면 조실부모(早失父母: 어려서 부모를 여읨)하는 것이다. 이치(理致)는 혼잡한 비겁이 편재를 충극 하여 사상(死傷)하기 때문이고, 정인을 과다하게 설기하여 상(傷)하게 하기 때문이다.

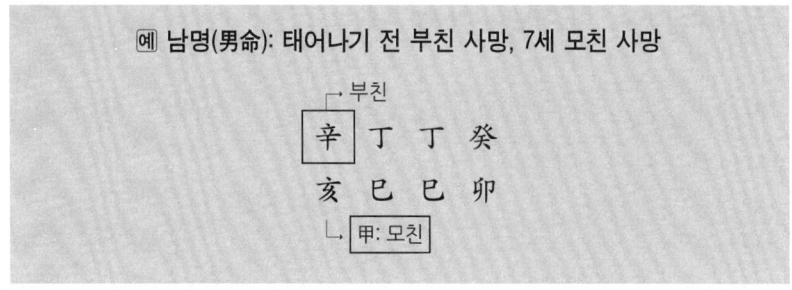

예 남명(男命): 태어나기 전 부친 사망, 7세 모친 사망

이 명조(命造)는 비겁이 혼잡하고 편재를 생(生)하는 식상(食傷)이 없으며 비견과 일주(日主)가 편재를 정신극(丁辛剋) 하고, 정인(正印)은 사해충(巳亥冲)으로 사중경금(巳中庚金) 정재(正財)와 갑경암충(甲庚暗冲) 되고, 비겁에 설기되어 상(傷)하였다. 부친은 자신이 태어나기 한달 전 사망하고, 모친은 일곱 살 때 사망하였다.

7. 형제, 자매 단명(短命)

▼ 비겁(比劫) 입묘(入墓)는 형제 단명(短命)

비겁(比劫)이 태약(太弱)하고 관살에 충극되었거나 입묘(入墓) 되었으면 단명(短命)한 형제가 있는 것이다. 이치(理致)는 비겁이 관살에 충극 되어 사상(死傷) 되기 때문이고, 비겁 입묘(入墓)는 형제의 무덤이 되기 때문이다.

예 여명(女命): 형제 사망

戊 乙 戊 癸
寅 未 午 卯
　　└ 비겁입묘

이 명조(命造)는 비겁(比劫)이 태약하고 인성(印星)이 없으며 비겁이 미(未)에 입묘(入墓) 되었다. 여동생이 10세에 사고로 사망하고 오빠는 19세에 병사(病死)하였다.

▼ 비겁(比劫) 입묘(入墓) 백호살 형제 단명(短命)

비겁이 입묘(入墓) 되고 백호살이면 단명한 형제, 자매가 있는 것이다. 이치(理致)는 입묘(入墓)는 형제·자매의 무덤이 되고 백호살은 혈광지살(血光之殺)이 되기 때문이다.

예 여명(女命): 형제 사망

丁 辛 癸 壬
酉 酉 丑 寅
　　└ 비겁입묘, 백호살

이 명조(命造)는 비겁(比劫)이 입묘(入墓) 되고, 계축(癸丑)은 백호살이 된다. 오빠가 상관에 사지(死支)가 되는 임자년(壬子年)에 교통사고로 사망하였다.

▼ 비겁(比劫) 삼형살(三刑殺), 형제 단명(短命)

비겁(比劫)이 삼형살이고 입묘(入墓) 되었으면 단명한 형제가 있는 것이다. 이치(理致)는 삼형은 강하면 부러지고 과(過)하면 무너지며 넘쳐서 상(傷)하기 때문이고 입묘는 형제의 무덤이 되기 때문이다.

> 예 남명(男命)
>
> 甲 己 乙 辛
> 戌 未 未 丑 → 비겁: 삼형살

이 명조(命造)는 비겁(比劫)이 축술미(丑戌未) 삼형이고, 을미(乙未)는 백호살이다. 형과 여동생이 어린 시절 병사(病死)하고 자신만 살아남았다.

8. 형제, 자매가 사망하는 운(運)은?

▼ 비겁(比劫) 태약(太弱) 식상운(食傷運) 형제 사망

비겁(比劫)이 태약하면 설기 되는 식상운에 형제가 사망하는 것이다. 이치(理致)는 약한 비겁이 설기 되어 사상(死傷) 되기 때문이다.

> 예 여명(女命)
>
> 丙 庚 己 辛 → 오빠 사망
> 戌 申 亥 亥

이 명조(命造)는 연주(年柱)의 겁재가 태약하다. 설기 되고 사지(死支)가 되는 임자년(壬子年)에 오빠가 병사(病死)하였다.

▼ 비겁(比劫) 형충운(刑沖運)에 형제사망

비겁(比劫)이 형충 되었거나 입묘(入墓), 또는 백호살 되었으면 형충(刑沖) 되는 운에 형제가 사망하는 것이다. 이치(理致)는 형(刑)이 되면 강하면 부러지고, 과다하면 무너지며 넘쳐서 상(傷)하기 때문이고, 충극 되면 사상(死傷) 되기 때문이다.

```
예 남명(男命)
丁 丁 丙 壬  → 병임충
未 丑 午 戌  → 비겁입묘
```

이 명조(命造)는 비겁(比劫)이 입묘(入墓) 되고, 겁재가 병임충(丙壬沖)이 되었다. 비겁에 병지(病支)가 되고 겁재가 병임충(丙壬沖) 되는 임신년(壬申年) 여름에 물놀이 갔다가 형이 익사(溺死) 하였다.

▼ 비겁(比劫)이 사지운(死支運)에 형제가 사망

비겁이 입묘(入墓) 되고 형충되었거나 백호살이 되어 단명(短命)할 형제가 있는 명조는 칠살이나 사지운(死支運)에 형제가 사망하는 것이다. 이치(理致)는 칠살은 비견을 극(剋)하여 사상(死傷)하고, 정관(正官)은 겁재를 극하여 사상(死傷)하며, 사(死)는 음양(陰陽)이 조화되므로 기운이 과다하게 새어나가 죽음에 이르기 때문이다.

```
예 여명(女命)        29  19  9
戊 辛 庚 丁      癸 壬 辛
戌 丑 戌 巳      丑 子 亥
```

이 명조(命造)는 신금일주(辛金日主)가 술월(戌月)에 생하고 신금(辛金)이 사령(司令) 하여 득령(得令) 하였으며, 겁재와 인성이 생조(生助) 하여 신왕 하다. 비겁이 입묘(入墓) 되었으며, 토다금매(土多金埋)다. 대운(大運)이 비겁의 사지(死地)가 되는 자대운(子大運), 병지(病支)가 되는 을해년(乙亥年), 사신형(巳申刑)이 되는 갑신월(甲申月)에 큰 오빠가 음독자살 하였으며, 정관이 겁재를 병경극(丙庚剋) 하고 사지(死支)가 되는 병자년(丙子年)에 둘째 오빠가 교통사고로 사망하였다.

▼ 비겁(比劫) 입묘운(入墓運)에 형제 사망

비겁이 입묘(入墓), 형충, 백호살 등이 되어 단명할 형제가 있는 명조(命造)는 입묘운(入墓運)에 형제가 사망하는 것이다. 이치(理致)는 입묘는 죽어 무덤에 들어가는 시기가 되고 형제의 무덤이 되기 때문이다.

예 남명(男命)

庚 戊 辛 乙
申 戌 巳 未

이 명조(命造)는 비겁이 술미형(戌未刑)이고, 을미(乙未) 백호살이며, 입묘(入墓) 되었다. 비겁이 술미형 되고 입묘 되는 갑술년(甲戌年), 인사신(寅巳申) 삼형(三刑)이 되는 병인월(丙寅月)에 동생이 교통사고로 사망하였다.

▼ 비겁(比劫)이 절지운(絕支運)에 형제 사망

비겁이 입묘(入墓), 형충, 백호살 등이 되어 단명할 형제가 있는 명조(命造)는 비겁이 절지운에 형제가 사망하는 것이다. 이치(理致)는 절(絕)은 비겁의 생(生)이 다하여 기(氣)가 끊어지기 때문이다.

예 남명(男命)

辛 己 壬 戊 → 겁재
未 巳 戌 申 → 겁재의 식신

이 명조(命造)는 비겁이 술미형(戌未刑)에 임술(壬戌) 백호살(白虎殺)이며, 입묘(入墓) 되었다. 비겁의 절지(絶支)가 되고 겁재의 식신이 병이 되는 신해년(辛亥年)에 누나가 병사(病死)하였다.

9. 비견(比肩) 용신(用神), 기신운(忌神運)

- 신약(身弱)하여 비견(比肩)이 용신이면 비견운에 형제나 친구와 동업(同業)을 하고 싶은 마음이 생성되어 동업을 하거나 도움이 있는 것이다.

▼ 신왕(身旺) 하여 비견이 기신(忌神)이면 비견운에 형제나 친구 등이 보증이나 돈을 빌려 달라고 찾아온다. 이치(理致)는 비견은 형제나 친구가 되고 재물을 분탈(分奪) 하기 때문이다.

[예] 남명(男命)

丁 丙 辛 乙
酉 戌 巳 巳

이 명조(命造)는 병화일주(丙火日主)가 사월(巳月)에 생(生)하고 무토(戊土)가 사령(司令)하여 실령(失令) 하였으나 비겁과 인성이 생조(生助) 하여 신왕 하므로 비견이 기신(忌神)이다. 정재(正財)에 비견운인 신사년(辛巳年)에 형에게 돈을 빌려주고 보증도 서 주었다.

- 신왕(身旺) 하여 비견이 기신(忌神)이면 비견운에 증권, 도박, 투기 등으로 손재하는 것이다. 이치(理致)는 쟁재(爭財) 되고 재물을 분탈(分奪) 당하기 때문이다.
- 신왕(身旺) 하여 비견이 기신(忌神)이면 비견운에 불량한 친구들과 어

울려서 돈을 쓰고 학업 성적이 떨어진다.
- 신약(身弱)하여 비견이 희신(喜神)이면 비견운에 건강이 좋아진다. 비견을 만나면 일주(日主)가 강해지기 때문이다.

▼ 비견이 형충(刑冲) 되는 운에 형제가 질병이나 사고로 고통을 받거나 사망하는 것이다.

[예] 남명(男命)

癸 甲 辛 甲 → 비견·형
酉 子 未 辰

이 명조(命造)는 비견(比肩)이 갑경충(甲庚冲)에 사지(死支)가 되는 경오년(庚午年)에 형이 위암으로 사망하였다.

▼ 비견(比肩)이 혼잡한 명조(命造)가 비견이 편재를 형충하는 운(運)에는 부친이 사업 실패, 사고, 질병 등이 발생하며, 사망하기도 하는 것이다. 이치(理致)는 비견은 편재 부친입장에서 자신을 사상(死傷)하거나 돈으로 고통을 주는 칠살이 되기 때문이다.

[예] 남명(男命)

辛 辛 戊 乙 → 편재: 부친
卯 巳 子 丑

이 명조(命造)는 비견이 편재와 을신충(乙辛冲) 하는 신사년(辛巳年)에 부친이 사업에 실패하고 득병(得病)하였다.

- 비견이나 일주(日主)가 편재를 충극하여 부모가 이별할 명조(命造)는

비견운에 부모가 이혼한다. 이치(理致)는 비견은 모친의 의식(意識)이 되고 부친을 미워하는 증오심이 되며, 부친입장에서 비견은 처(妻)가 자신을 미워하는 증오심이 되고, 자신을 사상(死傷)하는 칠살이 되기 때문이다.
- 신약(身弱)하여 비견이 용신이면 친구와 형제의 도움으로 사업 창성, 취직 등이 이루어진다. 신약한 일주(日主)가 비견의 도움으로 강해지기 때문이다.
- 비견이 혼잡 태강(太强)하여 비견이 기신(忌神)이면, 비견운에 직장인은 동료들이 시기, 질투, 모함 등으로 시비 구설이 발생하여 스트레스를 받는 것이다. 이치(理致)는 비견은 분쟁(分爭)하는 경쟁자가 되기 때문이다.
- 비겁이 혼잡 태강(太强)하여 비견이 기신(忌神)이면 비견운에 수입보다 지출이 많아지는 것이다.

03 겁재(劫財)

겁재(劫財)는 나(日干)와 오행(五行)이 같고 음양(陰陽)이 같지 않아서 겁재라 이름 한 것이다.

겁재는 정재(正財)를 극제(剋制)하고 겁탈(劫奪: 위협할겁, 빼앗을 탈)하는 것이다.

겁재는 정재를 충극(沖剋)하여 사상(死傷)하는 것이다.

겁재는 이성형제(異性兄弟), 이복형제(異腹兄弟: 배다른 형제), 겁재는 음양이 다르니 이성동료(異性同僚), 이성(異性)이 되는 것이다.

1. 겁재(劫財)의 성정(性情)

교만(驕慢: 잘난체하고 사람을 얕봄), 오만(傲慢: 태도가 거만함), 고집(자기주장이 강함), 오기(傲氣: 지기 싫은 마음), 경쟁심, 경쟁자, 난폭성(亂暴性: 거칠고 사나움), 욕심, 요행(僥倖: 뜻밖의 행운), 투기, 야망(野望: 큰 성취를 희망), 도박(賭博), 의심, 심술, 냉정(冷情), 불화(不和), 험담(險談), 이산(離散: 흩어짐), 분리(分離), 고독, 도심(盜心: 훔치려는 마음), 겁탈(劫奪: 폭력을 써 빼앗음), 쟁탈(爭奪: 빼앗는 싸움), 쟁재(爭財: 재물 다툼), 분취(分取), 손재(損財), 채권자, 전생(前生)의 채권자, 선배, 후배 등이 되고 조부와 모친의 의식이 되는 것이다.

2. 겁재(劫財)의 응용(應用)

비견(比肩)과 겁재를 비겁(比劫)이라고 하는 것이다.

겁재는 오행(五行)이 같은 동지(同志)이고, 음양(陰陽)이 달라서 이성(異性)과 선배와 후배가 되는 것이다.

겁재는 정재를 겁탈(劫奪)하고, 사상(死傷)하므로 흉신(凶神)이 되는 것이다.

겁재(劫財)는 일주(日主)를 조력(助力)하여 도와주는 것이므로 조왕(助旺)하게 하는 것이고, 식상(食傷)을 생(生)하고 정재를 극(剋)하는 것이며, 관살의 극(剋)을 받고 인성(印星)의 생(生)을 받는 것이다.

겁재는 체(體)와 의식(意識) 이분법(二分法)의 원리로 응용하는 것이다.

겁재의 성정(性情)과 겁재와 관련된 육친(六親)과 사물(事物)과 생설극제(生泄剋制)하면서 생성(生成)되는 길흉(吉凶)과 이해(利害)와 육친간의 의식(意識)작용을 응용하는 것이다.

- 겁재(劫財)는 인성(印星)이 많으면 생왕(生旺)이다.
- 겁재(劫財)는 비겁(比劫)이 많으면 조왕(助旺)이다.
- 겁재(劫財)는 식상(食傷)이 많으면 설기약(泄氣弱)이다.
- 겁재(劫財)는 재성(財星)이 많으면 소모약(消耗弱)이다.
- 겁재(劫財)는 관성(官星)이 많으면 극제약(剋制弱)이다.

겁재는 정재를 극(剋)하고 겁탈(劫奪)하므로 탈재지신(奪財之神)이고 패재(敗財)라고 하는 것이다.

겁재(劫財)가 혼잡하여 쟁재하면 군겁쟁재(群劫爭財)라 하는 것이다.

겁재는 남명(男命)에서는 며느리가 되고 아들의 처(妻)가 되는 것이다.

겁재(劫財)는 배우자의 애인이 되는 것이다.

겁재는 처형·처제의 남편이 되므로 동서가 되는 것이다.

▼ 재다신약(財多身弱)하고 겁재가 용신이나 희신(喜神)이면, 형제에게 의지하게 되고 형제의 도움이 있는 것이다. 이치(理致)는 신약하니 비겁(比劫)이 재성을 극하여 도와주어야 되기 때문이고, 이것을 득겁이재(得劫利財: 겁재와 재물을 유리하게 다루어 운용함)라고 하는 것이다.

> 예 남명(男命)
>
> 겁재: 용신 ← 丙 丁 丁 辛
>   午 酉 酉 酉

이 명조(命造)는 정화일주(丁火日主)가 유월(酉月)에 생하고 경금(庚金)이 사령(司令)하여 실령(失令)하였으며, 재성이 혼잡 태강(太强)하니 재다신약(財多身弱)으로 비겁이 재성을 극하여 일주(日主)를 도우니 득겁이재(得劫利財)가 되어 겁재가 용신이다. 형제에게 의지하고 형제들의 도움을 받는 사람이다.

- 비겁이 혼잡하여 신왕하면 활동을 많이 하고 항상 분주하게 살아도 실속은 없는 것이다.
- 비겁이 없고 신약하면 형제 친구가 있어도 없는 것 같이 느껴지고 고독한 것이다.

▼ 비겁(比劫)이 혼잡 태강하여 신왕하고 비겁이 기신(忌神)이면, 형제자매간에 싸우고 사이가 나빠져서 분리되고 형제, 친구, 선후배의 덕이 없어 자신이 잘 될 때는 친구나 형제들에게 도움을 주고, 자신이 어려움에 처하면 형제나 친구가 모두 외면하므로 도움을 받을 수가 없으며, 자신이 돈을 빌려주면 받을 수가 없고 자신이 빌려쓴 돈은 이자까지 다 갚아야 하는 것이다. 이치(理致)는 군겁쟁재(群劫爭財)하고 재물을 비겁에게 분탈(分

奪) 겁탈 당하기 때문이다.

이 명조(命造)는 정화일주(丁火日主)가 인월(寅月)에 생하고 병화(丙火)가 사령(司令)하여 득령(得令)하였으며, 겁재가 혼잡 태강하고 인비(印比)가 생조(生助)하여 신왕하니 비겁이 병(病)이다. 형제간에 싸우고 사이가 나빠져서 만나지도 않으며 친구, 선후배의 덕이 없어 자신이 있을 때는 형제나 친구에게 도움을 주었으나 자신이 불량 거래자가 되고 어려움에 처하자 모두 외면하여 도움을 받을 수가 없었으며, 자신이 빌려준 돈은 받을 수가 없고 자신이 빌려 쓴 돈은 이자까지 다 갚아야 한다는 사람이다.

▼ 신왕하여 겁재가 기신(忌神)이고 정관이 있으면, 재물을 겁재에게 분탈(分奪)당하지 않는 것이다. 이치(理致)는 정관이 겁재를 제(制)하기 때문이다.

이 명조(命造)는 신금일주(辛金日主)가 신월(申月)에 생하고 임수(壬水)가 사령(司令)하여 실령(失令)하였으나 겁재가 혼잡하고 인성(印星)이 생조(生助)하여 신왕하니 겁재가 기신(忌神)이다. 년월상(年月上)에 정관이 인(寅)에 장생하여 유기(有氣)하며, 겁재를 제하니 길명(吉命)이 되었다. 겁재가 있으나 겁재에게 재물을 분탈(分奪) 당하지는 않으므로 재운(財

運)인 인묘(寅卯)대운(大運)에 부자(富者)가 되었다.

▼ 겁재(劫財)가 혼잡하면 외면은 화려해 보여도 내면은 가난한 것이다. 이치(理致)는 겁재에게 정재를 분탈(分奪)당하기 때문이다.

[예] 남명(男命)

癸 戊 己 癸 → 정재
丑 子 未 未 → 겁재

이 명조(命造)는 겁재가 혼잡 태강(太强)하여 기신(忌神)이며, 군겁쟁재(群劫爭財)가 되었다. 돈이 생기면 잘쓰니 외면은 화려해 보여도 내면은 가난하여 처와 재물도 없이 독신으로 살았다.

3. 겁재(劫財) 독심술(讀心術) - 이분법 적용

1 경쟁심이 강하며 욕심이 많고 성실하다

신왕(身旺)하고 겁재가 가까이 있으면 경쟁심이 강하고 욕심이 많은 것이다. 이치(理致)는 겁재는 경쟁자가 되므로 겁재를 이기려하기 때문이고 겁재보다 많이 하고, 많이 가지려 하기 때문이다.

[예] 남명(男命)

壬 壬 癸 癸 → 겁재
寅 午 亥 巳

이 명조(命造)는 임수일주(壬水日主)가 해월(亥月)에 생하고 임수(壬水)가 사령(司令)하여 득령(得令)하였으며 비겁이 혼잡하여 신왕하다. 년월상(年月上)에 겁재가 있어 경쟁심이 강하고 욕심이 많은 사람으로 겁재보다 많이 하고, 많이 가지려 하니 근면 성실한 사람이다.

❷ 부모 형제에게 의지하고 편애(偏愛)한다

신약하고 겁재가 용신이나 희신이면 경쟁심이 없고 추진력이 약하여 혼자는 못하고 협력을 잘하며 부모나 형제에게 의지하고 시작은 하나 마무리를 못하며 편애하여 자신이 좋아하는 사람만 상대하는 것이다. 이치는 신약하므로 체질이 약하여 추진력과 지구력이 약하고 신약하니 자신을 위해주고 의지가 되는 사람만 좋아하기 때문이다.

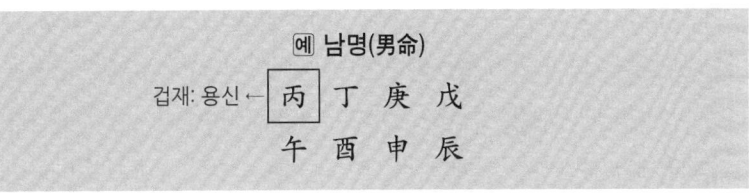

이 명조(命造)는 정화일주(丁火日主)가 신월(申月)에 생하고 무토(戊土)가 사령(司令)하여 실령(失令)하였으며, 상관에 설기되고 재성이 태강하여 재다신약(財多身弱)이다. 겁재가 있으나 경쟁심이 없고 추진력이 약하여 혼자는 못하고 협조, 협력은 잘하며 부모 형제에게 의지하고, 편애하여 자신을 위해주고 의지가 되는 사람만 좋아하고 상대하는 사람이다.

❸ 의심이 많고 성질나면 난폭하고 쌍욕을 잘해

신왕(身旺)하고 겁재가 있으면 오만(傲慢)하여 행동이 건방지고 거만하여 상대를 낮추어 깔보고 의심이 많으며 시비 분쟁이 되면 이기려는 오기가 강하고 성질나면 난폭하여 쌍욕을 하면서 거칠고 사납게 언행(言行)하는 것이다. 이치(理致)는 겁재는 경쟁하고 쟁탈(爭奪)하는 관계가 되기 때문이다.

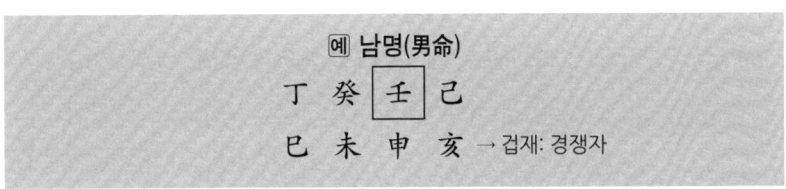

이 명조(命造)는 계수일주(癸水日主)가 신월(申月)에 생하고 경금(庚金)이 사령(司令)하여 득령(得令)하고 인겁(印劫)이 생조(生助)하여 신왕하니 겁재가 기신(忌神)이다. 심술이 있고 의심이 많으며 이기려는 오기가 강하여 시비언쟁(言爭), 분쟁(分爭)이 되면 쌍욕을 하면서 거칠고 사납게 언행하며 이기려 끝까지 대항하는 사람이다.

4 시기심과 심술이 많고 험담을 잘해

신왕하고 겁재(劫財)가 강하여 군겁쟁재(群劫爭財)가 된 명조(命造)는 시기심과 심술이 있어 남이 잘못되는 것을 좋아하고 잘못 되도록 심술을 부리며 남의 탓과 험담을 잘하는 것이다. 이치(理致)는 겁재는 경쟁자가 되고, 쟁탈(爭奪)분쟁하는 관계가 되므로 의심과 시기심 심술스런 마음이 생성(生性)되기 때문이다.

〔예〕 남명(男命)

┌ 겁재   ┌ 겁재
癸 壬 癸 壬
卯 寅 丑 子

이 명조(命造)는 비겁이 혼잡하고 겁재가 시상(時上)과 월상(月上)에 가까이 있으며, 월지(月支)에 정관이 있으나 정관을 극하는 상관이 시지(時支)에 있어 정관이 겁재을 제(制)하지 못한다. 시기심과 심술이 많아 남이 잘못되는 것을 좋아하고 잘 되는 것을 싫어하여 남이 잘 되었다는 소리를 들으면 불쾌한 표정이 나타나고 남이 잘못되도록 심술을 부리며 남의 비방을 잘하는 사람이다.

5 겁재가 기신(忌神) 돈을 빌려주지도 빌려 쓰지도 않아

겁재(劫財)가 기신(忌神)이면 돈 빌려 주는 것을 싫어하며, 돈을 "주려면 그냥 준다." 하고 돈을 빌려주지도 않고 빌려 쓰지도 않는 것이다. 이치(理

致)는 겁재는 자신의 재물을 겁탈하니 돈을 빌려주었다가 받지 못한 경험을 한 후, 빌려 주지 않으며 빌려 주면 못 받을 것 같은 마음이 생성(生成)되기 때문이다.

```
         예 남명(男命)
  정재 ← 癸 戊 己 戊
         亥 子 未 戌
```

이 명조(命造)는 비겁(比劫)이 혼잡 태강하여 군겁쟁재(群劫爭財)가 되어 여자와 돈을 놓고 쟁탈하는 형상이다. 선배에게 돈을 빌려 주고 받지 못한 경험이 있어 돈을 빌려 주려면 그냥 준다는 식으로 돈 빌려주는 것을 거부하는 사람이며, 돈을 빌려 쓰지도 않는 사람이다.

❻ 돈이 들어오기 전에 써야 할 곳이 먼저 생겨

신왕하고 겁재(劫財)가 있으면, 외면은 화려해 보여도 내면은 빈곤(貧困: 가난하고 궁색함)하며, 돈이 들어오기 전에 써야 할 곳이 먼저 생기는 것이다. 이치(理致)는 군겁쟁재(群劫爭財)가 되기 때문이다.

```
         예 여명(女命)
      庚 辛 庚 戊
      寅 未 申 申 → 겁재
       └ 정재
```

이 명조(命造)는 겁재가 혼잡 태강하여 기신(忌身)이고 정관이 없다. 돈을 잘 쓰니 외면은 화려해 보여도 내면은 가난하며 돈이 들어오기 전에 써야 할 곳이 먼저 생겨 저축을 못한다는 사람이다.

7 이산(離散)되어 외롭고 고독하다

비겁(比劫)이 혼잡하고 겁재가 기신(忌神)이 되면, 사회에 나가 교제하기를 싫어하며 형제, 친구, 선후배가 많아도 싸우고 불화하여 이산(離散: 떨어져 흩어짐)되어 흩어지므로 만나기 싫어하고, 만나지 못하므로 고독하게 되는 것이다. 이치(理致)는 비겁은 신약할 때는 협력하고, 신왕하면 경쟁하며 쟁탈(爭奪)하고 분탈(分奪)하여 손재하고 불화하여 싸우고 분리되기 때문이다.

예 남명(男命)

```
庚 辛 辛 戊
寅 卯 酉 申  → 겁재
         └→ 비견
```

이 명조(命造)는 신금일주(辛金日主)가 유월(酉月)에 생하고 경금(庚金)이 사령(司令)하여 득령(得令)하였으며, 인성(印星)과 비겁이 혼잡하여 신왕하다. 사회에 나가 교제하기를 싫어하며 형제, 친구, 선후배가 많아도 만나면 분쟁하고 불화하며 손재하므로 이산(離散)되어 만나려 하지도 않고 만나러 오지도 않으니 고독한 사람이다.

8 열등감(劣等感) 자격지심(自激之心)이 있다

신약하고 음(陰) 일주(日主)에 양간(陽干)의 겁재가 월상(月上)이나 시상(時上)에 있으면, 열등감(劣等感: 자기가 남보다 못하다 생각)과 자격지심이 있는 것이다. 이치(理致)는 음(陰)은 정적(靜的)이고 양(陽)은 동적(動的)이며, 음은 양보다 약하기 때문이다.

예) 남명(男命)

```
          ┌겁재
  丁  乙 [甲] 壬
  丑  丑  辰  戌
```

이 명조(命造)는 신약하고 음일주(陰日主)가 월상(月上)에 양(陽)겁재가 있다. 항상 열등감과 자격지심이 있어 자신감이 없고 많은 사람 앞에 나서기 싫어하는 사람이다.

9 야망이 커서 투기(投機) 도박(賭博)으로 파산

신왕(身旺)하고 겁재가 있으면 야망(野望)이 크고 요행심이 강하여 투기(投機), 도박으로 인하여 파산(破産)하는 것이다. 이치(理致)는 재물을 놓고 겁재와 쟁탈(爭奪)하여 겁재의 재물을 가지려 하고 결과는 손재하기 때문이다.

참고: 정관이 있으면 겁재를 극제(剋制)하여 야망이 크지 않고 요행을 바라지 않는 것이다.

예) 남명(男命)

```
  겁재← 乙 [甲] 乙  癸
        丑  戌  卯  卯 →겁재
```

이 명조(命造)는 겁재가 혼잡하고 일지(日支)에는 편재가 있다. 도박을 좋아하여 경마 등으로 재산을 다 탕진하고 거지 신세가 되었다.

예 여명(女命)

```
편재 ← 乙 辛 庚 癸
       未 酉 申 未
```

이 명조(命造)는 겁재가 있고 시상(時上)에 편재가 있다. 요행(僥倖)을 바라고 각종 복권을 사는 사람이다.

⑩ 도심(盜心)이 있어 남의 재물을 잘 훔친다

겁재가 혼잡하여 군겁쟁재(群劫爭財)가 되고, 정관이 없으면 도심(盜心)이 생성되어 남의 물건을 잘 훔치는 도둑놈이 되는 것이다. 이치(理致)는 정관이 없어 겁재를 제(制)하지 못하므로 윤리 의식이 없어 겁재의 재물을 겁탈하려는 마음이 생성(生成)되기 때문이다.

예 남명(男命)

```
     乙 丁 癸 丙 → 겁재
겁재 ← 巳 丑 巳 午
```

이 명조(命造)는 겁재가 혼잡 태강하다. 어려서부터 도심(盜心)이 있어 남의 물건을 잘 훔치더니 전문 절도범이 되어 절도전과가 11범이다.

4. 의처증(疑妻症)

남명(男命)에서 정재가 겁재와 동주(同柱)하였거나 겁재와 합(合), 또는 충극되었으면 의처증이 있는 것이다. 이치(理致)는 처가 애인만나 간통할 것 같은 마음이 생성되기 때문이다. 처(妻)가 남자와 있는 것이 목격되거나 성관계를 거부할 때 의처증 증상이 나타나는 것이다.

예 남명(男命)

```
칠살 ← 己 癸 庚 辛
        未 亥 寅 亥 → 겁재
     겁재 ⤴   ⤷ 丙: 처
```

이 명조(命造)는 정재가 겁재와 인해합(寅亥合)이 되었다. 의처증이 심한 편인데 처가 애인을 두고 간통하고 있다.

5. 의부증(疑夫症)

여명(女命)에서 정관이 겁재와 동주(同柱)하였거나 합(合)이나 충극되었으면 의부증이 있는 것이다. 이치(理致)는 남편이 다른 여자와 간통하는 것 같은 마음이 생성(生成)되기 때문이다.

남편이 다른 여자와 같이 있는 것이 목격되거나 남편이 자신과 성관계를 하지 않을 때 의부증이 생기는 것이다.

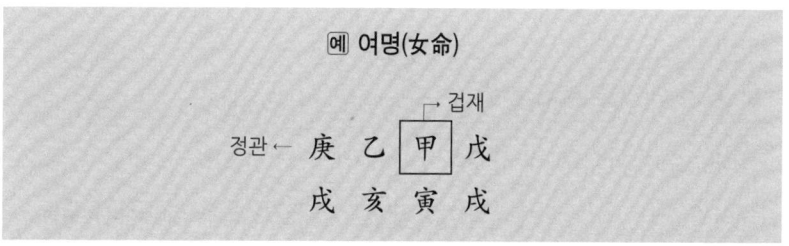

이 명조(命造)는 정관과 겁재가 갑경충(甲庚冲)이 되었다. 자신의 잠재의식에 남편이 애인을 만날 것 같은 마음이 잠재되어 있다. 상관운인 병술년(丙戌年)에 남편이 조루증으로 성관계를 못하자 다른 여자와 성관계를 하여 발기가 안 된다고 생각하고 의부증이 생겨 불화하였다.

6. 남명(男命) 겁재론(劫財論) - 이분법 적용

▼ 겁재가 있고 편재가 있으면 애인을 만나

남명(男命)에서 겁재가 있고 편재가 있으면 애인을 만나 간통하는 것이다. 이치(理致)는 겁재가 있으면 남의 돈과 여자를 겁탈하고 싶은 마음이 생성(生成) 되기 때문이며, 겁재는 이성(異性)으로 여자가 되고 편재도 여자가 되기 때문이다.

```
         예) 남명(男命)              처(妻)의 명조(命造)
    ┌ 편재: 겁재의 처
    辛  丁  丁  甲         癸  癸  壬  丁
    丑  巳  丑  寅         亥  卯  寅  巳  → 戊: 정관
       └ 겁재                └ 겁재
```

이 명조(命造)는 겁재가 있고 편재가 있다. 칠살운인 계미년(癸未年)에 남의 처(妻)를 만나 간통하며 지내다가 겁재와 정재가 사신합(巳申合)이 되는 갑신년(甲申年)에 처에게 발각되어 이혼하게 되었다. 처의 명조에서 갑신년은 상관운이다.

▼ 처가 애인을 두고 간통

남명(男命)에서 겁재가 정재와 동주(同柱)하였거나 합(合)이나 충극되고 칠살이 일주(日主)를 충극하였으면 처(妻)가 애인을 두고 간통하게 되는 것이다.

이치(理致)는 겁재는 처의 애인이 되고, 동주나 합(合)은 같이 있는 것이 되며, 충극은 만남이 되고, 칠살은 처의 의식이 되며, 자신을 미워하고 애인을 사랑하는 마음이 되기 때문이다.

```
        예 남명(男命)
      ┌ 칠살: 처가 미워하는 마음
     癸 丁 丁 癸
     卯 丑 巳 卯
              └ 겁재: 庚, 정재: 처
```

이 명조(命造)는 정재가 겁재와 동주(同柱)하고 겁재에 암장(暗藏)되어 장생(長生)하고 있으며, 시상(時上)에 칠살이 정계충(丁癸冲)하였다. 겁재운인 병술년(丙戌年)에 처(妻)가 애인을 만나 간통하며 살고 있다.

▼ 겁재가 있어도 처에게 애인이 없다

남명(男命)에서 겁재가 있어도 정재가 일지(日支)나 시주(時柱)에 있고 정관이 있으면 처(妻)가 애인을 만나지 않는 것이다.

이치(理致)는 일지(日支)는 안방이 되고 시주(時柱)는 자식의 방이 되니 가정에 있는 것이 되고, 정관은 처(妻)의 의식(意識)으로 겁재를 싫어하는 마음이 되며 자신을 사랑하는 마음이 되기 때문이다.

```
        예 남명(男命)
       ┌ 정관  ┌ 겁재
     庚 乙 甲 癸
     辰 巳 寅 卯
       └ 정재
```

이 명조(命造)는 월주(月柱)에 겁재가 있고 정재는 시지(時支)에 있으며 시상(時上)에 정관이 겁재를 갑경충(甲庚冲)하고 일주(日主)와는 을경합(乙庚合)이 되었다. 처(妻)가 자신을 사랑하고 부정(不貞)한 생각을 하지 않아 부부가 화합하며 살고 있다.

▼ 겁재운(劫財運)에 처가 애인을 만난다

남명(男命)에서 정재가 겁재와 동주(同柱)하였거나 합(合)이나 충극되어 처(妻)가 바람날 명조(命造)는 겁재운에 처가 애인을 만나는 것이다.

이치(理致)는 겁재는 처의 애인이 되고, 동주(同柱)나 합(合)은 함께 있는 것이 되며, 충극은 만남이 되고, 겁재는 정재를 겁탈하며 처에게 애인이 되기 때문이다.

例 남명(男命)

```
              ┌ 겁재: 처의 애인
   己  丁  丙  庚 → 정재: 처
   酉  卯  戌  戌
```

이 명조(命造)는 정재가 연상(年上)에 있고, 겁재가 월상(月上)에 있으며 겁재의 의식(意識)인 상관이 정재를 생(生)하고 있으므로 처(妻)가 애인을 두고 간통할 명조이다. 겁재운인 병술년(丙戌年)에 처가 애인 만나 간통하며 살고 있다.

▼ 겁재운에 이혼

남명(男命)에서 정재가 겁재와 동주(同柱)하였거나 합(合) 또는 충극된 명조(命造), 또는 겁재가 있고 칠살에 충극되어 이별할 명조(命造)는 겁재운에 이혼하게 되는 것이다. 이치(理致)는 겁재가 정재를 겁탈(劫奪)하기 때문이다.

例 남명(男命)

```
                  ┌ 칠살: 처가 미워하는 마음, 이혼살
    겁재 →  丙  丁  癸  庚 → 정재: 처
            午  丑  未  辰
```

이 명조(命造)는 정재가 연상(年上)에 떨어져 있고 칠살이 정계충(丁癸冲)하고, 시상(時上)에 겁재가 있으니 이별할 명조이다. 처(妻)가 바람나 겁재운인 병자년(丙子年)에 이혼하였다.

▼ 상처(喪妻)하거나 처가 바람나

남명(男命)에서 겁재가 혼잡하고 정재를 생(生)하는 식상(食傷)이 없으면 상처(喪妻)하고 식상이 있으면 처(妻)가 바람나 애인을 만나는 것이다.

이치(理致)는 식상이 없으면 군겁쟁재(群劫爭財)가 되어 겁재가 정재를 극(剋)하여 사상(死傷)하기 때문이고, 정재를 생하는 식상이 있으면 식상은 정재를 생하므로 겁재가 처를 사랑하는 마음이 되고 정재가 사상(死傷)되지 않기 때문이다.

예 남명(男命): 두 번 상처

겁재 ← 丙 丁 乙 辛
　　　 午 巳 未 巳 → 겁재

이 명조(命造)는 비겁이 혼잡 태강(太强)하고 재성을 생(生)하는 식상이 없다. 두 번 상처(喪妻)하고 재혼하였으나 처(妻)가 질병으로 신음하고 있다.

예 남명(男命)

겁재 ← 丁 丙 丁 辛 → 정재: 처
　　　 酉 午 酉 丑 → 상관, 겁재 마음

이 명조(命造)는 겁재가 혼잡하고 월주(時柱)에 겁재가 정재와 동주(同柱)하고 있으며, 상관(傷官)이 연지(年支)에서 정재를 생하고 있다. 겁재운인 정축년(丁丑年)에 처가 애인을 만나 간통하며 살고 있다.

7. 여명(女命) 겁재론(劫財論) - 이분법 적용

▼ 남편에게 애인이 있다

여명(女命)에서 정관이 겁재와 동주(同柱)하였거나 합(合), 또는 충극되었으면, 남편이 애인을 두고 간통하게 되는 것이다. 이치(理致)는 겁재는 남편입장에서 애인이 되기 때문이다.

```
       예 여명(女命)
              ┌→ 겁재
   辛 戊 己 乙 → 남편
   酉 寅 卯 巳
              └→ 정관
```

이 명조(命造)는 정관이 겁재와 동주(同柱)하고 연지(年支)에 남편의 의식(意識)인 편인이 겁재를 생(生)하고 있으며, 의식인 상관이 정관을 묘유충(卯酉冲)하였다. 상관운인 신사년(辛巳年)에 남편이 애인만나 간통하여 이혼하였다.

▼ 여명(女命) 겁재운(劫財運)에 이혼한다

여명(女命)에서 상관이 정관을 충극(冲剋)하였거나 정관이 겁재와 동주(同柱)하여 이혼할 명조는 겁재운에 남편이 애인만나 간통하여 이혼하게 되는 것이다. 이치는 겁재는 남편의 애인이 되기 때문이다.

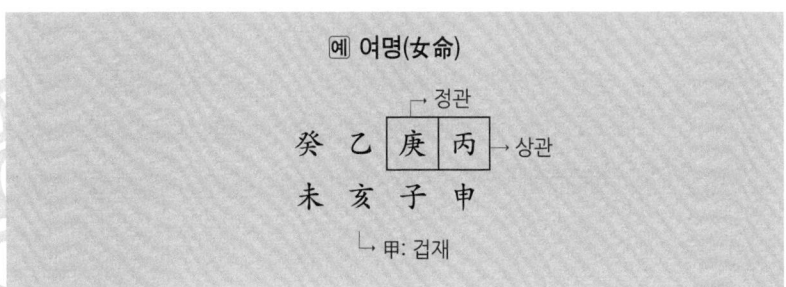

이 명조(命造)는 상관이 정관을 병경극(丙庚剋)하고 겁재가 안방인 일지(日支)에 있다. 겁재와 정관운인 갑신년(甲申年)에 남편이 바람나 가출하여 이혼하였다.

8. 배우자나 애인에게 애인이 있다

▼ 겁재(劫財)가 혼잡하면 결혼을 못하거나 결혼을 하여도 배우자에게 애인이 생겨 이혼하게 되고, 이혼 후 애인을 만나면 그 애인에게 반드시 애인이 생겨 삼각관계가 되니 불화하고 이별하게 되는 것이다. 이치(理致)는 겁재는 경쟁자가 되고 배우자나 애인의 애인이 되기 때문이다.

```
         예 남명(男命)

              ┌ 겁재
       丁 丙 丁 丁
       酉 午 未 酉 → 정재
              └ 겁재
```

이 명조(命造)는 겁재가 혼잡하다. 처(妻)가 겁재운인 정축년(丁丑年)에 바람나 가출하여 이혼하고, 여자만나 교제하거나 동거하다 보면 다른 남자가 생겨 헤어지게 되니 재혼을 못하였다.

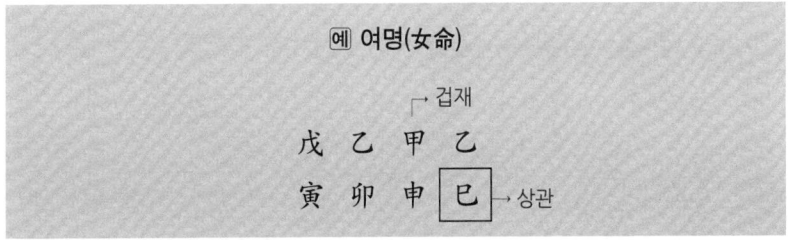

이 명조(命造)는 비겁(比劫)이 혼잡하고 정관이 겁재와 동주(同柱)하고 상관이 연지(年支)에 있다. 남편이 바람나 이혼하고 남자를 만나 교제하다 보면 그 남자에게 다른 여자가

생겨 이별할 때가 한두 번이 아니었다.

9. 이복형제론(異腹兄弟論) - 이분법 적용

▼ 겁재는 이복형제(異腹兄弟)나 이성형제(異姓兄弟)가 된다. 명조(命造)에 겁재가 있다하여 모두 이복형제가 있는 것은 아니다. 이복형제가 있으려면, 부친이 재혼하거나 작첩(作妾)하여 계모나 서모가 있어야 가능하다. 부친이 작첩하거나 재혼하는 이치(理致)는 다음에 설명하기로 하고 이해를 돕기 위하여 겁재가 혼잡한 명조(命造)를 살펴보기로 한다.

|예| 여명(女命)

| 丁 | 辛 | 庚 | 戊 | → 모친 |
| 酉 | 酉 | 申 | 申 | → 겁재 |

이 명조(命造)는 연월주(年月柱)에 겁재가 혼잡하나 비겁을 생(生)한 근원은 정인뿐이다. 그러므로 이복형제는 없고 형제가 여섯명인데 남자형제가 세명이고 언니가 두명이며 부친은 단명하였다.

▼ 모친사망, 부친 재혼 이복형제가 있어

정인(正印)이 태약하고 정인을 생하는 관성이 없거나 떨어져 있으며, 겁재를 생한 편인이 있으면 이복형제가 있는 것이다.

이치(理致)는 모친이 사망하고 부친이 재혼하여 계모가 있기 때문이다.

> 예 남명(男命): 1930년생
>
> ┌ 정인   ┌ 편인: 계모
> 戊 辛 己 庚 → 겁재: 이복형제
> 子 酉 卯 午

이 명조(命造)는 시상(時上)에 정인이 태약하고 정인을 생(生)하는 관성은 없으며, 월주(月柱)에 편인과 편재가 동주(同柱)하고, 연상(年上)에는 편인이 생(生)한 겁재가 있으며, 편인을 생하는 편관이 있다. 정인의 사지(死支)가 되는 계유년(癸酉年)에 모친이 병사(病死)하고 부친이 재혼하여 이복형제가 있다.

▼ 부친이 작첩(作妾)하여 이복형제가 있다

비견(比肩)이나 일주(日主)가 편재를 충극하고 편인이 편재와 합(合)이나 충극 또는 동주(同柱)하고 있으며 편인이 겁재를 생하고 있으면, 부친이 자기 말이 법(法)이고 모친을 학대하고 작첩(作妾)하여 이복형제가 있는 것이다.

이치(理致)는 비견이나 일주(日主)는 모친 입장에서 의식(意識)이 되고, 남편을 미워하는 증오심이 되며, 남편을 사상(死傷)하는 상관이 된다.

부친입장에서는 처(妻)의 의식(意識)이 되고 자궁이 되며 처가 자신을 미워하는 증오심이 되고, 자신을 사상(死傷)하는 칠살(七殺)이 되므로 악(惡)의 식신을 생(生)하여 칠살를 제(制)하고 살아남으려 하기 때문이며, 처와 성관계하면 정력이 약해져 조루증이 오고 재미가 없으며, 다른 여자와 성관계 하면 정력이 강해지고 재미가 있으므로 작첩(作妾: 애인)하기 때문이다.

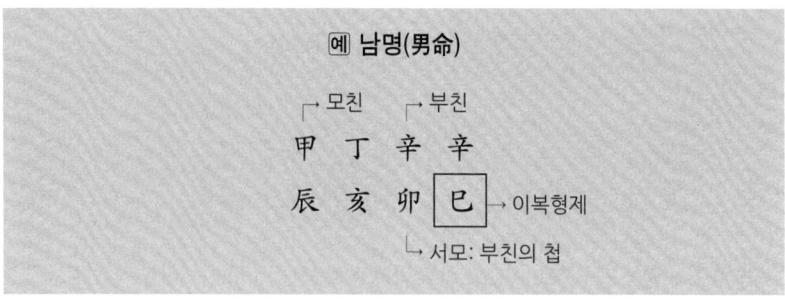

이 명조(命造)는 일주(日主)가 편재를 충극하고 정인(正印)은 시상(時上)에 있으며, 편재는 편인과 월주(月柱)에 동주(同柱)하고 편인이 생한 겁재가 연지(年支)에 있다. 부친이 자기 말이 법(法)이고 모친을 구박하고 작첩(作妾)하여 서모와 살고 있으며 이복형제가 있고 자신은 모친과 살고 있다.

▼ 모친이 바람나 부모이혼, 재혼, 이복형제가 있다

정인(正印)이 정재와 합(合)이나 충극 또는 동주(同柱)하고 모친의 의식(意識)이며 상관인 일주(日主)나 비견이 편재를 충극하였으며, 편인과 겁재가 있으면 모친이 바람나 이혼하고 부친이 재혼하여 이복형제가 있는 것이다.

이치(理致)는 정재는 모친입장에서는 애인이 되고 재혼남이 되며, 편재를 충극(沖剋)한 일간(日干)이나 비견은 모친이 부친을 미워하는 증오심(憎惡心)이 되고 애인을 사랑하는 마음이 되기 때문이다.

이 명조(命造)는 모친의 의식(意識)인 일주(日主)가 편재를 병경극(丙庚剋)하고 일지(日支)에는 편인이 있으며, 월지(月支)에는 편인이 생(生)한 겁재가 있고 정인 모친은 애인, 정재와 동주(同柱)하고 있다. 모친이 바람나 부모가 이혼하고 재혼하여 이복형제가 있다.

▼ 모친이 후처(後妻)라 이복형제가 있다

편인(偏印)이 겁재를 생(生)하고 입묘(入墓)되었으며, 정인이 정재와 동주(同柱)하였거나 또는 합(合)이나 충극되었으면 부친이 상처(喪妻)하고 모친과 재혼하여 자신을 낳았으므로 이복형제가 있는 것이다.

이치(理致)는 정재는 편인에 정관이 되고 정인 입장에서는 편관이 되므로 모친은 후처(後妻)가 되는 것이다.

예 여명(女命)

```
       ┌ 모친    ┌ 정재: 부친
   丙   己   壬  │戊│ → 이복형제
   寅   未   戌   午  → 편인: 큰어머니 사망
```

이 명조(命造)는 연지(年支)에 편인이 오술합(午戌合)으로 입묘(入墓)되고 겁재가 있으며, 월상(月上)에 정재와 정인이 병임충(丙壬沖)이 되었다. 부친이 상처(喪妻)하고 모친과 재혼하여 이복형제가 있다.

▼ 동복형제(同腹兄弟)가 있다

편재가 태약하고 입묘(入墓)되었거나 비견이나 일주(日主)가 편재를 충극(沖剋)하였으며, 정인이 정재와 동주(同柱)하였거나 합(合)이 되고 정재와 겁재가 가까이 있거나 동주(同柱)에 있으면 부친이 사망하였거나 부모가 이혼하고 모친이 재혼하여 동복형제(同腹兄弟: 씨가 다르고 배만 같아)가 있는 것이다.

이치(理致)는 동주(同柱)와 합(合)은 같이 있는 것이 되고, 정재는 모친의 재혼남이 되며, 모친이 재혼하여 낳은 자식은 동복형제가 되기 때문이다.

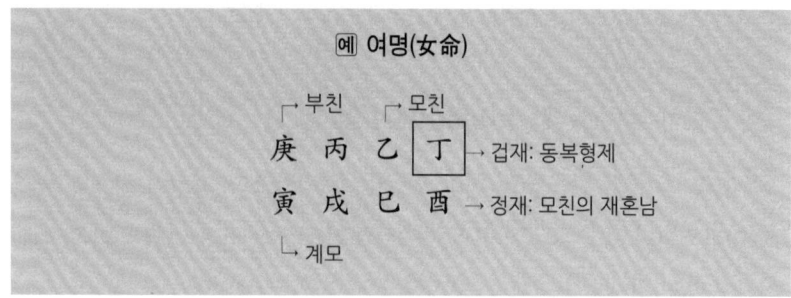

이 명조(命造)는 모친의 의식인 일주(日主)와 비견이 편재를 병경극(丙庚剋)하고 정재와 사유합(巳酉合)이 되었으며, 겁재와 정재가 동주(同柱)하고 있다. 부모가 이혼하고 재혼하여 동복형제가 있고 이복형제도 있다.

10. 비견 겁재 업보론(業報論)

우주만물을 창조한 조물주(造物主)는 전생에 지은 업(業)의 업보(業報)대로 운명이 생성되도록 창조해 놓았다.

년주에 생성된 육친오행은 조상이 지은 업보로 생성된 것이고 월일시주에 생성된 육친오행은 자신이 전생에 지은 업의 업보로 생성된 것으로 본다.

▼ 재다신약(財多身弱)으로 비겁이 용신이나 희신이면 전생에서 이타행(利他行)으로 복(福)을 지은 업(業)이 있어 생성(生成)된 것이다. 고로 형제나 친구, 선후배의 덕(德)이 있는 것이다.

```
[예] 남명(男命)
용신: 겁재 ←  己 戊 癸 癸
              未 午 亥 亥
```

이 명조(命造)는 전생에서 이타행으로 은혜를 베풀어 복(福)을 지은 업(業)이 있어 그 업보로 재다신약(財多身弱)에 겁재가 용신으로 생성되고, 정인이 희신으로 생성되었다. 형제와 친구, 선후배의 덕(德)이 있고 인성이 있어 상인(上人)의 덕(德)도 있는 사람이다.

▼ 전생(前生)에서 남의 돈을 빌려 쓰고 얻어먹고 갚지 않은 업(業)이 있으면 그 업보로 겁재가 기신(忌神)으로 생성되어, 형제나 친구, 선후배의 덕(德)이 없어 자신은 도움을 주나 자신이 어려움에 처하면 모두 외면하여 도움을 받을 수가 없고, 도와줘도 고마운 줄을 모르며 자신이 빌려준 돈은 받을 수가 없고 빌려 쓴 돈은 이자까지 다 갚아야 하는 처지가 되는 것이다.

이치(理致)는 전생에서 진 빚을 받아가므로 고마운 줄을 모르는 것이며, 돈을 빌려간 상대가 갚지 못해야하므로 하는 일에 실패하여 받을 수가 없는 것이며, 전생에서 자신에게 돈을 빌려주고 도움을 주었던 인연들이 형제나 친구 선후배 등으로 점지되기 때문이다.

```
[예] 남명(男命)
      庚 丁 癸 丙 → 겁재
      子 丑 巳 午
```

이 명조(命造)는 전생에서 남의 돈을 빌려 쓰고 얻어먹고, 도움을 받고 갚지 않은 업(業)이 있어 그 업보(業報)로 겁재가 혼잡하게 기신(忌神)으로 생성(生成)되었으며, 전생에서 돈을 빌려주고 도움을 주었던 인연들이 형제나 친구 선후배 등으로 점지 되었다. 인덕이 없고 자신이 잘 될 때는 돈도 빌려주고 도움을 주었으나 고마운 줄을 모르고 자신이 어려움에 처하자 모두 외면하고 자신이 빌려 쓴 돈은 이자까지 다 갚아야 하며 빌려준 돈은 받을 수가 없다고 하는 사람이다.

▼ 전생(前生)에서 남의 배우자들과 간음(姦淫)한 업(業)이 있으면 그 업보(業報)로 정관과 겁재가 동주(同柱)하거나 합(合), 또는 충극되도록 생성(生成)되고, 그 업보를 금생(今生)에서 받아야 하니 남편이 애인을 만나 간통하게 되는 것이다.

이치(理致)는 전생에서 간음하였던 상대의 배우자가 겁재로 생성되었기 때문이다.

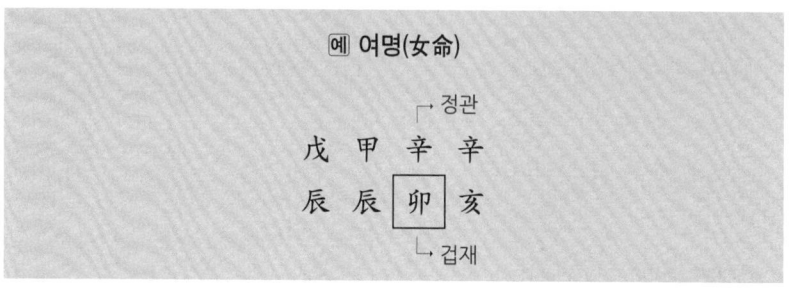

이 명조(命造)는 전생에서 남의 배우자들과 간음한 업(業)이 있어 그 업보로 겁재와 정관이 동주(同柱)하고 정관의 의식(意識)인 편인이 겁재를 정생(正生)하도록 생성 되었다. 남편이 애인을 두고 간통하고 있다.

▼ 남명(男命)이 전생에서 남의 배우자와 간음(姦淫)한 업(業)이 있으면 그 업보로 정재가 겁재와 동주(同柱)또는 합(合)이나 충극되도록 생성(生成)되며 처(妻)가 애인을 두고 간통하게 되는 것이다.

이치(理致)는 전생에서 간음하였던 상대의 배우자가 겁재로 생성되었기 때문이다.

[예] 남명(男命)

```
        ┌→ 겁재·처의 애인
  乙  丙 │丁│ 辛 → 정재·처
  未  午  酉  亥
            └→ 겁재
```

　이 명조(命造)는 전생에서 남의 배우자와 간음(姦淫)한 업(業)이 있어 그 업보로 겁재와 정재가 동주(同柱)하고 일지(日支) 안방에 겁재가 생성(生成)되었다. 처(妻)가 겁재운인 정해년(丁亥年)에 애인만나 간통하며 살고 있다.

[예] 남명(男命)

```
      ┌→ 자신의 딸
  丁 │庚│ 癸  丁 → 겁재의 아들
  丑  寅  丑  酉 → 겁재
        └→ 겁재의 처: 이혼녀
```

　이 명조(命造)는 전생에서 남의 배우자와 간음(姦淫)하다 자식 낳고 살은 업(業)이 있다. 그 업보로 겁재와 정관이 연주(年柱)에 동주(同柱)하고 겁재의 처(妻)였던 편재가 일지(日支) 안방에 생성되었다. 그 업보를 금생(今生)에서 받게 되니 자신의 처될 인연이 다른 남자와 자식 낳고 살다가 이혼해야 만날수 있다. 총각이 자식 낳고 이혼한 여인과 결혼하였다.

　전생의 업보가 아니라면 어찌 남의 자식과 처가 자신의 명조에 있고 자식이 있는 이혼녀와 인연이 되어 결혼할 수 있겠는가?

11. 겁재(劫財) 용신(用神), 기신운(忌神運)

▼ 신왕하고 겁재가 있어도 정관이 투간(透干)되어 있으면 재운(財運)에 득재(得財)하는 것이다. 이치(理致)는 재운에 재성이 정관을 생(生)하고 정관은 겁재를 제(制)하니 겁재가 재성을 겁탈(劫奪)하지 못하기 때문이다.

예 남명(男命)				53	43	33	23	13	3
甲	辛	丙	辛	庚	辛	壬	癸	甲	乙
午	巳	申	丑	寅	卯	辰	巳	午	未

이 명조(命造)는 신금일주(辛金日主)가 신월(申月)에 생(生)하고 경금(庚金)이 사령(司令)하여 득령(得令)하고 인성(印星)과 겁재가 생조(生助)하여 신왕하므로 겁재를 억제하는 정관이 용신이고 재성이 희신이다. 겁재가 월지(月支)에 있으나 정관이 겁재를 제(制)하고 있으므로 묘(卯) 편재운에 발복하여 20억대 부자가 되었다. 경인(庚寅)대운도 정관이 겁재를 제(制)하니 길(吉)하다.

▼ 신왕에 겁재가 있고 정관이 없으면 겁재운에 가산(家産)을 탕진하는 것이다. 이치는 정관이 없으면 겁재에게 정재를 탈재(奪財)당하기 때문이다.

예 남명(男命)				40	30	20	10
丁	戊	癸	辛	己	庚	辛	壬
巳	辰	巳	丑	丑	寅	卯	辰

이 명조(命造)는 무토일주(戊土日主)가 사월(巳月)에 생(生)하고 무토(戊土)가 사령(司令)하여 득령(得令)하였으며, 인성과 비겁이 혼잡하여 신왕하므로 월상(月上) 정재가 용신이고 식상(食傷)이 희신(喜神)이며, 겁재가 있으나 정관이 없다. 월주(月柱) 부가(父家)에 재물이 있으니 부친의 유산을 받았으나 기축(己丑) 겁재대운에 여자와 선배들에게 속고 사기당하여 파산(破産)하였으며 카드를 쓰고 갚지 못해 불량거래자가 되었다.

▼ 신왕(身旺)하고 월상(月上)에 양겁재(陽劫財)가 투간(透干)되어 있고 정관이 없으면, 용신이나 희신에 해당하는 재운을 만나도 득재(得財)하지 못하고 오히려 손재하는 것이다.

이치(理致)는 겁재가 재물을 겁탈(劫奪)하기 때문이고, 음일주(陰日主) 양(陽)겁재는, 편재는 겁재와 합(合)이 되고, 정재는 겁재가 충극하여 겁탈하기 때문이며, 음(陰)은 정적(靜的)이라 느리고, 양(陽)은 동적(動的)이라 재빠르니 양(陽)의 차지가 되기 때문이다.

[예] 남명(男命)				63	53	43	33	23	13	3
壬	辛	庚	壬	丁	丙	乙	甲	癸	壬	辛
辰	丑	戌	寅	巳	辰	卯	寅	丑	子	亥

이 명조(命造)는 신금일주(辛金日主)가 술월(戌月)에 생(生)하고 무토(戊土)가 사령(司令)하여 득령(得令)하고 인성과 겁재가 생조(生助)하여 신왕하므로 인성을 제(制)하는 정재가 용신이고, 용신을 돕는 식상이 희신(喜神)이며, 용신을 극(剋)하는 겁재가 병(病)이 된다. 신왕하고 양(陽) 겁재가 월상(月上)에 투간(透干)되고 정관이 없으니, 용신에 해당되는 갑인(甲寅), 을묘(乙卯)대운에 정재는 겁재가 갑경충(甲庚沖)하고, 편재는 을경합(乙庚合)하여 겁탈하므로 사업에 실패하여 빈곤하게 되었다.

▼ 신왕(身旺)하고 겁재가 혼잡태강하면 식상운을 만나면 발복(發福)하여 득재(得財)하고, 재운을 만나면 파재(破財)하는 것이다. 이치(理致)는 식상은 왕기를 설기하여 재성을 생하기 때문이고, 재성을 만나면 군겁쟁재(群劫爭財)가 되기 때문이다.

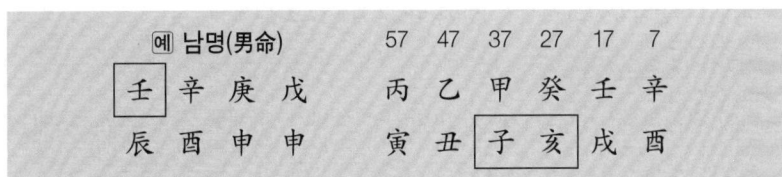

이 명조(命造)는 신금일주(辛金日主)가 신월(申月)에 생(生)하고 양겁재(陽劫財)가 여러 개 있으며 인성이 생조(生助)하니 신왕하므로 왕기를 설기하는 식상(食傷)이 용신이다. 의대 교수인데 제약회사 비상장 주식에 투자하여 해자(亥子)대운에 상장되고 폭등하여 수십억대의 부자가 되었다. 인묘(寅卯)재운(財運)은 군겁쟁재(群劫爭財)가 되어 파산(破産)하게 된다.

- 비겁(比劫)이 혼잡태강하고 재성을 생(生)하는 식상이 약하면, 재성이 희신(喜神)이라도 재운에 손재하는 것이다. 이치(理致)는 군비쟁재(群比爭財)가 되기 때문이다.

▼ 신약은 겁재(劫財) 편재운(偏財運)에 겁재가 일지(日支)로 합(合)이 되는 운에 남명(男命)은 여형제에게, 여명(女命)은 남형제에게 도움을 받을 수가 있는 것이다. 이치(理致)는 겁재는 이성(異性)형제가 되고, 편재는 겁재의 정재가 되므로 겁재의 재물이 되기 때문이다.

예 여명(女命)

겁재의 돈 ← 丁 癸 辛 己
　　　　　　 巳 卯 未 亥 → 겁재, 남자형제

이 명조(命造)는 계수일주(癸水日主)가 미월(未月)에 생(生)하고 기토(己土)가 사령(司令)하여 실령(失令)하고 해묘미(亥卯未) 목국(木局)은 되지 않았으며 신약하니 월상(月上)의 편인이 용신이고 비겁(比劫)은 약신(藥神)이다. 남동생과 불화로 십여연간 소식을 끊고 지냈는데 겁재 편재운이고 일지(日支)로 겁재가 해묘합(亥卯合)되는 정해년(丁亥年)에 남동생이 찾아와 부동산 투자로 큰 돈을 벌었다며 2억원을 주고 갔다.

- 신약(身弱)하여 겁재가 용신이라도 겁재가 정재를 충극하면 손재(損

財)하는 것이다. 이치(理致)는 겁재가 용신이라도 정재를 충극하면 재성을 분탈(分奪)하는 겁재의 나쁜 특성이 있기 때문이다.

▼ 신왕하고 겁재가 있는 명조(命造)는 겁재 운(運)에 형제나 친구, 선후배등이 돈을 빌려 달라거나 보증서 달라고 찾아오는 것이다. 이치(理致)는 정재는 자신의 재물이 되고 겁재는 정재를 분탈(分奪)하기 때문이다.

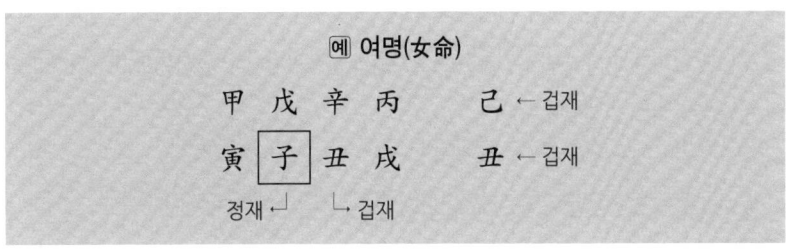

이 명조(命造)는 겁재와 정재가 자축합(子丑合)되는 기축년(己丑年)에 동생이 사업하는데 돈을 빌려달라고 찾아와 돈을 빌려 주었다.

▼ 신왕하여 겁재가 기신(忌神)인 명조(命造)는 겁재 운(運)에는 아는 사람이나 우연히 알게 된 사람의 말을 믿게 되어 사기를 당하는 것이다. 겁재에게 사기 당하기 전까지는 사기꾼의 말을 믿게 되고 돈을 건네준 다음, 5분도 지나지 않아 속았다는 것을 자신도 알게 되며, 남명(男命)은 여자에게, 여명(女命)은 남자에게 사기를 많이 당하나 남명(男命)이 남자에게 여명이 여자에게 사기를 당하는 경우도 있다.

이치(理致)는 겁재가 있으면, 야망(野望)이 커서 요행(僥倖)을 바라고, 투기, 도박을 좋아하기 때문이며, 겁재는 정재를 겁탈(劫奪)하기 때문이다.

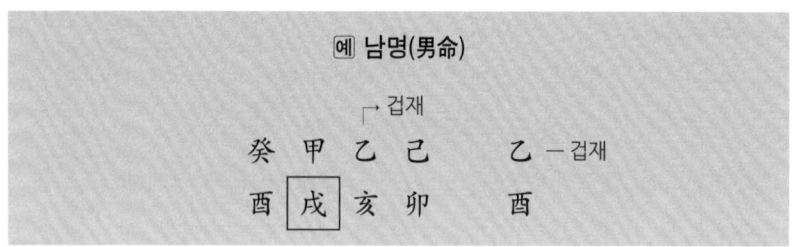

이 명조(命造)는 겁재가 혼잡하여 군겁쟁재(群劫爭財)하니 야망이 커서 요행(僥倖)을 바라는 사람이다. 겁재운인 을유년(乙酉年), 기묘월(己卯月), 을미일(乙未日)에 노인들이 모이는 공원에 갔다가 야바위꾼에게 속아 야바위꾼과 은행까지 가서 천만원을 찾아가지고 야바위 놀음을 하다 모두 탕진하였다.

▼ 신왕(身旺)하여 겁재가 기신(忌神)이면 야망(野望)이 커서 요행을 바라고, 투기, 도박을 좋아하여 겁재운에 증권이나 도박으로 파산(破産)하는 것이다. 이치(理致)는 겁재는 정재를 극(剋)하여 분탈(分奪)하기 때문이다.

예 남명(男命)

겁재 ← 丁 丙 辛 辛   丁 - 겁재
       酉 戌 卯 酉   亥 - 편관

이 명조(命造)는 겁재가 있어 야망(野望)이 커서 요행을 바라는 명조(命造)이다. 비견 겁재운인 병술(丙戌), 정해년(丁亥年)에 증권투자를 하였다가 크게 손재(損財)하였다.

• 겁재(劫財)는 돈과 여자를 놓고 쟁재(爭財)하는 것이므로 겁재운에는 돈과 여자 문제로 시비 관재(官災)가 발생하는 것이다.

▼ 겁재가 기신(忌神)인 명조(命造)는 겁재운에 도둑이 들어오거나 강도, 날치기 분실 등으로 손재(損財)하는 것이다. 이치(理致)는 겁재에게 정

재를 겁탈(劫奪) 강탈당하기 때문이다.

```
        예 남명(男命)
     戊 乙 癸 癸     甲 → 겁재
     寅 卯 亥 丑     申
```

이 명조(命造)는 신왕하고 겁재가 있다. 겁재운인 갑신년(甲申年)에 도둑이 세 번이나 들어와 돈과 물건을 훔쳐갔다.

```
        예 여명(女命)
     丙 乙 丁 辛     甲 — 겁재
     戌 巳 酉 酉     申
```

이 명조(命造)는 겁재운인 갑신년(甲申年), 을해월(乙亥月), 겁재 일인 갑인일(甲寅日)에 은행에서 돈을 찾아서 나오다 날치기 당하였다.

▼ 겁재가 용신이면, 겁재 편재운(偏財運)에 큰돈이 들어오는 것이다. 이 치(理致)는 편재는 큰돈이고 겁재의 돈이 되기 때문이다.

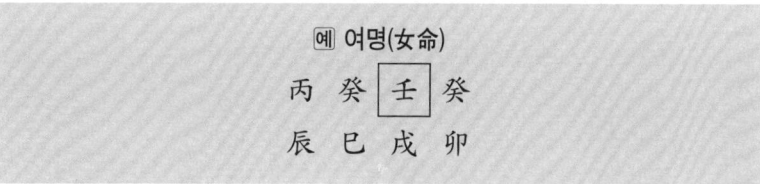

이 명조(命造)는 계수일주(癸水日主)가 술월(戌月)에 생(生)하고 신금(辛金)이 사령(司令)하여 득령(得令)은 하였으나 재관이 강하여 신약하니 월상(月上)의 겁재가 용신이다. 겁재 편재운인 임오년에 사업이 잘되어 대재(大財)를 득(得)하였다.

▼ 남명(男命)에서 겁재와 정재가 동주(同柱)하였거나 합(合)이나 충극되

고, 칠살에 충극되어 이혼할 명조는 겁재 운에 이혼하는 것이다. 이치(理致)는 겁재가 정재를 겁탈(劫奪)하기 때문이다.

이 명조(命造)는 겁재가 정재와 동주(同柱)에 처(妻)의 의식인 칠살이 병임충(丙壬沖)하고, 겁재와는 정임합(丁壬合)이 되었으니 처가 바람나 이별할 명조가 된다. 겁재와 편관운인 정해년(丁亥年)에 처가 바람나 이혼하였다. 처의 명조에서 정해년(丁亥年)은 상관이 정관을 정신극(丁辛剋)하는 운(運)이다.

04 식신(食神)

　식신(食神)은 일주(日主) 내가 생(生)한 오행(五行)이고, 나와 음양(陰陽)이 같아서 식신이라고 이름한 것이다.
　식신은 정재를 정생(正生) 하므로 식록(食祿)이고 식복(食福)이며 하는 일, 노동이 되는 것이다.
　식신은 의식이 되고 음식이 되며 재성을 생하니 식신이 유기(有氣)하면 식복이 있고 식욕이 좋아 잘 먹으니 신체가 풍만하고 명랑하며 낙천적이고 복이 많은 것이다.
　식신(食神)은 일주(日主)를 충극 하여 사상(死傷)하는 칠살을 극제(剋制)하여 보호하므로 수성(壽星: 목숨을 지키는 별)이라고 하는 것이다.
　육친관계로는 남명(男命)에서 장모, 손자, 증조부(曾祖父)가 되고, 여명(女命)에서는 자식, 증조부(曾祖父)가 되는 것이다.

1. 성정(性情)

　의식(意識: 분별하는 심적 작용), 총명(聰明: 영리 재주), 언변(言辯: 이론적), 온화(溫和), 명랑(明朗: 밝고 낙천적), 융통성(상황 변통 재주), 이해력(理解力), 관대(寬大: 너그럽게 대접), 성실성(誠實性), 식복(食福), 음식, 식품, 건강, 노동, 부하, 제자, 풍요, 향락(즐거움 누림), 기술(技術), 생산성(生

産性), 편의, 건설, 발전 등이다.

2. 식신(食神)의 응용(應用)

식신(食神)과 상관(傷官)을 식상(食傷)이라고 하는 것이다.

식신은 상대의 육신이 많고 적음에 따라 강약(强弱) 왕쇠(旺衰)는 변화하는 것이다.

식신은 일주(日主)를 설기하므로 설기약이 되는 것이다.

식신은 돈을 벌기 위한 일로서 식신이 편인에 충극되는 것을 가장 꺼리니, 이것을 탈식(奪食: 빼앗을 탈, 밥 식)이라 하며 식신이 재성을 생하지 못하여 평생 빈곤하고, 마땅히 할 일이 없으므로 게으르고 느긋하며 낙천적인 것이다.

식신은 의식주(衣食住)가 풍부함을 의미하고 소득, 봉급, 자산, 가재도구 등이 윤택함을 나타낸다. 이치(理致)는 식신은 일주(日主)가 생(生)한 것이고 생재(生財) 하기 때문이다.

식신은 체(體)와 의식(意識) 이분법(二分法)으로 응용하는 것이다.

식신과 관련된 육친과 사물(事物)과 생설(生泄) 극제(剋制) 하면서 생성(生成)되는 작용력의 길흉(吉凶)과 이해(利害)와 육친 간의 의식(意識)작용을 응용하는 것이다.

- 식신(食神)은 비겁(比劫)이 많으면 생왕(生旺)이 되는 것이다.
- 식신(食神)은 식상(食傷)이 많으면 조왕(助旺)이 되는 것이다.
- 식신(食神)은 재성(財星)이 많으면 설기약(泄氣弱)이 되는 것이다.
- 식신(食神)은 관성(官星)이 많으면 소모약(消耗弱)이 되는 것이다.
- 식신(食神)은 인성(印星)이 많으면 극제약(剋制弱)이 되는 것이다.

▼ 체와 의식 이분법으로 식신을 응용하면 아래와 같다.

> 예 체(體)는 甲 → 의식: 丙 ┬→ 辛: 정관을 사랑하는 마음
> ├→ 庚: 편관을 미워하는마음
> ├→ 己: 정재를 사랑하는 마음
> └→ 壬: 편인 스트레스 마음

• 식신(食神)은 한두 개가 있는 것이 좋으며 생재(生財) 하면 재복이 있고 정관이 있으면 관리로서 출세하는 것이다.

• 식신이 3, 4개 이상으로 혼잡 과다하면 남명(男命)은 관성을 극하여 자식 복이 없고, 여명(女命)은 섹스를 좋아하여 창녀가 되거나 꽃뱀이 되기 쉽다. 식상은 자궁으로 식신이 왕성하면 자궁이 튼튼하게 발달되고 식신 생재로 자궁으로 돈을 벌 수 있기 때문이다.

▼ 신왕(身旺) 하고 식신이 형충파해가 없고 유기하면 건강하고 총명하며 온화하고 재복이 있어 행복한 일생을 살게 되므로 재관보다 좋다 하여 승재관(勝財官)이라고 높이 평가하는 것이다.

> 예 남명(男命)
>
> ┌식신
> 己 丁 壬 壬 ─ 정관: 부친의 사랑
> 편재 ← 酉 未 寅 午

이 명조(命造)는 정화일주(丁火日主)가 인월(寅月)에 생(生)하고 갑목(甲木)이 사령(司令)하여 득령(得令)하였으며 인비(印比)가 생조(生助) 하여 신왕이다. 시상(時上)에 식신 기토(己土)가 오미(午未)에 통근(通根) 하여 유기(有氣) 하고 식신생재(食神生財)가 되었다. 부가(富家)에 출생하고 식복이 있으며, 재복이 있어 모 재벌의 후계자가 되었고, 경영 능력이 탁월하여 세계적인 기업으로 만들었다.

▼ 식신은 수명성(壽命星)이다. 식신이 유기(有氣) 하면 한평생 고난을 당하지 않으며 장수(長壽)하는 것이다. 이치(理致)는 자신을 사상(死傷)하는 칠살을 제(制)하고 생재(生財) 하기 때문이다.

[예] 남명(男命)

식신 ← 乙 癸 庚 癸
　　　　卯 巳 申 卯

이 명조(命造)는 계수일주(癸水日主)가 신월(申月)에 생(生)하고 경금(庚金)이 사령(司令)하여 득령(得令) 하였으며 인비(印比)가 생조(生助) 하여 신왕 하다. 식신이 묘(卯)에 통근(通根) 하여 유기(有氣) 하니 일생(一生) 동안 큰 고난이 없이 건강하게 구십오 세가 넘도록 장수(長壽)하였다.

▼ 식신(食神)이 편인에 충극되어 탈식(奪食)되면 신체가 왜소하거나 추하며 한평생 가난하고 궁색하여 고통을 받지 않으면 단명(短命)하는 것이다. 이치(理致)는 식신이 편인에 상(傷)하여 재성을 생(生)할 수 없기 때문이고, 칠살을 제(制)할 수 없기 때문이며 탈육(奪肉)되기 때문이다.

[예] 남명(男命)

丁 戊 癸 辛
巳 辰 巳 巳
└ 庚: 식신, 丙: 편인

이 명조(命造)는 편인이 혼잡하여 식신을 극(剋)하고 있다. 살이 안 찌고 신체가 왜소하며 결혼도 못하였고 50세가 넘도록 변변한 직업이 없었으며 재산도 처자도 없는 사람이다.

▼ 식신은 편관을 극(剋)하여 사상(死傷)하므로 상관 작용을 하는 것이다.

예 남명(男命): 아들 사망

┌ 편관, 아들
甲 戊 丙 丙
寅 辰 申 戌
└ 식신

이 명조(命造)는 시주(時柱)에 편관(偏官)이 있고 인신충(寅申冲)이 되었다. 식신이 편관을 갑경충(甲庚冲) 하고 편관에 사지(死支)가 되는 경오년(庚午年)에 아들이 교통사고로 사망하였다.

▼ 칠살(七殺)이 혼잡 태강(太强)하여 식신으로 제살(制殺) 하는데 편인(偏印)을 만나면 도식(倒食)되어 식신이 칠살을 막을 수 없으므로 칠살이 일주(日主)를 극(剋)하여 생명이 위험한 것이다.

예 여명(女命)

식신용신 ← 丙 甲 甲 庚 → 칠살
          寅 戌 申 申

이 명조(命造)는 갑목일주(甲木日主)가 신월(申月)에 생(生)하고 경금(庚金)이 사령(司令)하여 실령(失令) 하고 칠살이 혼잡태강하여 신약하니 식신제살격(食神制殺格)이다. 시상(時上)의 병화(丙火)가 용신이고 비겁(比劫)이 희신이다. 식신 용신을 병임충(丙壬冲) 하는 임신년(壬申年)에 교통사고로 죽다 살았다.

▼ 식신(食神)이 유기(有氣) 하면 식복이 있고, 식욕이 왕성하여 잘 먹는 것이며, 살이 쪄서 신체(身體)가 풍만한 것이다.

> 예 여명(女命)
>
> 戊 戊 庚 戊
> 午 午 申 戌

이 명조(命造)는 식신(食神)이 혼잡하고 유기(有氣) 하다. 식욕(食慾)이 좋아 먹는 것을 즐기고 잘 먹으니 살이 쪄서 신체가 풍만한 사람이다.

▼ 편인(偏印)이 혼잡하거나 편인이 식신을 충극한 명조(命造)는 편식(偏食)은 하나 식사를 하고 조금 있으면 소화가 다 되어 속이 헛헛해지므로 먹는 것을 즐기는 것이며, 살은 안 찌고 신체가 왜소한 것이다. 이치(理致)는 편인이 식신을 탈식(奪食)하여 소화제 역할을 하기 때문이고 영양이 배설되어 탈육(奪肉)되기 때문이다.

> 예 여명(女命)
>
> 乙 癸 丁 辛 → 편인
> 卯 卯 酉 酉 → 편인

이 명조(命造)는 식신(食神)과 편인(偏印)이 묘유충(卯酉冲)이 되었다. 편식(偏食)을 하나 식사를 하고 조금 있으면 소화가 다 되고 속이 헛헛하여 간식을 잘하고 먹는 것을 즐기며 살은 안 찌고 신체가 왜소한 사람이다.

> 예 남명(男命)
>
> 庚 壬 戊 丙
> 戌 申 戌 申 → 편인

이 명조(命造)는 편인(偏印)이 혼잡하다. 편식을 하나 식사를 하고 조금 지나면 소화가 되고 속이 헛헛하여 간식을 잘하고 먹는 것을 즐기는 사람이나 살은 안 찌고 신체가 왜소한 사람이다.

▼ 임일주(壬日主)가 식신이 무토(戊土) 위장을 극(剋)하면 위장이 약하고 신경 쓰면 소화가 안 되며, 소식(小食)하는 것이다. 이치(理致)는 무토(戊土)는 위장이 되고 식신은 의식(意識)이 되기 때문이다.

예 여명(女命)

```
            ┌─ 식신의식
       甲 壬 辛 癸
위장→  辰 申 酉 卯
```

이 명조(命造)는 시주(時柱)에 식신이 진토(辰土) 위장을 극(剋)하고 인성에 설기 되어 위장이 약(弱)하다. 신경 쓰면 소화가 안 되고 잘 체하며, 소식(小食)하는 사람이다.

▼ 식신(食神)은 음식이다. 식신이 생재(生財) 하고 용신이나 희신이면 식당업이나 식품점, 유흥음식점 등으로 진출하면 성공할 수 있는 것이다.

예 여명(女命)

```
戊 丙 庚 戊  ← 식신
戌 申 申 辰
```

이 명조(命造)는 식신이 유기(有氣) 하고 편재를 생(生)하고 있으니 식신생재격(食神生財格)이다. 음식 솜씨가 좋고 돈버는 수완이 있어 식당을 경영하여 부자(富者)가 되었다.

▼ 명조(命造)에 식신이 없어도 직업이 있으면 식신이 있는 것이며, 편인운에 탈식(奪食) 작용을 하므로 할 일이 없어지니 실직하는 것이다.

> 예 남명(男命)
>
> 庚 壬 壬 庚 → 편인
> 戌 辰 午 子

이 명조(命造)는 식신이 없으나 직업이 있었으니 직업이 식신이 되는 것이다. 편인운인 경진년(庚辰年)에 교사였는데 사표를 내고 실직(失職)하였다.

▼ 식신(食神)이 편인에 충극 되면 하는 일이 어긋나고 막히므로 실패하게 되는 것이다. 이치(理致)는 식신이 상(傷)하여 재성을 생(生)할 수 없기 때문이다.

> 예 남명(男命)
>
> 丙 甲 癸 癸
> 寅 戌 亥 卯

이 명조(命造)는 식신이 병임충(丙壬冲) 하는 임신년(壬申年)에 사업하다 실패하였다.

• 식신(食神)은 생산성으로 제조업이 되는 것이다. 식신이 유기(有氣) 하고 생재(生財) 하였으면 제조업(製造業: 재료를 가지고 물품을 가공 제조하는 영업)이 적합한 것이다.

▼ 편인이 혼잡하면 직업이 미천(微賤)하고 박복한 것이다. 이치(理致)는 편인(偏印)이 도식(倒食)하여 오랫동안 할 일이 없기 때문이다.

> 예 남명(男命)
>
> ┌• 식신
> 庚 壬 甲 庚 → 편인
> 戌 申 申 子

이 명조(命造)는 편인이 혼잡하여 식신을 도식(倒食)하였다. 박복(薄福)하여 처도 재물도 없고 공사판에서 잡부로 일하는 사람이다.

▼ 식신(食神)은 의식이 되며 지혜가 되므로 식신이 유기(有氣) 하면 손재주가 있어 기술이 좋은 것이다.

> 예 남명(男命)
>
> 戊 丙 丙 壬
> 戌 戌 午 子

이 명조(命造)는 식신(食神)이 혼잡하고 유기(有氣) 하다. 총명하고 지혜가 있으며 손재주가 있고 기술이 좋아 한번 보면 못 하는 것이 없는 사람이다.

- 식신(食神)이 도식(倒食)되었거나 암장(暗藏) 또는 형충 되었으면 총명하지 못하고 손재주가 없으며 기술에 소질이 없는 것이다. 이치(理致)는 식신이 상(傷)하였기 때문이다.

3. 식신(食神) 독심술(讀心術)

1 명랑(明朗)하고 신체가 풍만하며 인자하다

신왕(身旺) 하고 식신(食神)이 유기(有氣) 하면 신체가 풍만하고 명랑하며 총명하고 인자(仁者)한 것이다. 이치(理致)는 식신이 있어 칠살에 극(剋)을 받지 않고 먹는 것을 즐기며 생재(生財) 하기 때문이다.

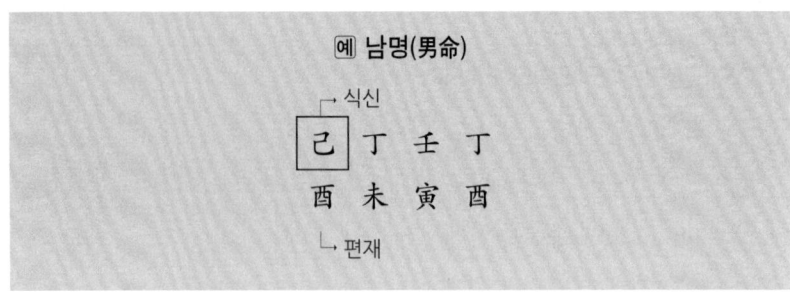

이 명조(命造)는 정화일주(丁火日主)가 인월(寅月)에 생(生)하고 무토(戊土)가 사령(司令)하여 실령(失令) 하였으나, 인비(印比)가 생조(生助) 하여 신왕 하고 기토(己土) 식신이 미(未)에 통근(通根) 하여 유기(有氣) 하며 식신생재(食神生財) 하였다. 재복이 있고 총명하며 명랑하고 신체가 풍만하며 마음이 넓고 인자하며 먹는 것을 즐기고 정관과 정인(正印)이 있어 치밀철저하고 강직한 사람이다.

2 신약(身弱) 식신 이기적이고 편애(偏愛)한다

신약(身弱)하고 식신이 유기하면 총명하나 이기적(利己的)으로 자신이 유리한 대로 언행(言行) 하며, 인성(印星)이 있으면 나이 많은 상인(上人)을 좋아하고, 상인과 잘 어울리며 상인의 덕(德)이 있으나 편애하여 자신이 좋아하는 사람만 상대하는 것이다.

이치는 신약하므로 도움을 받아야 하기 때문이고, 위해주고 의지가 되는 사람만 좋아하기 때문이다.

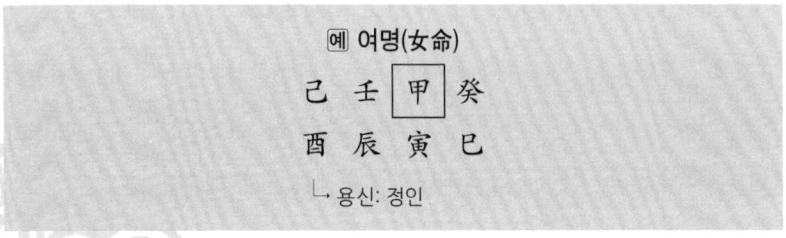

이 명조(命造)는 임수일주(壬水日主)가 인월(寅月)에 생(生)하고 무토(戊土)가 사령(司令)하여 실령(失令) 하였으며, 식신에 설기 되고 재관(財官)이 혼잡하여 신약하므로 정인이 용

신이다. 총명하나 이기적으로 자신이 유리한 대로 언행하고, 상인을 좋아하고 상인의 덕이 있으나 편애하여 자신이 좋아하는 사람만 상대하는 사람이다.

❸ 권태증(倦怠症) 시작은 하나 마무리를 못한다

편인(偏印)이 식신(食神)을 도식(倒食: 충극)하면 시작은 열정적으로 잘하나 조금 지나면 권태증이 있어 싫증을 잘 내고, 일을 편법으로 처리하여 마무리가 거칠며 '뭐 다른 좋은 것 없을까?' 다른 구상을 하게 되고, 오늘 할 일도 내일로 미루는 것이다.

이치(理致)는 편인이 의식(意識)이며 하는 일인 식신(食神)을 충극 하여 상(傷)하게 하기 때문이다.

예 **남명(男命)**

壬 壬 甲 庚
寅 申 申 午

이 명조(命造)는 편인이 혼잡하여 식신을 갑경충(甲庚冲) 인신충(寅申冲) 하였다. 시작은 열정적이나 조금 지나면 태만해져서 싫증을 내고, '뭐 다른 좋은 것 없을까?' 다른 구상하게 되며 오늘 할 일도 내일로 미루는 사람이다.

❹ 변덕(變德)이 있어 심리 변화가 심하다

편인(偏印)이 식신을 충극 하면 태만(怠慢)하여 게으르고 때로는 민첩(敏捷)하여 재빠르고, 변덕(變德)이 있어 심리 변화가 심한 것이다. 식신이 없고 편인만 있어도 같은 작용을 하는 것이다.

이치(理致)는 의식(意識)이며 하는 일인 식신을 편인이 탈식(奪食: 빼앗을 탈)하기 때문이다.

```
          예 여명(女命)

          己 甲 辛 壬 → 편인
    식신 ← 巳 戌 亥 辰
```

이 명조(命造)는 편인(偏印)이 혼잡하며 식신(食神)을 사해충(巳亥冲) 하였다. 태만(怠慢)하여 게으르나 상황에 따라서는 민첩하며 변덕이 많아 심리변화가 심한 사람이다.

5 언변이 이론적이고 이해력(理解力)이 뛰어나다

식신이 혼잡(混雜: 두 개 이상)하고 유기(有氣) 하면 총명하고 이해력이 뛰어난 이론가(理論家)이고 말을 잘하는 것이다. 이치(理致)는 식신은 의식(意識)이 되고, 입이 되며 말이 되기 때문이다.

```
          예 남명(男命)

    식신 ← 乙 癸 癸 戊
    식신 ← 卯 卯 亥 申
```

이 명조(命造)는 계수일주(癸水日主)가 해월(亥月)에 생(生)하고 임수(壬水)가 사령(司令)하여 득령(得令) 하였으며, 인비(印比)가 생조(生助) 하여 신왕 하고, 식신이 혼잡하며 충극이 없이 유기(有氣) 하다. 총명하고 이해력이 뛰어난 이론가이고 언변이 달변이다.

6 공상(空想)이 많고 말을 많이 하면 피로가 온다

식상(食傷)이 혼잡하고 신약하면 총명하나 공상이 많고 말을 않는 편이며, 말을 많이 하여도 피로가 오는 것이다. 이치(理致)는 식상은 의식으로 이 생각, 저 생각, 생각이 많기 때문이고, 신약하니 말을 많이 하면 기설(氣洩) 되기 때문이다.

> 예 남명(男命)
>
> 식신 ← 庚 戊 戊 丁
> 식신 ← 申 辰 申 酉 → 상관

이 명조(命造)는 식상이 혼잡 태강(太强)하고 신약하다. 총명하나 공상이 많고 말을 할 때는 잘하나 말을 많이 않는 편이며 말을 많이 하여도 피로가 오는 사람이다.

7 종아격(從兒格)은 말을 많이 하여도 피로가 오지 않아

식상이 혼잡 태강(太强)하여 종아격(從兒格)이면 총명하고 고집이 세며 이론적으로 말을 잘하고 말을 많이 하여도 피로가 오지 않는 것이다. 이치(理致)는 식상은 의식이고 언변으로 말하는 재능에 종(從)하였기 때문이다.

> 예 여명(女命)
>
> 辛 乙 戊 戊
> 巳 巳 午 午

이 명조(命造)는 식상이 혼잡하고 일주(日主)를 생조(生助) 하는 인비(印比)가 없어 종아격(從兒格)이 되었다. 총명하고 지혜가 있으며, 고집이 세고 자기주장이 강하며 이론적으로 말을 잘하고 말을 많이 하여도 피로가 오지 않는 사람이다.

8 신왕(身旺)은 식상(食傷)이 없어도 말을 잘한다

신왕(身旺) 하면 식상이 없어도 능변은 아니나 말을 잘하고, 말을 많이 하여도 피로가 오지 않는 것이다. 이치(理致)는 신왕 하니 설기 해야 하고 설기 할 수 있기 때문이다.

> **예 여명(女命)**
>
> 丁 辛 庚 戊
> 酉 酉 申 申

이 명조(命造)는 비겁(比劫)이 혼잡하여 신왕 하고 식상은 없다. 신왕 하니 설기해야 하므로 말이 많고 말을 많이 하여도 피로가 오지 않는 사람이다.

⑨ 인성·식상 충극 스트레스(stress)를 잘 받고 쌍욕 잘해

인성이 혼잡하여 식신(食神)이나 상관이 인성(印星)에 충극 된 명조(命造)는 스트레스를 잘 받고, 스트레스를 받으면 욱하는 조급한 성질이 있어 쌍욕을 하면서 사납고 거칠게 언행(言行) 하는 것이다.

이치(理致)는 의식인 식상이 인성(印星)에 충극 되어 상(傷)하기 때문이다.

> **예 여명(女命)**
>
> 정인← 壬 乙 庚 丙 →상관, 의식
> 의식, 식신← 午 亥 子 子 →편인

이 명조(命造)는 인성(印星)이 혼잡하여 의식인 식상을 병임충(丙壬冲) 자오충(子午冲) 하였다. 스트레스를 잘 받으며 스트레스를 받으면 욱하는 성질이 있어 사납고 거칠게 언행(言行) 하며 쌍욕을 잘하는 사람이다.

⑩ 의식에 귀신이 빙의(憑依)되어 신기(神氣) 있어

식상(食傷)이 귀문관살이면 신기(神氣)가 있어 꿈이나 예감이 잘 맞고, 심리 변화가 심하여 기분이 좋았다가도 이유 없이 상하여 짜증이 나고, 마음은 여리고 인정은 있으나 성질나면 독(毒)한 마음이 생성되고, 무서울 때 소름끼치듯 가끔 머리에서 싸늘한 소름끼치는 전율이 일어나는 것이다.

이치(理致)는 식상(食傷)은 의식(意識)이 되고 귀문관살은 귀신이 통하는 살성(殺星)으로 의식(意識)에 귀신이 빙의 되었기 때문이다.

> **예 여명(女命)**
>
> 壬 己 甲 癸
> 申 酉 子 卯 → 묘신, 자유, 귀문관살

이 명조(命造)는 식상이 묘신(卯申)·자유(子酉) 귀문관살이다. 귀신에 빙의(憑依) 되어 심리변화가 심하고, 기분이 좋았다가도 이유 없이 기분이 상하여 짜증이 나고, 꿈이나 예감이 잘 맞으며, 인정이 있어 마음이 여리나, 성질나면 독(毒)한 마음이 생성(生成)되고, 무서울 때 소름끼치듯 머리에서 싸늘한 소름끼치는 전율이 일어나고 귀신이 보일 때가 있으며, 병명(病命)도 없이 몸이 아파 고통을 받다가 신굿을 하고 무속인이 되었다(귀문관살 참고).

11 식상(食傷)이 삼형살은 저돌적이고 급진적

식상이 삼형살(三刑殺)이면 성질이 냉정하고 저돌적이고 급진적이라 과격한 것이다. 이치(理致)는 의식(意識)인 식상(食傷)이 삼형살(三刑殺)이 되었기 때문이다.

> **예 남명(男命)**
>
> 甲 癸 壬 甲
> 寅 巳 申 辰

이 명조(命造)는 의식(意識)인 상관(傷官)이 인사신(寅巳申) 삼형살(三刑殺)이다. 성질이 저돌적이고 급진적이라 거칠고 사나워서 충돌하니, 한때는 조직 폭력배의 똘마니 노릇을 한 바 있다.

⑫ 집중력은 있으나 단순하다

식신(食神)이나 상관(傷官)이 하나인 명조(命造)는 집중력은 있으나 두 가지를 동시에 할 수 없는 것이다. 뇌 기능이 한쪽으로 발달되어 있기 때문이다.

㉠ 여명(女命)

丁 癸 庚 癸
巳 卯 申 丑
   └ 식신

이 명조(命造)는 식신(食神)이 하나이다. 성격이 단순하고 집중력은 있어 한 가지 일에 신경 쓰면 다른 것은 모르는 사람이다.

⑬ 신약·식상 혼잡 농담을 잘하고 건달(乾達)

신약(身弱)하고 식상(食傷)이 혼잡하면 농담(弄談)을 잘하고 비판적이며 게으르고 하는 일 없이 빈둥거리는 건달이 되는 것이다. 이치는 식상은 말이 되고 신약하니 식상이 부실하기 때문이고 식상은 관성을 극하고 지구력이 약하기 때문이다.

㉠ 남명(男命)

상관← 己 丙 戊 庚
       丑 戌 寅 辰

이 명조(命造)는 식상(食傷)이 혼잡하다. 실없는 농담을 잘하며 비판적이고 게으르며 하는 일 없이 빈둥거리는 건달이다.

🔢 말은 앞서가고 실천은 못한다

신약(身弱)하고 식상(食傷)이 혼잡하면 이론(理論)에는 밝아서 말은 앞서가고 실천을 못 하며, 실천을 하여도 벌려놓고 수습을 하지 못하여 자포자기(自暴自棄)하고, 마무리를 못하며 편인이 있으면 더욱 심하다. 이치(理致)는 신약하고 식상에 설기 되어 체질이 약하고 지구력이 부족하기 때문이다.

> [예] 남명(男命)
>
> 식신 ← 辛 己 乙 庚 → 상관
>   未 酉 酉 戌

이 명조(命造)는 기토일주(己土日主)가 유월(酉月)에 생(生)하고 신금(辛金)이 사령(司令)하여 실령(失令) 하고 비겁이 조력(助力)하나 식상이 혼잡하여 설기 하니 신약하다. 공상이 많고 이론(理論)에 밝아서 말로는 모르는 것이 없고 못 하는 것이 없으나 실천은 못 하며, 실천을 하여도 수습을 못 하고 자포자기하여 마무리를 못하며 부모 형제에게 의지하여 도움을 받는 사람이다.

🔢 일한 것에 비하여 소득이 적으며 허드렛일을 잘한다

식신(食神)이 혼잡하고 재성이 없거나 약하면 다른 사람보다 일을 많이 하여야 인정을 받게 되고 일한 것에 비하여 소득이 적으며, 돈이 안 생기는 허드렛일을 하게 되는 것이다. 이치(理致)는 식신은 돈을 벌기 위한 경제활동이고 재성은 돈과 재물이 되기 때문이다.

> [예] 여명(女命)
>
> 壬 丁 甲 己 → 식신
> 寅 丑 戌 丑 → 식상 혼잡

이 명조(命造)는 식신이 혼잡하고 재성은 암장되어 토다금매(土多金埋)로 재성이 약하다. 직장에 다니는데 다른 사람보다 일을 많이 하여야 인정을 받고, 일은 많이 하나 봉급은 적으며 어딜 가나 소득 없는 허드렛일을 많이 하는 사람이다.

4. 남명(男命) 식신론(食神論) - 이분법 적용

▼ 식신(食神)은 처를 사랑하는 마음

식신(食神)이 유기(有氣) 하며 정재를 생(生)하면 처(妻)를 사랑하는 마음이 되는 것이다. 이치(理致)는 식신은 의식이 되고 정재를 정생(正生)하기 때문이다.

예 남명(男命): 부부 화합

乙 癸 庚 庚
卯 巳 辰 辰
식신 ┘   └ 정재: 처

이 명조(命造)는 을목(乙木) 식신이 묘(卯)에 통근(通根) 하여 유기(有氣) 하고 정재를 정생(正生) 하고 있으니 처를 사랑하는 사람이다. 일생 동안 부부화합 하며 해로 하였다.

- 식상(食傷)이 혼잡과다 하여 관성을 충극 하면 처(妻)에게 스트레스를 주는 언행(言行)을 골라 하는 것이다. 이치(理致)는 관성은 처의 의식이 되는데 식상이 극하여 상하게 하기 때문이다.

▼ 장모는 과부(寡婦)다

식신(食神)은 장모가 되고 정인은 장인이 된다. 재성(財星)이 혼잡하고 정재가 정인을 충극 하였거나 정인이 입묘(入墓) 되었으면, 장모는 상부(喪夫) 하였거나 이혼한 것이다.

그러나 상관이 있고 정관이 상관과 동주(同柱)하였거나 합(合)이 되었으면 장인이 작첩(作妾) 하여 이혼한 것이다. 이치(理致)는 식신, 장모 입장에서 정재는 남편을 사상(死傷)하는 상관이 되기 때문이고, 정인(正印) 장인 입장에서 정재는 자신의 체(體)를 사상(死傷)하는 칠살이 되므로 사망하였거나 살아남으려 처를 구박하고 작첩(作妾) 하기 때문이며, 상관은 장인의 애인이나 첩(妾: 애인)이 되기 때문이다.

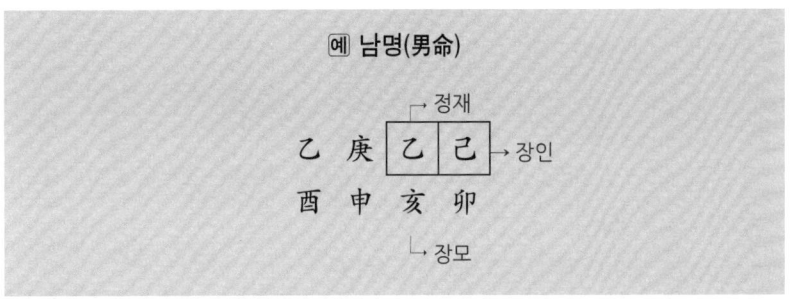

예 남명(男命)

乙 庚 乙 己 → 장인
酉 申 亥 卯
         → 장모

(정재 → 乙)

이 명조(命造)는 정인이 태약하고 정재가 혼잡하여 정인을 을기극하고 있다. 장인이 단명하여 장모는 과부가 되었다.

예 남명(男命)

→ 장모
壬 庚 乙 癸 → 장인의 첩
午 辰 卯 未 → 장인

이 명조(命造)는 정재가 혼잡하고 정인이 상관과 동주(同柱)하고 있으며 식신 장모는 시상(時上)에 있다. 장인이 작첩(作妾) 하여 이혼하였다.

▼ 장모가 이혼하고 재혼하였다

인성(印星)이 혼잡하고 정재가 정인을 충극(沖剋) 하였거나 식신이 편인과 합(合)이나 동주(同柱)하였으면 장모는 이혼하고 재혼한 것이다. 이치(理致)는 장모입장에서 편인은 애인이나 재혼 남편이 되고 정재는 의식인 상관이 되며 남편을 미워하는 증오심이 되기 때문이다.

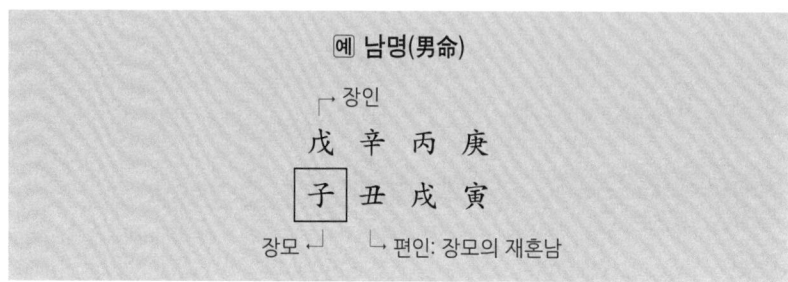

이 명조(命造)는 인성(印星)이 혼잡하고 식신이 편인과 자축합(子丑合)이 되었다. 장모는 이혼하고 재혼하였다.

▼ 식신(食神)은 사위가 된다

딸의 결혼은? 남명(男命)에서 식신은 사위가 되고 정관(正官)은 딸이 된다.
식신과 정관이 합(合)이 되거나, 재성과 인성이 합(合), 또는 인성과 식신이 합(合)이 되는 운(運)에 딸이 남자를 만나 결혼하게 되는 것이다. 이치(理致)는 재성은 사위에 의식(意識)이 되고 인성은 딸의 의식이 되며 의식의 합(合)은 서로 좋아하여 사랑하는 것이 되기 때문이다.

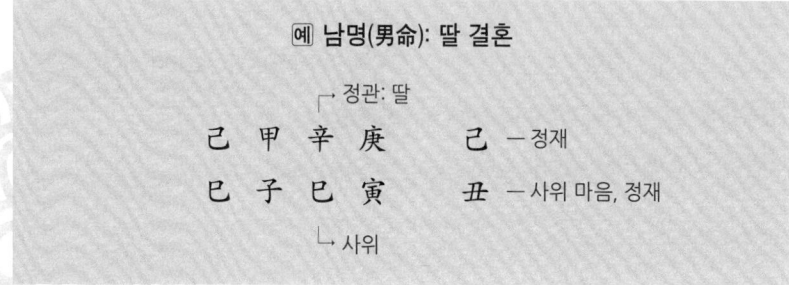

이 명조(命造)는 딸의 의식(意識)과 사위의 의식인 정인(正印)과 정재(正財)가 자축합(子丑合)이 되는 기축년(己丑年)에 딸이 결혼하였다.

▼ 식신(食神)은 손자(孫子)

남명(男命)에서 식신이 유기(有氣)하고 정인과 관성이 있으면 손자가 발복(發福)하는 것이다. 이치(理致)는 정인은 손자 입장에서는 정관이 되고 관성(官星)은 재성이 되어 재생관(財生官)하고 관인상생(官印相生)이 되기 때문이다.

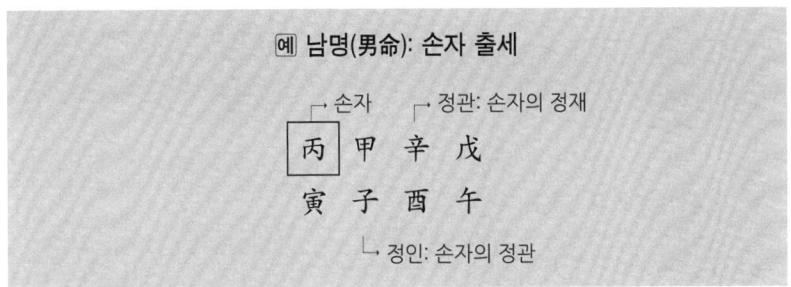

이 명조(命造)는 식신이 인(寅)에 장생(長生)하여 유기(有氣) 하고 정관이 정인을 생(生)하고 있어 손자입장에서는 재생관(財生官), 관인상생(官印相生)이 된 것이다. 손자들이 교수 등 고위 공무원, 사업가 등으로 성공 출세하였다.

5. 여명(女命) 식신론(食神論) - 이분법 적용

▼ 식신(食神)은 남편을 사랑하는 마음

여명(女命)에서 식신은 남편을 사랑하는 마음이고, 상관은 남편을 미워하고 증오(憎惡)하는 마음이 되는 것이다. 이치(理致)는 의식인 식신은 정관(正官)을 적당히 극(剋)하여 쓸만한 물건이 되도록 정성을 다하여 정제

(精製: 정성을 들여 만듦)하는 것과 같기 때문이며, 상관은 정관을 극하여 사상(死傷) 하기 때문이다.

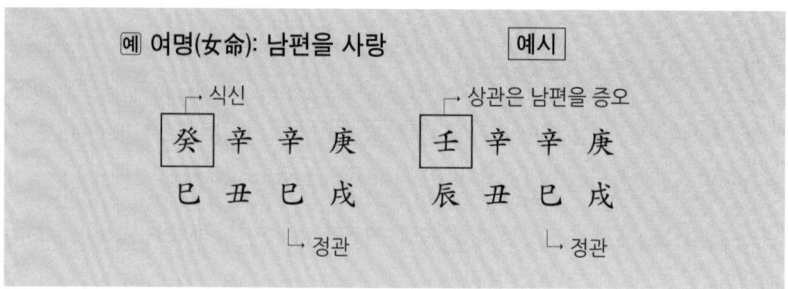

이 명조(命造)는 시주에 남편을 사랑하는 마음 식신이 있고, 정관이 있다. 남편을 사랑하여 내조(內助)를 잘하고 있는 여인이다. 그러나 임진시(壬辰時)로 상관이 있으면 남편을 미워하여 이혼하였을 것이다.

▼ 식신(食神)은 자식(子息)

여명(女命)에서 식상(食傷)이 혼잡 태강하고 신약하면 유산(流産)이 되거나 생산 능력이 없어서 불임이 되는 것이다. 이치(理致)는 식상의 설기(泄氣)가 많아 부실(不實)하고 신약하므로 다시 설기(泄氣) 할 수 없기 때문이다.

```
예 여명(女命): 무자
   辛 丁 辛 甲
   丑 亥 未 辰
```

이 명조(命造)는 정화일주(丁火日主)가 미월(未月)에 생(生)하고 기토(己土)가 사령(司令)하여 실령(失令) 하고 식상(食傷)이 혼잡하여 설기(泄氣) 하니 정인이 생조(生助) 하여도 태약하다. 불임으로 무자(無子)다.

▼ 경제활동을 하게 된다

여명(女命)에서 식신이 유기(有氣) 하고 생재(生財) 하였으면 돈을 벌려 경제활동을 하는 것이다. 이치(理致)는 일하여 돈을 벌고 싶은 마음이 생성되기 때문이다.

```
예 여명(女命)

戊 戊 庚 庚 →식신
午 辰 辰 子 →정재
```

이 명조(命造)는 식신이 유기(有氣) 하고 식신이 생재(生財) 하고 있으며, 정관은 진중(辰中)에 암장(暗藏)되고 태약(太弱)하니 남편은 집에서 가사 일을 하고 자신은 유흥주점을 하고 있다.

▼ 음식(飮食)을 많이 만들고 잘 버리는 습성이 있다

여명(女命)에서 식신(食神)이 있으면 음식을 많이 만들고, 편인이 있으면 맛이 없어 먹다 남은 음식은 버리는 습성이 있는 것이다. 이치(理致)는 식신은 음식이고 편인에 극되어 상(傷)하니 음식 맛이 없기 때문이며, 식신은 생산(生産)하는 것이니 많은 것을 의미하여 손이 크다고 하는 것이다.

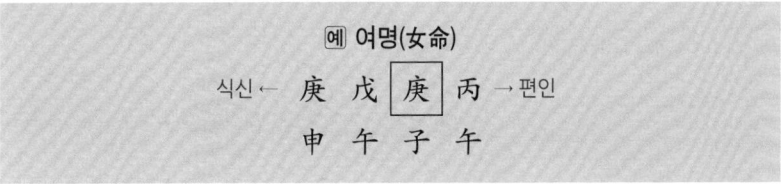

이 명조(命造)는 식신이 혼잡하고 편인이 극(剋)하고 있다. 음식을 만들면 많이 만들고 맛이 없어 먹다 남은 음식은 버리는 습성이 있는 사람이다.

6. 식신(食神)은 증조부(曾祖父)

▼ 증조부는 부귀(富貴)하였다

식상(食傷)이 혼잡하지 않고 관성과 인성이 유기(有氣) 하면 증조부는 부귀하게 산 것이다. 이치(理致)는 식신 증조부 입장에서 관성은 재물이 되고, 인성은 관성이니 명예가 되기 때문이다.

```
         예 남명(男命)
                    ┌→ 식신: 증조부
  壬 庚 壬 丙 → 관성: 증조부의 재물
  午 申 辰 午
```

이 명조(命造)는 식신이 유기하고 관성과 인성(印星)이 유기(有氣) 하다. 증조부는 부귀하게 살았다.

▼ 증조부는 빈곤(貧困)하였다

식상이 혼잡하고 관성과 인성(印星)이 약하면 증조부는 빈곤하게 산 것이다.

이치(理致)는 식신 증조부 입장에서 식상혼잡은 비겁 혼잡이 되고, 관성은 재물이 되기 때문이다.

```
       예 남명(男命): 증조부가 빈곤
  丁 甲 甲 辛 → 증조모, 증조부의 재물
  卯 子 午 巳 → 증조부
```

이 명조(命造)는 식상이 혼잡하고 관성과 인성(印星)이 약하다. 증조부는 가난한 농부였다.

7. 식신(食神) 용신(用神), 기신운(忌神運)

• 식신(食神)이 용신이면 식신운에 무직자(無職者)는 직장을 얻게 된다.

▼ 편인(偏印)에 상관운(傷官運)은 실직하는 자가 많다. 이치(理致)는 정관(正官)은 직책(職責)이고 상사가 되는데, 의식(意識)인 상관이 정관을 극(剋)하여 상(傷)하게 하고 편인은 하는 일, 식신을 탈식(奪食: 빼앗을 탈)하여 할 일이 없기 때문이다.

예 남명(男命): 상사와 불화, 퇴사
정관← 辛 甲 庚 丙   丁 →상관
未 寅 寅 辰   亥 →편인

이 명조(命造)는 갑목일주(甲木日主)가 인월(寅月)에 생(生)하고 갑목(甲木)이 사령(司令)하여 득령(得令) 하였으며 비견이 생조(生助) 하여 신왕 하다. 편인에 상관운인 정해년(丁亥年) 정미월(丁未月)에 직장상사와 다투고 퇴사하였다.

▼ 식신이 용신이면 사업자는 식신운에 사업이 창성하는 것이며, 창업하는 것이다. 이치(理致)는 식신은 경제활동이 되고 생재(生財) 하기 때문이다.

예 남명(男命)	46 36 26 16 6
壬 戊 壬 丙	丁 丙 乙 甲 癸
戌 申 辰 午	酉 申 未 午 巳

이 명조(命造)는 무일주(戊日主)가 진월(辰月)에 생(生)하고 무토(戊土)가 사령(司令) 하여 득령(得令) 하였으며 인비(印比)가 생조(生助) 하여 신왕 하다. 식신생재(食神生財) 하였으

며 식신이 희신(喜神)이다. 36세 이후 식신 대운(大運)에 창업하여 크게 성공하였다.

- 식신(食神)이 용신이면 식신이 편인(偏印)에 도식(倒食)되는 운(運)에는 사업이 침체되어 다른 일로 변동하여야 하나, 정리하고 쉬어야 하나, 고민을 하게 되는 것이다. 이치(理致)는 식신이 상(傷)하여 재성을 생할 수 없으므로 돈을 벌수 없기 때문이다.
- 편인운(偏印運)에는 하는 일에 권태증이 생성(生成)되어 직장을 그만 두거나 하는 일을 바꾸고 싶은 마음이 생성(生成)되는 것이다. 이치(理致)는 편인이 하는 일 식신을 충극(沖剋) 하여 상(傷)하게 하기 때문이다.
- 식신(食神)이 용신인 명조(命造)는 식신운(食神運)에 일을 하여 돈을 벌고 싶은 마음이 생성(生成) 되는 것이다. 이치(理致)는 식신은 돈을 벌기 위한 경제활동이 되기 때문이다.

- 식상(食傷)은 일주(日主)가 생(生)한 것이고 생재(生財) 하니 소득, 가재도구 등을 의미한다.
  식상운(食傷運)에는 자동차나 가재도구 등을 장만하는 것이다.
- 식상이 형충(刑沖) 되는 운(運)에는 가재도구, 가전제품, 자동차 등의 고장이 자주 발생하는 것이며 사고나 수술로 흉터가 생기는 것이다.
- 식신이 용신이나 희신이면 식신운에 시험합격, 승진, 당선 등이 이루어지는 것이다.
- 식신이 삼형살 되는 운(運)에는 사업이나 하는 일에 시비 관재(官災)가 발생하는 것이다.
- 식신이 용신이면 식신운에 주택을 매입하거나 신축하는 것이다.
- 식신이 용신이면 식신운에 창작, 발명, 기술, 연구 등이 잘 진척되어 성과를 거둔다. 그러나 식신이 기신(忌神)이면 진척되지 않아 성과를 거

두지 못한다.
- 식신(食神)이 용신인 명조(命造)는 병약자는 치료되어 건강이 회복되고 신약하여 기신(忌神)인 명조(命造)는 설기 되어 득병(得病)하는 것이다.
- 재혼(再婚) 여명(女命)은 식신운에 불화하거나 이혼하며 남편이 사망하는 것이다. 이치(理致)는 식신은 편관을 극(剋)하여 사상(死傷)하기 때문이다.
- 미혼여성은 식신과 인성이 합(合)이 되는 운(運)에 남자를 만나 결혼하는 것이다. 이치(理致)는 식신은 의식과 자궁이 되고, 인성은 남자의 마음과 성기가 되니, 합(合)이 되어 서로가 좋아하여 사랑하기 때문이다.
- 남명(男命)에서 식신이 관성과 합(合)이 되는 운(運)에 애인 만나 결혼하는 것이다. 이치(理致)는 성기이며 의식인 식신이 여자의 자궁이며 의식인 관성(官星)과 합(合)이 되기 때문이다.
- 여명(女命)에서 식신이 용신이면 인성과 식신이 합(合)이 되는 운(運)에 임신하는 것이다. 이치(理致)는 식신은 난자(卵子)가 되고 인성은 정자(精子)가 되는데 합(合)이 되기 때문이다.

▼ 여명(女命)에서 식상이 형충, 입묘(入墓) 또는, 식상이 약하면 식상을 설기 하는 재성운에 자식이 질병이나 사고로 사망하거나 고통을 받으며 임신부는 유산이나 낙태를 하는 것이다. 이치(理致)는 식상은 자식이 되고 태아가 되는데 형충 되면 식상이 사상(死傷) 되기 때문이며, 입묘(入墓)는 무덤이 되기 때문이고, 재성은 식신을 설기 하여 상(傷)하게 하기 때문이다.

예 여명(女命): 아들 사망

乙 甲 壬 乙   丙 → 식신: 병임충
亥 戌 午 酉   子 → 정인: 자오충

이 명조(命造)는 식상이 병임충(丙壬冲), 자오충(子午冲) 하는 병자년(丙子年)에 아들이 교통사고로 사망하였다.

예 여명(女命): 아들 사망

　　丁 丁 庚 戊   辛 → 편재
식신 ← 未 丑 申 戌 → 상관   未 → 식신, 삼형

이 명조(命造)는 식상이 축술미(丑戌未) 삼형살이 되었다. 유산되고 아들 한 명을 두었는데 식상이 축술미(丑戌未) 삼형살 되는 신미년(辛未年)에 아들이 교통사고로 사망하였다.

05 상관(傷官)

　상관(傷官)은 일주(日主) 내가 생(生)한 오행이고, 양(陽)이 음(陰)을 보고 음(陰)이 양(陽)을 보아 음양이 교차 되어 같지 않은 것이며, 나의 기운(氣運)을 설기하고, 정관을 충극 하여 사상(死傷)하므로 상관이라 이름한 것이다.

　상관은 음양이 조화되어 일주(日主)를 많이 설기하고 정관을 극(剋)하여 사상(死傷)하므로 흉신이 되는 것이다.

　사지(死支) 상관은 천간(天干) 상관에 비하여 기운(氣運)이 과다하게 설기 되는 것이다.

　상관은 조모, 외조부가 되고, 직원, 부하, 제자가 되며, 약자(弱者)가 되는 것이다. 남명(男命)에서는 손녀가 되고, 여명(女命)에서는 자식이 되는 것이다.

1. 상관(傷官)의 성정(性情)

　의식(意識: 분별하는 심적 작용), 총명(영리 재주), 자존심(自尊心: 자랑, 자찬), 교만(驕慢: 잘난 체 사람을 얕봄), 능변(能辯: 이론적 말을 잘함), 의심, 의협심(義俠心), 영웅심, 방종(放縱: 제멋대로 행동), 무법자(無法者), 공격성, 반항심, 생산성, 예능(藝能: 재주와 기능), 기술, 화려(華麗), 봉사, 통솔력, 부하, 제자, 개혁, 혁신(새롭게 고침), 예지 능력(豫知能力), 홍보(弘報: 널리 알림, 광고) 등으로 구분된다.

2. 상관(傷官)의 응용(應用)

식신은 유형적(有形的)물질 생산성이고 육체적 노동이라면, 상관은 무형적(無形的) 정신 생활성이 되는 것이다. 그러나 생재(生財) 하므로 생산성(生産性)도 되는 것이다.

- 상관은 상대 육신(六神)이 많고 적음에 따라 강약(强弱) 왕쇠(旺衰)는 변화하는 것이다.
- 상관은 일주(日主)를 설기하므로 설기약(泄氣弱)이 되는 것이다.
- 상관은 체(體)와 의식(意識) 이분법(二分法)으로 응용하는 것이다.

상관과 관련된 육친과 사물(事物)과 생설(生泄) 극제(剋制) 하면서 생성되는 작용력의 길흉(吉凶)과 이해(利害)와 육친 간의 의식(意識) 작용을 응용하는 것이다.

- 상관(傷官)은 비겁(比劫)이 많으면 생왕(生旺)이 되는 것이다.
- 상관(傷官)은 식상(食傷)이 많으면 조왕(助旺)이 되는 것이다.
- 상관(傷官)은 재성(財星)이 많으면 설기약(泄氣弱)이 되는 것이다.
- 상관(傷官)은 관성(官星)이 많으면 소모약(消耗弱)이 되는 것이다.
- 상관(傷官)은 인성(印星)이 많으면 극제약(剋制弱)이 되는 것이다.

▼ 체와 의식 이분법으로 상관을 응용하면 아래와 같다.

> [예] 체(體)는 甲 → 의식: 丁 → 辛: 정관을 미워하는 마음
> 　　　　　　　　　　　　　→ 庚: 편관을 사랑하는 마음
> 　　　　　　　　　　　　　→ 戊: 편재를 사랑하는 마음
> 　　　　　　　　　　　　　→ 癸: 정인, 스트레스 마음

▼ 상관(傷官)은 총명 우수한 인재(人才)의 기운이므로 청격(淸格)이고 대운을 잘 만나면 대정치인, 대학자가 되며, 상관은 정관을 극(剋)하므로 난세(亂世)의 별(星)이니 길흉(吉凶)의 폭이 커서 고위직에 있다가도 죄수가 되기도 하는 것이다.

> [예] 남명(男命)
>
> 壬 辛 壬 甲 　　 己 戊 丁 丙 乙 甲 癸
> 辰 酉 申 寅 　　 卯 寅 丑 子 亥 戌 酉

이 명조(命造)는 신금일주(辛金日主)가 신월(申月)에 생하고 비겁(比劫)과 인성이 생조(生助) 하니 신왕 하고 상관이 신진(申辰)에 통근(通根) 하여 유기(有氣) 하며 상관생재(傷官生財)가 되었다. 대운이 용신 희신에 해당되는 해자(亥子) 인묘운(寅卯運)으로 향하니 출세하여 기해년(己亥年)에 총리대신(總理大臣)이 되었으나 친일파 민족 반역자로 낙인 찍혀 역사의 죄인이 된 이완용의 명조이다.

▼ 상관격에서 상진(傷盡: 정관이 없 는것)이 되면 길(吉)하니 상진이 되고 신왕 하여 재운(財運)으로 향하거나, 신약하여 인비(印比)가 용신인데 대운이 인비운(印比運)으로 향하면 대길하여 재능(才能)을 발휘하니 복록(福祿)을 누리게 되는 것이다.

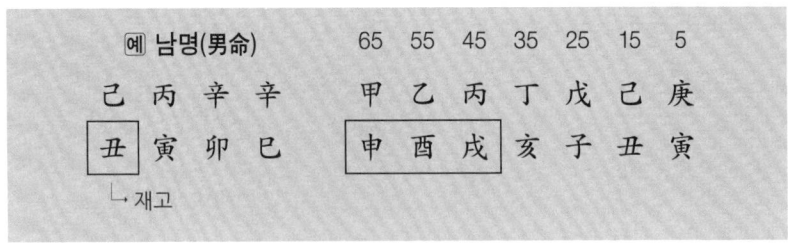

이 명조(命造)는 병화일주(丙火日主)가 묘월(卯月)에 생하고 을목(乙木)이 사령(司令) 하여 득령(得令) 하였으며 인비(印比)가 생조(生助) 하여 신왕 하며 시상(時上)에 상관이 사축(巳丑)에 통근되어 유기(有氣) 하고 정관이 없어 상진 되었으며, 상관이 생재(生財)하였다. 인성(印星)을 제(制)하는 재성이 용신이고 상관이 희신이다. 겁재와 칠살이 없고 시지(時支)에 재고(財庫)가 있어 복명(福命)이 되었다. 용신 희신에 해당하는 술유신(戌酉申)대운(大運)에 사업이 창성하여 2,000천억 대의 거부(巨富)가 되었다.

이 명조(命造)는 병화일주(丙火日主)가 유월(酉月)에 생하고 신금(辛金)이 사령(司令) 하여 실령(失令) 하였으며 식상이 혼잡과다하여 설기 하니 태약(太弱)하므로 월상(月上)에 정인이 용신이며 상관이 혼잡하나 정관이 없어 상진(傷盡)이 되었다. 태약한 일주(日主)를 설기 하는 기축대운(己丑大運)에 접어들면서 정신분열증으로 십여년 동안 정신과 치료를 받다가 인대운(寅大運)으로 바뀌면서 완쾌되어 정상적인 생활을 하고 있다.

▼ 신왕(身旺) 하고 식신이나 상관이 하나면 합(合)이 되는 운(運)에 우울증이나 정신이상이 되는 것이다. 이치(理致)는 왕기(旺氣)의 설기구가 막혀 설기가 안 되기 때문이고, 다른 이치로는 의식이 합(合) 되어 귀신이 빙의(憑依) 되기 때문이다.

예 남명(男命)

```
戊 庚 己 庚
寅 子 丑 戌
    └ 상관
```

이 명조(命造)는 경금일주(庚金日主)가 축월(丑月)에 생하고 계수(癸水)가 사령(司令) 하여 실령(失令) 하였으나 인비(印比)가 혼잡하여 생조(生助) 하니 신왕 하고 설기는 상관 하나이다. 상관이 정인(正印)과 자축합(子丑合) 되는 정축년(丁丑年)에 정신이상이 되어 정신과 치료를 받았으며 귀신이 보인다는 이야기를 많이 하였다.

• 신왕하고 식상(食傷)이 하나가 아니고 두 개거나 신약하면 식상이 하나라도 인성과 합(合)이 되는 운에 정신이상은 안 되는 것이다. 이치(理致)는 하나가 합(合)이 되어 설기가 안 되어도 다른 곳으로 설기가 가능하기 때문이며, 신약은 설기가 안 되도록 제(制)하고 인성이 생조(生助)해야 되기 때문이다.

▼ 상관이 유기(有氣)하면 예능에 소질이 있고 미인이 많으며 미인은 박명(薄命: 불행.요절)하는 것이다. 이치(理致)는 상관은 음양이 조화(調和)로 체내(體內)의 원기(元氣)와 영양을 배설시키므로 탈육(奪肉)되어 몸이 마르고 아름다우나 신약은 체질이 약하고 신왕은 정관을 극하여 사상(死傷)하기 때문이다.

예 여명(女命)

```
辛 戊 辛 己
酉 子 未 未
```

이 명조(命造)는 상관이 충파(冲破)가 없이 유기(有氣)하다. 몸이 마르고 키가 크며 거만해 보이나 인물이 출중한 미녀(美女)이다.

> 예 여명(女命): 발레 무용
>
> 상관 ← 丁 甲 壬 庚
>   卯 寅 午 申 → 寅이 역마

이 명조(命造)는 상관이 유기(有氣) 하고 편인이 있으며, 연지(年支)가 신(申)으로 신자진(申子辰) 삼합(三合)의 첫자를 충(冲)하는 일지(日支)의 인(寅) 건록(建祿)이 역마살이니 역마에 좌(座)하였다. 민첩하고 예능에 소질이 있어 발레 무용을 전공하고 강사가 되었다.

- 상관(傷官)이 정관을 극(剋)하면 관재(官災)와 구설 시비가 발생하는 것이다. 이치(理致)는 법(法)과 질서인 정관을 상관이 극하므로 법을 위반하는 것이 되기 때문이다.

▼ 신왕(身旺) 하고 상관이 정관을 충극한 명조(命造)는 직장상사로 인하여 스트레스를 받게 되는 것이다. 이치(理致)는 직장상사나 상인(上人)은 정관이 되고, 직장상사 입장에서 상관은 자신을 극(剋)하여 상(傷)하게 하는 칠살이 되어 자신을 무시하는 것 같이 거만하고 건방져 보이므로 악(惡)의 식신을 생(生)하여 칠살을 제(制)하려 하기 때문이고, 자신은 복종하지 아니하고 이론적으로 대항하기 때문이다.

이 명조(命造)는 식상이 관살을 병임충(丙壬冲) 자오충(子午冲) 하였다. 직장생활을 하는데 상사가 자신만 미워하여 사사건건 약점만 지적하고 시비하여 스트레스를 받다가 퇴사

하고 다른 회사에 취업하여 몇 개월 근무하다 보면 그곳에서도 상사가 미워하는 것이 반복되어 직장을 퇴사하고 부모가 하는 과수원 농장을 돕고 있다.

3. 상관(傷官)의 독심술(讀心術) - 이분법 적용

1 자존심이 강하고 교만(驕慢)하며 말을 잘한다

신왕(身旺) 하고 상관이 유기(有氣) 하면 총명하고 고집이 세며, 자존심이 강하고 교만(驕慢)하여 잘난체하고 타인을 깔보는 특성이 있고 언변술이 있어 말을 이론적으로 잘하는 것이다. 이치(理致)는 의식(意識)인 상관이 정관을 극(剋)하므로 모든 사람이 자기만 못한 것 같은 마음이 생성되고 상관은 총명하고 말이 되기 때문이다.

```
        예 남명(男命)
       甲 甲 丁 甲
       子 戌 卯 午 → 상관
```

이 명조(命造)는 갑목일주(甲木日主)가 묘월(卯月)에 생(生)하고 갑목(甲木)이 사령(司令)하여 득령(得令) 하였으며 비겁과 정인이 생조(生助) 하니 신왕 하고 상관이 혼잡하다. 총명하고 자존심이 강하며 고집이 세고 언변술이 있어 말을 잘하며 교만하여 상대를 낮추어 깔보는 특성이 있는 사람이다.

2 총명(聰明)하지 못하고 말을 잘하지 못한다

상관(傷官)이 정인에 충극되었으면 총명하지 못하고 말을 조리 있게 잘하지 못하는 것이다. 이치는 의식이며 입이 되는 상관이 상하였기 때문이다.

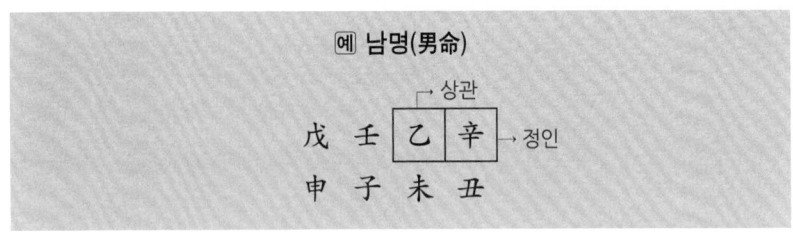

이 명조(命造)는 월상(月上)에 상관이 하나인데 정인에 을신충(乙辛冲)이 되었다. 총명하지 못하고 사고(思考)가 부족하여 판단이 느리고 말을 조리 있게 잘하지 못하며, 스트레스를 잘 받는 사람이다.

❸ 식상이 없고 관성(官星) 혼잡은 언변이 좋아

관성(官星)이 혼잡하면 식상(食傷)이 없어도 사교성이 좋고 말을 잘하는 것이다.

이치(理致)는 관성은 손님이 되고 상인(上人)이 되며 강자가 되므로 관인상생(官印相生)으로 소통하여 절친한 관계로 유도하려 하기 때문이다.

	예 남명(男命)	
	乙 乙 辛 癸 → 편인	
편관 ←	酉 亥 酉 丑	

이 명조(命造)는 관성이 혼잡하고 인성이 있어 관인상생(官印相生)이 되었으며 식상은 없다. 웃으면서 말을 잘하고 사교성이 좋은 사람이다.

❹ 신약(身弱)은 말을 많이 하여도 피로가 온다

신약(身弱)하고 식상이 혼잡하면 말을 할 때는 잘하나 말이 없는 편이고, 공상(空想)이 많으며 말을 많이 하여도 피로가 오는 것이다. 이치(理致)는 일주(日主)가 약하니 체질이 약하며 말을 하면 설기되기 때문이다.

5 종아격(從兒格)은 말을 잘한다

식상이 혼잡하고 인비(印比)가 없어 종아격(從兒格)이면 언변술이 있어 말을 잘하는 것이다. 이치(理致)는 식상은 말이 되는데 말에 종(從)하였기 때문이다. 인비(편인, 정인, 비견).

6 식신은 저음(低音), 상관은 고음(高音)

식신은 저음이고 상관(傷官)은 고음이 된다. 이치(理致)는 식신은 음양이 교차되지 않아 설기가 덜되고 상관은 음양이 교차되어 설기가 많이 되기 때문이며 식상은 음성과 말이 되기 때문이다.

7 상관 삼형살(三刑殺)은 무례하고 난폭

상관(傷官)이 삼형살이고 신약하면 저돌적이고 급진적이라 과격하고 상관이 정관을 극하니 충돌, 사고 관재가 발생하는 것이다.

```
예 남명(男命): 폭력배

庚 甲 戊 丁 → 상관
午 寅 申 巳 → 식신: 의식
```

이 명조(命造)는 칠살에 갑경충(甲庚冲)이 되고 식신이 인사신(寅巳申) 삼형(三刑)이며, 상관이 있다. 저돌적이고 급진적인데 칠살에 충극되어 매우 거칠고 사납다. 조직 폭력배가 되었으며, 임신년(壬申年)에 살인(殺人)을 하고 구속되었다.

8 스트레스(stress) 잘 받아

상관이 정인에 충극 되었으면 스트레스를 잘 받으며, 스트레스를 받으면 욱하고 화내는 성질이 있어 거칠고 사납게 쌍욕(雙辱)을 잘하는 것이다.

이치(理致)는 의식인 상관이 충극 되어 상(傷)하기 때문이다.

⑨ 상관이 정관 충극 법과 질서를 잘 지키고 말을 조심해서

상관(傷官)이 있고 정관이 있어 견관(見官: 상관, 정관이 있는 것) 된 명조(命造)는 말을 함부로 하지 않고 조심해서 하며 법과 질서를 잘 지키고 예의가 바르나 의심이 많은 것이다.

이치(理致)는 방종(放縱)하지 못하게 하는 정관 법이 있기 때문이고 상대에게 말을 잘못하면 시비 구설이 생길 것 같아 경계심이 생성(生成)되기 때문이며, 상관이 정관을 충극하면 법과 질서를 위반하지 않도록 조심해서 언행하기 때문이고 믿지 못하는 불신감이 생성되기 때문이다.

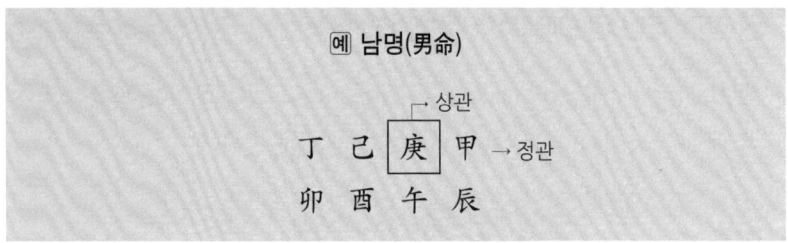

이 명조(命造)는 상관(傷官)이 정관(正官)을 갑경충(甲庚冲) 하였다. 평상시에는 말을 함부로 하지 않고 조심해서 하며 법과 질서를 잘 지키고 의심이 많아 확인해야 믿는 사람이다.

⑩ 성질나면 살기(殺氣)가 생성되고 힘이 강해져

신왕하고 상관이 정관(正官)을 충극한 명조(命造)는 악감정이 있으면 보복하고 성질이 나면 살기가 생성(生成)되어 힘이 강해지고 상대를 죽이고 싶은 마음이 생성되어 살인(殺人)을 하게 되는 것이며, 몸에 살기가 있어 상대를 폭행하면 작은 충격에도 상대가 사망할 수 있는 것이다. 이치(理致)는 상관은 정관을 극(剋)하여 사상(死傷)하고 상대를 저주하는 마음이 되기 때문이다.

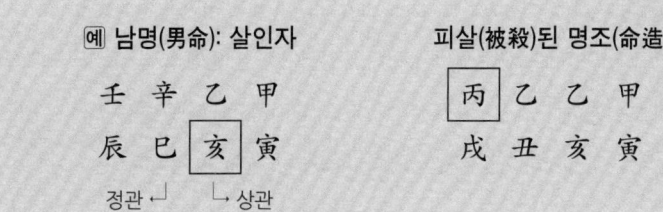

이 명조(命造)는 상관이 혼잡하고 정관을 사해충(巳亥冲) 하였다. 인대운(寅大運)에 친구와 선배에게 돈을 빌려 사업하다 실패하여 고통을 받던 중, 선배와 친구가 돈을 갚으라며 쌍욕을 하면서 독촉하자 상관에 편관운(偏官運)인 임오년(壬午年)에 선배를 살해(殺害)하여 암매장하고, 임오년(壬午年) 을사월(乙巳月) 을해일(乙亥日) 임오시(壬午時)에 돈을 주겠다며 친구를 유인해 살해하고 시신을 토막 내어 하천으로 가져가 기름을 뿌리고 태우면서 냄새를 위장하려 한쪽에서 삼겹살을 구워 먹었다고 한다. 살해당한 친구의 명조(命造)는 임오년(壬午年)은 목(木)의 사지(死支)가 된다.

🔟 식상(食傷)암장(暗藏)은 표현력이 약하다

식상(食傷)이 암장(暗藏)되어 있으면 표현력은 부족하나 비밀을 말하지 않으며 잠재의식에 서운한 감정을 감추고 있다가 성질나면 과거사를 다 꺼내놓고 시시비비(是是非非)를 한 번에 따지는 것이다. 그러나 칠살에 충극이 된 명조(命造)는 서운한 감정을 즉각 반박 대응하는 것이다. 이치(理致)는 암장된 식상은 감추어진 마음이 되기 때문이고, 자신을 사상(死傷)하는 칠살을 악(惡)의 식신을 생(生)하여 제(制)해야 되기 때문이다.

예 여명(女命)

庚 庚 己 乙
辰 辰 卯 卯
　 └ 식상: 암장

이 명조(命造)는 식상(食傷)이 진토(辰土)에 암장되어 있다. 비밀을 간직하면 말하지 않으며 서운한 감정을 잠재의식에 쌓아 놓았다가 성질나면 한 번에 과거사를 다 꺼내어 잘잘못을 따지는 사람이다. 경진시(庚辰時)가 아니고 병자시(丙子時)로 칠살(七殺)이 있었다면 서운한 감정을 잠재의식에 감추지 않고 즉시 대응 반박하였을 것이다.

⑫ 비밀을 간직하지 못하고 사기를 잘 당해

상관이 혼잡하고 신약하면 농담을 잘하며 비밀을 간직하지 못하고 말하지 말라는 것까지 말하는 것이며 사기를 잘 당하는 것이다.

이치(理致)는 상관은 홍보(弘報: 널리 알리는 것)를 의미하기 때문이고 도기(盜氣)되어 기운이 과다하게 새어나가기 때문이며 다른 이치로는 내가 힘이 없어서 빼앗기는 것이다.

이 명조(命造)는 식상이 혼잡하고 편인이 있으며 겁재도 있다. 농담을 잘하며 비밀을 간직하지 못하고 말하지 말라는 것까지 말하는 사람이며 변덕이 심하고, 겁재가 있어 남의 험담을 잘하며 사기를 잘 당하는 사람이다.

⓭ 상관이 있고 정관이 없으면 법과 질서를 무시, 자기자랑

상관(傷官)이 있고 정관이 없으면 자존심(自尊心)이 강하고 자기자랑을 잘하며 상대를 얕잡아 깔보고 법과 질서를 무시하며 제멋대로 행동하는 것이다.

이치(理致)는 법과 질서를 지켜 방종(放縱)하지 못하게 하는 법(法) 정관이 없어 방종하여 제멋대로 행동하기 때문이고 상관은 정관을 극하니 세상 사람이 자신만 못한 것 같은 마음이 생성되기 때문이다.

```
 예  남명(男命)
          ┌→ 상관
     辛  戊  辛  庚 →정관
     酉  辰  巳  午
```

이 명조(命造)는 무토일주(戊土日主)가 사월(巳月)에 생(生)하고 경금(庚金)이 사령(司令)하여 실령(失令) 하였으나 인비(印比)가 생조(生助) 하여 신왕 하고 상관이 혼잡 태강하며, 정관(正官)이 없다. 자존심이 강하고 상대를 얕잡아 깔보고 자기자랑을 잘하며 방종하여 법과 질서를 무시하고 제멋대로 행동하는 사람이다.

⓮ 상관(傷官)이 있고 정인이 있으면 방종하지 않아

상관(傷官)이 있어도 정인이 있으면 방종(放縱)하여 제멋대로 행동하지 않고 법과 질서를 잘 지키는 것이다.

이치(理致)는 정인이 강하면 상관을 극제(剋制)하여 방종하지 않게 견제하기 때문이다.

예 남명(男命)

정인 → 丙 己 庚 庚 → 상관
　　　寅 巳 辰 子 → 겁재

이 명조(命造)는 기토일주(己土日主)가 진월(辰月)에 생(生)하고 무토(戊土)가 사령(司令)하여 득령(得令)하고 비겁과 정인이 생조(生助)하여 신왕 하며 상관이 강하나 정인이 유기(有氣)하여 극제하니 총명하고 치밀 철저하니 방종하지 않고 공부를 잘하여 교사가 되었으며 법과 질서를 잘 지키는 사람이다.

⑮ 부모나 처(妻)의 말을 무시한다

상관(傷官)이 강하면 부모나 처(妻)가 충고를 하려 말을 하면 "알았어, 알았어." 또는 "알았어요, 알았어요." 하면서 무시하는 태도로 말을 못하게 막고 한 번 한 이야기를 재론하는 것을 싫어하는 것이다. 이치(理致)는 총명하고 예지 능력이 있어 말을 꺼내는 순간 어떤 의도(意圖)를 가지고 말을 하려는지 알기 때문이고, 다른 사람은 자기만 못하다고 생각되기 때문이다.

예 여명(女命)

상관 ← 辛 戊 辛 乙
　　　酉 午 巳 卯

이 명조(命造)는 상관(傷官)이 혼잡 태강(太强)하다. 모친이 충고 하려 말을 하면 "알았어, 알았어." 하면서 말을 못하게 막고 한 번 한 이야기를 재론하면 듣기 싫어하니 모친과 자주 다투는 사람이다.

16 상대가 경우 없이 행동, 무시(無視)하고 이론적으로 대항

신왕하고 상관(傷官)이 있으면 상대가 어른이라도 경우 없는 언행(言行)을 하거나 잘못을 지적하면 상대를 무시(無視)하는 마음과 반항심이 생성되어 상대를 않거나 상대를 제압하려 이론적으로 대항하며, 상대가 굴복하지 않고 대항하면 상대보다 더 경우가 없는 언행(言行)으로 공격하는 기질이 있는 것이다. 이치(理致)는 자존심이 강하고 의식인 상관은 정관을 극(剋)하기 때문이다.

```
         예 남명(男命)
              ┌→상관
         乙 壬 乙 甲
         巳 戌 亥 子 →겁재
```

이 명조(命造)는 신왕에 상관이 있고 겁재가 있다. 상대가 경우 없는 언행(言行)을 하거나 잘못을 지적하면 무시하고 상대를 않거나 이론적으로 따지고 상대가 대항하면 상대보다 더 경우 없이 언행(言行) 하며 공격하는 사람이다.

17 강자(强者)에 대항, 약자는 동정, 성질나면 쌍욕 잘해

신왕(身旺)에 정관이 없고 상관(傷官)이 있으면 상인(上人)이나 강자(强者)를 무시(無視)하고 상대를 않거나 이기려 대항하며 약자(弱者)는 동정(同情)하여 너그럽게 대하고 성질나면 쌍욕을 잘하는 것이다.

이치(理致)는 통제하고 규제하여 법과 질서를 지켜 방종(放縱)하지 못하게 하는 법(法) 정관이 없고 정관을 충극하는 상관만 있어 방종하여 법과 질서를 무시하고 제멋대로 행동하기 때문이며 약자는 부하같이 생각하기 때문이다.

```
        ㉾ 남명(男命)
      ┌─ 상관
      甲 癸 癸 戊 → 정관
      寅 未 亥 申
```

이 명조(命造)는 계수일주(癸水日主)가 해월(亥月)에 생(生)하고 무토(戊土)가 사령(司令)하여 실령(失令) 하였으나 비겁과 정인이 생조(生助) 하여 신왕 하고 갑목(甲木) 상관이 해미(亥未)에 통근(通根) 하여 유기(有氣) 하다. 상인(上人)이나 강자(强者)에 대한 존경심이 없고 무시(無視)하는 마음이 생성(生成)되어 강자는 상대를 않거나 이기려 대항하고 약자는 동정(同情)하여 너그럽게 대하며 성질나면 쌍욕을 잘하는 사람이다.

⑱ 상인(上人)을 좋아하고 하인(下人)을 싫어한다

상관(傷官)이 있어도 신약하고 인성이 용신이나 희신이면, 자신보다 나이가 많은 상인(上人)이나 직위가 높은 강자를 좋아하고 자신보다 나이 어린 사람이나 약자는 싫어하는 것이다. 이치(理致)는 신약하고 상인의 의식(意識)인 인성이 있으니 관인상생(官印相生)으로 소통(疏通)하고 화친(和親)하여 상인의 도움을 받을 수 있으니 의지가 되고, 나이 어린 하인은 자신이 도움을 주어야 하니 의지가 안 되어 불편한 마음이 생성되기 때문이며, 관성(官星)과 화친해야 하니 상관은 의식에 잠재되어 정관(正官)을 극하는 언행을 하지 않기 때문이다.

```
        ㉾ 남명(男命)
      ┌─ 상관
      壬 辛 癸 丁
      辰 巳 卯 酉
              └─ 정인
```

이 명조(命造)는 신금일주(辛金日主)가 묘월(卯月)에 생하고 갑목(甲木)이 사령(司令) 하여 실령(失令) 하였으며 식상에 설기 되고 관성이 강하여 신약이다. 상관이 있으나 정인이 있으니 나이가 많은 상인(上人)이나 직위가 높은 강자를 존경하고 좋아하여 화친하게 지내며 도움을 받아 사업에 성공하였다.

⑲ 오만(傲慢)하게 보았으나 알고 보니 좋다고 한다

신왕(身旺) 하고 상관이 강한 명조(命造)는 상대가 처음 볼 때 냉정하고 태도가 거만하게 보여 접근하는데 부담이 되었으나 알고 보니 사람이 좋다고 하는 것이다. 이치(理致)는 상관은 정관을 극하여 상하게 하므로 자신은 안 그런 것 같은데 상대는 그 살기(殺氣)를 느끼기 때문이다.

```
        예 여명(女命)
   甲  甲  辛  丁 → 상관
   子  午  亥  未
```

이 명조(命造)는 갑목일주(甲木日主)가 해월(亥月)에 생하고 임수(壬水)가 사령(司令) 하여 득령(得令) 하고 인비(印比)가 생조(生助) 하여 신왕 하며 상관이 정관을 극하고 있다. 자신은 안 그런 것 같은데 처음 만나는 사람은 냉정하고 태도가 거만하게 보여 접근하는데 부담이 되었으나 알고 보니 사람 좋다는 이야기를 많이 듣는다는 사람이다.

⑳ 도화 상관은 애교가 많아

상관(傷官)이 있으면 애교가 없으나 도화(桃花) 상관이면 애교가 많은 것이다. 이치(理致)는 자존심이 강하므로 쑥스러워하기 때문이며 의식이 도화살이기 때문이다.

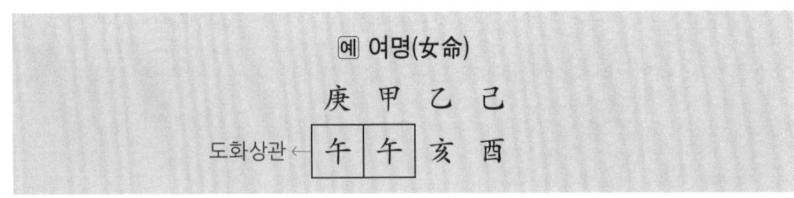

이 명조(命造)는 월지(月支)가 유(酉)이니 사유축(巳酉丑) 금국(金局)으로 의식(意識)인 오(午) 상관이 도화살이 된다. 애교(愛嬌)가 많고 사교성이 좋다.

21 남이 한 일은 마음에 안 들고 자신이 해야 만족

신왕하고 상관(傷官)이 강한 명조(命造)는 의심이 많아 눈으로 확인해야 믿는 것이며, 다른 사람이 한일은 마음에 들지 않고 자신이 해야 만족하므로 신세가 고달픈 것이다. 이치(理致)는 의식(意識)인 식상은 관성을 극(剋)하므로 상대를 불신(不信)하는 마음이 생성(生成)되기 때문이다.

```
        예 여명(女命)
              ┌상관
    己  壬  乙  己 → 정관
    酉  午  亥  未
```

이 명조(命造)는 신왕하고 상관(傷官)이 정관(正官)을 극(剋)하고 있다. 의심이 많아 눈으로 확인해야 믿는 사람이며, 다른 사람이 해 놓은 일은 마음에 들지 않고 자신이 해야 만족하므로 신세가 고달픈 사람이다.

22 통솔하는 것은 좋아하나 통제받는 것은 싫어해

신왕하고 상관이 있으면 자신이 통솔하는 것은 좋아하고 통제받는 것은 싫어하며, 책임을 맡으면 잘하나 간섭하면 하기 싫은 마음이 생성되는 것이다. 이치(理致)는 상관은 부하가 되고 통솔력이 되며 정관은 규제와 통제가 되는데 의식(意識)인 상관이 정관을 극(剋)하므로 규제와 통제받는 것을 싫어하는 마음이 생성되기 때문이다.

```
          [예] 여명(女命)
    상관 ← 壬 辛 丙 辛
          辰 卯 申 亥 → 상관
```

이 명조(命造)는 신왕하고 상관이 정관을 극(剋)하고 있다. 통솔력이 있고 통솔하는 것을 좋아하나 통제받는 것은 싫어하며, 책임을 맡겨주면 잘하나 하던 일도 간섭하면 하기 싫은 마음이 생성(生成)되는 사람이다.

23 말은 앞서가고 실천을 못 한다

식상이 혼잡하고 신약(身弱)하면 말은 계획을 세우고 잘하는 것 같으나 실천을 못 하며 실천을 하여도 벌려놓고 수습을 하지 못하며 자포자기(自暴自棄)하는 것이다. 이치(理致)는 신약하니 체질이 약하므로 피로가 쉽게 오고 추진력과 지구력(持久力)이 약하기 때문이다.

24 화려한 것을 좋아하고 혁신(革新)을 좋아한다

상관이 있으면 화려한 것을 좋아하고 자신을 화려하게 드러내려는 마음이 생성(生成)되어 사치를 잘하고 변화하는 혁신을 좋아하는 것이다.

이치(理致)는 상관은 홍보(弘報)가 되고 설기가 많이 되기 때문이며 또한 보수적인 정관을 충극하기 때문이다.

```
     [예] 여명(女命)
     庚 壬 丁 甲
     戌 申 卯 辰
```

이 명조(命造)는 식상(食傷)이 혼잡하다. 화려한 것을 좋아하고 자신을 화려하게 꾸미려는 마음이 생성(生成)되어 사치를 잘하며 새롭게 고치는 변화를 좋아하는 사람이다.

㉕ 혁신(革新)하는 변화를 싫어한다

상관(傷官)이 없고 정관이 있으면 혁신하지 못하는 것이다. 이치(理致)는 정관이 있으면 보수적이라 변화를 싫어하고 안정된 것을 좋아하기 때문이다.

> 예 남명(男命): 보수적
>
> 정관← 庚 乙 壬 丁
>   辰 未 寅 卯

이 명조(命造)는 상관이 없고 정관이 있으며 식신은 정임합(丁壬合)되었다. 대인 관계에서는 화합은 잘하나 보수적으로 전통적이고, 안정된 것을 좋아하며, 변화하는 개혁과 혁신을 싫어하는 사람이다.

㉖ 지능(知能)은 높으나 학문에 관심이 없다

상관이 유기(有氣)하고 인성(印星)이 없거나 정관이 없으면 지능은 높으나 공부에는 관심이 없어 공부를 안 하는 것이다. 이치(理致)는 학문인 인성이 없기 때문이고, 정관이 없고 상관이 강하면 방종(放縱)하여 제멋대로 행동하기 때문이다.

> 예 남명(男命)
>
> 甲 辛 壬 壬 →상관
> 午 酉 寅 申

이 명조(命造)는 상관이 유기(有氣)하여 총명하고 지능은 높으나 학문인 인성(印星)이 없어 공부에는 관심이 없고, 정관(正官)이 없어 방종(放縱)하니 제멋대로 행동하여 공부는 항상 꼴등을 면치 못하며, 의식인 상관이 생재(生財) 하여 돈 욕심이 많은 사람이다.

4. 상관(傷官)은 효심(孝心)

- 상관(傷官)은 편재를 정생(正生) 하는 것이다. 편재가 약하고 상관이 편재를 생하였으면 부친에게 효도하는 효심이 되는 것이다. 이치(理致)는 상관은 의식(意識)이 되고 약한 편재를 정생(正生) 하니 부친을 위하는 마음이 되기 때문이다.
- 부친에게 불효(不孝)한다. 식상이 혼잡 태강하여 관성을 충극하였으면, 부친에게 불효하는 언행(言行)이 되는 것이다. 이치(理致)는 관성은 부친의 의식(意識)이 되고 식상(食傷)은 자신의 의식이 되는데, 식상이 관성을 극(剋)하여 상(傷)하게 하므로 부친이 스트레스를 받기 때문이다.

5. 남명(男命) 상관론(傷官論) - 이분법 적용

▼ 상관(傷官)은 첩(妾)을 사랑하는 마음

남명(男命)에서 칠살에 충극 되고 상관이 편재를 생하고 있으면 10중 9는 작첩(作妾: 애인) 하여 첩(妾)을 사랑하게 되는 것이다. 이치(理致)는 상관은 편재를 정생(正生) 하기 때문이고, 칠살은 처의 자궁이 되며 자신을 사상(死傷)하는 살기가 되므로 처와 성관계하면 조루증이 오고 재미가 없으며, 다른 여자와 성관계하면 정력이 강해지고 재미가 있기 때문이다.

```
        ㉠ 남명(男命)
     ┌상관    ┌칠살
     壬 辛 丁 甲 → 정재
     辰 卯 卯 申
              └ 편재: 애인·후처
```

이 명조(命造)는 상관이 편재를 생하고 월상(月上)에 칠살이 있으며, 편재는 일지 안방에 있고 정재는 연상(年上)에 떨어져 있다. 상관 편재운인 을해년(乙亥年)에 애인을 만나 간통하다 칠살운인 정축년(丁丑年)에 처가 알게 되어 이혼하고 첩(妾)과 살고 있다.

▼ 정자(精子)와 난자(卵子)

남명(男命)에서 식상은 정자, 관성은 난자(卵子)가 되는 것이며, 여명(女命)에서는 식상은 난자가 되고, 인성은 정자가 되는 것이다. 그러므로 식상이 관성과 합(合)이나 충극(沖剋) 되는 운에 처(妻)가 임신을 하게 되는 것이다.

```
     ㉠ 남명(男命)       처(妻)의 명조(命造)
       己 辛 辛 辛         辛 戊 庚 丙
       亥 未 丑 丑         酉 午 子 午
```

이 명조(命造)는 정자(精子)인 상관과 난자(卵子)인 정관이 사해충(巳亥冲)이 되는 기사년(己巳年), 인해합(寅亥合) 되는 병인월(丙寅月)에 처(妻)가 임신하여 기사생(己巳生) 아들을 출산하였다. 처의 명조에서 기사년 병인월은 정자와 난자인 상관과 편인이 사유합(巳酉合) 병신합(丙辛合)이 되는 운이다.

▼ 무정자(無精子)

남명(男命)에서 식상(食傷)이 혼잡하여 태약한 명조(命造)는 정자가 약하거나 무정자(無精子)가 되는 것이다. 이치(理致)는 일주(日主)가 신약(身弱)하여 정자가 되는 식상이 부실하기 때문이다.

```
           [예] 남명(男命)
   정자 ← 甲 癸 己 庚
          寅 卯 卯 子
```

이 명조(命造)는 계수일주(癸水日主)가 묘월(卯月)에 생(生)하고 을목(乙木)이 사령(司令)하여 실령(失令)하고 식상이 혼잡 태강하여 인비(印比)가 생조(生助)하여도 신약하다. 처(妻)가 임신이 안 되어 병원에서 정액검사를 한 결과 정자가 약하여 임신이 안 된다는 결과가 나왔다.

▼ 사망한 자식이나 불구 자식이 있다

남명(男命)에서 상관이 강하여 정관을 충극 하였거나 관성이 입묘(入墓) 되었으면 자식이 사망하였거나 불구 자녀가 있는 것이다. 이치(理致)는 상관은 정관을 극(剋)하여 사상(死傷)하기 때문이고, 입묘는 무덤이 되기 때문이다.

```
               [예] 남명(男命)
              壬 丙 乙 丙
   관성입묘 ← 辰 午 未 戌
```

이 명조(命造)는 식상(食傷)이 혼잡 태강(太强)하고 관성이 입묘(入墓) 되었다. 아들 두 명에 딸이 세 명 있었는데 질병과 사고로 네 명이 사망하고 막내아들만 살아남았다.

✔ 자식이 사망하는 운(運)은?

▼ 남명(男命)에서 상관에 관성(官星)이 병(病)이나 사(死), 묘(墓)나 절(絶)이 되는 운에 자식이 질병이나 사고 등으로 사망할 확률이 가장 높은 것이다. 이치(理致)는 관성 자식입장에서 상관은 자신을 사상(死傷)하는 칠살이 되고, 병(病)은 인성이 절(絶)이 되어 일주(日主)를 생(生)할 수 없고 설기 되기 때문이며, 사(死)는 음양(陰陽)이 조화되어 설기가 과다하여 기운이 저절로 새어 나가기 때문이고, 묘(墓)는 입묘(入墓)로 죽어서 무덤에 들어가는 시기가 되기 때문이며, 절(絶)은 기(氣)가 다하여 일생이 끝나는 시기가 되기 때문이다.

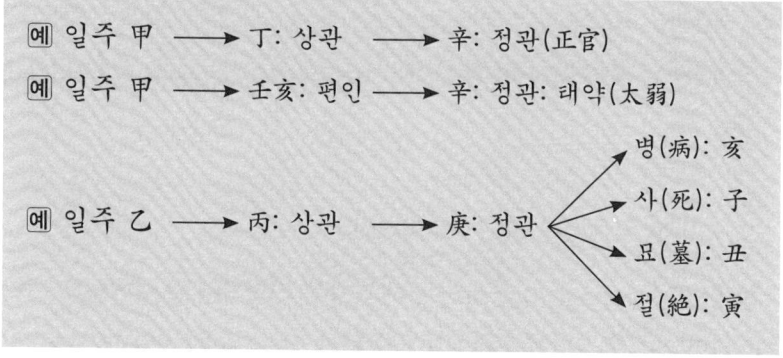

- 식신에 편관 병사묘절도 같은 원리이다.

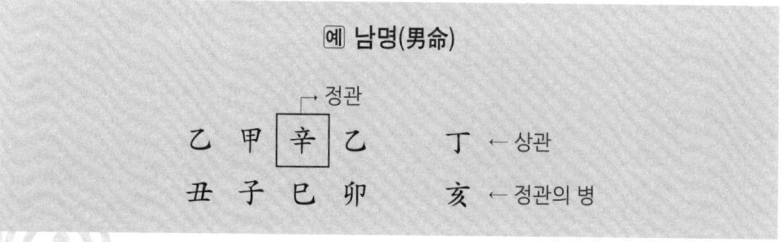

이 명조(命造)는 정관이 태약하고 관성이 입묘(入墓) 되었다. 상관이 정관을 정신극(丁辛剋)하고 관성의 병(病)이 되는 정해년(丁亥年)에 딸이 교통사고로 사망하였다.

[예] 남명(男命)

정관 ← 戊 癸 辛 辛   甲 ← 상관
       午 酉 卯 卯   申 ← 정관의 병

이 명조(命造)는 관성이 인성(印星)에 설기 되어 태약(太弱)하다. 상관에 관성이 병(病)이 되는 갑신년(甲申年) 병자월(丙子月), 무진일(戊辰日)에 아들이 군대에서 목욕 중 심장마비로 사망하였다.

[예] 남명(男命)

상관 ← 丙 乙 甲 庚   丙 ← 상관
       戌 酉 申 寅   子 ← 정관의 사

이 명조(命造)는 정관이 강하나 자식궁(子息宮)인 시상(時上)에 상관이 있다. 상관이 정관을 병경극(丙庚剋) 하고 관성(官星)의 사지(死支)가 되는 병자년(丙子年)에 아들이 교통사고로 사망하였다.

6. 여명(女命) 상관론(傷官論) - 이분법 적용

▼ 결혼하여 행복하게 살 자신이 없다

여명(女命)이 신왕 하고 식상(食傷)이 혼잡 태강하면 결혼하여 행복하게 살아갈 자신감이 없어 독신으로 살고 싶은 마음이 생성되는 것이다. 이치(理致)는 의식인 식상이 관성을 충극 하여 사상(死傷)하므로 생사(生死) 이별하게 되어 있기 때문이다.

```
           예 여명(女命)
    상관 ← 辛 戊 庚 乙 → 정관
           酉 戌 辰 巳
```

이 명조(命造)는 무토일주(戊土日主)가 진월(辰月)에 생하고 무토(戊土)가 사령(司令) 하여 득령(得令) 하였으며, 인비(印比)가 생조(生助) 하여 신왕 하고 식상이 혼잡 태강하며 정관이 태약하다. 결혼하여 행복하지 못하고 불행할 것 같은 마음이 생성(生成)되어 결혼을 하지 않고 45세가 넘도록 독신으로 살고 있다.

▼ 신왕(身旺) 상진(傷盡)은 나이 많은 사람을 좋아해

여명(女命)이 상관이 강하고 정관이 없어 상진(傷盡)이 되면 자신보다 나이가 많은 남자를 좋아하고, 나이가 어린 남자를 싫어하는 것이다. 이치(理致)는 자존심이 강하고 나이가 작은 사람은 동생같이 생각되어 의지가 안 되고 남자로 생각되지 않기 때문이다.

```
                예 여명(女命)
                  ┌ 상관
                  丙 乙 丙 己
    겁재의 남편: 辛 ← 戌 亥 寅 亥 → 정인
                      └ 겁재
```

이 명조(命造)는 을목일주(乙木日主)가 인월(寅月)에 생하고 갑목(甲木)이 사령(司令) 하여 득령(得令) 하고, 겁재와 인성이 생조(生助) 하여 신왕 하며 상관이 혼잡 태강하나 정관이 없어 상진이 되었다. 자신보다 나이가 많은 사람은 의지가 되어 좋아하고, 나이가 어린 남자는 남자로 보이지 않고 동생처럼 생각되어 싫어한다는 여인이다.

- 자신보다 나이 어린 남자를 좋아한다.

  여명(女命)이 신왕(身旺)에 상관(傷官)이 있고 정관이 있으면 나이 어린 남자를 좋아하는 것이다.

  이치(理致)는 상관이 견관(見官) 되면, 상인(上人)이나 남편과는 대화가 안 되며 복종하는 것을 싫어하고 자신의 의지 대로 행동하는 것을 좋아하기 때문이며, 나이 어린 남자는 약자(弱者)로 생각되어 동정(同情)하고 자신의 의지대로 행동하여도 부담을 느끼지 않기 때문이다.

- 상관(傷官)과 정관이 있어도 신약하고 인성(印星)이 용신이나 희신이면 나이가 많은 남자를 좋아하는 것이다.

  이치(理致)는 신약하고 인성이 있으면 관인상생(官印相生)으로 도움을 받을 수 있으니 상인(上人)은 의지가 되어 마음이 편안하기 때문이다.

▼ 남자의 단점이 잘 보여

여명(女命: 미혼녀)에서 상관이 있고 정관이 있으면 남자를 만나 교제하면 처음에는 상냥하고 친절하게 대하다가 사이가 가까워질 만하면 남자의 단점(短點)이 잘 보여 불친절하고 냉정(冷情)하게 대하다 이별하므로 마음에 드는 남자가 없는 것이다.

이치(理致)는 의식인 상관이 정관을 극하기 때문이다.

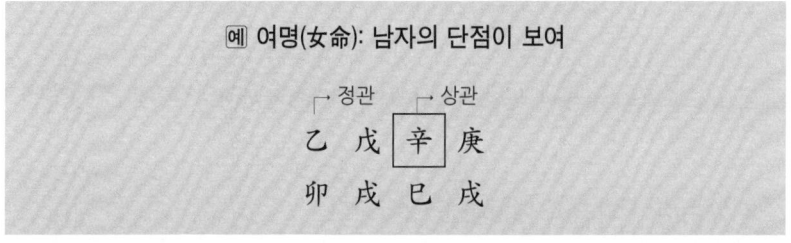

이 명조(命造)는 식상이 강하고 상관이 정관을 을신충(乙辛冲) 하였다. 남자가 잘 따르지 않으며 남자가 마음에 들어 교제하다 보면 처음에는 상냥하고 친절하게 대하다 가까

워질 만하면 남자의 단점이 잘 보여 무시하는 마음이 생성되므로 불친절하고 냉정하게 대하다 헤어지니 마음에 드는 남자가 없어 40세가 넘도록 결혼을 못하였다.

▼ 상관(傷官) 견관(見官)은 남편에 대항 안 해

여명(女命)에서 상관이 정관을 충극 하였으면, 남편이 구박하고 성질 내면 대항하지 않고 자리를 피하게 되는 것이다.

이치(理致)는 대항하면 구타당한다는 것을 알기 때문이다.

예 여명(女命): 남편에게 대항 안해

　　　┌ 상관　┌ 정관
　　　丁　甲　辛　丙
　　　卯　戌　卯　申

이 명조(命造)는 시상(時上)에 상관이 월상(月上)에 정관을 정신극(丁辛剋) 하였다. 남편이 성질나 폭언하면 대항하지 않고 피하는 사람이다.

- 남편에게 대항(對抗)한다.

  신왕(身旺) 하고 상관이 태강하여도 정관이 없어 상진(傷盡)이 되면, 남편이 화내고 폭언(暴言)하면 피하지 않고 대항하며, 폭행하면 자신도 폭행하고 맞서 싸우는 것이며, 싸워서 이기는 것이다.

  이치(理致)는 성질나면 상관은 정관을 제압할 수 있기 때문이고, 자존심이 강하여 화나면 죽어도 이겨야 하기 때문이다.

▼ 남편이 구박하고 대항하면 구타한다

여명(女命)이 상관이 정관을 충극 하였으면, 남편이 자기 말이 법이고 대화가 안 되며, 구박하고 대항하면 구타하는 것이다.

이치(理致)는 상관은 정관을 극(剋)하여 사상(死傷)하기 때문이고, 상관은 정관 남편 입장에서 처(妻)의 의식이 되며 자신을 미워하는 증오심이 되고 자신을 사상(死傷)하는 칠살이 되므로 악(惡)의 식신을 생하여 칠살을 제(制)하고 살아남으려 하기 때문이다. 또한, 처의 말도 칠살이 되므로 처가 말을 하면 욱하고 화내며 말을 못하게 막으니 대화가 안 되는 것이다.

> 예 여명(女命): 남편이 구타
>
> ┌→ 정관: 壬을 생성, 丙을 제함
> 己 乙 庚 丙 →상관
> 卯 卯 子 申

이 명조(命造)는 을목일주(乙木日主)가 자월(子月)에 생하고 임수(壬水)가 사령(司令) 하여 득령(得令) 하였으며 묘(卯)에 통근(通根) 하고 인비가 생조(生助) 하여 신왕 하고 정관이 약하며 상관이 정관을 병경극(丙庚剋) 하였다. 남편이 자기 말이 법(法)이고 대화가 안 되며, 구박하고 술을 먹으면 시비 구타하여 상관운인 병자년(丙子年)에 가출 후 이혼하였다.

▼ 남편이 순종(順從)한다

여명(女命)에서 식상이 혼잡 태강하고 정관이 태약(太弱)하며 상관에 충극 되지 않고 식신과 합이 되거나 암장(暗藏)되어 있으면 남편이 무능하여 자신이 가정을 주도하고 남편은 자신이 하자는 대로 따르고 순종하는 공처가가 되는 것이다.

이치(理致)는 정관이 약하여 세력에 종(從)하기 때문이다.

> 예 여명(女命): 남편이 순종해
>
> 壬 戊 乙 庚 → 식신과 정관이 합
> 戌 午 酉 辰

이 명조(命造)는 식상이 혼잡 태강(太强)하고 정관이 태약하며 상관에 충극 되지 않고, 식신과 을경합(乙庚合)이 되었다. 남편이 무능하여 자신이 가장 역할을 하여 가정을 주도하고 남편은 자신이 하자는 대로 순종하며 자신은 남편을 불쌍하게 여기고 동정하는 사람이다.

- 상관운(傷官運)에 남편이 발전한다.
  여명(女命)에서 정관이 강하면 상관이 정관을 충극 하여도 남편과 대화가 잘되고 구박하거나 구타하지 않으며, 상관운에 남편이 발전하는 것이다.
  이치(理致)는 정관 남편입장에서 상관은 편관이 되고, 신강(身强)하니 재관이 용신이 되기 때문이다.

  [예] 여명(女命)

  상관← 癸 庚 丁 甲
  　　　 未 寅 卯 午

  이 명조(命造)는 경금일주(庚金日主)가 묘월(卯月)에 생(生)하고 을목(乙木)이 사령(司令)하여 실령(失令) 하였으며, 재관이 태강하여 인성(印星)이 생조(生助) 하여도 신약하다. 재성이 정관을 생(生)하고 정관이 오미(午未)에 통근(通根) 하여 태강하므로 정관입장에서는 재관이 용신이 되는 셈이다. 상관이 정관을 정계충(丁癸冲) 하였어도 남편과 대화가 잘되고 남편이 구박구타하지 않으며 상관운인 계미년(癸未年)에 남편이 직장에서 승진하였다.

- 남편이 무능하고 성공하지 못한다.
  여명(女命)이 상관이 혼잡 태강하고 정관이 약하면 남편이 발전하지 못하고 매사 실패하게 되는 것이다.
  이치(理致)는 상관은 정관을 극하여 사상(死傷)하기 때문이고 정관 입장에서 상관은 자신을 사상하는 칠살이 되고, 칠살은 재성이 생한 것이니 재물로 인한 고통이 되기 때문이다.

▼ 남편이 조루증(早漏症)이다

여명(女命)에서 상관이 정관을 충극 하였으면 남편이 조루증으로 성관계하면 5분도 못 가 사정을 하는 것이다. 이치(理致)는 상관은 남편 입장에서는 처의 자궁이 되고, 자신을 사상(死傷)하는 칠살이 되기 때문이며 이것을 자궁살이라고 하는 것이다.

```
           예 여명(女命)

        ┌ 상관      ┌ 정관
         壬  辛  丙  庚
         辰  卯  戌  子
```

이 명조(命造)는 정관을 상관이 임병충(壬丙沖) 하였다. 남편이 조루증으로 성관계하면 발기가 잘 안 되고 3분도 못 가 사정하여 재미가 없다는 여인이다.

▼ 애인은 정력이 강하고 남편은 조루증(早漏症)이다

여명(女命)에서 상관이 강하고 정관을 충극 하였으며 식신이 없으면 남편은 조루증으로 5분도 못 가 사정하는데 애인과 성관계하면 정력이 강하여 30분 이상 성관계를 하므로 재미가 있고 오르가슴(성적 쾌감)을 느끼게 되는 것이다.

이치(理致)는 상관은 정관을 사상(死傷)하고 편관은 사상하지 않기 때문이다.

```
        예 여명(女命)
   상관 ← 丙 乙 己 乙
        戌 酉 卯 巳 → 庚: 정관
              └ 편관: 애인
```

이 명조(命造)는 상관이 혼잡하여 정관을 극(剋)하고 일지(日支) 안방에 편관이 있으며 편관을 극(剋)하는 식신은 없다. 남편과 성관계하면 조루증으로 5분도 못 가 사정하는데, 애인은 정력이 강하여 30분 이상 성관계를 즐긴다는 여인이다.

▼ 남편이 작첩(作妾) 애인을 만난다

여명(女命)이 상관이 정관을 충극 하고 정관이 겁재와 동주(同柱) 또는 합(合)이나 충극 되었으면, 겁재운이나 상관운에 남편이 작첩(作妾: 애인)하는 것이다. 이치(理致)는 남편 입장에서 상관은 처의 의식이 되고 자신을 미워하는 증오심이 되며 자궁이 되고, 자신을 사상(死傷)하는 칠살이 되므로 처와 성관계하면 조루증이 오고 재미가 없으며 다른 여자와 성관계하면 정력이 강해지고 재미가 있기 때문이다.

```
        예 여명(女命)
      ┌ 상관
      庚 己 癸 甲 → 정관
      午 卯 酉 辰 → 겁재
```

이 명조(命造)는 상관이 정관을 갑경충 하고 정관은 연주(年柱)에서 겁재와 동주(同柱)하고 있으며, 일지(日支) 안방에는 겁재의 남편 편관이 있다. 남편이 자기 말이 법(法)이고 구박하였으며 상관운인 경진년(庚辰年)에 남편이 애인을 만나 이혼하였다.

▼ 남편의 애인 관계가 발각되는 운은?

여명(女命)에서 남편의 애인관계를 알게 되는 운은 상관운이 되고, 남편의 명조(命造)에서 칠살운이 되는 것이다. 이치(理致)는 상관은 의식(意識)이 되고, 남편을 미워하는 증오심이 되며, 이별살이 되니 남편이 미움받고 이혼할 언행(言行)을 하게 되어 있기 때문이다.

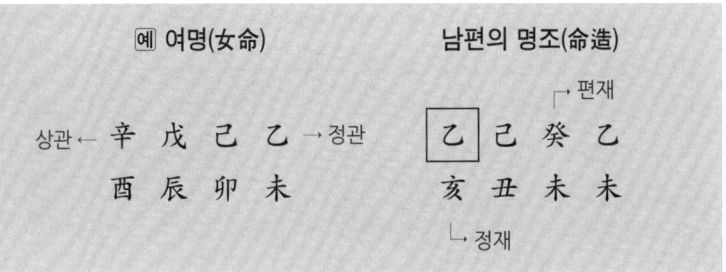

이 명조(命造)는 정관이 겁재와 동주(同柱)하고 상관이 정관과 묘유충(卯酉沖)이 되었으며, 남편의 명조에서는 재성이 혼잡하고 칠살에 을기극(乙己剋)이 되었으니 남편이 작첩(作妾: 애인) 할 명조이다. 정관 상관운인 을유년(乙酉年)에 남편이 애인 만나 간통하고 있는 사실을 알게 되어 이혼하였다. 남편의 명조에서는 을유년(乙酉年)은 을기극(乙己剋) 하는 칠살운이다.

▼ 이혼(離婚)하는 운(運)은

여명(女命)에서 상관이 정관을 충극 하였거나 비겁(比劫)과 관성이 혼잡하여 이혼할 확률이 있는 명조(命造)는 상관운이나 겁재운에 10중 9는 이혼하는 것이다.

이치(理致)는 상관은 남편을 미워하는 증오심이 되기 때문이고, 겁재는 남편의 첩(妾: 애인)이 되기 때문이다.

정관 남편입장에서 상관은 처(妻)의 의식이 되고 자신을 사상(死傷)하는 칠살이 되므로 악(惡)의 식신을 생(生)하여 칠살을 제(制)하고 살아남으려 자기 말이 법(法)이고 처를 구박하니 불화하게 되고, 처와 성관계하면 정력이 약해져 조루증이 오고 다른 여자와 성관계하면 정력이 강해져 재미가 있으므로 작첩 하기 때문이다.

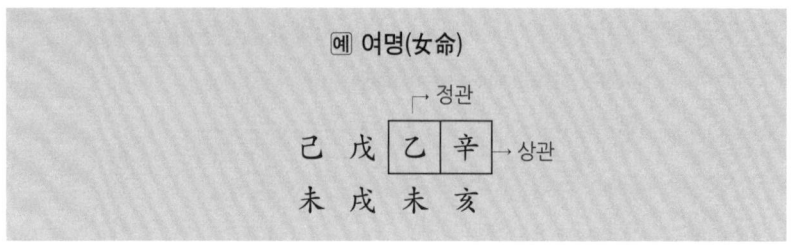

[예] 여명(女命)

정관
己 戊 乙 辛 → 상관
未 戌 未 亥

이 명조(命造)는 비겁이 혼잡하고 정관이 겁재와 동주(同柱)하고 있으며 상관이 정관을 신을충(辛乙冲) 하였으니 이혼할 확률이 높은 명조다. 상관운인 신사년(辛巳年)에 남편이 애인 만나 간통하여 이혼하였다.

▼ 여명(女命)에서 상관운은 남편의 명조(命造)에서 칠살이나 겁재운이 되어야 이혼하는 것이다. 여명(女命)에서 상관운인데 남편의 명조(命造)에서 겁재나 칠살운이 아니면 불화하거나 이혼하지 않는 것이다. 이치(理致)는 여명에서 이혼할 운이면 남편의 명조에서도 이혼할 운이 일치되어야 하기 때문이다.

[예] 여명(女命)　　　　남편의 명조(命造)

　　편관　　　　칠살　　정재
癸 乙 辛 庚　　丙 庚 乙 庚
未 巳 巳 子　　子 申 酉 寅
　　└ 庚: 정관　　　　　└ 겁재

이 명조(命造)는 관성(官星)이 혼잡하고 상관이 정관을 극(剋)하고 편관과 병신(丙辛)으로 간지(干支) 암합(暗合)이 되었으며, 남편의 명조에서는 비겁(比劫)이 혼잡하고 정재와 겁재가 월주(月柱)에 동주(同柱)하였으며, 칠살이 일주(日主)를 병경극(丙庚剋) 하였으니 이혼할 확률이 높은 명조가 된다. 여명에서 상관운이 남편의 명조에서 칠살이 되는 병자년(丙子年)에 애인 만나 간통하다가 남편에게 발각되어 이혼하였다.

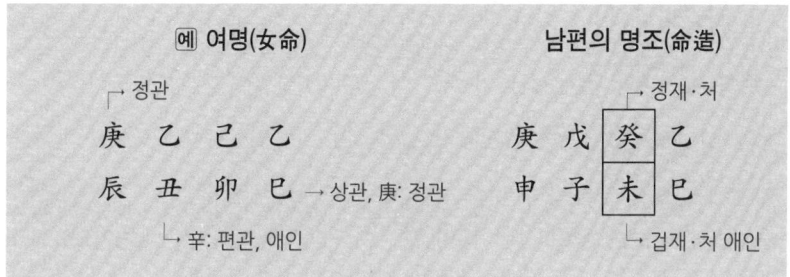

이 명조(命造)는 정관이 시상(時上)에 있고 일지(日支) 안방에는 애인 편관이 암장(暗藏)되어 있으며, 연지(年支)에 상관과 정관이 동주(同柱)하고 있으니 애인 두고 간통하다 이혼할 확률이 높은 명조이다. 비견 편관운이고, 편관이 일지(日支)에 합(合)이 되는 을유년(乙酉年)에 애인을 만나 간통하며 살고 있다. 상관이 정관을 병경극(丙庚剋) 하는 병술년(丙戌年)은 남편과 불화하고 이혼할 것 같으나 남편의 명조에서 일주(日主)가 무토(戊土)이니 병술년(丙戌年)은 칠살이나 겁재가 아니므로 불화하거나 이혼하지 않았다. 남편의 명조에서는 정재와 겁재가 동주(同柱)하고 있으므로 처에게 애인이 있는 것이다.

▼ 유산(流産), 낙태(落胎)

여명(女命)에서 식상은 자식이 되고 태아가 되는 것이다. 식상이 인성과 형충 되는 운에 유산이 되거나 낙태를 하는 것이다. 이치(理致)는 형충으로 식상이 사상(死傷) 되기 때문이다.

```
           예 여명(女命)
       乙 甲 庚 丙 → 식신    壬 → 편인
       丑 辰 子 午           午 → 상관
```

이 명조(命造)는 식상이 인성과 병임충(丙壬冲), 자오충(子午冲)되는 임오년(壬午年) 임자월(壬子月)에 유산이 되었다.

▼ 사망한 자식이 있다

여명(女命)에서 식상이 태약하고 인성(印星)에 충극 되었거나 식상이 입묘(入墓), 또는 삼형이나 백호살이 되었으면, 사망한 자식이 있거나 사망하는 것이다.

이치(理致)는 인성에 충극 되면 식상이 사상(死傷) 되기 때문이고, 입묘는 자식의 무덤이 되기 때문이며, 삼형은 강하면 부러지고, 과다하면 넘치고 무너져서 상(傷)하기 때문이며, 백호살은 혈광지살(血光之殺)이 되기 때문이다.

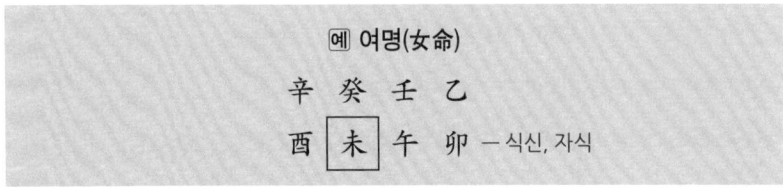

이 명조(命造)는 식상(食傷)이 미(未)에 입묘(入墓) 되고 편인이 식신을 묘유충(卯酉冲) 하였다. 자식을 여덟 명을 두었다가 여섯 명이 사고나 질병, 자살 등으로 사망하고 두 명만 살아남았다.

✔ 자식이 사망하는 운(運)은?

▼ 여명(女命)에서 식상이 태약(太弱)하면 식상이 인성(印星)에 충극 되는 운(運)이나 식상을 설기 하는 재성운에 사망하는 것이다. 이치(理致)는 식상이 인성에 충극 되어 사상(死傷) 되기 때문이고 약한 식상이 재성에 설기 되어 상(傷)하기 때문이다.

예 여명(女命)

식신: 자식

己	丁	庚	丙
酉	卯	子	申

이 명조(命造)는 시상(時上)에 식신이 무근(無根)이고 재성에 설기 되어 일주(日主)와 겁재가 생(生)하여도 태약하다. 아들과 딸이 있는데 식신을 설기 하는 갑신년(甲申年)에 아들이 뇌출혈로 사망하고, 편인이 식신을 극하고 설기 하는 을유년(乙酉年)에 딸도 뇌출혈로 급사(急死)하여 무자(無子)가 되었다.

▼ 여명(女命)에서 식상이 태약하고 인성에 충극 되었거나 입묘(入墓) 또는 삼형살, 백호살 등이 되었으면, 식상이 인성에 충극 되고 병(病)이나 사(死), 묘(墓)나 절(絕)이 되는 운(運)에 자식이 사망하는 것이다.

이치(理致)는 식상 자식 입장에서 인성은 자신을 사상(死傷)하는 칠살이 되고, 병사(病死)는 설기 되어 상(傷)하니 병들고 사망하기 때문이며, 묘(墓)는 무덤으로 입묘(入墓) 되기 때문이고, 절(絕)은 기(氣)가 다하여 일생이 끝나는 시기가 되기 때문이다.

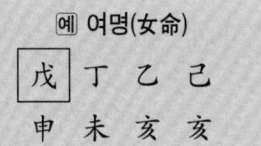

예 여명(女命)

戊	丁	乙	己
申	未	亥	亥

이 명조(命造)는 정인이 상관을 갑무극(甲戊剋) 하고 식상에 병(病)이 되는 갑신년(甲申年)에 아들이 병사(病死)하였다.

```
           예 여명(女命)

              庚  庚  乙  戊
             ┌─┐
             │辰│ 寅  丑  戌
             └─┘
```

이 명조(命造)는 인성이 혼잡 태강하고 식상이 진(辰)에 입묘(入墓) 되었다. 상관이 자진합(子辰合)으로 입묘(入墓) 되는 무자년(戊子年)에 아들이 골수암으로 사망하였다.

▼ 내 자식과 겁재(劫財)의 자식은

여명(女命)에서 편관과 식상이 있고 겁재가 없으면 남편을 편관으로 만난 것이니, 식상은 자신이 낳은 자식이 되는 것이다. 그러나 겁재가 있으면 편관은 겁재의 남편이 되므로 겁재와 가까이 있는 식상은 겁재가 낳은 자식이 되므로 자신은 후처(後妻)가 되는 것이다.

이치(理致)는 겁재가 있으면 편관은 겁재 입장에서 정관이 되기 때문이다.

```
  예 여명(女命)1                    여명(女命)2

              ┌편관                           ┌편관
    壬 壬 甲 戊                  壬 壬 甲 戊
                                              ┌─┐
    寅 申 寅 戌                  寅 申 寅 │子│→겁재
                                              └─┘
          └식신                     └자식   └겁재의 자식
```

여명1의 명조(命造)는 연주(年柱)에 편관이 있고 월주(月柱)에 식신이 있으며 겁재가 없다. 그러므로 편관이 남편이 되고 월주(月柱)에 식신은 자신이 낳은 자식이 된다.

여명2의 명조(命造)에서는 연주(年柱)에 편관과 겁재가 동주(同柱)하고 있으니 편관은 겁재의 남편이 되므로 월주(月柱)에 식신은 겁재가 낳은 자식이 되고, 시지(時支)에 식신은 자신이 낳은 자식이 되므로 이 명조는 첩(妾)으로 살고 있는 것이다.

▼ 입양(入養)한 자식이 있다

여명(女命)이 신약하고 겁재가 있으며 겁재가 생(生)한 식상이 정관과 합(合)이 되었으면 자식을 못 낳아 남의 자식을 입양(入養)한 것이다.

이치(理致)는 남편의 가문에 대(代)를 승계하는 것이니 정관과 합(合)이 되는 것이며, 일주(日主)가 약하거나 식상이 약하면 임신이 안 되어 자식을 낳을 수 없기 때문이다.

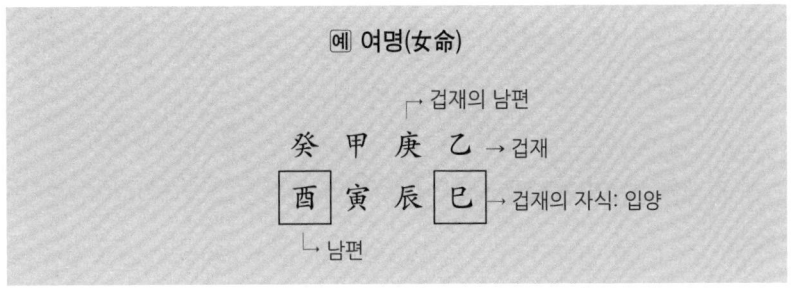

이 명조(命造)는 일주(日主)가 생(生)한 식상은 없고 연주(年柱)에 겁재가 있고 겁재가 생한 식신이 정관과 사유합(巳酉合)이 되었다. 불임으로 자식을 두지 못해 경진년(庚辰年) 신사월(辛巳月)에 아들을 입양하였다.

▼ 겁재(劫財)가 내 자식을 양육한다

여명(女命)에서 연주(年柱)에 비견과 식상(食傷)이 동주(同柱)하고 월주(月柱)에 정관과 겁재가 동주하고 있으면, 자신이 낳은 자식을 겁재가 양육하는 것이다.

이치(理致)는 연주에 비견은 과거에 자신이 되고, 식상은 자신이 낳은 자식이 되는 것이며, 월주(月柱)에 겁재는 남편의 재혼녀가 되기 때문이다.

```
        [예] 여명(女命)
       ┌ 재혼남  ┌ 남편
         丁  辛  丙  辛  → 과거의 자신
         酉  未  申  亥  → 자신이 낳은 자식
                    └ 남편의 재혼녀
```

이 명조(命造)는 연주(年柱)에 비견과 상관이 있고, 월주(月柱)에는 정관과 겁재가 동주(同柱)하고 있으며, 시상(時上)에는 편관이 있다. 이혼하고 남편이 자식과 살다가 재혼하여 자신이 낳은 자식을 남편의 재혼녀 겁재가 양육하고 있다.

▼ 겁재(劫財)의 자식을 내가 양육(養育)한다

여명(女命)에서 정관이 없고 편관만 있으며, 겁재가 있고 겁재가 생한 식상이 일지(日支)나 시지(時支)에 합(合)이 되었으면, 겁재가 낳은 자식을 자신이 양육하는 것이다. 이치(理致)는 편관은 겁재의 남편이 되고, 편관이나 겁재와 가까이 있는 식상은 겁재가 낳은 자식이 되기 때문이다.

```
          [예] 여명(女命)
          庚  癸  丙  己 → 편관
          申  未  子  卯 → 겁재가 낳은 자식
      편관: 식상, 암장 ┘  └ 壬: 겁재
```

이 명조(命造)는 연주(年柱)에 편관과 식신이 동주(同柱)하고 월지(月支)에는 겁재가 암장(暗藏)되어 있으며, 식신과 편관이 일지(日支) 안방에 묘미합(卯未合) 하여 들어와 있다. 처녀가 자식 낳고 상처(喪妻)한 남자와 결혼하여 겁재가 낳은 자식을 자신이 양육하였다.

▼ 이혼(離婚)하면 자식은 자신과 살아

여명(女命)에서 식상이 일지(日支)나 시주(時柱)에 있고, 합(合)이나 충극이 없으면 남편과 이혼하고 자식은 자신과 살게 되는 것이다.

이치(理致)는 충극이 없어 동요(動搖)되지 않고 가까이 있기 때문이다.

[예] 여명(女命)

```
        ┌ 상관      ┌ 겁재: 남편의 애인
        庚  己  戊  甲  → 남편: 정관
        午  丑  辰  辰
                 └ 辛: 식신
```

이 명조(命造)는 정관이 연주(年柱)에 있고 겁재가 월상(月上)에 있으며, 식상은 일지(日支)와 시상(時上)에 있다. 이혼하고 자식은 자신과 살고 있다.

▼ 자식이 남편과 살게 된다

여명(女命)이 식상이 연월주(年月柱)에서 정관과 동주(同柱)하였거나 가까이 있고 이혼하면 자식은 남편과 살게 되는 것이다. 이치(理致)는 식상이 연지(年支)에 떨어져 있고 정관과 가까이 있기 때문이다.

[예] 여명(女命)

```
        乙  己  丙  庚  → 아들
        亥  卯  戌  寅  → 정관: 남편
                 └ 겁재: 남편의 재혼녀
```

이 명조(命造)는 상관과 정관이 연주(年柱)에 동주(同柱)하고 월지(月支)에는 남편의 재혼녀와 겁재가 있다. 이혼 후 자식은 남편과 살고 있다.

▼ 자식이 모친과 살고 있다

여명(女命)에서 식상이 정인과 합(合)이 되거나 동주(同柱) 또는 가까이 있으면 이혼하고 자식은 모친과 살게 되는 것이다.

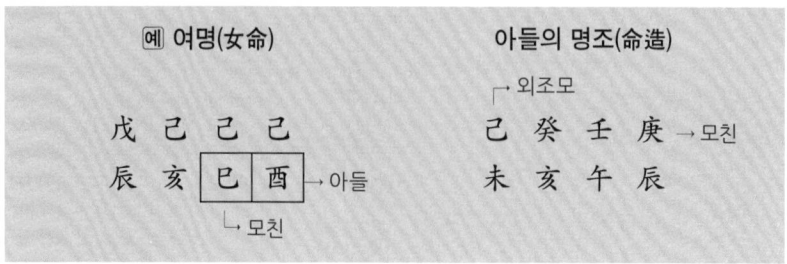

이 명조(命造)는 연지(年支)에 식신이 월지(月支)의 정인과 사유합(巳酉合)이 되었다. 이혼하고 아들은 친정에서 모친과 살고 있으며 자신은 직장에 다니고 있다. 아들의 명조에서는 시주(時柱)에 외조모 편관이 일주(日主) 가까이 있다.

▼ 양자(養子)를 보내거나 자식이 행방불명

식상(食傷)이 연주(年柱)에 떨어져 있으면 자식을 양자(養子)로 보내거나 자식이 행방불명이 되는 것이다. 이치(理致)는 자식인 식상이 원주(遠柱: 멀 원, 기둥 주)에 떨어져 있기 때문이다.

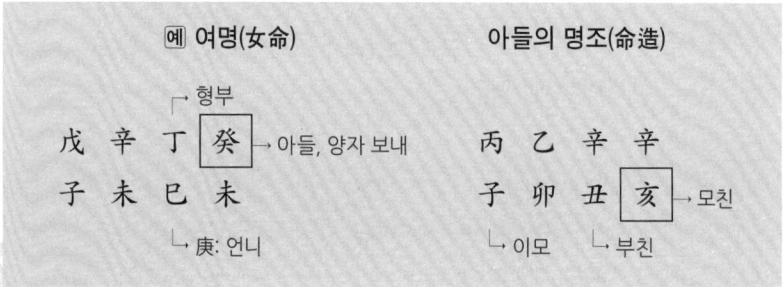

이 명조(命造)는 식신이 연상(年上)에 떨어져 있고, 월상(月上)에 형부, 편관이 있다. 언니가 불임으로 자식을 낳지 못해 자신의 아들을 미국에 사는 형부에게 양자로 보냈다. 아들 명조에서는 모친, 정인이 연지(年支)에 떨어져 있고, 이모, 편인은 시지(時支)에 가까이 있다.

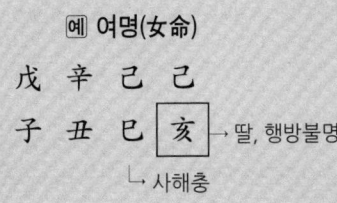

이 명조(命造)는 상관이 연지(年支)에 있고 사해충(巳亥冲)이 되었다. 상관이 사해충(巳亥冲)이 되는 기사년(己巳年)에 시골에 살고 있는데 딸을 데리고 서울에 갔다가 딸이 행방불명되어 찾지 못하였다.

- 식상이 충극(沖剋)되는 운에 자식과 떨어져 산다.

식상(食傷)이 충극 되는 운에 자식과 떨어져 살게 되는 것이다. 이치(理致)는 충극 되면 동요(動搖: 흔들려 움직임)되기 때문이다.

▼ 자식을 만나는 운은

여명(女命)에서 이혼하여 자식과 떨어져 살고 있어 만나지 못하다가 만나는 운(運)은, 식상(食傷)이 일지(日支)나 시지(時支)에 합(合)이 되는 운에 자식을 만날 수 있는 것이다.

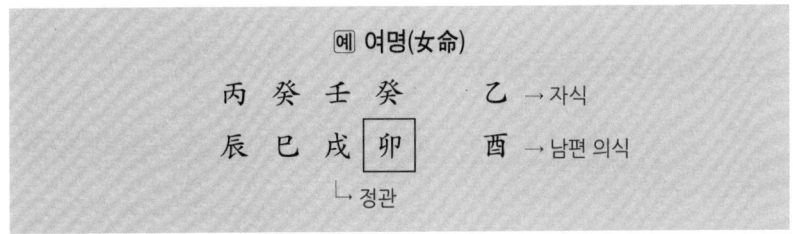

이 명조(命造)는 식신이 연지(年支)에 떨어져 있고 정관과 묘술합(卯戌合)이 되었다. 이혼하여 자식이 남편과 살고 있으니 만나지 못한다. 식신과 편인이 일지(日支)로 사유합(巳酉合)이 되는 을유년(乙酉年) 무인월(戊寅月)에 아들과 이혼한 남편을 만났다.

▼ 자궁이나 유방에 질병(疾病)이 발생한다

여명(女命)에서 식상(食傷)은 자궁이 되고, 유방이 되는 것이다.

인성과 식상이 형충 되는 운(運)에 자궁이나 유방에 질병이 발생하는 것이다. 이치(理致)는 삼형은 과다하면 넘치고 무너져서 상(傷)하고, 굳고 빳빳하면 부러져 상(傷)하기 때문이며, 충극 되면 식상이 상하기 때문이다.

예 여명(女命)
庚 乙 癸 丁
辰 亥 丑 巳 → 상관, 자궁

이 명조(命造)는 식상이 인성에 정계충(丁癸冲), 사해충(巳亥冲)이 되어 상(傷)하였다. 식상이 인성에 정계충(丁癸冲), 사해충(巳亥冲)이 되는 정해년(丁亥年)에 난소종양으로 난소 제거 수술을 받았다.

7. 조모(祖母)

상관(傷官)은 조모가 되고 편인은 조부가 된다.

▼ 조모가 장수(長壽)하였다

비겁(比劫)이 생조(生助) 하여 상관이 유기(有氣) 하면 조모가 장수(長壽)하는 것이다.

예 남명(男命)
┌→ 조모
丁 乙 丙 壬
亥 未 午 寅

이 명조(命造)는 비겁이 상관을 생조(生助) 하여 상관이 유기(有氣) 하다. 조모가 100세가 넘도록 장수(長壽)하였다.

▼ 조모(祖母)가 단명(短命)하였다

인성(印星)이 혼잡 태강(太强)하고 상관이 약하며 정인이 상관을 충극 하였거나 입묘(入墓) 되었으면 조모가 단명한 것이다. 이치(理致)는 상관 조모 입장에서 정인은 자신을 사상(死傷)하는 칠살이 되며 입묘는 무덤이 되고, 조부 입장에서 정인은 정재를 사상(死傷)하는 겁재가 되기 때문이다.

[예] 남명(男命)

丁 庚 戊 己 → 정인: 조부, 겁재
亥 午 辰 未
　작은조모 ┘　　　└ 癸: 조모, 입묘

이 명조(命造)는 인성이 혼잡 태강하고 상관이 진(辰)에 입묘(入墓) 되었다. 조모가 단명하고 조부가 재혼하여 조모가 둘이다.

8. 식상(食傷) 업보론(業報論)

▼ 전생에서 동물을 살생(殺生)한 업(業)이 많으면 그 업보(業報)로 동물에 해당하는 식상에 삼형살이 생성되고, 금생(今生)에서 그 응보(應報)를 받게 되니 자식이 사망하게 되는 것이다.

> 예 **여명(女命)**
>
> 丁 丁 庚 戊
> 未 丑 申 戌 → 식상: 삼형살

이 명조(命造)는 전생에서 네 발 달린 동물들을 살생(殺生)한 업(業)이 있어 그 업보로 식상에 축술미(丑戌未) 삼형살이 생성되었다. 임신을 하였다가 개에 놀라 유산을 하였고, 아들 한 명을 두었다가 신미년(辛未年)에 아들이 심장병으로 사망하였다.

▼ 여명(女命)이 전생에서 이타행(利他行)으로 복(福)을 지은 업(業)이 있으면 그 업보(業報)로 식상이 유기(有氣)하게 생성되어 자식이 창성하고 효도하는 것이다. 이치(理致)는 전생에서 자신에게 가장 많이 은혜를 받았던 인연들이 자식으로 점지되기 때문이다.

> 예 **여명(女命)**
>
> 戊 辛 丙 甲
> 戌 酉 子 子 → 자식

이 명조(命造)는 전생에서 이타행(利他行)으로 복(福)을 지은 업(業)이 있어 그 업보로 자월(子月)에 식신이 청정(淸淨)하고 유기(有氣)하게 생성(生成)되었다. 자식이 네 명인데 교수, 사업가 등으로 출세하였으며 모두 효자다.

▼ 전생(前生)의 악연이 자식으로 태어나려 임신이 되면 태아를 칼로 자르고 토막 내어 죽이는 낙태 수술을 하게 되는 것이다. 이치(理致)는 낙태시키고 싶은 마음이 생성(生成)되기 때문이다.

예 여명(女命)
乙 丙 壬 癸
태아: 자식 ← 未 申 戌 卯

이 명조(命造)는 정인 정자와 난자(卵子) 식상이 묘술합(卯戌合), 묘미합(卯未合) 되는 기묘년(己卯年)에 전생의 악연이 입태(入胎) 되자 낙태시키고 싶은 마음이 생성되어 식신이 진술충(辰戌冲) 되는 경진년(庚辰年)에 태아를 칼로 자르고 토막 내어 죽이는 낙태수술을 하였다.

▼ 전생(前生)에서 남자로 많은 여자들을 간통이나 강간한 업(業)이 있으면, 그 업보(業報)로 도화 식상이 편재를 생(生)하도록 생성(生成)되고, 그 응보(應報)를 금생(今生)에서 받게 되니, 큰돈을 탐하는 마음이 생성되어 창녀가 되고 많은 남자들에게 성적 농락을 당하게 되는 것이다. 이치(理致)는 상관은 자궁이 되고, 도화 상관이 생재(生財) 하니 자궁으로 돈을 버는 것이 되므로 창녀를 하고 싶은 마음이 생성(生成)되며, 창녀를 할 수밖에 없는 환경이 생성(生成)되기 때문이다.

예 여명(女命)
癸 戊 己 丁
亥 子 酉 酉 → 자궁: 도화 의식
편재 ┘ └ 정재

이 명조(命造)는 전생에서 남자로 태어나 음란하여 많은 여자들을 간음 강간한 업(業)이 있어 그 업보로 도화상관이 재성을 생(生)하도록 생성되었다. 18세에 창녀가 되어 48세까지 창녀 생활을 하였다.

▼ 전생에서 부귀(富貴)한 가문에 태어나 하인을 학대한 업(業)이 있으면, 그 업보로 상관이 정관을 충극 하도록 생성되어 여명(女命)은 남편이 구박하고 구타하며, 남명(男命)은 자식이 구박하고 구타하는 것이다.

이치(理致)는 전생에서 가장 많이 학대받은 인연이 남명은 자식으로 점지 되고, 여명은 남편으로 점지 되기 때문이며, 상관은 관성 남편이나 아들 입장에서 자신을 사상(死傷)하는 칠살이 되므로 악(惡)의 식신을 생하여 칠살을 제(制)하고 살아남으려 하기 때문이다.

예 **여명(女命)**

```
              ┌ 정관: 壬을 생성, 丙을 제함
  己  乙  庚  丙 → 상관
  卯  巳  子  午
```

이 명조(命造)는 전생에서 부귀한 가문에 태어나 하인들을 학대한 업(業)이 있어 그 업보로 상관이 태강하여 정관을 병경극(丙庚剋) 하도록 생성(生成)되었으며, 전생에서 가장 많이 학대받은 하인이 남편으로 점지 되었다. 남편은 자기 말이 법(法)이고 대화가 안 되며, 구박하고 술만 먹으면 시비 구타하여 이혼하였다.

9. 식상(食傷)의 직업(職業)

식상(食傷)의 직업은 매우 다양하다. 식상은 언어(言語)이고 언론이며 입이 되므로 말하는 직업, 방송인, 아나운서, 교육자, 운명 상담사, 종교가 등으로 진출하는 경향이 많고 식상은 관성(官星)을 극(剋)하는 것이니 관청(官廳)을 공격하는 이치(理致)가 있어 기자, 정치인, 법관 등으로 진출하기도 하며, 식상은 예체능과 기술에 재질이 있으므로 예술가, 음악가, 체육

선수, 기술자 등으로 진출하는 경향이 많고, 식상(食傷) 생재(生財)하니 식당업, 상업, 생산업 등으로 진출하기도 하므로 식상의 직업은 매우 다양한 것이다.

> 예 여명(女命): 교사
>
> 壬 辛 戊 丙
> 辰 亥 戌 辰
> └→ 학문, 정인

이 명조(命造)는 학문인 정인이 있고 총명지신(聰明之神)인 상관이 있어 교사가 되었다.

> 예 남명(男命): 양계장
>
> 辛 戊 壬 乙
> 상관: 닭 ← 酉 辰 午 酉

이 명조(命造)는 상관이 닭이고 생재(生財) 하고 있다. 양계장을 하고 있는 사람이다.

> 예 남명(男命): 보석상
>
> 戊 戊 庚 壬 → 편재
> 午 戌 戌 辰

이 명조(命造)는 식신(食神)이 금(金)인데 보석상을 경영하고 있다.

> 예 여명(女命): 의상 디자이너
>
> 乙 甲 辛 丁 → 상관
> 亥 申 亥 未

이 명조(命造)는 상관(傷官)과 편인이 있다. 예능에 소질이 있어 의상 디자이너가 되었다.

```
예 남명(男命): 고전 건축

식신 ←  戊  丙  丁  甲
        戌  戌  卯  申
```

이 명조(命造)는 식신(食神)이 유기(有氣) 하다. 기술이 좋아 고전 건축을 하는 목수가 되었다.

```
예 여명(女命): 요리사

        辛  丁  乙  甲
식신 →  丑  酉  亥  午
```

이 명조(命造)는 식신(食神) 생재(生財) 하였다. 식당을 경영하고 있으며 요리사다.

10. 상관(傷官) 용신(用神) 기신운(忌神運)

▼ 신왕(身旺) 하여 상관이 용신이면 상관운에 사업가는 사업이 창성하고 예체능, 기술, 학술 분야 종사자는 재능을 발휘하여 명성을 얻게 된다.

```
예 남명(男命): 상관운, 사업 번창

         己  丙  辛  辛 → 용신
재고 ←   丑  寅  卯  卯
```

이 명조(命造)는 병화일주(丙火日主)가 묘월(卯月)에 생(生)하고 을목(乙木)이 사령(司令)하여 신왕 하므로 인성을 제(制)하는 재성이 용신이고 상관이 희신이다. 상관운인 기축년(己丑年)에 사업이 번창하였다.

- 상관이 기신(忌神)이면 상관운에 사업이 부진하고 휴업이나 폐업을 하게 되는 것이다. 이치(理致)는 관성은 손님이 되고 관청이 되며 법(法)이 되는데 상관이 정관을 극(剋)하여 상(傷)하게 하므로 손님은 끊어지고 사업은 부진하며, 하는 일에 관재(官災)가 발생하기 때문이다.
- 신약(身弱)하여 상관이 기신(忌神)이면 상관운에 득병(得病)하여 고생하거나 사망하는 것이다. 이치(理致)는 신약이 설기 되어 체(體)가 약해져 상(傷)하기 때문이다.

▼ 상관(傷官)이 정관을 충극 하는 기신(忌神)운에는 시비, 구설, 관재가 발생하는 것이다. 이치(理致)는 정관은 법(法)이 되고 상대가 되며 상인(上人)이 되는데, 상관은 정관을 극하므로 법(法)을 위반하거나 상대가 시비하여 싸우고 관재구설이 발생하는 것이다. 정관, 상대 입장에서 상관은 자신을 극하여 상(傷)하게 하는 칠살이 되므로 식신을 생(生)하여 칠살을 제(制)하려 하기 때문이며, 자신이 상대에게 건방지고 거만하게 보이기 때문이다.

예 여명(女命): 실직

癸 己 己 甲
酉 未 巳 辰

이 명조(命造)는 상관이 정관을 갑경충(甲庚冲) 하는 경인년(庚寅年) 갑신월(甲申月)에 회사에서 시비 구설이 발생하여 상사에게 대항하다 퇴사하였다.

예 여명(女命): 성추행 고소

乙 丁 戊 癸
巳 卯 午 亥

이 명조(命造)는 상관 겁재운인 병술년(丙戌年) 을미월(乙未月) 무신일(戊申日)에 찜질방에서 성추행당하여 고소하였다.

▼ 상관(傷官)운에 상대를 믿게 되어 사기를 당하는 것이다. 이치(理致)는 일주(日主)의 기운이 도기(盜氣) 되어 빠져나가기 때문이다.

> **예 남명(男命): 사기, 고소**
>
> 庚 庚 丁 壬
> 辰 戌 未 子

이 명조(命造)는 상관운(傷官運)인 계미년(癸未年) 갑인월(甲寅月)에 1억 원 정도의 물건을 납품하고 가짜 어음을 받아 사기당하고 고소하였다.

- 학생은 상관(傷官)이 용신이면 상관운에 성적이 향상되고, 상관이 기신(忌神)이면 상관운에 방종(放縱)하여 공부는 하지 않고 제멋대로 행동하는 것이다. 이치는 의식인 상관이 규제와 법도가 되는 정관을 충극하기 때문이다.

▼ 상관(傷官)이 기신(忌神)이면 상관운에 상사가 미워하고 시비하여 스트레스를 받게 되며 싸우고 퇴직하는 것이다.

이치(理致)는 정관은 직장 상사가 되고 직책이 되는데 상관이 정관을 극(剋)하여 상(傷)하게 하기 때문이며, 정관 상사 입장에서 상관은 자신을 극(剋)하여 상(傷)하게 하는 칠살이 되므로 악(惡)의 식신을 생(生)하여 칠살을 제(制)하려 하기 때문이고, 건방지고 거만하게 보이기 때문이다.

```
예 남명(男命): 실직
己 乙 丙 庚    丙 → 상관
卯 未 戌 子    戌
```

이 명조(命造)는 상관이 정관을 병경극(丙庚剋) 하는 병술년(丙戌年)에 상사가 미워하여 스트레스를 받다가 감원대상 1순위에 걸려 명예 퇴직하였다.

▼ 여명(女命)에서 상관이 강하면 식상(食傷) 인성운에 강간을 당하는 것이다. 이치는 상관은 강하면 도도하고 섹시하게 보이며 식상에 인성운은 식상은 난자가 되고 인성은 정자가 되므로 임신을 하는 운이라 남자에게 외모나 언행에 성적 매력으로 섹시하게 보이기 때문이며, 상관은 자궁이 되고 인성은 성기가 되기 때문이다.

```
예 여명(女命): 22세 강간 당해
丙 戊 辛 庚
辰 戌 巳 申
```

이 명조(命造)는 식상이 혼잡 태강하다. 편인과 상관운인 신사년(辛巳年)에 복면을 한 강도에게 강간을 당하고 경찰에 신고, 잡고 보니 직장 동료였다.

▼ 여학생 가출(家出)

여명(女命)에서 상관과 겁재, 상관과 관성, 상관과 인성 등이 합이 되는 운(運)에 가출하는 것이다. 이치(理致)는 상관은 정관을 극(剋)하는 것이니 규제당하는 것을 싫어하고 방종하여 아무 거리낌 없이 자기 의지대로 언행 하기 때문이며, 겁재는 남자가 되고 상관은 의식이 되는데, 의식이 관성과 합(合)이 되면 남자를 그리워하는 마음과 성욕이 생성되고, 상관은 의식이 되고 자궁이 되며 난자가 되고 인성(印星)은 남자의 의식이 되며 성기가 되고 정자가 되므로 상관과 인성, 관성의 합(合)은 남자를 만나 서로 좋아하여 성관계를 하고 임신을 하는 시기이니 동물로 말하면 발정기에 해당하기 때문이다.

> **예 여명(女命): 가출, 임신, 낙태**
>
> 庚 丙 庚 辛   丁 → 겁재
> 寅 子 子 酉   丑 → 상관
>   └ 정관

이 명조(命造)는 상관이 정관과 자축합(子丑合)이 되는 17세 정축년(丁丑年)에 학업을 중단하고 가출하여 유흥업소에서 알바를 하고, 집을 나온 남녀 학생들과 방을 얻어 혼숙하면서 여러 남자와 성관계를 하여 임신을 하고 낙태 수술을 하였다.

- 남학생 가출(家出)은 남명(男命)에서 상관이 관성과 합(合)이 되거나 상관과 재성이 합이 되는 운(運)에 가출하는 것이다. 이치(理致)는 상관은 의식이 되고 성기가 되며, 관성은 여자의 의식이 되고 자궁이 되므로 상관과 관성의 합(合)은 여자를 만나 서로 사랑하고 성관계를 하는 것이 되므로 여자가 그리워지고 성욕이 생성되기 때문이며, 의식과 재성의 합은 여자가 그리워지고 성욕이 생성되기 때문이고, 상관은 정관을 극(剋)하므로 규제 당하는 것을 싫어하고 방종하여 아무 거리낌 없이 자기 의지대로 언행(言行) 하는 마음이 생성되기 때문이다.

- 여명(女命)의 가출(家出)은 여명(女命)에서 관성이 혼잡하고 상관이 있으면 상관과 편관, 상관과 겁재, 상관과 인성운 등에 가출하는 것이다. 이치(理致)는 상관은 남편을 미워하는 마음이 되고 편관은 남자가 되며, 겁재도 음양이 다르니 남자가 되고, 인성(印星)은 사랑이 되기 때문이다.

- 여명(女命)에서 상관이 정관을 충극 하였거나 상관이 강하고 정관이 겁재와 동주(同柱) 또는 가까이 있으면 상관운에 불화하고 이혼하는 것이다. 이치(理致)는 상관은 남편을 미워하는 증오심이 되고 정관 남편입장에서 상관은 처(妻)의 의식이 되며 자신을 미워하는 증오심이 되고 자신을 사상(死傷)하는 칠살이 되기 때문이다.

▼ 여명(女命)에서 정관이 약하면 상관운에 상부(喪夫: 남편사망) 하는 것이다. 상관은 정관을 극(剋)하여 사상(死傷)하기 때문이다.

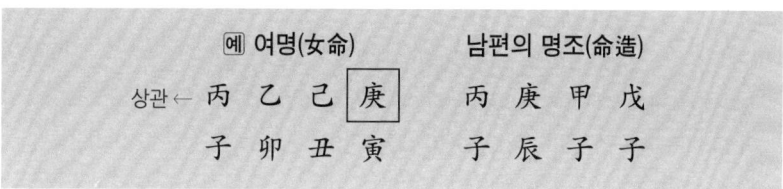

이 명조(命造)는 상관이 정관을 병경극(丙庚剋) 하는 병술년(丙戌年), 정관의 사지(死支)가 되는 경자월(庚子月) 임오일(壬午日)에 남편이 폐암으로 사망하였다. 남편의 명조에서 병술(丙戌)은 칠살에 편인운이다.

- 식상이 형충된 명조(命造)는 몸에 흉터가 많으며 식상이 형충하는 운(運)에는 사고나 질병으로 흉터가 생기는 것이다. 형충 되면 수족인 식상이 상(傷)하기 때문이다.
- 상관(傷官)이 강한 명조(命造)는 상관, 정관 운에 남명(男命)은 자식을 미워하고, 여명(女命)은 남편을 미워하는 것이다. 이치(理致)는 의식인 상관이 정관을 충극 하기 때문이다.

▼ 신약(身弱)은 병사지(病死支) 상관에 칠살운이 대흉(大凶)한 것이다. 이치(理致)는 병사는 음양이 조화되어 일주(日主)의 기운이 과다하게 설기

되고, 칠살은 일주(日主)를 극(剋)하여 사상(死傷)하기 때문이다.

> [예] 남명(男命): 사망
>
> 丁 庚 丁 戊   丙 → 칠살
> 丑 申 巳 寅   子 → 사지상관

이 명조(命造)는 칠살에 사지(死支) 상관운인 병자년(丙子年)에 폐암으로 사망하였다.

> [예] 남명(男命): 교통사고, 사망
>
> 丁 庚 丁 甲   丙 → 칠살
> 丑 申 卯 寅   子 → 사지상관

이 명조(命造)는 경금일주(庚金日主)가 묘월(卯月)에 생(生)하여 실령(失令) 하고 재관이 강하여 인비(印比)가 생조(生助) 하여도 신약하다. 상관 사지(死支)에 칠살운인 병자년(丙子年), 유축(酉丑)으로 입묘(入墓) 되는 정유월(丁酉月) 계축일(癸丑日)에 자신이 운전하다 과실로 정면 충돌하여 사망하였다.

▼ 교통사고로 타인을 사상(死傷)한다

상관이 정관을 극(剋)하는 운(運)에는 운전하다 과실로 타인을 사상하는 것이다. 이치(理致)는 타인은 정관이 되고 상관은 정관을 극하여 사상(死傷)하기 때문이다.

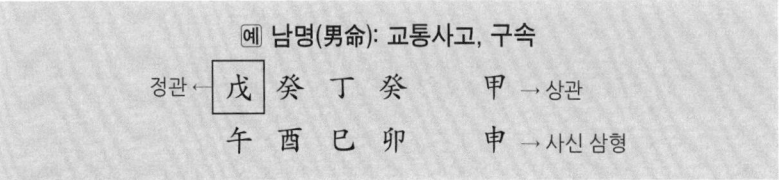

이 명조(命造)는 상관(傷官)이 정관(正官)을 갑무극(甲戊剋) 하고 사신형(巳申刑)이 되는 갑신년(甲申年) 기사월(己巳月)에 과속으로 운전하다 사람을 추돌 사망하게 하여 구속되었다.

06 편재(偏財)

편재(偏財: 치우칠 편, 재물 재)는 일주(日主) 내가 극(剋)하는 오행이고, 나와 음양이 같아서 편재라 이름한 것이며, 정재와 편재를 재성(財星)이라고 하는 것이다.

남명(男命)에서는 부친, 첩·애인, 재혼한 처가 되고 처의 형제가 되며 여명(女命)에서는 부친이 되고 시모(媤母)가 되는 것이다.

1. 편재(偏財)의 성정(性情)

사업재물(事業財物), 투기 재물, 횡재(橫財: 뜻밖의 큰 재물), 중인(衆人)의 재물, 겁재(劫財)의 처재(妻財: 처와 재물), 수단(手段: 일 처리 능력), 욕망(慾望: 큰 것을 탐함), 허욕(虛慾), 허세(과장된 행세), 투기(기회포착 큰 이익), 도박(화투·카드놀이), 용재(用財), 낭비(浪費: 재물을 헤프게 씀), 오락(즐겁게 노는 일), 희사(喜捨: 좋은 일에 재물을 냄), 뇌물을 좋아함, 의협심(義俠心: 신의와 체면을 중히 생각, 신왕) 등으로 구분된다.

2. 편재(偏財)의 응용(應用)

편재(偏財)는 사업재물이 되고 투기로 벌은 재물이 된다.
편재(偏財)는 중인(衆人)의 재물이 되고, 겁재의 정재가 되므로 겁재의 처(妻)와 재물이 된다.
편재(偏財)는 체(體)와 의식(意識) 이분법(二分法)의 원리(原理)로 응용하는 것이다.
편재와 관련된 육친과 사물(事物)과 생설극제(生泄剋制) 하면서 생성되는 길흉(吉凶)과 이해(利害)와 육친 간의 의식(意識) 작용을 응용하는 것이다.

- 편재(偏財)는 식상(食傷)이 많으면 생왕(生旺)이 되는 것이다.
- 편재(偏財)는 재성(財星)이 많으면 조왕(助旺)이 되는 것이다.
- 편재(偏財)는 관성(官星)이 많으면 설기약(泄氣弱)이 되는 것이다.
- 편재(偏財)는 인성(印星)이 많으면 소모약(消耗弱)이 되는 것이다.
- 편재(偏財)는 비겁(比劫)이 많으면 극제약(剋制弱)이 되는 것이다.
- 편재(偏財)는 흥망성쇠(興亡盛衰)가 빠르게 작용하는 것이다.

편재는 재복(財福)이 많은 것 같아도 투기로 쉽게 벌어 쉽게 쓰는 용재(用財)가 되어 산실(散失)이 빠르므로 단순히 금전의 출입이 빈번함을 의미함에 불과한 것이다.
편재가 년월주에 있으면 부모나 조상의 유산을 받는다.
신왕하고 편재가 왕성하면 사업가로 성공하나 신약하면 허욕만 강하고 관리할 능력이 없어서 빈곤한 것이다.

▼ 신왕(身旺) 하고 편재가 충극 됨 없이 유기(有氣)하며, 비겁이 혼잡하지 아니하고 대운(大運)이 용신, 희신운으로 향하면 발복하여 큰 부자가

되는 것이다.

예 남명(男命)				32	22	12	2
丙	壬	丁	辛	癸	甲	乙	丙
午	寅	酉	亥	巳	午	未	申

이 명조(命造)는 임수일주(壬水日主)가 유월(酉月)에 생하고 경금(庚金)이 사령(司令)하여 득령(得令) 하였으며 인비(印比)가 생조(生助) 하여 신왕 하고 식신이 생재(生財) 하니 재왕(財旺) 하다. 인성을 제(制)하는 편재가 용신이고 식상이 희신이다. 용신에 해당하는 오사(午巳) 대운(大運)에 사업이 창성하여 100억 대의 부자가 되었다.

▼ 신왕 하고 재왕(財旺) 하며 재성이 충극 됨이 없이 유기(有氣) 하여도 대운이 비겁(比劫)운으로 향하면 손재(損財)하고 부귀하지 못하는 것이다. 이치(理致)는 비겁이 재성을 충극 하여 겁탈(劫奪)하기 때문이다.

예 남명(男命)				58	48	38	28	18	8
辛	辛	乙	癸	己	庚	辛	壬	癸	甲
卯	卯	丑	未	未	申	酉	戌	亥	子

이 명조(命造)는 신금일주(辛金日主)가 축월(丑月)에 생하고 기토(己土)가 사령(司令) 하여 득령(得令) 하고 인비(印比)가 생조(生助) 하여 신왕 하며 재왕(財旺) 하다. 인성을 제(制)하는 월상(月上)에 편재가 용신이고 식상이 희신이다. 대운(大運)이 인성(印星)과 비겁, 기신운(忌神運)으로 향하니 사업하다 실패하여 빈곤하게 사는 사람이다.

예 석숭(石崇)의 명조(命造)									
壬	丙	甲	乙	戊	己	庚	辛	壬	癸
辰	申	申	卯	寅	卯	辰	巳	午	未

부자(富者)하면 중국 진나라때의 부호(富豪: 재산이 넉넉하고 세력이 있는 사람)였던 석숭(石崇)을 일컫는다. 석숭도 재다신약(財多身弱)으로 편재가 충파(冲破) 됨이 없이 유기(有氣)하고 대운이 인비운(印比運)이었다.

▼ 일주(日主)가 신약 하고 재왕(財旺) 하여 재다신약(財多身弱)이면 타고난 천성(天性)이 재물을 모으고 관리할 능력이 없어서 돈을 벌면 계산 없이 낭비하여 가난한 것이다. 이치(理致)는 신약 하므로 체구에 비하여 체질이 약하고 부모나 형제에게 의지하며, 추진력과 지구력(持久力)이 약하여 모든 일을 벌여놓고 관리하지 못하기 때문이다.

예 남명(男命)
庚 壬 丙 己
용신← 子 午 寅 亥

이 명조(命造)는 임수일주(壬水日主)가 인월(寅月)에 생(生)하고 무토(戊土)가 사령(司令)하여 실령(失令) 하고 재성이 태왕 하여 재다신약(財多身弱)으로 시주(時柱)에 겁재가 용신이고 편인이 희신이 된다. 태약하고 타고난 천성이 권태증이 있어 싫증을 잘 내고 게으르며, 오늘 할 일을 내일로 미루고 모친과 형제에게 의지하며, 지구력과 추진력이 약하여 혼자서는 일을 벌여 놓고 관리하고 수습을 못 하며, 주색을 좋아하고 돈을 벌면 계산 없이 낭비하니 희신운인 신유대운(辛酉大運)에도 발복을 못하고 독신으로 막노동을 하면서 빈곤하게 살고 있다.

▼ 비겁이 혼잡하여 신왕하고 재성이 있으면 군비쟁재(群比爭財)가 되어 가난한 것이다.
이치(理致)는 비겁이 재성을 극(剋)하여 사상(死傷)하고 재물을 분탈(分奪) 하기 때문이다.

예 남명(男命): 부모 단명

癸 癸 癸 丁 → 편재: 부친
亥 卯 丑 亥
　　└ 식신

이 명조(命造)는 비겁이 혼잡 태강 하고 연상(年上)에 편재가 비겁에 군비쟁재(群比爭財) 되어 사상(死傷) 되었다. 부친이 의사였으나 두 살 되는 무자년(戊子年)에 사망하고 모친은 인성(印星)의 절(絕)이 되는 임인년(壬寅年)에 사망하여 조실부모(早失父母)하였다. 형과 누님이 있으나 남긴 부모의 유산(遺産)은 없었다. 일지(日支)에 식신이 겁재와 해묘합(亥卯 合)이 되어 욕심도 경쟁심도 없는 사람으로 거지 신세가 되어 전국을 돌아다니면서 구걸하며 살고 있다.

▼ 재다신약(財多身弱) 하고 칠살이 있으면 가난하게 살다가 재물 모으고 살 만하면 질병이나 사고로 사망하는 것이다.

이치(理致)는 재성이 인성을 극 하고 칠살이 강해져 일주(日主)를 극하므로 사상(死傷) 되기 때문이다.

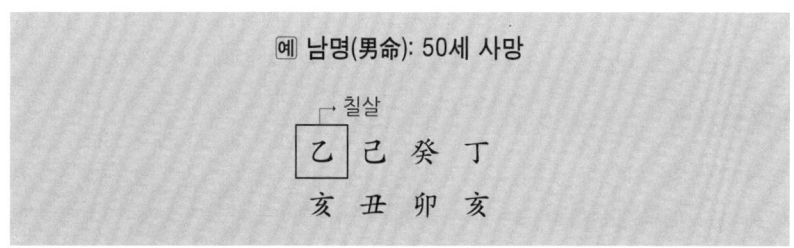

예 남명(男命): 50세 사망

　 ┌ 칠살
乙 己 癸 丁
亥 丑 卯 亥

이 명조(命造)는 기토일주(己土日主)가 묘월(卯月)에 생(生)하고 갑목(甲木)이 사령(司令)하여 실령(失令) 하였으며, 재성이 혼잡하고 칠살이 강하여 일주(日主)를 을기극(乙己剋) 하고 있다. 빈곤(貧困)하게 살다가 돈을 많이 벌고 살 만하더니 칠살에 재운인 을해년(乙亥年), 입묘(入墓) 되는 병술월(丙戌月)에 잠자다 심장마비로 사망하였다.

- 편관이 강하면 비견이 혼잡해도 편재를 사상(死傷)하지 못하는 것이다. 이치는 편관이 비견을 극제(剋制)하여 편재를 극하지 않게 견제하기 때문이다.
- 편재(偏財)가 역마살이면 사업수단이 좋으며 도매업이나 무역업이 적합한 것이다. 이치(理致)는 역마 편재는 외화 획득이 되고, 활동하여야 돈을 벌 수 있기 때문이다.

▼ 월상(月上)이나 시상(時上)에 편재가 있으면 금전을 다루는 금융업에 종사하는 사람이 많은 것이다. 이치(理致)는 편재는 대재(大財)이고 중인(衆人)의 재물이며 겁재의 정재가 되기 때문이다.

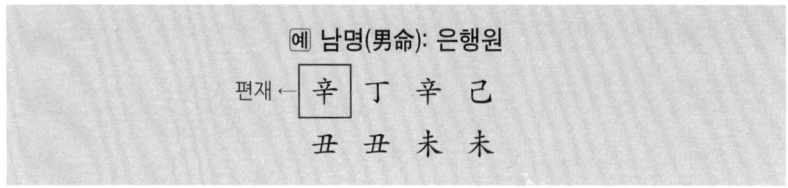

이 명조(命造)는 편재가 월상(月上)과 시상(時上)에 있다. 은행원으로 일하고 있다.

▼ 재왕(財旺) 하고 정재가 정인을 극(剋)하면 돈 욕심이 많고 공부를 못 한다. 이치(理致)는 학문이며 교육인 정인이 재성에 극되어 상(傷)하기 때문이다.

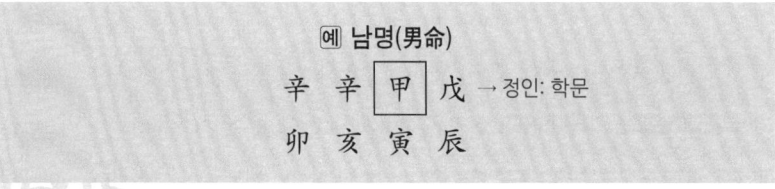

이 명조(命造)는 재성이 혼잡 태강(太强) 하고 정재가 정인을 갑무극(甲戊剋) 하였으며, 의식(意識)인 상관이 재성과 인해합(寅亥合), 해묘합(亥卯合)이 되었다. 공부에는 뜻이 없고 돈 욕심이 많아 대학 진학을 못하고 직장생활을 하고 있다.

- 정인(正印)이 강(强)하고 편재가 있으면 공부를 잘하고 의대나 돈 버는 학과에 진학하는 것이다. 이치(理致)는 재복이 있으므로 돈을 많이 벌 수 있는 학과로 가고 싶은 마음이 생성되기 때문이다.

3. 편재(偏財) 독심술(讀心術) - 이분법 적용

1 욕망(慾望)이 강하고 수단이 좋으며 신용이 있다

편재가 형충 됨이 없고 식상(食傷)이 생재(生財) 하여 유기(有氣)하면 욕망이 크고 승부욕이 강하며, 신용이 있고 계산이 분명하며 금전 융통을 잘하고 활동적이며 수단(手段)이 좋은 것이다. 이치(理致)는 편재는 겁재의 돈이 되며 유동자산이 되고 대재(大財)가 되므로 큰돈을 벌려는 마음이 생성되기 때문이다.

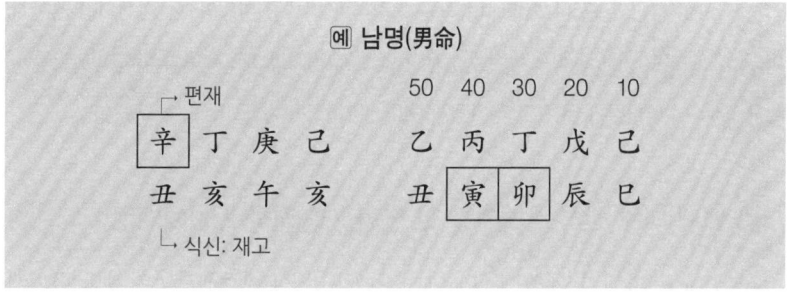

이 명조(命造)는 정화일주(丁火日主)가 오월(午月)에 생(生)하고 정화(丁火)가 사령(司令)하여 득령(得令) 하였으나 식신에 설기되고 재관이 혼잡하여 신약 하므로 월지(月支)의 비견이 용신이며 인성(印星)이 희신(喜神)이다. 재고(財庫)에 편재가 있고 의식(意識)인 식신이 생재(生財) 하여 재성이 유기(有氣) 하다. 신약 하나 욕망이 강하여 욕심이 많고 금전융통을 잘하며 활동적인 사람으로 수단이 좋아 희신에 해당되는 묘인(卯寅) 대운에 사업이 창성(昌盛), 발복하여 100억 대의 부자가 되었다.

② 허욕이 강하여 한방에 대재(大財)를

신약하고 재왕(財旺) 하며 편재가 있으면 허욕이 강하여 뜬구름을 잡는 식으로 한방에 대재(大財)를 득(得)하려는 언행(言行)을 잘하고 허세를 잘 부리며, 돈이 생기면 계산 없이 쓰고 모친과 형제에게 의지(依支)하며 신용이 없고, 말은 계획도 잘 세우고 잘하나 실천을 못 하고 실천을 하여도 벌려놓고 마무리를 못하는 것이다. 이치(理致)는 일주(日主)가 태약(太弱) 하여 지구력과 추진력이 약하기 때문이다.

> 예 **남명(男命)**
>
> 己 壬 丙 壬
> 酉 寅 午 午 → 정재

이 명조(命造)는 임수일주(壬水日主)가 오월(午月)에 생(生)하고 기토(己土)가 사령(司令)하여 실령(失令) 하였으며, 재성이 혼잡 태강(太强) 하고 신약 하다. 허욕이 강하여 뜬구름 잡는 식으로 한방에 큰 돈을 벌려는 허욕이 강하고 허세를 부리며, 돈이 생기면 계산 없이 잘 쓰고 부모 형제에게 의지하며 신용이 없고, 추진력과 지구력이 부족하여 말로는 계획을 잘 세우나 실천은 못 하고 실천을 하여도 관리하고 수습을 못 하는 사람이다.

③ 편재 태왕 신약은 사기를 잘 당하고 의지하고 편애(偏愛)

신약 하고 편재가 태왕(太旺) 하면 사기를 잘 당하며 부모형제에 의지하고 편애하여 자신이 좋아하는 사람만 상대하는 것이다.

이치(理致)는 타인에게 의지하고, 허욕(虛慾)이 강하여 대재(大財)를 탐하니 큰돈을 벌려는 욕심 때문이고 신약하니 자신을 위해주고 의지가 되는 사람만 좋아하기 때문이다.

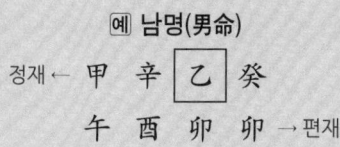

이 명조(命造)는 신금일주(辛金日主)가 묘월(卯月)에 생(生)하고 을목(乙木)이 사령(司令)하여 실령(失令) 하였으며 재성이 혼잡 태강 하여 일지(日支)에 비견이 조력(助力) 하나 재다신약(財多身弱)이다. 모친과 형제에게 의지하고, 허욕이 강하여 사기꾼이 큰돈을 벌 수 있다는 말에 잘 속아 사기를 당하고 또 당하며 편애하여 자신이 좋아하는 사람만 상대하는 사람이다.

4 의협심이 있어 희사(喜捨)를 잘한다

편재(偏財)가 있고 정관이 있으면 뜻이 있는 일에 희사(喜捨)를 잘하는 것이다. 이치(理致)는 편재는 낭비하는 용재(用財)가 되고 의협심이 되기 때문이며, 체면과 명예를 중요하게 생각하기 때문이다.

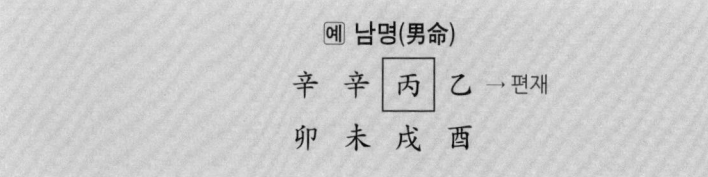

이 명조(命造)는 정관이 있고 편재가 있다. 명예와 체면을 중요하게 생각하니 뜻이 있는 일에 스스로 적당하게 희사(喜捨)를 잘하는 사람이다.

5 잔돈은 아끼면서 큰돈을 잘 쓴다

정재(正財)와 편재가 있으면 평상시에는 절약하고 잔돈을 아끼면서 큰돈을 잘 쓰는 것이다. 이치(理致)는 정재는 월급재가 되고 기본 재산이 되며 편재는 큰돈이고 낭비하는 용재(用財)가 되기 때문이다.

```
         [예] 여명(女命)
              ┌→ 정재
           癸 戊 丁 壬
           亥 申 未 戌
              └→ 편재
```

이 명조(命造)는 편재(偏財)와 정재(正財)가 있다. 잔돈은 아끼면서 큰돈은 잘 쓰는 사람이다.

6 투기(投機) 도박(賭博)을 좋아한다

편재와 겁재가 있으면 야망(野望)이 크고 허욕이 강하여 투기, 도박을 좋아하는 것이다. 이치(理致)는 편재는 횡재(橫材)가 되고 대재(大財)가 되며, 겁재의 돈과 제물이 되므로 겁재의 돈을 빼앗으려 쟁재(爭財) 하기 때문이다.

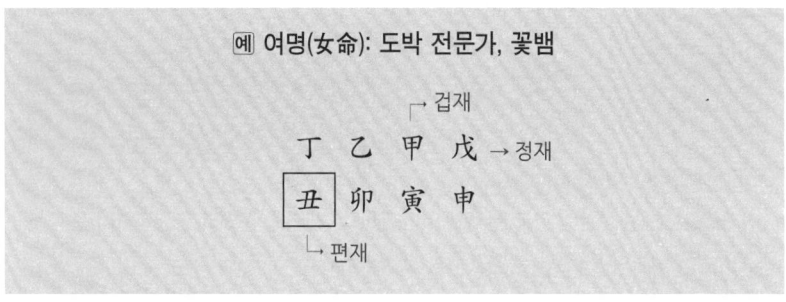

이 명조(命造)는 겁재가 있고 편재가 있다. 야망이 크고 도박과 투기를 좋아하여 여자, 도박 전문가로 활동하고 있다.

7 편재가 있으면 뇌물(賂物)을 좋아해

편재(偏財)가 있는 명조(命造)가 봉급생활자이면 부수입이 있어야 만족하므로 뇌물(賂物)을 좋아하는 것이다.

예 남명(男命)

```
    丁 乙 庚 丙
편재→ 丑 亥 子 申
```

이 명조(命造)는 편재만 시지(時支)에 있다. 부수입이 있어야 만족하는 사람으로 월급에 만족하지 못하는 사람이다. 시청공무원인데 상관과 재성이 축술형(丑戌刑) 하는 병술년 (丙戌年)에 뇌물을 받고 감사에 걸려 실직(失職)하였다.

4. 남명(男命) 처첩론(妻妾論) - 이분법 적용

▼ 편재(偏財)가 처(妻)

남명(男命)에서 편재와 정재가 있어 재성이 혼잡하면, 편재를 처(妻)로 만날 수도 있고 정재를 처로 만날 수도 있다.

편재가 처인지 정재가 처인지 분별하는 방법은 처의 명조(命造)에서 연주(年柱)나 일간(日干)를 기준으로 한다.

처의 명조에서 연주에 편재가 있으면 편재를 처로 만난 것이고, 정재가 있으면 정재를 처로 만난 것이다. 그러나 처의 명조에서 연주는 편재가 되고 일간이 정재가 되면, 일간을 기준으로 정재를 만난 것으로 본다.

처의 명조에서 연주(年柱)나 일간(日干)이 재성이 아니고 다른 오행(五行)이면 남명(男命)에 있는 정재를 만난 것으로 본다.

무재(無財)이고 처와 살고 있으면 명조(命造)에 정재가 있는 것으로 응용한다. 이치(理致)는 살고 있는 처(妻)가 정재가 되기 때문이다.

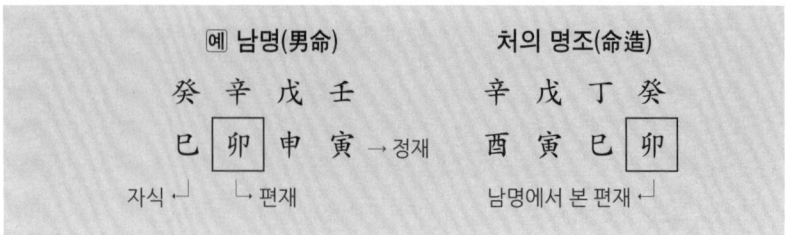

이 명조(命造)는 편재가 일지(日支) 안방에 있고 정재는 연지(年支)에 있다. 처(妻)의 명조가 연지(年支)에 묘(卯) 편재가 있으니 남명의 일지(日支)에 있는 편재를 처로 만난 것이 되고 시지(時支)에 자식은 편재가 낳은 것이 되는 것이다.

▼ 주색(酒色)을 좋아한다

편재가 있고 관살이 혼잡하면 풍류(風流)가 있어 주색(酒色)을 좋아하는 것이다. 이치(理致)는 편재는 애인이 되고 겁재의 여자이며 낭비하는 용재(用財)이고 관살은 여자들의 자궁이 되기 때문이다.

```
                     예 남명(男命)
              ┌ 편재      ┌ 자궁
           辛  丁  癸  壬  → 자궁: 정재가 낳은 자식
     자궁 ← 亥  酉  丑  申  → 정재
              └ 편재가 낳은 자식
```

이 명조(命造)는 재성이 혼잡하고 관살도 혼잡하다. 주색(酒色)을 좋아하고 돈을 잘 쓰며 작첩(作妾) 하여 배다른 자식도 있는 사람이다.

▼ 처첩(妻妾)의 덕(德)이 있다

신왕 하고 재왕(財旺) 하여 재성이 용신이나 희신이면 처첩(妻妾)의 덕이 있어 처첩의 조력(助力)으로 발전하는 것이다. 이치(理致)는 신왕 하므로 첩과 재물을 관리할 수 있는 능력이 있기 때문이며, 재성이 용신이 되기 때문이다.

예) 남명(男命)

┌→ 편재
丁 癸 庚 辛
巳 卯 子 丑
　　└→ 정재

이 명조(命造)는 계수일주(癸水日主)가 자월(子月)에 생(生)하고 계수(癸水)가 사령(司令) 하여 득령(得令) 하고 인비(印比)가 생조(生助) 하여 신왕 하므로 재성이 용신이다. 처재(妻財)를 관리하는 능력이 있고 처첩의 덕이 있어 애인의 도움으로 사업이 창성하여 부자가 되었다.

▼ 처첩(妻妾)의 덕(德)이 없다

재다신약(財多身弱) 하면 여자와 재물로 인하여 재앙이 발생하는 것이니 애인을 두거나 작첩(作妾) 하면 여자에게 재물을 빼앗겨 파산하는 것이다.
이치(理致)는 신약 하여 돈과 여자를 감당하고 관리할 수 없으므로 여자가 유도하는 대로 따르기 때문이다.

예) 남명(男命) → 재다신약

칠살 ← 丁 辛 乙 癸
용신 ← 酉 亥 卯 卯 — 편재

이 명조(命造)는 신금일주(辛金日主)가 묘월(卯月)에 생(生)하고 을목(乙木)이 사령(司令) 하여 실령(失令) 하였으며 재성(財星)이 혼잡 태강(太强) 하여 재다신약(財多身弱)이다.
처와 이혼하고 여자들에게 속고 사기당하여 가산을 탕진하고 불량거래자가 되었다.

- 처를 미워하고 첩을 사랑한다.

  남명(男命)에서 정재와 편재가 있고 칠살에 충극 되었으면 첩을 더 사랑하는 것이다. 이치(理致)는 칠살은 처의 자궁이 되고 자신을 사상(死傷) 하는 칠살이 되므로 처와 성관계하면 정력이 약해져 조루증이 오고 재미가 없으며, 다른 여자와 성관계하면 정력이 강해지고 재미가 있기 때문이며 편재는 첩이 되고 칠살은 처와 불화 이혼하는 이혼살이 되기 때문이다.

▼ 작첩(作妾)하는 운(運)은?

▼ 편재와 동주(同柱)하였거나 가까이 있고 칠살에 충극 되어 작첩할 명조(命造)는 칠살운에 작첩하는 것이다. 이치(理致)는 칠살은 이혼살이며 처의 의식(意識)이 되고 자신을 미워하는 증오심이 되며 처의 자궁이 되고 자신의 체(體)를 사상(死傷)하는 칠살이 되므로 처와 성관계하면 조루증이 오므로 재미가 없고, 다른 여자와 성관계하면 정력이 강해지고 재미가 있기 때문이며, 다른 여자를 사랑하고 싶은 마음이 생성(生成)되기 때문이다.

> 예 남명(男命): 丁丑년, 애인 만나 이혼
>
> ┌ 칠살   ┌ 편재
> 丁 辛 乙 甲 → 정재
> 酉 巳 亥 辰

이 명조(命造)는 편재가 월상(月上)에 있고 정재가 연상(年上)에 떨어져 있으며 시상(時上)에는 칠살이 있고 상관이 편재를 정생(正生) 하고 있으니 작첩(作妾)할 명조가 된다. 칠살운인 정축년(丁丑年)에 애인만나 간통하다 이혼하였다.

▼ 겁재(劫財)와 재성운에 작첩(作妾) 한다

남명(男命)에서 재관이 혼잡하거나 편재가 일지(日支)나 시주(時柱) 또는 월상(月上)에 있으며, 칠살에 충극 되어 작첩(作妾) 할 명조(命造)는 겁재와 재성운에 애인을 만나 간통하는 것이다. 이치(理致)는 재성은 여자가 되고 겁재도 음양(陰陽)이 다르므로 여자가 되기 때문이다.

```
예 남명(男命): 丙戌년, 애인 발각, 이혼
    칠살← 丙 庚 癸 乙 →정재, 처
          子 寅 未 巳 →편관, 아들
             └→ 편재: 애인
```

이 명조(命造)는 칠살에 충극(冲剋) 되고 정재와 편관이 연주(年柱)에 동주(同柱) 하고 있으며 편재가 일지(日支) 안방에 있고 상관이 편재를 정생(正生) 하고 있으니 작첩(作妾: 애인) 할 명조가 된다. 정재 겁재운인 을유년(乙酉年)에 애인이 생겨 간통해오다 칠살운인 병술년(丙戌年)에 처에게 발각되어 이혼하였다.

▼ 작첩(作妾) 관계가 처(妻)에게 발각되는 운은?

작첩(作妾) 관계가 처(妻)에게 발각되는 운은 칠살운과 겁재운이 되는 것이다. 이치(理致)는 편관, 칠살은 처가 자신을 미워하는 증오심이 되고 이혼살이 되기 때문이며, 겁재는 정재를 겁탈하므로 이혼살이 되기 때문이다.

```
예 남명(男命): 辛巳년, 애인 발각, 이혼
        丁 乙 癸 庚
        丑 卯 未 戌 →정재: 처
           └→ 편재: 애인
```

이 명조(命造)는 정재와 정관이 연주(年柱)에 떨어져 있고 편재는 시지(時支)와 월지(月

支)에 있으며, 재성이 축술미(丑戌未) 삼형살이 되어 여난(女難)이 많은 명조이다. 편재운인 기묘년(己卯年)에 애인만나 간통해오다 칠살운인 신사년(辛巳年)에 처에게 발각되어 이혼하였다.

▼ 총각이 이혼녀와 결혼한다

연월주(年月柱)에 겁재가 관성과 동주(同柱)하고 있거나 가까이 있고 편재가 일지(日支) 안방이나 시주(時柱)에 있으면, 총각이 자식 낳고 이혼한 이혼녀와 결혼하게 되는 것이다. 이치(理致)는 편재는 겁재의 처(妻)가 되고, 겁재와 동주(同柱) 하였거나 가까이 있는 관성은 겁재의 자식이 되기 때문이다.

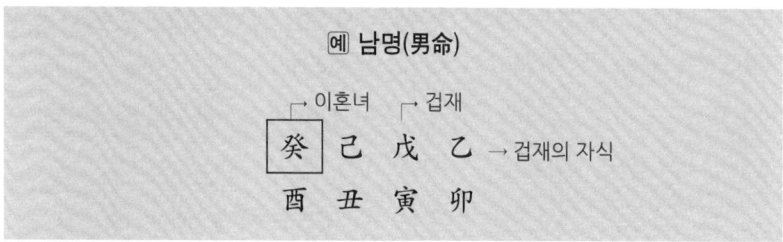

이 명조(命造)는 연월주(年月柱)에 겁재와 겁재의 자식 관성이 있고 겁재의 처 편재가 시상(時上)에 있다. 총각이 자식을 낳고 이혼한 이혼녀와 결혼하였다.

5. 여명(女命) 편재론(偏財論) - 이분법 적용

편재는 시모(媤母)가 되고, 정재는 작은 시모가 되며, 겁재는 시부(媤父)가 되는 것이다.

▼ 시모(媤母)와 화합(和合) 한다

　여명(女命)에서 식상이 편재를 생(生)하고 정관이 있으며, 인성이 있어 관인상생(官印相生)이면 시모와 사이가 좋아 화합하는 것이다.

　이치(理致)는 정관은 시모의 의식(意識)으로 일주(日主)를 적당히 극(剋)하여 다듬고 정제(精製)하여 쓸모 있는 물건을 만드는 것과 같으니 시모가 자신을 사랑하는 마음이 되고 의식인 식상이 생재(生財)는 시모에 대한 효심이 되기 때문이다.

> **예 여명(女命)**
>
> ┌→ 시모의 의식
> 壬　丁　壬　辛 → 시모
> 寅　卯　辰　酉
> 　　　　└→ 의식: 효심

　이 명조(命造)는 시모의 의식(意識)인 정관이 일주(日主)와 정임합(丁壬合)이 되고 시누이 시동생에 해당되는 관성이 관인상생(官印相生)으로 일주를 생(生)하고 있으며 자신의 의식인 상관이 편재를 생하고 진유합(辰酉合) 하였다. 시모는 자신을 딸 같이 생각하고 자신은 친정어머니같이 좋아하며 시누이와 시동생은 형제처럼 화합하며 살고 있다.

▼ 자신이 시모(媤母)를 미워한다

　여명(女命)에서 편관 칠살이 강하여 일주(日主)가 충극 되었으면 시모와 불화하는 것이다.

　이치(理致)는 칠살은 시모의 의식(意識)이 되고, 자신을 미워하는 증오심이 되며, 일주 자신을 사상(死傷)하는 살기가 되어 악(惡)의 식신을 생하여 칠살을 제해야 하므로 대항할 수밖에 없기 때문이다.

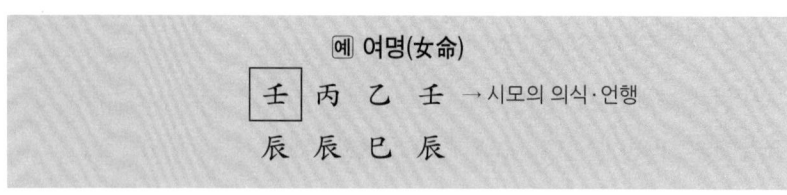

이 명조(命造)는 시모(媤母)의 의식이 되고, 자신을 사상(死傷)하는 칠살이 일주(日主)를 병임충(丙壬冲) 하였다. 악(惡)의 식신을 생하여 칠살을 제해야 하므로 시모를 구박하고 미워하여 불화하다 의절(義絕: 정을 끊음)하고 시모, 시누이와 상대도 안 하는 여인이다.

▼ 시모(媤母)가 자신을 미워한다

여명(女命)에서 비견이 혼잡하여 종강격(從强格)이거나, 편재를 충극 하여 군비쟁재(群比爭財)가 되었으면, 시모와 불화하는 것이다.

이치(理致)는 종격(從格)은 세력에 종(從)하니 시집을 싫어하고 친정을 좋아하기 때문이며 편재, 시모입장에서 비견은 자신을 사상(死傷)하는 칠살이 되므로 악(惡)의 식신을 생하여 칠살을 제해야 하므로 자기 말이 법(法)이고 며느리를 무시(無視)하고 구박하기 때문이다.

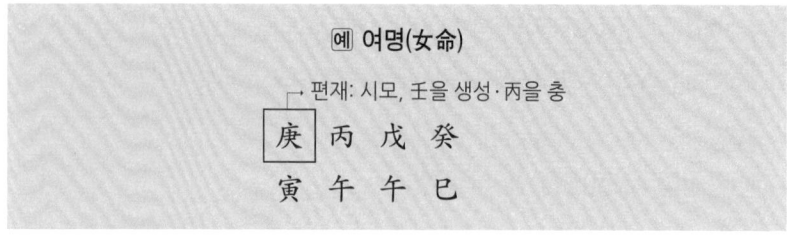

이 명조(命造)는 병화일주(丙火日主)가 오월(午月)에 생(生)하고 기토(己土)가 사령(司令)하여 실령(失令) 하였으나 인오(寅午)가 화국(火局) 하고 무계(戊癸)가 합화(合火)하여 염상격(炎上格)이 되었으며 왕화(旺火)가 편재를 놓고 군비쟁재(群比爭財) 하고 있다. 결혼식 날 폐백을 드리는데 시모가 불쾌한 이야기를 하였다 하여 신혼여행을 다녀와 인사도 안가고 시누이, 시동생 등이 찾아와도 집에 들어오지 못하게 문전박대하여 20년이 넘도록 시집 식구와 의절(義絕)하고 상대도 안 하며 명절 때는 친정으로 가는 여인(女人)이다.

▼ 돈을 탐하여 창녀(娼女)가 되었다

여명(女命)이 신약 하고 도화(桃花) 상관이 편재를 생하고 편재가 일지(日支)나 시주(時柱)에 있으면 몸을 파는 창녀가 되는 것이다.

이치(理致)는 신약 하니 인성(印星)은 성기와 사랑이 되므로 사랑을 받아야 기운이 나고, 상관은 자궁이 되니 도화 자궁이 되어 음란한 마음이 생성(生成)되며 자궁에서 큰돈을 생(生)하니 창녀가 되어 큰돈을 벌고 싶은 마음이 생성되기 때문이다.

```
         예 여명(女命)

        癸  戊  己  丁
        亥  子 │酉│ 酉
               └ 편재   └ 상관도화·자궁
```

이 명조(命造)는 무토일주(戊土日主)가 유월(酉月)에 생(生)하고 경금(庚金)이 사령(司令)하여 실령(失令) 하였으며, 상관에 설기 되고 재성이 혼잡 태강 하여 인성과 겁재가 생조(生助) 하나 태약 하다. 일지(日支)가 자(子)이니 신자진(申子辰) 수국(水局)으로 유(酉) 상관이 도화살이 되므로 자궁도화가 되며 편정재를 생(生)하고 있다. 음란하고 돈을 탐하여 18세에 창녀가 되었으며 48세까지 창녀생활을 하였다.

6. 부친론(父親論) - 이분법 적용

▼ 부친의 재산을 상속(相續) 받는다

월주(月柱)에 재성이 유기(有氣)하며 비겁이 없고 연월주(年月柱)에 식상이 생재(生財) 하였으면 부친의 재산이 있어 상속을 받는 것이다. 이치(理致)는 부가(父家)에 재물이 있고, 의식인 식상이 생재(生財)는 재산상속을 받으려는 욕심이 되기 때문이다.

```
        예 남명(男命)
              ┌ 정재
         戊 辛 甲 癸 → 식신
         戌 亥 寅 未
```

이 명조(命造)는 월주(月柱) 부가(父家)에 정재가 유기(有氣) 하고 식상이 생재(生財) 하였으며 비겁이 없어 독재격(獨財格)이 되었다. 충남 갑부(甲富) 태생(胎生)으로 부친으로부터 100억 정도의 재산을 상속받았다.

▼ 부친의 유산(遺産)이 없다

연월주(年月柱)에 비겁(比劫)이 혼잡하고 재성(財星)이 월주(月柱)에 없으면 부친이 빈곤(貧困)하여 상속받을 재산이 없는 것이며, 재산은 상속받지 못하고 부모를 도와주어야 하는 것이다. 이치(理致)는 부모궁(父母宮)에 재물은 없고 겁재가 있으니 부모가 겁재 작용을 하기 때문이다.

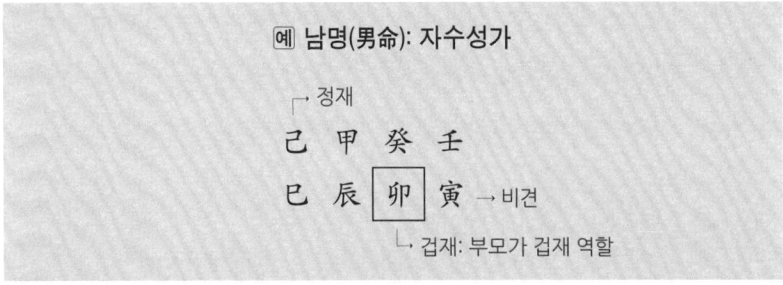

이 명조(命造)는 월주(月柱) 부가(父家)에 재성은 없고 겁재가 있으며 연지(年支)에는 비견이 있고 일지(日支)와 시상(時上)에 재성이 유기(有氣)하다. 부모에게 한 푼의 재산도 받지 못하고 자수성가(自手成家)하여 부모 형제를 도우며 사는 사람이다.

▼ 부친이 자기 말이 법이고 모친을 구박한다

비견(比肩)이나 일주(日主)가 편재를 충극 하였으면, 부친은 자기 말이 법(法)이고 모친을 구박하며 대항하면 구타하고 편재가 편인과 동주(同柱) 하였거나 가까이 있으면 작첩(作妾) 하는 것이다. 이치(理致)는 부친입장에서 비견은 처(妻)의 의식이 되고 자신을 미워하는 증오심이 되며 자궁이 되고 자신을 사상(死傷)하는 칠살이 되므로 악(惡)의 식신을 생하여 칠살을 제(制)하고 살아남으려 하기 때문이며 처와 성관계하면 정력이 약해져 조루증이 오고 재미가 없으며 다른 여자와 성관계하면 정력이 강(强)해지고 재미가 있기, 때문이며 편인은 첩(妾: 애인)이나 재혼녀가 되기 때문이다.

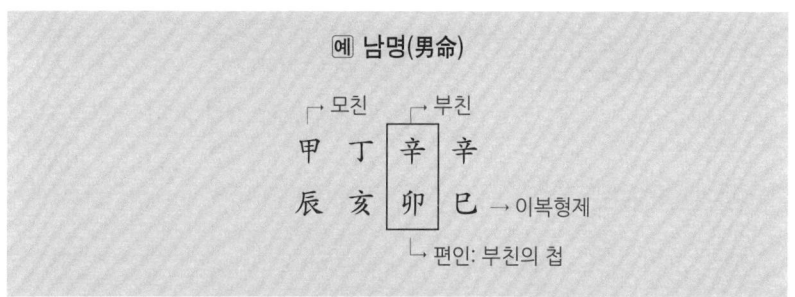

이 명조(命造)는 일주(日主)가 편재(偏財)를 정신극(丁辛剋) 하고 편재와 편인(偏印)이 월주(月柱)에 동주(同柱) 하고 정인은 시상(時上)에 있다. 부친은 자기 말이 법(法)이고 모친을 구박하며 술만 마시면 시비 구타하고 작첩(作妾) 하여 부모가 이혼하였으며 부친은 서모와 살고 있고, 자신은 모친과 살고 있다.

▼ 부친이 무능하고 모친에게 순종

비견이 혼잡하고 편재가 태약(太弱) 하며, 일주(日主)나 비견이 편재를 충극 하지 않았거나 식상(食傷)이 생재(生財) 하였으면 부친은 무능하고 모친이 가정을 주도하며 부친은 모친이 하자는 대로 순종하는 것이다. 이치(理致)는 편재가 약하고 비견이 충극하지 않았으니 세력에 종(從)하기 때문이다.

예 남명(男命): 부친이 모친에게 순종

```
己 丁 壬 丁
酉 巳 寅 巳
 └부친  └모친
```

이 명조(命造)는 비겁(比劫)이 혼잡 태강하고 편재가 태약 하며 비견이 편재를 정면으로 충극 하지 않았고 겁재와 편재가 사유합(酉巳合)이 되었다. 부친이 무능하고 모친이 가장 역할을 하며, 부친은 모친이 하자는 대로 순종(順從)하며 살고 있다.

▼ 부친이 나를 미워한다

비견(比肩)이 혼잡하고 비견이 편재를 충극 하였으며 편재를 생(生)하는 식상이 없으면, 자신은 부친에게 효도하나 부친은 칭찬을 하지 않고 자신의 약점만 잡아서 꾸짖고 냉정하게 대하는 것이다. 이치(理致)는 편재 부친 입장에서 비견은 자신을 사상(死傷)하는 칠살이 되므로 악(惡)의 식신을 생(生)하여 칠살을 제(制)해야 하기 때문이다.

예 남명(男命): 부친이 냉정

```
庚 庚 戊 庚
辰 申 寅 午
  비견┘  └편재: 인신충
```

이 명조(命造)는 비견이 혼잡하고 편재를 생(生)하는 식상이 없으며, 비견과 편재가 인신충(寅申沖)이 되었다. 부친에게 효도하려 잘하나 부친은 칭찬은 하지 않고 약점만 잡아서 꾸짖고 냉정하게 대하는 사람이다.

▼ 자신이 부친을 미워한다

신약 하고 칠살에 충극 되었으면, 부친을 무서워하고 싫어하며 부친과 대화가 안 되고 부친이 기분 나쁜 이야기를 하면 성질 내고 대항하는 것이다. 이치(理致)는 칠살은 부친의 의식(意識)이 되고 말이 되며 자신의 체(體)를 사상(死傷)하는 살기가 되므로 악(惡)의 식신을 생(生)하여 칠살을 제(制)해야 되기 때문이다.

예 남명(男命): 부친에게 대항

부친 ← 壬 戊 戊 甲 → 칠살: 부친의 의식 언행
　　　 子 寅 辰 寅

이 명조(命造)는 무토일주(戊土日主)가 진월(辰月)에 생(生)하고 을목(乙木)이 사령(司令)하여 실령(失令) 하였으며, 비견이 조력(助力) 하나 신약 하고 칠살이 태강 하여 일주(日主)를 갑무극(甲戊剋) 하였다. 부친은 잘하려 하는데 자신은 부친이 무섭고 싫어서 상대를 안 하려 피하고, 부친이 기분 나쁜 이야기를 하면 성질 내고 대항하는 사람이다.

▼ 부친이 나를 사랑한다

식상이 생재(生財) 하고 편재가 비견에 충극 되지 않고 유기(有氣) 하며 정관이 있으면, 부친이 자신과 모친을 사랑하는 것이다. 이치(理致)는 식상의 생재는 부친에게 효도하는 효심이 되고, 정관은 부친의 의식(意識)으로 일주(日主), 나를 적당히 극하여 다듬고 정제(精製)하여 쓸만한 물건을 만드는 것과 같으니 사랑하는 마음이 되기 때문이다.

예 남명(男命)

```
        ┌→ 식신
    丁  丁  己  壬  → 정관: 부친의 의식
    未  丑  酉  寅  → 정인
        └→ 편재
```

이 명조(命造)는 식신이 생재(生財) 하여 편재가 유기(有氣)하고 정관이 일주(日主)와 정임합(丁壬合)이 되었으며 정인을 생(生)하고 있다. 부친이 인자하고 자신을 사랑하며 자신도 부친에게 효도하는 사람이다.

▼ 부친이 단명(短命)

비견이 혼잡태강(太强)하고 편재를 생(生)하는 식상이 없으며 비견이나 일주(日主)가 약한 편재를 충극 하였으면, 부친이 단명(短命)하는 것이다. 이치(理致)는 비견이나 일주(日主)는 모친 입장에서 상관이 되고, 편재, 부친 입장에서는 자신의 체(體)를 극(剋)하여 사상(死傷)하는 칠살이 되기 때문이다.

예 여명(女命): 부친 4세 사망

```
      ┌→ 편재
    丙  壬  癸  癸
    午  子  亥  丑
```

이 명조(命造)는 비겁(比劫)이 혼잡하고 편재를 병임충(丙壬冲) 하였으며 편재를 생(生)하는 식상이 없다. 네 살이 되는 편재, 편관운인 병진년(丙辰年)에 부친이 병사(病死)하였다.

• 비견이 혼잡 태강(太强) 하여도 명조(命造)에 편재가 없으면 부친이 단

명(短命)하지 않는 것이다. 이치(理致)는 편재가 없으니 충극(沖剋) 되지 않기 때문이다.

▼ 비견이 혼잡하거나 관살이 태강(太强) 하고 편재가 태약(太弱) 하며, 백호살 또는 형충 되었으면 부친이 단명(短命)하는 것이다. 이치(理致)는 비견이 편재를 극(剋)하여 사상(死傷)하고, 관살이 태강 하면 재성이 설기 되어 상(傷)하며, 백호살은 혈광지살(血光之殺)이 되고, 형살(刑殺)은 강하면 부러지고 과다하면 넘치고 무너져서 상하기 때문이다.

예 **남명(男命): 부친 10세 사망**

┌ 모친
癸 甲 壬 甲
酉 申 申 戌 → 편재: 부친

이 명조(命造)는 관살(官殺)이 혼잡 태강 하고 편재가 태약(太弱) 하다. 재성이 술미형(戌未刑) 되는 계미년(癸未年)에 부친이 사망하였다.

▼ 편재가 백호살이라도 비견에 충극되지 않고 식상(食傷)이 생재(生財) 하여 유기(有氣)하면 부친이 장수(長壽)하는 것이다.

예 **남명(男命): 부친 90세 사망**

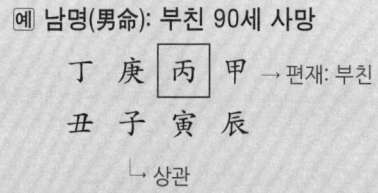

丁 庚 丙 甲 → 편재: 부친
丑 子 寅 辰
└ 상관

이 명조(命造)는 편재가 갑진(甲辰) 백호살이나 비견에 충극 되지 않고 인진(寅辰)에 통근(通根)하였으며 상관이 생재(生財) 하고 있다. 부친이 90세가 넘도록 장수(長壽)하였다.

▼ 재성입묘(財星入墓) 부친 단명(短命)

비견(比肩)이 혼잡하고 재성(財星)이 태약(太弱) 하며 재성이 입묘(入墓) 되었으면 부친이 사망하는 것이다. 이치(理致)는 편재가 비견에 극(剋)되어 상(傷)하고 재성입묘는 부친의 무덤이 되기 때문이다.

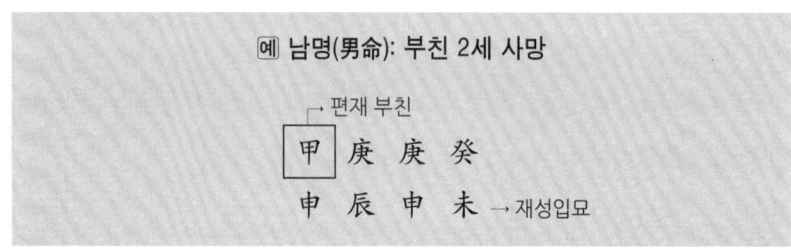

이 명조(命造)는 비견이 혼잡 태강(太强) 하여 편재를 갑경충(甲庚冲) 하였으며 재성이 연지(年支)에 입묘(入墓) 되었다. 두 살이 되는 갑신년(甲申年)에 부친이 교통사고로 사망하였다.

✓ 부친이 사망(死亡)하는 운은?

▼ 편재(偏財)가 세운(歲運)이 병(病)이나 사(死), 묘(墓)나 절(絶)이 되고 비견이나 관성 또는 편재운에 부친이 사망하는 것이며, 편재가 강하면 입묘운(入墓運)·절지운(絶支運)에 사망하고, 편재가 약하면 설기 되는 병사운(病死運)에 사망하는 것이다.

이치(理致)는 관성에 병사(病死)는 설기 되어 기운이 과다하게 빠져나가 병(病)이 들고 사망하기 때문이며, 묘(墓)는 입묘(入墓)로 죽어서 무덤에 들어가는 시기가 되기 때문이고, 절(絶)은 일생의 기(氣)가 다하여 끊어지기 때문이며, 칠살(七殺)은 편재를 설기(泄氣) 하여 상(傷)하게 하고 비견은 편재를 사상(死傷)하기 때문이다.

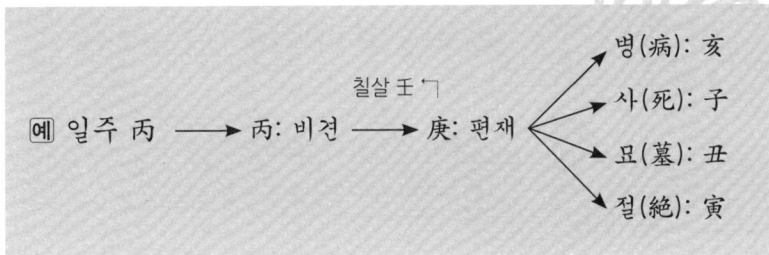

• 편재 부친 입장에서 비견은 칠살이 된다.

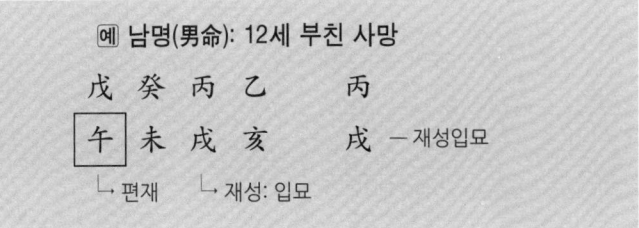

이 명조(命造)는 편재가 월지(月支)에 입묘(入墓) 되었다. 편재의 사지(死支)가 되는 유(酉)대운 오술합(午戌合)으로 입묘 되는 병술년(丙戌年)에 부친이 심장마비로 사망하였다.

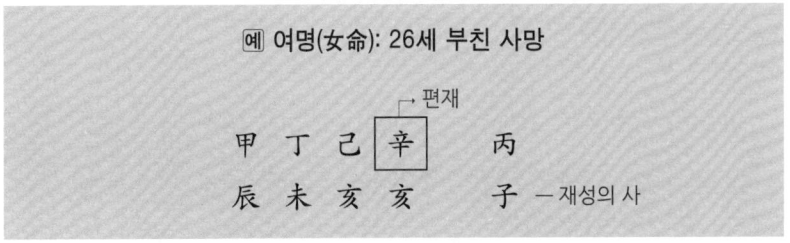

이 명조(命造)는 편재(偏財)가 입묘(入墓) 되는 축대운(丑大運), 사지(死支)가 되는 병자년(丙子年)에 부친이 병사(病死)하였다.

예) 남명(男命): 6세 부친 사망

```
        ┌ 편재 약함
   己   乙  乙  癸      戊
   卯   丑  丑  卯      申 ─ 재성의 병
```

이 명조(命造)는 편재(偏財)가 비견(比肩)에 을기극(乙己剋) 되어 약(弱)한 편이다. 편재가 설기(泄氣) 되고 병(病)이 되는 무신년(戊申年)에 부친이 교통사고로 사망하였다.

예) 남명(男命): 부친 13세 사망

```
        ┌ 편재: 부친
   庚   丙  丁  甲      丙 ─ 비견
   寅   辰  卯  寅      寅 ─ 재성의 절
```

이 명조(命造)는 인성(印星)이 혼잡하고 일주(日主)가 편재를 극(剋)하였으며, 편재가 절지(絶支)에 좌(坐)하여 약하다. 비견이 편재를 병경극(丙庚剋) 하고 재성의 절지(絶支)가 되는 병인년(丙寅年)에 부친이 광산에서 일하다 진폐증으로 사망하였다.

예) 남명(男命): 壬申년, 부친 사고 사망

```
   壬   庚  丁  戊      壬
   午   寅  巳  申      申 ─ 재성의 절
        └ 역마: 편재, 부친
```

이 명조(命造)는 연지(年支)가 신(申)이니 신자진(申子辰) 삼합(三合)으로 삼합의 첫 자를 충(冲) 하는 인(寅)이 역마살이니 역마, 편재가 되는 것이다. 편재가 인신충(寅申冲)되고 인사신(寅巳申) 삼형(三刑)에 절지가 되는 임신년(壬申年)에 부친이 교통사고로 객사하였다.

7. 편재(偏財) 업보론(業報論)

▼ 편재(偏財)는 전생의 인연

남명(男命)에서 편재는 전생에서 배우자나 사모(思慕)하였던 인연(因緣)이 되며, 못다 한 사랑이 있어 다시 만나는 인연이 되는 것이다. 이치(理致)는 윤회(輪廻) 환생(幻生)하면서 음양이 교차하여 전생의 정(正)이 금생(今生)에 편(偏)으로 변하기 때문이다.

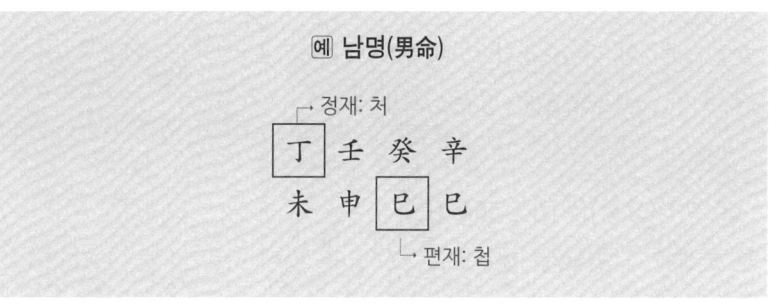

이 명조(命造)는 금생인연 정재가 시상(時上)에 있고, 전생 인연 편재가 일지(日支) 안방에 사신합(巳申合)이 되었다. 처가 성관계를 싫어하여 여자를 소개하여 인연이 된 첩이 있는데 처첩(妻妾)과 한집에서 살고 있다.

▼ 전생(前生)에서 남의 배우자와 자식 낳고 살아

전생에서 남의 배우자와 자식을 낳고 살은 업연(業緣)이 있으면, 그 업보로 편재가 생성되고, 연주(年柱)에 겁재와 관성이 동주(同柱) 하도록 생성되는 것이며, 총각이 자식 낳고 이혼한 이혼녀와 결혼하게 되는 것이다. 이치(理致)는 전생에서 지은 업보(業報)를 금생(今生)에서 받게 되니 처 될 인연이 겁재와 자식 낳고 살다가 이혼하고 만나게 인연이 되어 있기 때문이다.

> **예 남명(男命)**
>
> ┌ 정관: 딸
>
> 丁 庚 癸 丁 → 겁재의 아들
> 丑 寅 丑 酉 → 겁재
>
> └ 편재: 겁재의 처

이 명조(命造)는 전생에서 남의 배우자와 자식을 낳고 살은 업(業)이 있어 그 업보로 겁재와 정관이 연주(年柱)에 동주(同柱) 하고 일지(日支) 안방에는 겁재의 처였던 편재가 생성되었다. 총각이 자식 낳고 살다가 이혼한 이혼녀와 결혼하였다. 전생의 업보가 아니라면 어찌 자신의 명조에 겁재와 겁재의 자식과 겁재의 처가 있겠는가?

✔ 부친(父親)의 업연(業緣)은?

- 전생에서 이타행(利他行)으로 복(福)을 많이 지은 업(業)이 있으면, 그 업보로 정관이 있고 월주(月柱)에 재성이 유기(有氣)하게 생성되며, 자신에게 가장 많이 은혜를 받은 부귀한 인연이 부친으로 점지되므로 부친의 사랑과 유산을 받게 되는 것이다.

  이치(理致)는 전생에서 지은 복(福)을 금생(今生)에서 받아야 되기 때문이며, 정관은 부친의 의식(意識)으로 자신을 사랑하는 마음이 되기 때문이다.

> **예 남명(男命): 충남갑부 강모씨 아들**
>
> 戊 辛 甲 癸
> 戌 亥 寅 未

이 명조(命造)는 전생에서 이타행(利他行)으로 복(福)을 많이 지은 업(業)이 있어 그 업보(業報)로 월주(月柱)에 재성이 충극 없이 유기(有氣)하게 생성되었다. 부가(富家) 태생(胎生)으로 부모의 사랑을 받고 성장하였으며, 부친이 대재(大財)를 상속해 주었다.

▼ 전생(前生)에서 이타행(利他行)은 하지 않고 얻어먹고, 빌려 쓰고, 갚지 않은 업(業)이 있으면, 그 업보로 연월주(年月柱)에 비겁이 혼잡하게 생성되며, 자신에게 은혜를 주었던 가난한 인연이 부친으로 점지되어, 부친의 사랑과 도움을 받지 못하고 부친을 도와주어야 하며, 부친이 단명(短命)하기도 하는 것이다. 이치(理致)는 전생에서 복(福)을 지은 것이 없으므로 받을 것이 없기 때문이며, 전생에서 진 빚을 갚아야 하기 때문이다.

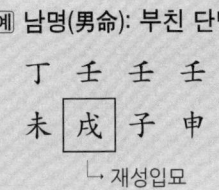

예 남명(男命): 부친 단명

丁 壬 壬 壬
未 戌 子 申
   └ 재성입묘

이 명조(命造)는 전생에서 이타행(利他行)으로 복(福)을 지은 업(業)은 없고, 얻어먹고, 빌려 쓰고, 갚지 않은 업(業)이 있어, 그 업보로 월주(月柱) 부가(父家)에 비겁이 혼잡하고, 재성이 입묘(入墓) 되었다. 빈가에 출생하였으며 부친이 단명(短命)하였다.

8. 편재(偏財) 용신(用神) 기신운(忌神運)

신왕(身旺) 하여 재성이 용신인 명조(命造)는 편재운에 사업자나 상업자는 큰돈을 번다. 증권, 도박, 복권당첨 등으로 횡재하는 수도 있다.

예 남명(男命)   33 23 13 3
戊 庚 壬 戌   丙 乙 甲 癸
寅 辰 戌 戌   寅 丑 子 亥

이 명조(命造)는 경금일주(庚金日主)가 술월(戌月)에 생(生)하고 무토(戊土)가 사령(司令)

하여 득령(得令) 하였으며 인성이 생조(生助) 하여 신왕 하므로 인성을 제(制)하는 편재가 용신이다. 인(寅) 편재대운 식신과 재성이 을경합(乙庚合) 하는 을해년(乙亥年)에 주택복권 1등에 당첨되어 횡재하였다.

[예] 여명(女命): 로또 2등 두 번 당첨

```
       ┌→ 편재
   壬  戊  戊  己        甲 → 약신
   子  辰  辰  丑        申 → 식신생재
```

이 명조(命造)는 무토일주(戊土日主)가 진월(辰月)에 생(生)하고 을목(乙木)이 사령(司令) 하여 실령(失令) 하였으나 비겁(比劫)이 혼잡 태강(太强) 하여 조력(助力)하니 신왕(身旺) 하며 비겁과 재성이 군겁쟁재(群劫爭財)가 되어 왕기(旺氣)를 설기(泄氣) 하여 소통(疏通)하는 식상(食傷)이 용신이다.

비겁을 제(制)하고 식신(食神)이 생재(生財) 하며, 신자진(申子辰) 삼합(三合)이 되는 갑신년(甲申年)에 로또복권에 두 번이나 2등으로 당첨되었다.

▼ 남학생은 편재운(偏財運)에 이성(異性)에 대한 마음이 생성되어 공부가 안 되고 돈을 벌고 싶은 마음이 생성(生成)되어 남의 재물을 절도하기도 하는 것이다.

[예] 남명(男命): 절도, 소년원 수감

```
           庚  壬  甲  癸 → 겁재
   겁재 ←  子  午  子  酉
```

이 명조(命造)는 학생인데 편재운(偏財運)인 병술년(丙戌年)에 남의 돈을 절도하고 소년원에 수감되었다.

- 편재와 겁재운, 편재나 겁재가 일주(日柱)로 합(合)이 되는 운(運)에 이성(異性)이나 이성형제가 도움을 주는 것이다. 이치(理致)는 겁재는 이성과 이성형제가 되고 이성손님이 되며, 편재는 겁재의 정재이므로 겁재의 돈이 되고 중인(衆人)의 돈이 되며, 대재(大財)가 되기 때문이다.
- 남명(男命)은 편재와 겁재운, 편재와 식상운(食傷運), 편재와 관성운(官星運) 등에 애인을 만나는 것이다. 이치(理致)는 편재는 여자가 되고, 겁재도 여자가 되며, 식상은 여자를 사랑하는 마음이 되고, 관성은 여자의 마음이 되며, 자궁이 되기 때문이다.
- 편인이 용신인 명조(命造)는 편재운에 질병이나 사고로 신음하거나 사망하며, 모든 일이 불성(不成)되고 실패하는 것이다. 이치(理致)는 편인이 편재에 사상(死傷) 되어 일주(日主)를 생할 수 없기 때문이다.
- 편재가 삼형살이 되는 운(運)이나 편재 비견운에 부친이 사망하는 것이다. 삼형은 과다하여 넘치고, 무너지며, 강하면 부러지기 때문이고, 비견은 편재를 극(剋)하여 사상(死傷)하기 때문이다.

▼ 재성이 삼형살 되는 운(運)에 재물(財物)이나 여자로 인하여 관재(官災)가 발생하는 것이다. 이치(理致)는 재성이 형살(刑殺)이 되기 때문이다.

예 남명(男命)

癸 乙 甲 甲　　癸 → 편인
未 未 戌 辰　　未 → 편재삼형

이 명조(命造)는 재성이 축술미(丑戌未) 삼형살이 되는 계미년(癸未年)에 부모의 유산을 가지고 형제끼리 싸우다 소송을 하였다.

> **例 남명(男命)**
> 癸 乙 丙 庚   己 → 편재
> 未 未 戌 子   丑 → 편재삼형

이 명조(命造)는 편재가 삼형살(三刑殺)이 되는 기축년(己丑年)에 재혼한 처와 불화하고 처가 이혼위자료 청구소송을 하여 스트레스를 받고 뇌출혈로 수술을 받았다.

▼ 신왕(身旺) 하여 재성이 용신인 명조(命造)는 편재운에 공무원시험 및 각종 시험에 합격할 수 있는 것이다.

이치(理致)는 용신이나 희신이 되기 때문이고, 재생관(財生官) 하기 때문이다.

> **例 남명(男命)**
> 壬 己 辛 乙
> 申 卯 巳 巳

이 명조(命造)는 기토일주(己土日主)가 사월(巳月)에 생(生)하고 병화(丙火)가 사령(司令) 하여 득령(得令) 하였으며, 인성(印星)이 생조(生助) 하여 신왕 하며, 식상(食傷)이 생재(生財) 하였다. 편재와 식신운인 계유년(癸酉年)에 교육행정 공무원 시험에 합격하였다.

• 편재(偏財) 겁재운에는 이성형제에게 돈을 빌려 쓰게 되는 것이다. 이치(理致)는 편재는 겁재의 정재가 되므로 겁재의 돈이 되기 때문이다.

07 정재(正財)

정재(正財)는 일주(日主), 내가 극(剋)하는 오행이다.
음양의 조화에 따라 정(正)과 편(偏)으로 구분하니, 양(陽)이 음(陰)을 보고 음(陰)이 양(陽)을 보면 정(正)이 되고, 양(陽)이 양(陽)을 보고 음(陰)이 음(陰)을 보면 편(偏)이 되는 것이다.
정재는 남명(男命)에서는 처, 처제, 고모 등이 되고 여명(女命)에서는 고모가 된다.
정재는 고모이나 사주에 따라 백부, 숙부도 정재가 되는 것이다.

1. 정재(正財)의 성정(性情)

노력(努力), 성실(誠實), 정확(正確), 신용(信用), 검소(儉素), 번영, 절약(節約), 수전노(守錢奴: 돈을 지키는 노예), 인색(吝嗇: 체면도 없이 재물을 아낌), 이기주의(利己主義: 자기 이익만 꾀함), 월급재(月給財), 기본재산(基本財産), 저축(貯蓄) 등이 된다.

2. 정재(正財)의 응용(應用)

　정재(正財)는 검소하고 저축하는 것이며, 월급이고 노력하여 얻은 정당한 재물이 되며, 기본재산(基本財産)이 되는 것이다.
　정재는 처(妻)와 사물(事物)과 재물(財物)과 성정(性情)을 응용하는 것이다.
　정재는 체(體)와 의식(意識) 이분법(二分法)의 원리로 응용하는 것이다.
　정재는 관성(官星)을 생(生)하고, 정인을 극하여 사상(死傷)하며, 겁재의 극(剋)을 받고 식상(食傷)으로부터 생을 받는 것이다.
　정재는 생설극제(生泄剋制) 하면서 생성(生成)되는 길흉(吉凶)과 이해(利害)와 육친 간의 의식(意識) 작용을 응용하는 것이다.

- 정재(正財)는 식상(食傷)이 많으면 생왕(生旺)이 되는 것이다.
- 정재(正財)는 재성(財星)이 많으면 조왕(助旺)이 되는 것이다.
- 정재(正財)는 관성(官星)이 많으면 설기약(泄氣弱)이 되는 것이다.
- 정재(正財)는 인성(印星)이 많으면 소모약(消耗弱)이 되는 것이다.
- 정재(正財)는 비겁(比劫)이 많으면 극제약(剋制弱)이 되는 것이다.

　정재(正財)와 편재를 재성(財星)이라고 하는 것이다.
　재성을 식신이 생하면 식신생재(食神生財), 상관(傷官)이 재성을 생하면 상관생재(傷官生財)라고 하는 것이다.

　▼ 재성이 유기(有氣) 하며 재관(財官)이 용신이면, 부귀(富貴)를 겸전 하는 것이다. 이치(理致)는 재성은 재물이 되고 관성은 명예가 되기 때문이다.

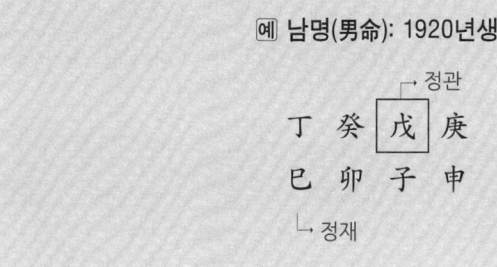

 이 명조(命造)는 계수일주(癸水日主)가 자월(子月)에 생하고 임수(壬水)가 사령(司令) 하여 득령(得令) 하고 인비(印比)가 생조(生助) 하여 신왕 하므로 정관이 용신이고 정관을 생하는 재성이 희신(喜神)이다. 재물과 명예가 용신, 희신이니, 재관운에 득재(得財)하여 부자가 되었고 국회의원을 두 번 역임 하였다.

▼ 식상(食傷) 생재(生財) 하면 돈 버는 재능이 있으며 용신, 희신운을 만나면 부자가 되는 것이다. 그러나 관성이 없으면 명예는 없는 것이다.
 이치(理致)는 식상(食傷)은 의식이 되고 생재(生財) 하니 돈 버는 재능이 있기 때문이다.

 이 명조(命造)는 병화일주(丙火日主)가 묘월(卯月)에 생(生)하고 을목(乙木)이 사령(司令) 하여 득령(得令) 하고 인비(印比)가 생조 하여 신왕 하다. 정재가 축(丑)재고(財庫)에 통근(通根)하여 유기(有氣)하고 의식(意識)인 기토(己土) 상관이 생재(生財)하니 돈욕심이 많고 돈버는 재능이 있어 용신 희신에 해당하는 술유신(戌酉申)대운에 2,000억대의 거부(巨富)가 되었으나 관성이 없으니 명예는 없는 졸부(猝富)다.

▼ 신왕에 겁재가 있고 정관이 없으면, 재운(財運)에도 손재하고 발복하지 못하여 빈곤(貧困)한 것이다. 이치(理致)는 겁재가 쟁재(爭財)하여 재성을 겁탈(劫奪)하기 때문이다.

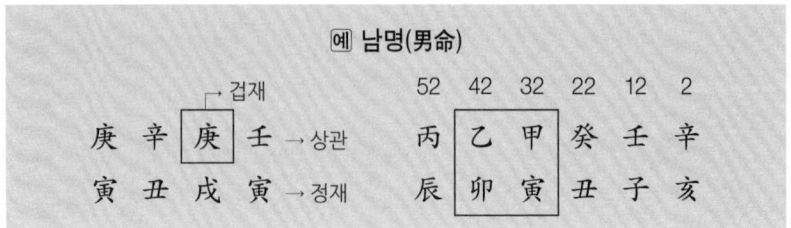

이 명조(命造)는 신금일주(辛金日主)가 술월(戌月)에 생하고 무토(戊土)가 사령(司令) 하여 득령(得令) 하고 인성과 겁재가 생조(生助) 하여 신왕 하므로 인성을 제(制)하는 정재가 용신이고 용신을 돕는 식상(食傷)이 희신이며 용신을 극(剋)하는 겁재가 병(病)이 된다. 겁재가 월상(月上)에 투간(透干) 되고 정관이 없으니, 용신에 해당되는 갑인(甲寅), 을묘(乙卯) 대운에 정재는 겁재가 갑경충(甲庚沖) 하고, 편재는 을경합(乙庚合) 하여 겁탈하므로 사업에 실패하여 빈곤하게 되었다.

▼ 신왕하고 겁재가 있어도 정관이 유기(有氣)하여 겁재를 제하면 재운에 발복하는 것이다. 이치(理致)는 정재가 정관을 생하여 겁재를 제하기 때문이다.

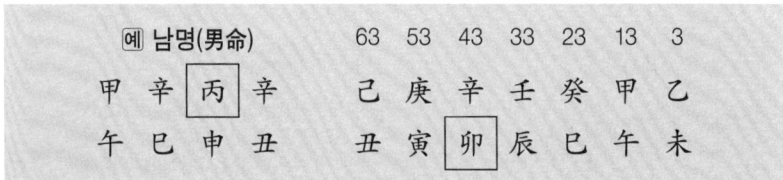

이 명조(命造)는 신금일주(辛金日主)가 신월(申月)에 생하고 임수(壬水)가 사령(司令) 하여 실령(失令) 하였으나 인비(印比)와 겁재가 생조(生助) 하여 신왕 하다. 겁재가 있으나 월상(月上)에 정관이 사(巳)에 통근(通根)하여 유기하고 겁재를 제(制)하니 길명(吉命)이 되었다. 정관이 용신이고 재성이 희신이다. 희신에 해당하는 묘대운(卯大運)에 발복하여 수십

억대의 부자가 되었다.(인비: 인성과 비견)

▼ 정인이 용신이면 정재운에 필사(必死)하는 것이며, 편인이 용신이면 편재운에 필사하는 것이다. 이치(理致)는 재성이 인성을 극하여 일주(日主)를 생(生)할수 없기 때문이다.

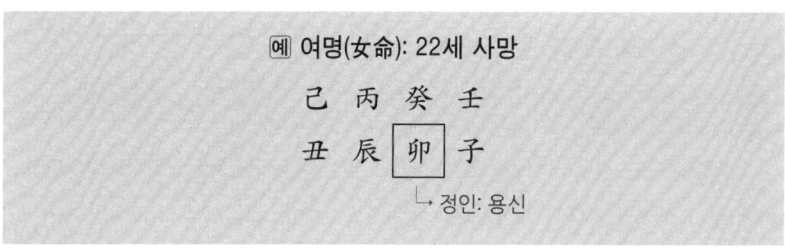

이 명조(命造)는 병화일주(丙火日主)가 묘월(卯月)에 생(生)하고 을목(乙木)이 사령(司令)하여 득령(得令) 하였으나 관성(官星)이 혼잡하여 신약으로 월지(月支)의 정인이 용신이다. 시청 공무원이었는데 정재가 정인을 묘유충(卯酉冲) 하는 계유년(癸酉年), 갑자월(甲子月), 기축일(己丑日)에 교통사고로 사망하였다.

▼ 재성이 투간(透干) 되고 무근(無根)하여 태약하면 빈곤(貧困)한 것이다. 이치(理致)는 재성이 무근하여 약하고 투간 되면 손실되어 재물을 보존할 수 없기 때문이다.

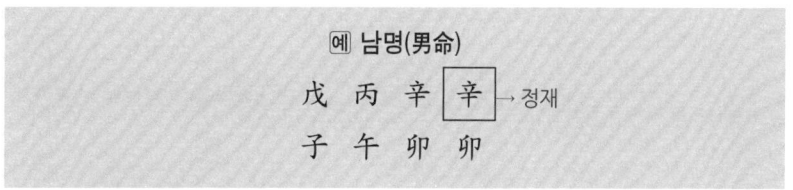

이 명조(命造)는 재성이 천간에 투간 되고 무근(無根)하여 태약하며 식신이 생재(生財)하여 성실하고 부자같이 보이나 집도 절도 없는 가난한 사람이다.

▼ 재성이 암장(暗藏)되어 있으면 가난하게 보이나 내실(內實)이 있어 부귀한 것이다. 이치(理致)는 드러나지 않은 감추어진 재물이 되고 비상금이 되기 때문이다.

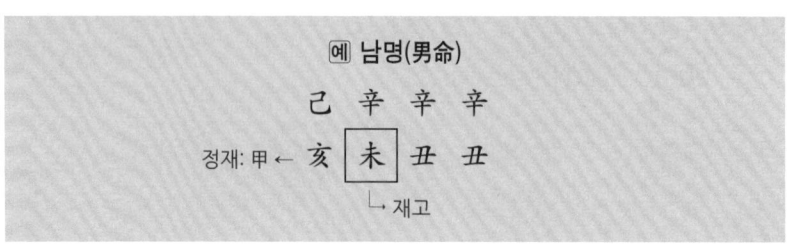

이 명조(命造)는 갑(甲) 정재가 해(亥) 상관에 암장되어 장생(長生)하고 있으며, 일지(日支) 안방이 재고(財庫)이다. 제약회사에 근무하고 있으며, 가난하게 보이나 내실이 있어 20억 정도 가진 작은 부자다.

• 관살(官殺)이 혼잡태강 하면 재성이 있어도 빈곤(貧困)한 것이다. 이치(理致)는 재성이 관살에 설기 되어 태약해지기 때문이다.

▼ 재다신약(財多身弱)은 부자같이 보이나 가난하게 사는 것이다. 이치(理致)는 허욕만 강하고 계산 없이 돈을 쓰며 낭비하니 재성을 관리하는 능력이 없어서 재물을 지키지 못하기 때문이다.

[예] 남명(男命)

정재 ← 丁　壬　乙　丁 → 정재
　　　　未　申　巳　巳

이 명조(命造)는 임수일주(壬水日主)가 사월(巳月)에 생(生)하고 재성이 혼잡과다 하여 재다신약이다. 부자같이 보이나 집도 절도 없는 가난한 사람이다.

3. 정재(正財) 독심술(讀心術) - 이분법 적용

1 신용이 있고 성실하며 검소하다

정재(正財)가 있으면 성실하고 정확하며 신용이 있고, 검소하며 절약정신이 강한 것이다. 이치(理致)는 정재는 월급재(月給財)가 되고 성실하게 노력하여 얻어진 재물이 되기 때문이다.

[예] 남명(男命)

甲 壬 辛 戊
辰 午 酉 午 → 정재

이 명조(命造)는 정재와 정인이 있으며, 식신이 생재(生財)하고 있다. 정확하고 치밀 철저하며 신용이 있고 성실하며 검소하고 절약 정신이 강한 사람이다.

2 정재가 있고 정관이 없으면 수전노(守錢奴)

명조(命造)에 정재만 있고 정관이 없으면 돈 욕심이 많아 인색하고 이기적(利己的)이며, 수전노(守錢奴: 돈을 지키는 노예)가 되는 것이다. 이치(理致)는 명예보다 재물을 좋아하기 때문이다.

[예] 남명(男命)

┌ 상관
丙 乙 乙 癸
戌 亥 卯 卯
└ 정재

이 명조(命造)는 비견이 혼잡하고 정재만 있고 정관이 없으며 상관이 있다. 고집이 세고 자존심이 강하며 인색하고 이기적이며 돈 욕심이 많아 돈을 안 쓰는 수전노(守錢奴) 같은 사람이다.

❸ 정재와 정관이 있으면 근면 성실

정재가 있고 정관이 있으면 바르고 정직하고 근면성실하며 근검절약하나 정당한 일에는 돈을 잘 쓰는 것이다. 이치(理致)는 체면과 명예를 중요하게 생각하기 때문이다.

```
          예 남명(男命)
        ┌ 정관
        辛 甲 癸 己
        未 寅 酉 亥
              └ 정재
```

이 명조(命造)는 월지(月支)와 시상(時上)에 정관이 있고, 관인상생(官印相生)이 되었으며, 정재가 정관을 생(生)하고 있다. 재물도 중히 여기나 명예를 좋아하여 정당한 일에는 돈을 잘 쓰는 사람이다.

❹ 돈을 빌려주지도 빌려 쓰지도 않고 자급자족

정재만 있고 겁재가 있으면 타인에게 돈을 빌려 주는 것을 싫어하여 돈을 빌려주지도 않고 빌려 쓰지도 않는 것이다. 이치(理致)는 빌려주면 받지 못할 것 같은 마음이 생성(生成)되기 때문이고, 남의 돈 편재가 없기 때문이다.

```
          예 남명(男命)
        ┌ 겁재
        乙 甲 癸 癸
        丑 午 亥 未
              └ 정재
```

이 명조(命造)는 정재가 겁재와 동주(同柱)하고 있다. 평생 타인에게 돈을 빌려주지도 않고 빌려 쓰지도 않은 사람이다.

5 편재와 정재가 있으면 작은 돈은 아끼고 큰돈 잘써

편재와 정재가 있으면 작은 돈은 아끼고 돈을 쓸 때는 큰돈도 잘 쓰는 것이다. 이치(理致)는 정재는 월급재가 되고, 편재는 낭비하는 용재(用財)가 되기 때문이다.

```
          예 남명(男命)

          ┌→ 정재
          己 甲 丙 己
          巳 戌 子 亥
              └→ 편재
```

이 명조(命造)는 일지(日支)에 편재가 있고 시상(時上)에는 정재가 있다. 작은 돈은 아끼고 절약하는 사람이나 돈을 쓸 때는 큰돈도 잘 쓰기도 하는 사람이다.

6 재다신약, 모친과 형제에 의지하고 편애(偏愛)한다

재다신약(財多身弱)이나 신약은 모친과 형제에게 의지하고 편애하는 성질이 있으며, 칭찬받는 것을 좋아하고 잘못을 지적하면 반항하는 것이다. 이치는 신약이니 도움을 받아야 되기 때문이고, 위해주고 의지가 되는 사람만 좋아하기 때문이다.

이 명조(命造)는 무토일주(戊土日主)가 해월(亥月)에 생하고 재성이 혼잡 태강하여 재다신약으로 시상(時上)에 비견이 용신이 된다. 모친과 형제에게 의지하고 편애하여 자신에게

잘해주는 형제와 친구만 상대하고, 칭찬받는 것을 좋아하며 잘못을 지적하면 화내고 반격하는 사람이다.

7 정재(正財)와 겁재(劫財)가 있으면 투기 도박

정재만 있어도 겁재가 있어 쟁재(爭財) 하면 투기나 도박을 좋아하는 것이다. 그러나 투기 도박을 하면 손재하는 것이다. 이치(理致)는 겁재가 있어 쟁재 하니 야망(野望)이 크고 뜻밖의 행운을 얻으려는 요행심이 생성되기 때문이며, 자신의 돈을 놓고 도박을 하는 것이 되기 때문이다.

이 명조(命造)는 겁재가 혼잡하고 정재가 있어 쟁재(爭財)하고 있다. 야망이 크고 도박과 투기를 좋아하여 무인년(戊寅年)에 증권과 카드 놀음을 하다 재산을 탕진하고 거지 신세가 되었다.

4. 처(妻)의 관계 - 이분법 적용

✓ 만남 결혼(結婚)

▼ 남명(男命)에서 식상(食傷)과 재성운에 여자를 만나는 것이다. 이치(理致)는 식상은 여자를 사랑하는 마음이 되고, 재성(財星)은 여자가 되기 때문이다.

예 남명(男命)	처(妻)의 명조(命造)
戊 辛 丙 庚	甲 丙 壬 庚
子 丑 戌 寅	午 寅 午 子

이 명조(命造)는 식신과 정재운인 갑자년(甲子年)에 처(妻)를 만나 결혼하였는데 일지(日支)에 자축(子丑)으로 합(合)이 된다. 처의 명조에서는 정관(正官)에 편인운이다.

▼ 남명(男命)에서 식신과 정관운에 여자를 만나는 것이다.
이치는 식신은 정재를 사랑하는 마음이 되고 정관은 여자가 나를 사랑하는 마음이 되기 때문이다.

예 남명(男命)	
癸 辛 甲 癸	丙 ─ 정관
巳 巳 子 丑	子 ─ 식신

이 명조(命造)는 여자의 의식(意識)인 정관과 자신의 의식인 식신이 되는 병자년(丙子年)에 여자를 만나 결혼하였다.

▼ 남명(男命)에서 재성과 관성운에 여자를 만나는 것이다. 이치(理致)는 재성은 여자가 되고 관성은 여자의 마음이 되며 자궁이 되기 때문이다.

예 남명(男命)	처(妻)의 명조(命造)
甲 癸 丙 辛	丙 戊 甲 癸
寅 酉 申 丑	辰 子 寅 卯

이 명조(命造)는 정재가 일지(日支) 안방에 사유합(巳酉合) 하고 자신의 의식과 여자의 의식이 갑기합(甲己合) 하는 편관운인 기사년(己巳年)에 처(妻)를 만나 결혼하였다. 처의 명조에서 기사(己巳)는 겁재와 남자의 사랑 편인이 된다.

▼ 남명(男命)에서 재성과 겁재운에 여자를 만나는 것이다. 이치(理致)는 재성은 여자가 되고 겁재도 음양(陰陽)이 다르므로 여자가 되기 때문이다.

예 남명(男命)	처(妻)의 명조(命造)
辛 壬 戊 甲	丙 辛 甲 甲
亥 寅 辰 寅	申 亥 戌 寅

이 명조(命造)는 편재와 겁재운인 병자년(丙子年)에 처(妻)를 만나 임신하고 정축년(丁丑年)에 딸을 낳고 결혼하였다. 처의 명조에서는 병자년(丙子年)은 정관과 식신이 된다.

▼ 남명(男命)에서 겁재가 일지(日支)에 합(合)이 되거나 재성(財星)이 일지나 천간(天干)에 합이 될 때 여자를 만나고 또는, 관성이 일지에 합이 되는 운에 여자를 만나는 것이다. 이치(理致)는 겁재는 음양(陰陽)이 다르므로 여자가 되고 재성도 여자가 되며, 관성(官星)은 여자의 의식으로 여자의 마음이 되기 때문이다.

예 남명(男命)	처(妻)의 명조(命造)
己 庚 戊 癸	己 甲 辛 癸
卯 辰 午 亥	巳 辰 酉 亥

이 명조(命造)는 일주(日柱)에 겁재와 재성이 을경합(乙庚合), 진유합(辰酉合) 하는 을유년(乙酉年)에 처(妻)를 만나고 정해년(丁亥年)에 결혼하였다. 처의 명조에서는 을유(乙酉)는 겁재와 정관이 되고 일지(日支)에 진유합(辰酉合)이 된다.

예 남명(男命)	처(妻)의 명조(命造)
辛 丁 丁 癸	丁 辛 庚 戊
亥 巳 巳 卯	酉 酉 申 申

이 명조(命造)는 여자의 의식인 정관이 일주(日主)와 정임(丁壬)으로 간지암합(干支暗合)이 되는 정해년(丁亥年) 임인월(壬寅月) 경오일(庚午日)에 처를 만나고 갑진월(甲辰月)에 결혼하였다. 처의 명조에서 정해년(丁亥年)은 의식인 상관이 편관과 간지암합(干支暗合)이 된다. 중매로 만났으나 처가 더 좋아하여 결혼한 것이 된다.

▼ 남명(男命)에서 여자를 만나 결혼하는 운(運)은 여러 가지로 분류되어 있으므로 혼돈이 되나 알기 쉽게 요약하면 다음과 같다.

- 남명(男命)의 의식(意識)인 식상(食傷)
- 여자(女子)의 의식(意識)인 관성(官星)
- 여자(女子)가 되는 재성(財星)
- 음양(陰陽)이 달라 여자가 되는 겁재(劫財)

▼ 이 네 가지가 교차되고 합(合)과 충극(沖剋)의 작용에 의하여 만남이 이루어지고 결혼이 되는 것이니 이치(理致)를 알면 응용하는데 어려운 것만은 아니다.

유부남(有婦男)이 애인을 만나는 것도 같은 원리이다.

```
[예] 일주(日主) 甲  →  丙丁: 식상  <  戊己: 재성
                                    庚辛: 관성

[예] 일주(日主) 甲  →  戊己: 재성  <  庚辛: 관성
                                    乙: 겁재

[예] 일주(日主) 甲  →  己: 정재   →  갑기합(甲己合)

[예] 일주(日主) 乙  →  庚: 정관   →  을경합(乙庚合)

[예] 일지(日支) 甲子 →  丑: 정재  →  자축합(子丑合)
```

▼ 처(妻)를 사랑한다

식상(食傷)이 정재를 생(生)하고 정관이 있으며 칠살이 없으면 자신은 처를 사랑하고 처도 남편을 사랑하는 것이다.

이치(理致)는 식상은 의식으로 처를 사랑하는 마음이 되고, 정관은 처가 남편을 사랑하는 마음이 되며, 칠살은 남편을 미워하고 증오하는 마음이 되기 때문이다.

```
[예] 남명(男命)

       ┌ 정재
       己 甲 辛 甲
       巳 子 未 子
       └ 식신: 처를 사랑하는 마음
```

이 명조(命造)는 월주에 정관이 있고 칠살이 없으며 식신이 정재를 생하고 있다. 자신은 처를 사랑하고 처는 남편을 사랑하니 부부가 화합하며 살고 있다.

▼ 처(妻)를 구박하고 구타한다

신약(身弱)하며 일주(日主)가 칠살에 충극 되었으면, 자기 말이 법(法)이고

처와 대화가 안 되며, 술만 먹으면 구박하고 대항하면 구타하는 것이다.

이치(理致)는 칠살은 처의 상관으로 자신을 사상(死傷)하는 살기가 되므로 악(惡)의 식신을 생(生)하여 칠살을 제(制)해야 살아 남을 수 있기 때문이다.

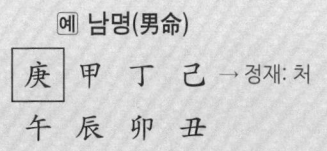

[예] 남명(男命)

庚 甲 丁 己 → 정재: 처
午 辰 卯 丑

이 명조(命造)는 갑목일주(甲木日主)가 묘월(卯月)에 생(生)하고 갑목(甲木)이 사령(司令)하여 득령(得令)은 하였으나 재성이 혼잡하고 상관에 설기 되어 신약(身弱)하며, 칠살에 갑경충(甲庚冲)이 되었다. 자기 말이 법(法)이고 술만 먹으면 처(妻)를 시비 구타하여 칠살운인 경신년(庚申年)에 처가 가출 이혼하였다.

▼ 처(妻)에게 순종(順從)한다

재관(財官)이 강하고 일주(日主)가 태약(太弱)하면 처가 가권(家權)을 잡게 되고, 처에게 모성애를 느끼며 의지하고 순종하며 처가 하자는 대로 따르는 공처가가 되는 것이며, 처는 자신을 큰아기처럼 생각하여 가엽게 여기고 동정하는 것이다.

이치(理致)는 태약하면 세력에 종(從)하기 때문이며, 처 입장에서는 무능하고 유순한 남편이 자신에게 순종하기 때문이다.

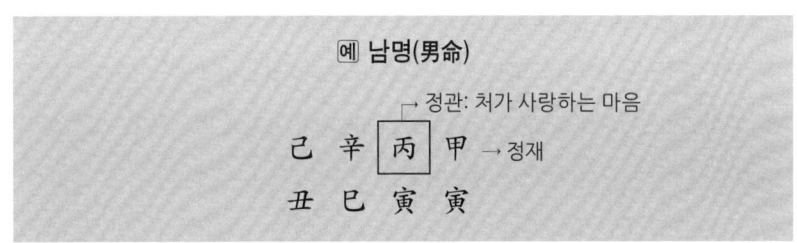

[예] 남명(男命)

→ 정관: 처가 사랑하는 마음
己 辛 丙 甲 → 정재
丑 巳 寅 寅

이 명조(命造)는 신금일주(辛金日主)가 인월(寅月)에 생하고 무토(戊土)가 사령(司令) 하여 득령(得令) 하였으나 재관이 강하여 인성(印星)이 생조(生助) 하나 신약하며 칠살이 없다. 무능하고 소심하여 처에게 모성애를 느끼며 의지하고, 처가 하자는 대로 따르며 순종하는 공처가다.

▼ 악처(惡妻) 공처가(恐妻家)

비겁(比劫)이 혼잡하여 신왕 하고, 정재가 약하며 정재를 생하는 식상(食傷)이 없으면, 처가 몹시 거칠고 사나워서 자기말이 법이고 구박하며, 대항하면 구타 폭행하니 처가 하자는 대로 눌려 지내는 공처가가 되는 것이다.

이치(理致)는 정재 처 입장에서 비겁은 자신을 사상(死傷)하는 칠살이 되므로 악(惡)의 식상을 생(生)하여 칠살을 제(制)하고 살아남으려 하기 때문이다.

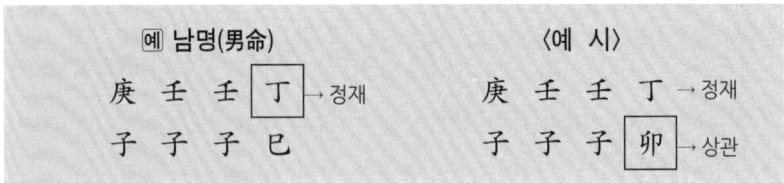

이 명조(命造)는 비겁(比劫)이 혼잡하고 정재를 생(生)하는 식상이 없다. 처가 자기 말이 법(法)이고 술만 먹으면 구박하고 구타하여 각방을 쓰고 살았는데 처가 한밤중에 복면을 쓰고 들어와 칼로 찔러 중상을 입고 도망 나와 신고하여 처가 구속되었고 교도소에서 병사(病死)하였다. 이 명조에서 비겁이 정재를 생(生)하는 식상이 있었다면 처가 난폭하지 않고, 겁재가 혼잡하니 처가 사교성이 있고 바람나 이혼하였을 것이다. 처 입장에서 식상은 인성(印星)으로 관인상생(官印相生) 되어 남자의 사랑이 되기 때문이다.

▼ 처(妻)가 현모양처(賢母良妻)다

식상(食傷)이 정재를 생(生)하고 정관이 있으면, 처가 온순하고 현모양처(賢母良妻: 어진 어머니 착한 아내)가 되는 것이다. 이치(理致)는 정관은 처의 의식으로 남편을 사랑하는 마음이 되고 식상은 처를 사랑하는 마음이 되기 때문이다.

```
            예 남명(男命)
         ┌ 처   ┌ 처가 사랑하는 마음
         庚 丁 壬 丁
         戌 亥 寅 丑
              └→ 정관: 천을귀인
```

이 명조(命造)는 식상이 정재를 생(生)하고, 처의 의식인 정관이 천을귀인(天乙貴人)이며 일주(日主)와 정임합(壬丁合)이 되고, 정관의 의식(意識)인 정인이 일주(日主)를 생하고 있다. 처가 현모양처로 내조를 잘하고 자식들도 효자라 부부가 화합하며 해로(偕老)하였다.

▼ 처(妻)가 모친과 형제들을 미워한다

신왕한 남명(男命)이 겁재가 있고 정관이 겁재를 충극(沖剋) 하였으며 재성을 생하는 식상이 없으면 처가 모친과 자신의 형제들을 미워하여 상대를 안 하고 의절(義絕)하는 것이다. 이치(理致)는 처의 입장에서는 겁재는 자신을 사상(死傷)하는 칠살이 되므로 식신을 생하여 칠살을 억제해야 하기 때문이다.

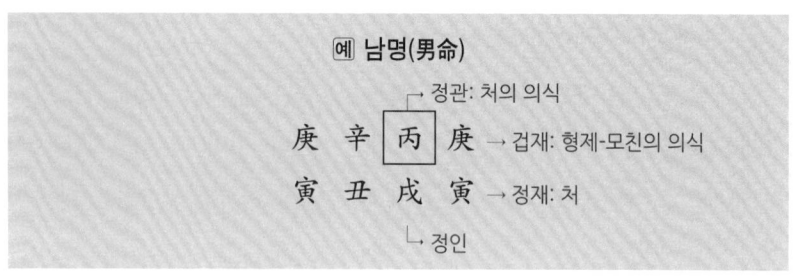

이 명조(命造)는 겁재가 혼잡하여 신왕하고 정관(正官)이 겁재(劫財)를 병경극(丙庚剋)하고 정재를 생하는 식신과 상관이 없다. 처가 자기 말이 법이고 거칠고 사나우며 모친과 자신의 형제들을 미워하고 증오(憎惡)하여 의절(義絶)하고 상대도 않으니 남만 못한 사이가 되었다.

▼ 결혼을 못한다

남명(男命)에서 겁재가 혼잡 태강하고 정재가 없거나 정재가 있어도 겁재와 동주(同柱)나 충극된 명조(命造)는 결혼을 못하고 독신으로 살게 되는 것이다. 이치(理致)는 겁재가 정재를 겁탈(劫奪)하기 때문이다.

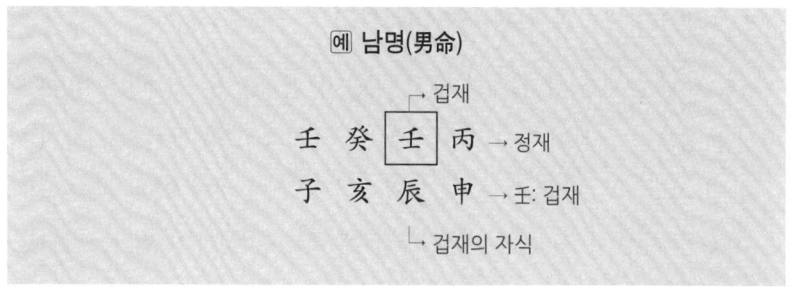

이 명조(命造)는 정재가 연주(年柱)에서 겁재와 동주(同柱)하고 병임충(丙壬冲)이 되었으며 월주(月柱)에 겁재와 정관이 동주(同柱)하고 있다. 처(妻) 될 인연이 겁재와 자식 낳고 살고 있으니 55세가 되도록 여자를 만나 보지도 못하였으며 독신으로 살고 있다.

▼ 관성(官星)이 없고 겁재가 있으며, 상관이 혼잡 태강하면 결혼을 못

하고 독신으로 살게 되는 것이다. 이치(理致)는 관성은 여자의 의식이 되며 자궁이 된다. 관성이 없으니 여자의 자궁이 없어 여자에 관심이 없고, 의식인 식상이 관성을 충극 하므로 자궁을 싫어하는 마음이 되기 때문이며, 겁재는 정재를 겁탈하고 관성이 없으니 여자들이 관심을 갖지 않기 때문이다.

例 남명(男命)

```
丁 乙 丙 壬
亥 未 午 寅 → 겁재
        └ 편재: 겁재의 처
```

이 명조(命造)는 식상(食傷)이 혼잡 태강하고 관성이 없으며, 겁재가 있고 일지(日支)에는 겁재의 처(妻) 편재가 있다. 성 불감증으로 발기도 안 되고 여자 생각도 안 나며, 50세까지 여자와 성관계를 한 경험이 없다고 한다.

▼ 처첩(妻妾)이 있다

정재와 편재가 있고 편정재(偏正財)가 관성을 생(生)하였으면 처(妻) 외에 첩(妾)을 두고 사는 것이며, 배다른 자식을 두게 되는 것이다. 이치(理致)는 편재는 첩이 되고, 정재는 처가 되기 때문이다.

例 남명(男命)

```
   ┌ 첩
  辛 丁 癸 壬 → 처가 낳은 자식
  丑 酉 丑 申 → 정재: 처
        └ 癸: 첩이 낳은자식
```

이 명조(命造)는 정재가 연주(年柱)에서 정관과 동주(同柱)하고 월상(月上)의 칠살이 정계충(丁癸冲) 하였으며, 시주(時柱)에 편재가 있고 편관이 암장(暗藏)되어 있다. 처와 별거하고 첩(妾)과 살면서 자식을 낳았다. 그래서 배다른 자식이 있다.

▼ 처(妻)가 애인을 두고 산다

남명(男命)에서 정재와 겁재가 동주(同柱) 하였거나 합(合)이나 충극 되었으면, 처가 애인를 두고 간통하게 되는 것이다. 이치(理致)는 동주는 함께 있는 것이 되고, 합(合)이나 충극은 만남이 되기 때문이며, 겁재는 처에게 애인이 되기 때문이다.

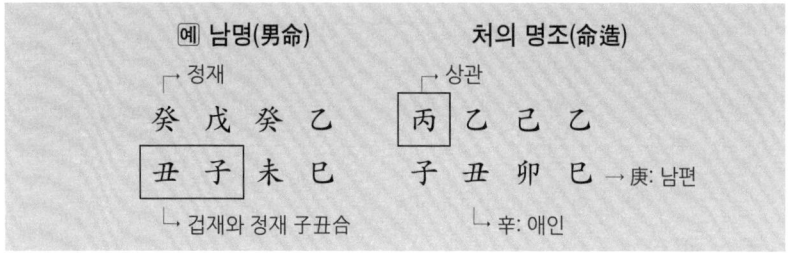

이 명조(命造)는 정재와 겁재가 동주(同柱)하고 자축합(子丑合)이 되었다. 칠살운인 갑신년(甲申年)에 처가 애인 만나 간통하며 살고 있다. 처의 명조에서는 정관이 연지(年支)에 떨어져 있고, 일지(日支) 안방에는 편관이 암장(暗藏)되어 있으며 의식인 상관이 혼잡하여 정관을 극(剋)하고 있다.

- 남명(男命)에서 편관 칠살이 일주(日主)를 극(剋)하고 겁재와 합(合)이 되었으면, 처가 애인을 두고 간통하는 것이다. 이치(理致)는 칠살은 처의 의식(意識)으로 자신을 미워하고 겁재를 좋아하는 마음이 되기 때문이다.

▼ 연상(年上)의 여인을 좋아한다

재성(財星)이 강하고 신약하며 인성(印星)이 용신이면 자신보다 나이가 많은 연상(年上)의 여인을 좋아하고 대화가 잘 통하며 처로 만나게 되고 모성애(母性愛)를 느끼며 의지(依支)하는 것이다. 이치(理致)는 나이가 많은 연상은 상인(上人)이니 의지가 되어 마음이 편안하고, 나이가 적은 연하(年下)는 아랫사람이니 의지가 안 되기 때문이다.

```
[예] 남명(男命)    → 총각이 이혼녀와 결혼
     丙 己 癸 壬
     寅 巳 卯 寅
          └ 정인
```

이 명조(命造)는 기토일주(己土日主)가 묘월(卯月)에 생(生)하고 을목(乙木)이 사령(司令)하여 실령(失令) 하고 재관(財官)이 강하여 신약하므로 시상(時上)의 정인(正印)이 용신이 된다. 연상(年上)의 여자를 좋아하여 연상(年上)인 정유생(丁酉生) 여인과 결혼하였다.

▼ 처(妻)와 이혼할 명조(命造)는?

남명(男命)에서 월상(月上)이나 시상(時上)에 칠살이 있어 충극(沖剋) 되고 재성이 혼잡하면 10중 9는 작첩(作妾)하거나 불화하다 이혼하게 되는 것이다.

이치(理致)는 칠살은 처의 의식(意識)으로 자신을 미워하고 증오(憎惡)하는 이별살이 되기 때문이며, 칠살은 처의 자궁이고 자신의 체(體)를 사상(死傷)하는 살기(殺氣)에 압도되어 처와 성관계하면 정력이 약해져 조루증이 오고 재미가 없으며, 다른 여자와 성관계하면 정력이 강해지고 재미가 있어 작첩 하기 때문이며 악(惡)의 식신을 생(生)하여 칠살을 제(制)하고 살아남으려 자기 말이 법(法)이고 처를 구박하며 대항하면 구타하기 때문이다.

```
              예 남명(男命)
                    ┌ 칠살: 자궁, 조루증, 이혼살
           庚 甲 戊 乙 → 겁재
           午 辰 子 未 → 정재
                └ 편재: 겁재의 처
```

이 명조(命造)는 정재가 겁재와 동주(同柱)하고 일지(日支) 안방에는 겁재의 처(妻) 편재가 있으며, 시상(時上)에 칠살이 갑경충(甲庚冲) 하였으니 이혼할 명조가 된다. 자기 말이 법(法)이고, 의처증이 있어 술만 먹으면 처를 구박하고 대항하면 구타하였으며, 처와 성관계하면 정력이 약해져 조루증이 오고 재미가 없으며, 다른 여자와 성관계하면 정력이 강해지고 재미가 있으므로 애인 만나 간통하다 칠살운인 경오년(庚午年)에 이혼하였다.

▼ 불화 이혼하는 운은?

남명(男命)에서 이혼할 가능성이 있는 명조(命造)는 칠살운, 칠살에 겁재운, 칠살에 편재운 등에 애인 만나 간통하다 처에게 발각되거나 처(妻)가 바람나 10중 9는 이혼하게 되는 것이다. 이치(理致)는 편재는 애인이 되고 칠살은 처가 자신을 미워하는 증오심이 되며 불화살, 이별살이 되고 겁재는 처의 입장에서는 애인이 되기 때문이다.

```
              예 남명(男命)
              ┌ 칠살    ┌ 편재: 애인
           丁 辛 乙 甲 → 정재
           酉 未 亥 午 → 자식
```

이 명조(命造)는 시상(時上)에 칠살이 일주(日主)를 극하고 정재가 편관과 연주(年柱)에 동주(同柱)하고 있으며, 편재가 월상(月上)에 가까이 있고 일지(日支) 안방에 암장(暗藏)되어 있으니 작첩(作妾: 애인) 하다 이혼할 명조가 된다. 칠살운인 정축년(丁丑年)에 애인관계를 처가 알게 되어 이혼하였으며, 자식은 처와 살고 있다.

▼ 남명(男命)에서 이혼하게 되어 있는 명조(命造)는 겁재운에 처가 애인을 만나거나 자신이 작첩(作妾: 애인) 하여 이혼하게 되는 것이다. 이치(理致)는 겁재는 정재를 겁탈하고, 처 입장에서는 애인이 되기 때문이며 자신 입장에서는 여자가 되기 때문이다.

예 남명(男命)

```
       ┌ 겁재    ┌ 칠살: 처의 증오심
       丙  丁  癸  庚 → 처
       午  丑  未  辰
                └ 辛: 편재, 애인
```

이 명조(命造)는 정재가 연상(年上)에 있고, 월상(月上)에 칠살이 정계충(丁癸冲) 하고, 일지(日支) 안방에는 편재가 암장(暗藏)되어 있으며, 시상(時上)에는 겁재가 있으니 처(妻)와 이혼하고 재혼할 명조가 된다. 겁재에 편관운인 병자년(丙子年)에 처가 바람나 이혼하였다.

▼ **여자들이 좋아한다**

남명(男命)에서 재성이 혼잡하고 정관이 일주(日主)와 합(合)이 되었으면, 여자들이 좋아하여 잘 따르고 여자 친구가 많으며, 여자와 대화가 잘 통하는 것이다. 이치(理致)는 여자의 의식(意識)인 정관이 일주와 합(合)하여 여자들이 좋아하는 마음이 되기 때문이다.

```
[예] 남명(男命)
                  ┌→ 여자의 의식: 여자들이 좋아하는 마음
       乙 丁 壬 辛 → 여자
       巳 丑 辰 酉
                  └→ 의식: 여자를 좋아하는 마음
```

이 명조(命造)는 재성이 암장(暗藏)되어 혼잡하며 여자의 의식(意識)인 정관이 일주(日主)와 정임합(丁壬合)이 되고, 의식인 식상이 재성과 진유합(辰酉合)이 되었다. 여자들이 좋아하여 잘 따르고 여자 친구가 많으며, 여자와 대화가 잘 통하는 사람이다.

▼ 처녀들은 싫어하고 유부녀들은 좋아해

미혼 남명(男命)이 칠살에 충극 되고, 비겁(比劫)이 혼잡하면 처녀들이 싫어하여 잘 따르지 않는 것이며 유부녀는 잘 따르는 것이다. 이치(理致)는 편관 칠살은 처의 의식으로 자신을 싫어하고 미워하는 마음이 되기 때문이며, 칠살은 자궁이 되고 유부녀에게는 사교성이 생성되기 때문이다.

```
[예] 남명(男命)
        ┌→ 칠살: 처 될 여자들이 싫어하는 마음
       甲 戊 戊 癸
       寅 子 午 丑
```

이 명조(命造)는 재성이 혼잡하고 재성을 생(生)하는 식상이 없으며, 칠살에 갑무극(甲戊剋)이 되고 겁재가 있다. 처녀들이 따르지 않아 39세까지 결혼을 못하였다.

▼ 상처(喪妻)할 명조(命造)는?

남명(男命)에서 겁재와 칠살이 있고 재성이 입묘(入墓)가 되었으면 상처(喪妻: 처의 죽음)하는 것이다. 이치(理致)는 겁재는 정재를 사상(死傷)하기 때문이고, 칠살은 정재를 설기 하여 상(傷)하게 하기 때문이며, 재성 입묘는 처의 무덤이 되기 때문이다.

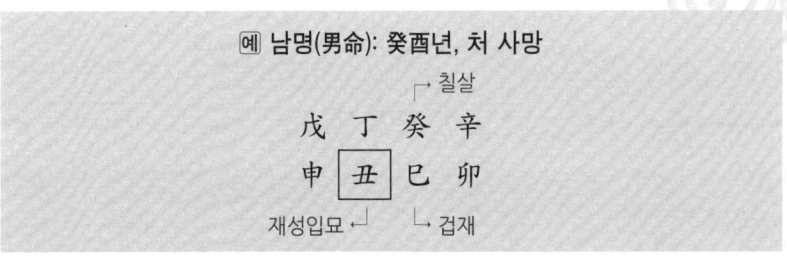

例 남명(男命): 癸酉년, 처 사망

이 명조(命造)는 칠살이 정계충(丁癸冲) 하고 겁재가 있으며 재성이 입묘(入墓) 되었다. 재성이 입묘 되는 축대운(丑大運), 칠살에 재성이 유축합(酉丑合)으로 입묘 되는 계유년(癸酉年)에 처(妻)가 출산 후 사망하였다. 재혼하였으나 칠살·겁재운인 계사(癸巳)년에 이혼하였다.

▼ 남명(男命)에서 겁재가 혼잡하고 정재를 생(生)하는 식상이 없으면 상처(喪妻)할 명조(命造)가 되는 것이다. 이치(理致)는 정재를 생하는 식상이 없으면 군겁쟁재(群劫爭財) 하여 정재를 사상(死傷)하기 때문이다.

例 남명(男命): 처 두 명 사망

丙 丁 乙 辛 → 편재
午 巳 未 巳 → 겁재
　　└ 庚: 정재

이 명조(命造)는 정화일주(丁火日主)가 미월(未月)에 생(生)하고 정화(丁火)가 사령(司令)하여 득령(得令) 하고, 사오미(巳午未) 화국(火局)이 되어 겁재가 태강하며, 정재를 생(生)하는 식상이 없고, 겁재를 제(制)하는 정관이 없으니 상처(喪妻)할 명조가 된다. 두 번이나 상처하였다.

✔ 상처(喪妻)하는 운은?

▼ 남명(男命)에서 상처할 명조(命造)는 겁재나 칠살에 재성이 병(病)이나 사(死), 묘(墓)나 절(絶)이 되는 운(運)에 처(妻)가 사망하는 것이다.

이치(理致)는 병(病), 사(死)와 칠살은 설기되어 저절로 기운이 빠져나가 병(病)이 들고 사망에 이르기 때문이며, 묘(墓)는 죽어 입묘(入墓) 되는 시기가 되기 때문이고, 절(絶)은 재성의 기(氣)가 다하여 끊어지는 시기가 되기 때문이다.

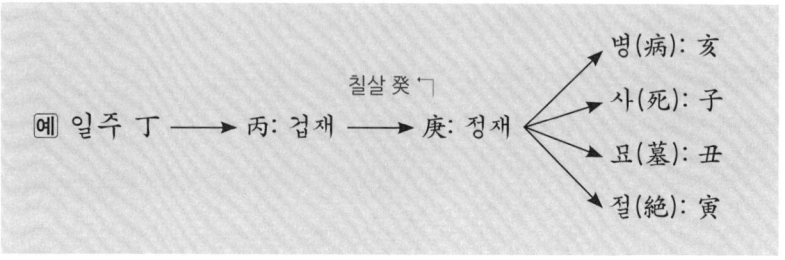

• 정재 처 입장에서 겁재는 칠살이 된다.

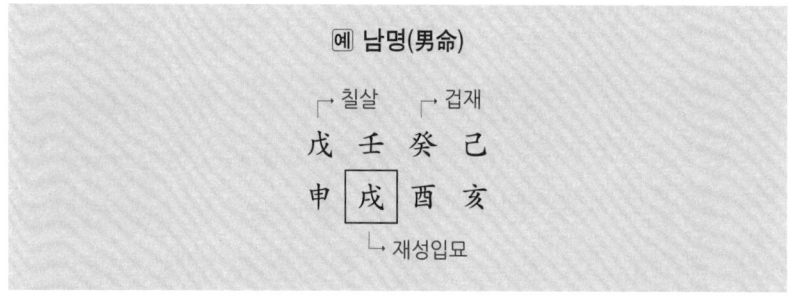

이 명조(命造)는 겁재와 편관 칠살이 있고, 일지(日支)에 재성이 입묘(入墓) 되었으니 상처할 명조(命造)가 된다. 정재가 입묘 되는 경오년(庚午年)에 처가 심장마비로 사망하였다.

이 명조(命造)는 겁재와 칠살이 있고 재성이 입묘(入墓) 되었으니 상처할 명조이다. 재성이 오술합(午戌合)으로 입묘 되는 경오년(庚午年)에 상처하였다. 처의 명조에서는 경오(庚午)는 칠살에 사지(死支)가 된다.

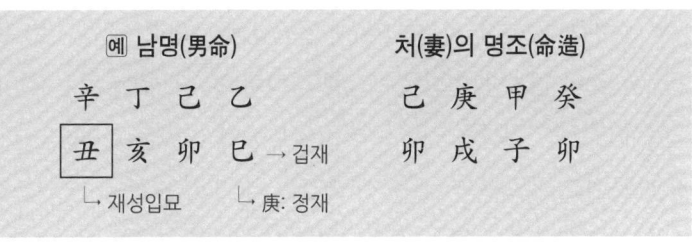

이 명조(命造)는 재성이 입묘(入墓) 되고 겁재가 있으니 상처할 명조가 된다. 겁재에 재성의 사지(死支)가 되는 병자대운(丙子大運), 병자년(丙子年)에 교통사고로 처가 사망하였다. 처의 명조에서는 병자(丙子)는 칠살에 사지(死支)가 된다.

5. 처남, 처제, 처형 관계 - 이분법 적용

▼ 비겁(比劫)이 혼잡하고 재성을 생(生)하는 식상(食傷)이 없으며, 비겁이 재성을 충극(沖剋) 하였으면, 처남이나 처제 처형과 불화하고 의절(義絶: 정을 끊음)하는 것이다.

이치(理致)는 재성 처남 처제입장에서 비겁은 자신을 사상(死傷)하는 칠살이 되므로 악(惡)의 식상을 생(生)하여 칠살을 제(制) 해야 되기 때문이다.

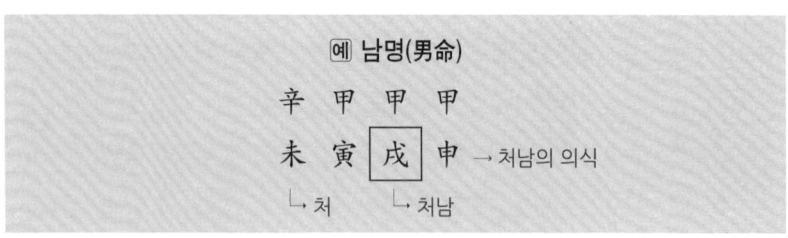

이 명조(命造)는 비견이 혼잡하고 비견이 편재를 극(剋)하였으며, 편재의 의식(意識)이 일지(日支)를 인신충(寅申冲) 하고 재성이 술미형(戌未刑)이 되었다. 결혼 후 처남 처제들과 불화하여 평생 의절(義絕)하고 지내는 사람이다.

▼ 남명(男命)에서 칠살(七殺)에 충극(沖剋) 되고 일주(日主)를 생하는 인성(印星)이 없으면, 처의 형제들과 불화하고 의절(義絕)하는 것이다.

이치(理致)는 칠살은 처남, 처형, 처제 등이 자신을 미워하는 마음이 되기 때문이고, 칠살은 자신을 사상(死傷)하는 살기(殺氣)가 되므로 악(惡)의 식신을 생하여 칠살을 제하려 하기 때문이다.

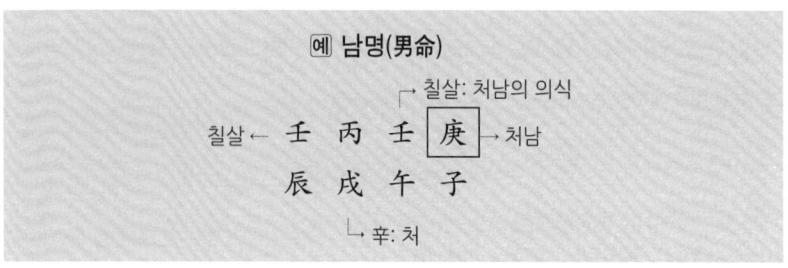

이 명조(命造)는 처남의 의식(意識)인 칠살이 일주(日主)를 병임충(丙壬冲) 하고 자오충(子午冲) 하였다. 결혼 후 처남들과 싸우고 상대도 안 하는 사람이다.

▼ 남명(男命)이 비겁이 혼잡하지 아니하고 정관이 있으며 칠살이 없고 식상이 생재(生財) 하였으면 처남, 처형, 처제들과 사이가 좋아 화목하게 지내는 것이다.

이치(理致)는 식상이 생재하니 처의 형제들을 좋아하는 마음이 되고, 정관은 처의 형제들이 자신을 좋아하는 마음이 되기 때문이다.

```
     [예] 남명(男命)
    戊  辛 丙 己
    戌  卯 子 卯
```

이 명조(命造)는 식신이 생재(生財) 하고 정관이 일주(日主)와 병신합(丙辛合)이 되었다. 평생동안 처와 처의 형제들과 사이가 좋고 화목하게 지내온 사람이다.

6. 여명(女命) 정재론(正財論) - 이분법 적용

▼ 돈을 벌거나 친정에서 돈을 가져다 남편을 도와

여명(女命)에서 식상(食傷)이 강하고 정관이 약하며, 정재가 정관을 생(生)하였거나 또는, 겁재가 있으면 자신이 돈을 벌어 남편을 돕거나 친정에서 돈을 가져다 남편을 돕는 것이다.

이치(理致)는 상관이 강하면 정관을 극하므로 남편이 무능하고 매사 되는 일이 없으며 자신이 노력하여 얻은 정재가 정관을 생하기 때문이고 겁재와 정관이 있으면 정관이 겁재에 동화(同化)되어 남편이 겁재 역할을 하기 때문이다.

> [예] 여명(女命)
>
> ```
>         ┌ 상관
>  戊 丁 癸 丙  → 겁재: 남편이 겁재 역할
>  申 丑 巳 辰
>         └ 壬: 정관
> ```

이 명조(命造)는 연월주(年月柱)에 겁재가 있고 식상(食傷)이 혼잡 태강(太强)하며, 정관이 정재에 암장(暗藏)되어 장생(長生)하고 있다. 자신이 돈을 벌고 친정부모와 형제에게 돈을 빌리고 보증을 서게 하여 남편의 사업을 도와주었는데, 남편이 사업에 실패하여 친정부모 형제가 모두 어려움에 처하였다.

7. 정재(正財)는 의부(義父) - 이분법 적용

✓ 의부(義父)가 있다

▼ 명조(命造)에서 일주(日主)나 비견이 편재를 충극 하고, 정인이 정재와 합(合)이나 동주(同柱)하고 일주 가까이 있으면, 부친은 자기 말이 법(法)이고 모친을 구박하며 작첩(作妾: 애인) 하여 부모가 이혼하고, 모친이 자신을 데리고 재혼하여 의부(義父)가 있는 것이다. 이치(理致)는 모친입장에서 편재는 남편이 되고, 정재는 재혼남이 되며, 비견이나 일주(日主)는 의식(意識)이 되고, 남편을 미워하는 증오심이 되며, 자궁이 되고, 남편의 체(體)를 사상(死傷)하는 상관이 된다.

부친 입장에서 비견이나 일주(日主)는 처의 자궁이 되고, 자신을 사상(死傷)하는 칠살이 되므로 악(惡)의 식신을 생하여 칠살을 제(制)하고 살아남으려 하기 때문이며, 처(妻)와 성관계하면 정력이 약해져 조루증이 오고 재미가 없으며, 다른 여자와 성관계하면 정력이 강해져 재미가 있기 때문이다.

이 명조(命造)는 일주(日主)가 편재를 병경극(丙庚剋) 하고, 정인(正印) 모친은 월상(月上)에 있으며 연상(年上)에는 의부(義父) 정재가 있다. 부친이 자기 말이 법(法)이고 의처증으로 모친을 구박하며 작첩(作妾: 애인) 하여 부모가 이혼하고, 모친은 자신을 데리고 재혼하여 의부와 살고 있다.

▼ 편재가 입묘(入墓) 되었거나 일주(日主)나 비견이 편재를 충극하고 정인이 정재와 합(合)이나 동주(同柱)하고 있으면, 부친이 사망하고 모친은 자신을 데리고 재혼하여 의부(義父)가 있는 것이다.
　이치(理致)는 비견이나 일주(日主)는 모친입장에서 남편의 체(體)를 사상(死傷)하는 상관이 되며, 정재는 재혼 남편이 되기 때문이다.

이 명조(命造)는 편재가 비견과 자오충(子午冲)이 되고, 정재(正財) 의부(義父)와 모친 정인이 연주(年柱)에 동주(同柱)하고 있다. 어려서 부친이 사망하고 모친은 자신을 데리고

재혼하여 의부(義父)와 살았다.

▼ 모친에게 애인이 있다

정인(正印)이 정재와 동주(同柱)하였거나 합(合) 또는 충극 되고, 일주(日主)나 비견이 편재의 체(體)를 충극 하였으면 모친에게 애인이 있는 것이다.

이치(理致)는 정인 모친입장에서 정재는 애인이 되고, 동주(同柱)는 같이 있는 것이 되며, 충극은 만남이 되고, 비견이나 일주(日主)는 모친의 의식이 되며, 부친을 미워하고 애인을 좋아하는 마음이 되기 때문이다.

예 남명(男命)

```
        ┌ 부친
    辛  丁  壬  壬  → 정재의식: 모친의식, 정임합
    亥  丑  寅  申  → 정재: 모친애인
               └ 모친
```

이 명조(命造)는 정인이 정재와 인신충(寅申冲) 하고 가까이 있으며, 모친의 의식(意識)인 일간(日干)이 편재를 극(剋)하고 정재의 의식인 정관과 정임합(丁壬合)이 되었다. 모친이 부친과 정이 없어 애인을 두고 간통하며 살고 있다.

8. 백부(伯父), 숙부(叔父), 고모(姑母)의 단명

명조(命造)에서 연월주(年月柱)에 재성이 입묘(入墓) 또는, 형충(刑沖) 되고 백호살이면, 백부(큰아버지), 숙부, 고모 등이 흉사(凶死) 하는 것이다.

이치(理致)는 연월(年月)은 부가(父家)와 조부가(祖父家)로 부친의 형제들이 살던 곳이기 때문이다.

> 예 여명(女命): 숙부, 고모 단명
>
> 丙 癸 壬 癸
> 辰 巳 戌 卯
>   └→ 재성입묘

이 명조(命造)는 월주(月柱)가 임술(壬戌) 백호살이고 재성이 입묘(入墓) 되었다. 숙부가 군대에서 사망하고 고모는 농약 먹고 자살하였다.

> 예 남명(男命): 숙부, 백부 단명
>
> 甲 甲 丁 甲
> 子 申 丑 辰 → 재성백호, 진축파

이 명조(命造)는 연월주(年月柱)가 백호살이고 재성이 진축파(辰丑波) 되었다. 숙부와 백부가 흉사(凶死)하였다.

9. 정재(正財) 용신(用神) 기신운(忌神運)

- 정재(正財)가 용신인 명조(命造)는 정재운에 직장인은 승진이 되고 무직자는 취직이 되는 것이다. 이치(理致)는 재생관(財生官)이 되고 월급재가 되기 때문이다.

▼ 정재(正財)가 용신이면 정재운에 사업이나 상업이 잘되어 재물을 모으는 것이다.

```
         예 남명(男命)
      戊 庚 甲 壬    乙 → 정재
      子 子 辰 辰    亥 → 식신
```

이 명조(命造)는 경금일주(庚金日主)가 진월(辰月)에 생(生)하고, 무토(戊土)가 사령(司令)하여 득령(得令) 하고 인성이 혼잡하여 생조(生造)하니, 신왕으로 인성을 억제하는 재성이 용신이다. 정재운인 을해년(乙亥年)에 조이너스 옷 판매업을 하여 5억 정도를 벌어 일생에 최고 좋았다고 하는 사람이다.

- 정재(正財)가 용신이면 정재운에 성인은 각종 시험에 합격하고 학생은 공부가 잘되고 진학시험에 합격하는 것이다. 이치(理致)는 재생관(財生官)이 되기 때문이다.
- 정재(正財)가 기신(忌神)이면 정재운에 돈과 여자에 대한 마음이 생성되어 학생은 공부가 안되고 진학시험에 낙방하는 것이다. 이치(理致)는 정재는 학문인 정인을 극하여 상하게 하기 때문이고, 재성은 돈과 여자가 되기 때문이다.
- 미혼남이 정재가 용신이면 정재와 관성, 정재와 겁재운에 여자를 만나고 결혼하는 것이다. 이치(理致)는 정재는 여자가 되고, 겁재도 여자가 되며, 관성은 여자의 마음이 되기 때문이다.

▼ 정인(正印)이 용신이면 정재운에 질병이나 사고로 고통을 받거나 사망하는 것이다.

예 여명(女命): 22세 사망

```
己 丙 癸 壬
丑 辰 卯 子
      └ 정인: 용신
```

이 명조(命造)는 병화일주(丙火日主)가 묘월(卯月)에 생(生)하고 을목(乙木)이 사령(司令)하여 득령(得令) 하였으나 관성이 혼잡하여 신약으로 월지(月支)의 정인이 용신이다. 정재가 정인을 묘유충(卯酉冲) 하는 계유년(癸酉年) 갑자월(甲子月) 기축일(己丑日)에 교통사고로 사망하였다.

▼ 정재(正財)가 기신(忌神)이고 정재가 삼형살이면, 여자나 재물로 관재(官財)가 발생하는 것이다. 이치(理致)는 재성이 삼형이기 때문이다.

예 남명(男命)

```
甲 甲 癸 壬
戌 戌 丑 申
편재 ┘    └ 정재
```

이 명조(命造)는 재성이 혼잡하고 축술형(丑戌刑)이 되었다. 평교사때 애인이 있었는데 상관에 재성이 축술형 되는 정축년(丁丑年)에 교장이 되어 평교사 때 근무하던 학교로 부임하게 되었다. 학부형들이 옛날에 애인관계를 들고일어나 교육청에 진정서를 내고 시위를 하여 구설 관재가 있었다.

▼ 겁재가 정재와 합(合)이 되는 운은 형제나 친구, 선후배들이 돈을 빌려 달라고 찾아오거나 도둑이 들어오는 것이다.
이치(理致)는 겁재는 정재를 겁탈(劫奪)하기 때문이다.

예 남명(男命)

```
丁 戊 癸 辛      丙 → 편인
巳 辰 巳 丑      子 → 정재
```

이 명조(命造)는 비겁(比劫)이 혼잡하다. 정재(正財)가 비겁과 자진합(子辰合), 자축합(子丑合) 되는 병자년(丙子年)에 선배와 여자에게 돈을 빌려 주었다.

08 편관(偏官)

편관(偏官)은 음양(陰陽)이 배합을 이루지 못하여 편관이라 하는 것이며, 일곱 번째 자리가 만나서 충극(沖剋) 하므로 칠살(七殺)이라고 하는 것이다.

편관(偏官) 정관(正官)을 관성(官星) 또는 관살(官殺)이라고 하는 것이다. 관살은 일주(日主) 나를 극(剋)하는 오행(五行)이다.

남명(男命)에서 아들, 매부(妹夫), 매제, 고조부(高祖父), 외조모(外祖母)가 되고, 여명(女命)에서는 애인, 재혼남편, 남편의 형제, 고조부(高祖父), 외조모(外祖母)가 된다.

1. 편관(偏官)의 성정(性情)

무관(武官), 권력(權力: 강제로 복종시키는 힘), 강직(强直), 깡다구(정신력 강함), 사명감(使命感: 임무수행 의지), 명령(命令), 복종(服從), 약자무시(弱者無視), 살상(殺傷: 죽이는 것을 좋아함), 구속영장, 성질이 급함, 공격성(攻擊性: 파괴적 행동), 난폭(亂暴: 거칠고 사나움), 허풍(虛風: 과장하여 언행), 아부(阿附: 비위를 맞추고 알랑거림), 사교성(社交性: 특징 잘 웃음), 교활(狡猾: 약은 꾀에 능함), 저주(詛呪)를 받는 것, 위선(僞善: 거짓으로 착한 척), 상대가 자신을 공격하는 언행, 사고·질병, 고통(苦痛) 등으로 구분된다.

남명(男命)에서 자궁살(子宮殺), 처(妻)와 여자의 의식(意識)이며 나를 미워하는 증오심(憎惡心), 처의 말, 불화살(不和殺), 이혼살 등이고 귀신관계는 저승사자, 귀신, 부친, 처(妻), 백부, 숙부, 고모 등의 영혼 등이며, 천재지변(天災地變)으로는 지진, 벼락, 태풍, 해일, 풍수해 등이다.

2. 편관(偏官) 칠살(七殺)의 응용(應用)

편관은 체(體)와 의식(意識) 이분법(二分法)의 원리로 응용하는 것이다.
편관은 인성(印星)을 생(生)하고, 일주(日主)와 비견을 극(剋)하여 억압하거나 사상(死傷) 하고, 식신의 극(剋)을 받아 억제되거나 사상(死傷) 되며, 재성으로부터 생(生)을 받는 것이다.
편관(偏官)은 편관과 관련되는 육친과 사물(事物)과 성정(性情)을 응용하는 것이다.
편관은 생설극제(生洩剋制) 하면서 생성(生成)되는 길흉(吉凶)과 이해(利害)와 육친 간의 의식(意識)작용을 응용하는 것이다.

편관(偏官)은 관성(官星)이 많으면 조왕(助旺)이 되는 것이다.
편관(偏官)은 재성(財星)이 많으면 생왕(生旺)이 되는 것이다.
편관(偏官)은 인성(印星)이 많으면 설기약(洩氣弱)이 되는 것이다.
편관(偏官)은 비겁(比劫)이 많으면 소모약(消耗弱)이 되는 것이다.
편관(偏官)은 식상(食傷)이 많으면 극제약(剋制弱)이 되는 것이다.

충(沖)은 정면으로 충(沖)하지만 극(剋)은 측면에서 극(剋)하므로 충(沖)보다 강도와 작용력이 약한 것으로 판단되나 1,000여 명을 상대로 감정을 하면서 실증(實證)을 한 결과 강도(强度)와 작용력의 차이가 없었다.

그러므로 그 이치(理致)에 맞추어 충극 모두 인성(印星)이 있어 관인상생(官印相生)이 되면 편관이라 정의(正義)하고, 인성(印星)이 없으면 충극의 강도가 강한 것이니 칠살(七殺)로 정의(正義)하여 응용하는 것이다.

▼ 인성(印星)은 연상(年上)에 있고 시상(時上)이나 월상(月上)에 편관이 있으면 상생(相生)보다 충극이 먼저이므로 칠살로 응용하는 것이다.

> 예 일주(日主) 甲 ← 庚: 칠살 ← 壬癸: 인성

- 근충극(近沖剋)은 충극의 강도(强度)가 강한 것이다.
- 원충극(遠沖剋)은 충극의 강도(强度)가 약한 것이다.

▼ 의식(意識)의 충극은 원근(遠近)을 떠나 충극의 성정(性情)대로 작용하는 것이다.

> 예 남명(男命)
>
> ┌→ 재혼녀, 후처
> 癸 己 己 乙 → 처의 의식, 칠살
> 酉 丑 卯 亥 → 처

이 명조(命造)에서 원주(遠柱)인 연주(年柱)에 정재가 있고 정재의 의식(意識)인 칠살이 을기극(乙己剋)하였다. 처(妻)가 미워하는 증오심과 불화 이별살이 원주(遠柱)에 있으나 충극의 성정(性情)대로 작용하니 칠살운인 을사년(乙巳年)에 이혼하였으며 자식은 처와 살았다.

- 칠살(七殺)이 있으면 자신을 사상(死傷)하니 악(惡)의 식신을 생하여 제살(制殺) 해야 살아남을 수 있으므로 무관(武官)의 기질이 있어 거칠고 사나워서 살상(殺傷)하고 제압하고 충돌하는 것이다.
- 칠살(七殺)은 일주(日主)를 극제(剋制) 하여 사상(死傷) 하는 것이므로 관귀(官鬼)가 되어 법의 강제집행, 구속영장, 저승사자에 해당하므로 흉신(凶神)이 되는 것이다.
- 편관이 유기(有氣)하면 무관(武官)으로 군인, 경찰, 의사, 법관이며 강직하고 개혁하고 혁신하는 것이다.
- 편관은 강자(强者)에게 약하여 복종하고 약자(弱者)에게 강하므로 권력(權力: 강제로 복종시키는 힘)의 기질이 되는 것이다.
- 편인 정인이 관살(官殺)을 설기하여 일주(日主)를 생하는 것을 살인상생(殺印相生) 또는 관인상생(官印相生)이라 하는 것이다.

▼ 빈가(貧家)에 출생(出生)하다

연월주(年月柱)에 편관이나 칠살이 태강(太强)하고 기신(忌神)이면 가난한 집에 출생한 것이다. 이치(理致)는 부가(父家)에 재성을 설기 하고 일주(日主)를 충극 하여 고통을 주는 칠살이 있기 때문이다.

예 남명(男命)

칠살, 재성이 생한 것

甲 甲 庚 癸
子 戌 申 未

이 명조(命造)는 갑목일주(甲木日主)가 신월(申月)에 생(生)하고 임수(壬水)가 사령(司令)하여 득령(得令)은 하였으나 칠살이 태강(太强)하여 관인상생으로 인성(印星)이 용신이고 관살(官殺)은 기신(忌神)으로 희신은 없으며 재성은 병(病)이고 비겁은 약신(藥神)이 된다.

월주(月柱)에 칠살이 태강하여 기신이니 빈가(貧家)에 출생하였다.

▼ 편관(偏官)은 무관(武官)이며 권세가 된다

　신왕(身旺) 하고 편관이 용신이거나 신약하고 편관이 유기(有氣)하며 인성(印星)이 있어 관인상생(官印相生) 되면 무관(武官)인 군인, 경찰, 의사, 법관 등으로 진출하는 것이다. 이치(理致)는 편관은 무관(武官)이고 권력기관이며 권세가 되기 때문이다.

　　　　　예 남명(男命): 직업군인

　　　　　　庚　庚　乙　癸
　　　　　　辰　申　卯　巳 →편관

　이 명조(命造)는 경금일주(庚金日主)가 묘월(卯月)에 생(生)하고 갑목(甲木)이 사령(司令)하여 실령(失令) 하였으며 재성이 강하고 편관이 있어 인비(印比)가 생조(生造) 하여도 신약이다. 재성이 편관을 생하여 편관이 유기(有氣)하니 무관(武官)으로 진출하여 대령까지 진급하였다.

　　　　　예 여명(男命): 직업군인

　　　편관← 辛　乙　壬　丁
　　　　　　 巳　酉　寅　卯
　　　　　　 의식┘　└편관

　이 명조(命造)는 을목일주(乙木日主)가 인월(寅月)에 생하고 무토(戊土)가 사령(司令) 하여 실령(失令) 하였으나 인성과 비겁이 생조(生助) 하여 신왕 하고, 시상(時上)에 편관이 일지(日支)에 통근(通根) 하여 유기(有氣) 하며 관인상생(官印相生)이 되고, 의식인 상관이 편관과 사유합(巳酉合)이 되었다. 자신이 직업 군인을 선호하여 병술년(丙戌年)에 시험에 합격하고 직업 군인이 되었다.

> [예] 여명(男命): 경찰
>
> 辛 壬 己 戊 →편관
> 丑 辰 未 午

이 명조(命造)는 임수일주(壬水日主)가 미월(未月)에 생(生)하고 기토(己土)가 사령(司令) 하여 실령(失令) 하고 관살(官殺)이 혼잡 태강하여 신약하다. 시상(時上)에 정인(正印)이 있어 관인상생(官印相生)이 되었으니 정인이 용신이다. 무관(武官)으로 진출하여 경찰이 되었다.

▼ 관살(官殺)이 태왕(太旺)하고 식신이 용신이면 식신제살격(食神制殺格)이라 하는 것이며 기술과 예능에 소질이 있고, 음식·식품업·생산업 등으로 진출하게 되는 것이다. 이치(理致)는 식상은 기술·예능·생산·식품·음식 등을 의미하기 때문이다.

> [예] 여명(男命)
>
> 己 甲 甲 庚 →칠살
> 巳 申 申 寅
> └ 식신, 용신

이 명조(命造)는 관살(官殺)이 혼잡 태강하여 식신(食神)으로 관살을 억제(抑制)하여야 하므로 식신제살격(食神制殺格)이니, 식신이 용신이다. 식당업을 하여 부자가 되었다.

3. 편관(偏官) 독심술(讀心術) - 이분법 적용

성격 독심술은 체(體)와 의식(意識) 이분법(二分法)의 원리로 응용하는 것이다.

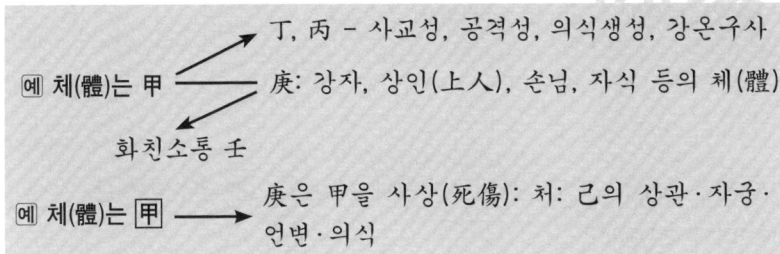

편관이나 칠살은 상인, 강자, 손님 등의 체(體) 몸이 되고, 상대가 공격하는 말도 자신을 사상(死傷)하는 칠살이 되는 것이다. 편관이나 칠살은 처의 상관으로, 남편을 죽이는 흉살이고 자궁이며 말이되고 처의 의식이 되며 남편을 미워하는 증오심이 되는 것이다.

자신을 사상(死傷)하는 칠살에 충극되면 사주에 식신이 없어도 의식에서 丙 식신이 생성되어 칠살을 제하고 살아남으려 처에게는 자기 말이 법이고 대항하면 구박하고 구타 폭행하는 것이며 칠살 자궁에 압도되어 조루증이 오는 것이다.

고로 편한 칠살은 불화살 이혼살이 되는 것이며 상대와 상황에 따라 다양하게 응용되는 것이다.

편관은 권력(權力: 강제로 복종시키는 힘)이 되고 강자, 상인(上人), 손님 등도 편관이나 칠살이 된다.

명조(命造)에 편관이 있으면 의식에 권력의 기질이 있어, 강자에게 복종하고 약자에게는 권력행사를 하니 난폭하게 복종시키려 하는 것이다.

편관이 있으면 강자에게 복종하거나 친하게 지내야 하므로, 눈치를 살피며 잘 웃는 간교한 사교성과 거칠고 사나운 기질이 있는 것이다.

❶ 강직하고 총명하며 정신력이 강하다

신왕(身旺) 하여 편관이 용신이나 희신이면 성품이 강직하고 총명하며 정신력이 강한 것이다.

이치는 관성은 사명감이 되고 편관에 견딜 수 있는 내성(耐性)을 가지고 태어나기 때문이다.

```
          예 남명(男命)
편관, 용신 ← 丙 庚 庚 戊
            戌 寅 申 寅
```

이 명조(命造)는 경금일주(庚金日主)가 신월(申月)에 생(生)하고 경금(庚金)이 사령(司令)하여 득령(得令) 하고 인비(印比)가 생조(生造) 하여 신왕 하니 시상(時上)에 편관이 용신으로 시상(時上) 편관격이다. 성품이 강직하고 총명, 영리하며 수단이 좋고 정신력, 깡다구가 강한 사람이다.

❷ 강자에 복종하고 약자는 무시한다

신약(身弱)이나 신왕한 명조(命造)가 칠살에 충극 되었으면, 과격(過激: 지나치게 격렬함)하고 강직하며 서열(序列)과 의리(義理)를 중요하게 여기고 강자나 상급자에게 복종 하며, 약자는 무시하고 허세를 부리며 엄격(嚴格)하게 대하는 것이다.

이치(理致)는 편관의 권력에 속성 때문이다.

```
        예 남명(男命)
       ┌편관 ┌칠살
        丙 庚 丙 己
        戌 申 寅 亥
```

이 명조(命造)는 경금일주(庚金日主)가 인월(寅月)에 생(生)하고 무토(戊土)가 사령(司令)하여 득령은 하였으나 재성과 편관 칠살이 태강하여 신약하다. 성질나면 과격(過激)하며 강자나 상급자에게 복종하고 약자(弱者)는 무시(無視)하며 허세를 부리고 엄격하게 대하는 사람이다.

❸ 손윗사람을 좋아하고 손아랫사람을 싫어한다

신약(身弱)하고 인성(印星)이 용신이면, 식신이 편관을 충극 하였어도 강자(强者)나 나이 많은 손윗사람을 좋아하여 친구처럼 어울리고 나이 어린 손아랫사람은 어울리기 싫어하는 것이다.

이치(理致)는 강자나 상인은 관인상생(官印相生)되어 의지가 되기 때문이고, 손아랫사람은 의지가 안 되고 부담스런 마음이 생성되기 때문이다.

예 남명(男命)

```
        ┌ 식신          ┌ 편관
   庚    戊    癸    甲
   申    午    酉    寅
                └ 정인: 용신
```

이 명조(命造)는 무토일주(戊土日主)가 유월(酉月)에 생하고 신금(辛金)이 사령(司令) 하여 실령(失令) 하였으며 식상이 설기 하여 신약하니 정인이 용신(用神)이고 식신이 편관을 갑경충하였다. 강자나 나이 많은 손윗사람을 좋아하여 친구처럼 어울리고 나이 어린 손아랫사람은 싫어하여 어울리지 않는 사람이다.

❹ 표정관리가 안 되고 잘 웃고 매우 사교적

시상(時上)이나 월상(月上)에 편관 또는 칠살이 있어 충극 된 명조(命造)는 신경이 예민하여 기분이 좋고 나쁜 표정관리가 안 되고 잘 웃고 웃으면서 싹싹하고 친절하게 사교적으로 대화하는 것이 특징인 것이다. 이치는 자신의 체를 사상(死傷)하는 편관 칠살의 충극을 받기 때문이고 관인상생으로 화친을 유도하여 서로 의좋게 지내려 하기 때문이다.

예 남명(男命)

선악: 식상 생성 ┐   ┌ 칠살

壬 戊 甲 癸
戌 戌 寅 卯

이 명조(命造)는 월상(月上)에 칠살이 일주(日主)를 갑무극(甲戊剋)하였다. 신경이 예민하고 표정관리가 안 되며 잘 웃고 웃으면서 싹싹하고 친절하게 대화하니 사교성이 좋은 사람이다.

5 표정관리가 잘 되고 말을 함부로 하지 않아

연상(年上)에 칠살이나 편관이 있고 월상(月上)에 식신이 있어 제(制)하고 있는 명조(命造)는 표정관리가 잘 되고, 성격이 조급하지 않으며 욱하고 화내는 경솔한 언행(言行)이 없고 침착한 것이다.

이치(理致)는 식신이 가까이 있어 칠살을 억제하므로 일주(日主)가 충극되지 않기 때문이고 의식인 식신이 편관을 극하여 상관작용을 하기 때문이다.

예 여명(女命)

壬 壬 甲 戊 → 칠살
寅 申 寅 戌

이 명조(命造)는 연주(年柱)에 편관이 있으나 월주(月柱)에 식신이 갑무극(甲戊剋)으로 제(制)하고 있다. 표정관리가 잘되고 조급한 성질이 없으며, 욱하고 화내는 경솔한 언행(言行)이 없고 침착하며 말을 조심해서 하는 사람이다.

6 정신력, 깡다구가 강하다

신약(身弱)하고 편관이나 칠살에 충극된 명조(命造)는 체구에 비하여 체질이 약하나 정신력 깡다구가 강하고 팔힘이 강한 것이 특징이다.

이치(理致)는 자신을 극(剋)하여 사상(死傷)하게 하는 칠살에 견딜 수 있는 내성(耐性: 견디어 내는 성질)을 가지고 태어나기 때문이다.

이 명조(命造)는 무토일주(戊土日主)가 해월(亥月)에 생하고 임수(壬水)가 사령(司令)하여 실령(失令)하고 관살이 혼잡 태강하여 신약(身弱)하며 칠살에 갑무극(甲戊剋)이 되었다. 체구에 비하여 체질이 약하나 정신력, 깡다구가 강하고 팔힘이 강한 사람이다.

7 쌍욕을 잘하고 허세(虛勢)를 부리며 허풍이 심해

신약하고 편관이나 칠살에 충극된 명조(命造)는 성격이 조급하여 성질 나면 난폭(亂暴: 거칠고 사나움)하고 쌍욕(雙辱)을 잘하며 허세를 부리고 허풍이 심하며 거짓말을 잘하는 것이다.

이치(理致)는 칠살은 자신을 극(剋)하여 사상(死傷)하므로 악(惡)의 식신(食神)을 생(生)하여 칠살을 제(制)하려 하기 때문이고 자신을 함부로 대하지 못하게 방어하기 위한 것으로 동물들이 강한 상대나 적을 만났을 때 깃털을 세워 체구를 크게 보이게 하고 고음을 내어 자신을 공격하지 못하도록 하는 본능과 같다.

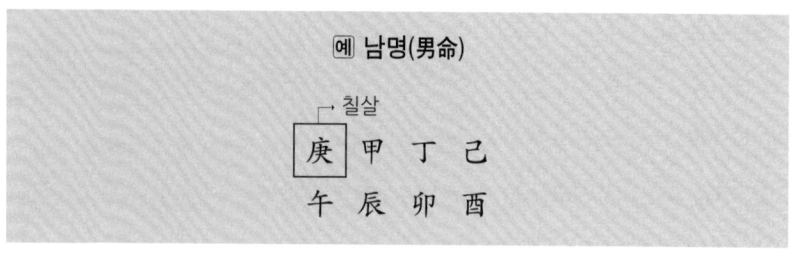

이 명조(命造)는 시상(時上)에 칠살(七殺)이 갑경충(甲庚沖)하였다. 성질나면 쌍욕을 잘하며 허세를 부리며 허풍이 심하고 거짓말을 잘하는 사람이다.

8 난폭하게 언행 하다 아무 일도 없었다는 듯

편관 칠살에 충극(沖剋) 된 명조(命造)는 상대가 자신을 공격하는 말을 하면 성격이 불같이 조급하여 다 들어 보지도 않고 난폭(亂暴)하게 쌍욕을 하면서 이성(理性)을 잃고 언행(言行) 하니 상대는 마음에 상처를 입었는데 본인은 조금 있으면 화가 풀려 웃으면서 아무 일도 없었다는 듯 언행 하는 것이다.

이치(理致)는 자신을 공격하는 기분 나쁜 말과 언쟁(言爭)은 칠살이 되므로 악(惡)의 식신을 생(生)하여 칠살을 제압하려 하기 때문이고, 악감정이 있어서 화내는 것이 아니므로 금시 풀어져 아무 일도 없었다는 듯 언행 하는 것이다.

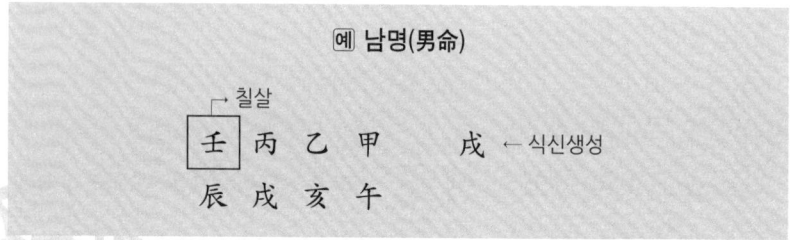

이 명조(命造)는 시상(時上)에 편관이 병임충(丙壬沖) 하였다. 상대가 자신을 공격하는 말을 하거나 언쟁이 되면 이야기를 다 들어 보지도 않고 거칠고 사납게 쌍욕을 하면서 이

성(理性)을 잃고 언행 하여 상대는 마음에 상처를 크게 받았는데 조금 있으면 풀어져 아무 일도 없었다는 듯 웃으면서 언행 하는 사람이다.

9 겁이 많고 마음이 여리나 성질나면 겁이 없어

신약(身弱)하고 칠살에 충극 되었으면 겁이 많고 마음이 여리고 인정이 있어 베푸나, 시비 언쟁(言爭)이 되어 성질이 나면 겁이 없어지며 강자로 보이면 복종하고 약자로 보이면 이성(理性)을 잃고 거칠고 사납게 쌍욕을 하면서 공격하는 것이다.

이치(理致)는 자신을 공격하는 상대도 칠살이 되므로 악(惡)의 식신을 생(生)하여 칠살을 제압하려 하기 때문이며 편관의 권력에 기질 때문이고 베푸는 것은 식상으로 베풀어야 칠살을 제할 수 있기 때문이다.

예 남명(男命)

```
          ┌ 칠살
壬 戊 甲 戊
戌 辰 子 子
```

이 명조(命造)는 무토일주(戊土日主)가 자월(子月)에 생(生)하고 임수(壬水)가 사령(司令)하여 실령(失令) 하고 비견이 조력(助力)하나 신약하며, 인성(印星)이 없고 칠살에 갑무극(甲戊剋)이 되었다. 겁이 많고 마음이 여리며 인정이 있어 잘 베푸나 성질나면 겁이 없어지고 강자이면 복종하고 약자로 보이면 거칠고 사납게 언행(言行) 하여 칼을 도마 위에 올려놓고 상대가 굴복할 때까지 싸운다는 여인이다.

10 편관에 충극(沖剋) 되고 편인이 있으면 이중성격

편관(偏官) 칠살에 충극 되고 편인이 있으면 변덕이 있고 게으르며 위선(僞善)으로 간교(奸巧)하여 가식으로 헛웃음을 지으며 상대의 눈치를 살피고 삭삭하게 아부(阿附)하면서 사교적으로 설득 유도하니 금시(今時) 친해지고, 상황에 따라 능수능란하게 대처하는 수완이 있으며 기회포착을 잘하고 기분이 좋고 나쁜 표정관리가 안 되며 권력의 기질이 있어 강자에게 약하고 약자에게 강하므로 언쟁(言爭)이 되어 강자로 보이면 복종하고, 약자로 보이면 무시하니 사교적이던 언행이 갑자기 난폭한 언행(言行)으로 돌변하여 쌍욕을 하면서 상대를 제압하려 하는 것이다.

이치(理致)는 편인의 작용으로 모사(謀士)에 능하며 관성(官星)은 상인(上人), 강자, 손님 등이 되므로 관인상생(官印相生)으로 소통하여 절친한 관계로 유도하려 하기 때문이고 언쟁이 되면 자신을 공격하는 언행도 칠살이 되므로 식신을 생(生)하여 자신을 사상(死傷)하는 칠살을 제(制)하려 하기 때문이며, 편관의 권력에 속성 때문이다.

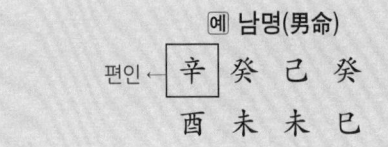

이 명조(命造)는 편관이 혼잡 태강하고 편인이 있다. 대인 관계에서 민첩하고 간교하여 가식으로 헛웃음을 지으며 상대의 눈치를 살피고 삭삭하게 아부(阿附)를 잘하며, 상대를 설득 유도하므로 금시 친해지고 상황에 따라 능수능란하게 대처하는 수완이 있으며 기회포착을 잘하고 찬스에 강하며 기분이 좋고 나쁜 표정관리가 안 되며 언쟁(言爭)이 되어 강자로 보이면 복종하고 약자(弱者)로 보이면 무시하여 표정이 냉정하게 변하고 난폭한 언행으로 돌변하여 거칠고 사납게 쌍욕을 하면서 상대를 제압하려 하며, 모사에 능하고 위선 된 언행을 잘하는 사람이다.

⓫ 사교성이 있고 수단이 좋다

칠살에 충극(沖剋) 되고 인성이나 식상이 없어도 사교성(社交性)이 있어 싹싹하고 잘 웃으며 상대의 눈치를 살피고 아부(阿附)를 잘하며 언변술이 있어 상대를 설득 유도하여 금시 친해지고 상황에 따라 능수능란하게 대처하는 수단이 좋은 것이다.

이치(理致)는 관인상생으로 회친을 유도하여 사이좋게 지내려 하기 때문이다.

예 여명(女命)

```
   칠살 ┐    ┌ 辛: 의식이 생성되어 丙, 인성을 유도 일주를 돕게
      甲 戊 癸 乙
      寅 戌 未 未
```

이 명조(命造)는 칠살에 갑무극(甲戊剋)이 되고 인성과 식상이 없다. 강직하고 사교성(社交性)이 좋아 상대에게 가식으로 헛웃음을 지으며 상대의 눈치를 살피고 싹싹하게 아부(阿附)를 잘하고 언변술이 있어 상대를 설득 유도하므로 금시 친해지며 상황에 따라 능수능란하게 대처하는 수단이 좋은 사람이다.

4. 폭력배(暴力輩)

편관 칠살이 기신(忌神)이고 겁재와 상관이 있으면 폭력배(暴力輩: 깡패), 건달의 기질이 있고 위선된 언행을 하는 것이다.

이치(理致)는 의식(意識)인 상관은 정관을 극하니 방종(放從)하여 법(法)과 질서를 무시하고 제멋대로 행동하며, 반항심이 있고 겁재로 인하여 분쟁하고 겁탈·강탈하고 싶은 마음이 생성되며 편관 칠살은 영웅의 기질과 권력의 기질이 있어서 과격(過激)하여 거칠고 사나우며 살생(殺生)을 좋아하고 강자에게 약하고 약자에게 강하므로 서열과 의리(義理)를 중요하게 여기며 강자나 상급자에게 복종을 잘하고 약자는 무시하며, 자신을 극(剋)하여 사상(死傷)하게 하는 칠살을 자신을 돕게 사교적으로 유도하다

안 되면 악(惡)의 식신을 생하여 관살을 제압하려 쌍욕을 하면서 거칠고 사납게 협박하고 폭행(暴行)하며 대항하면 상관 칠살 작용으로 상대를 죽이고 싶은 마음이 생성되기 때문이다.

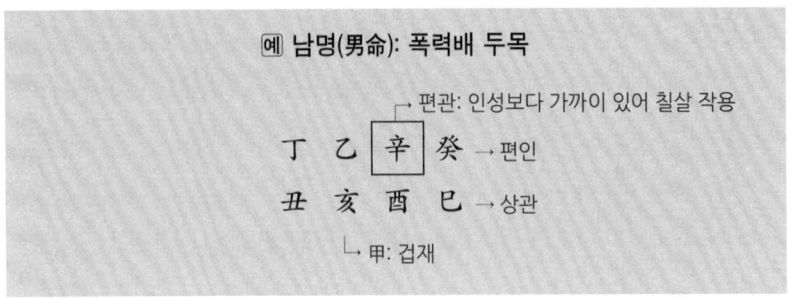

이 명조(命造)는 을목일주(乙木日主)가 유월(酉月)에 생하고 신금(辛金)이 사령(司令)하여 실령(失令) 하였으며, 사유축(巳酉丑) 금국(金局)으로 관살이 혼잡 태강하니 살인상생(殺印相生)으로 정인(正印)이 용신이고, 관살은 기신(忌神)으로 희신은 없다. 인성보다 편관이 가까이 있어 을신충(乙辛冲) 하여 칠살작용을 한다. 칠살이 기신이고, 겁재와 상관(傷官: 식신도 편관극 상관 작용)이 있어 조직 폭력배의 두목이 되었다.

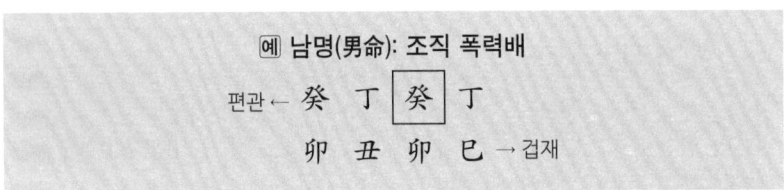

이 명조(命造)는 편관(偏官)이 시상(時上)과 월상(月上)에 있어 정계충(丁癸冲) 하고, 편인(偏印)과 겁재가 있다. 조직 폭력배가 되어 활동하고 있는 사람이다.

5. 처(妻)의 관계 - 이분법 적용

▼ 편관 칠살은 처의 증오심(憎惡心) 이혼살

남명(男命)에서 편관, 칠살은 처(妻)나 여자의 의식(意識)이 되고, 자신을 미워하는 증오심이 되며, 자신의 체(體: 몸체)를 극(剋)하여 사상(死傷)하니 생사(生死) 이별살이 되는 것이다. 이치(理致)는 편관 칠살은 처나 여자의 상관이 되기 때문이다.

> 예 체(體)는 甲 — 庚은 己 정재의 의식(意識)
> └ 처의 증오심
> 예 체(體)는 甲 — 庚은 戊 편재의 의식(意識)
> └ 애인이나 여자의 증오심

예 남명(男命)

처의 증오심: 저주 →

癸	丁	乙	丙
卯	酉	未	申 → 처

이 명조(命造)는 시상(時上)에 처(妻)가 자신을 미워하는 증오심인 편관이 정계충(丁癸冲) 하고 있으며, 정재는 연주(年柱)에서 겁재와 동주(同柱)에 있다. 겁재운인 기사년(己巳年)에 처가 자신을 미워하여 바람나 가출하여 이혼하였다.

▼ 관살(官殺)은 여자의 자궁

남명(男命)에서 관살이 혼잡한 명조(命造)는 작첩(作妾)을 잘하고 여자을 좋아하는 것이다. 이치(理致)는 관살은 여자의 자궁이 되므로 여러 여자의 자궁이 있는 것이니 음란한 마음이 생성(生成)되기 때문이다.

예 남명(男命)

```
        ┌ 자궁
癸 甲 辛 癸
酉 申 酉 酉 → 자궁
```

이 명조(命造)는 관성이 혼잡하니 여러 여자의 자궁이 있는 것이다. 음란한 마음이 생성되어 여자를 좋아하는 사람이다. 78세인데도 30대 여자에게 집을 사주고 성관계를 하고 있는데 또 다른 여자와도 돈 주고 성관계를 하는 노인이다.

▼ 관살(官殺)이 없으면 여자를 좋아하지 않으며 음란하지 않은 것이다. 이치(理致)는 관살이 없으니 자궁이 없는 것이 되어 음란한 마음이 생성되지 않기 때문이다.

예 남명(男命)

```
丁 乙 丙 壬
亥 未 午 寅
```

이 명조(命造)는 관살(官殺)이 없다. 여자를 좋아하지 않으며 음란하지 않고 자궁이 없으니 성욕이 없는 것이다. 50세가 넘도록 독신으로 살고 있으며 여자의 자궁이 어떻게 생겼는지도 모른다는 사람이다.

▼ 칠살(七殺)은 처의 자궁살 처와는 조루증

남명(男命)에서 월상(月上)이나 시상(時上)에 칠살이 있어 충극 되고 처(妻)의 명조(命造)에서 상관이 정관을 충극 하였으면 처와 성관계하면 정력이 약해져 3분도 못 가 사정하는 조루증이 있는 것이다. 이치(理致)는 편관 칠살은 처의 자궁이 되고 자신의 체(體)를 사상(死傷)하기 때문이다.

또한, 처의 명조에서는 상관은 자궁이 되고 정관 남편의 체를 사상(死傷)하기 때문이다. 그러나 다른 여자와 성관계하면 정력이 강해지는 것이다.

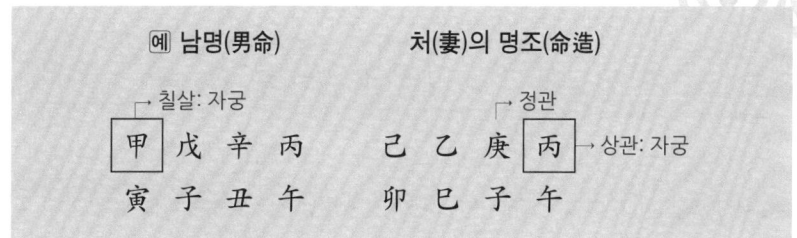

이 명조(命造)는 시상(時上)의 칠살에 갑무극(甲戊剋) 되고 처의 명조(命造)에서는 상관이 정관을 병경극(丙庚剋) 하였다. 처와 성관계하면 정력이 약해져 조루증으로 3분도 못가 사정하여 재미가 없고 애인과 성관계하면 정력이 강해지고 재미가 있으므로 30분 이상 이상 성관계를 즐긴다는 사람이다.

- 남명(男命)이 칠살에 충극 되었어도 처(妻)의 명조(命造)에서 상관이 없으면 처와 성관계하면 조루증이 없고 정력이 강한 것이다. 이치(理致)는 처의 명조에 상관이 없어 정관(正官)의 체(體)를 사상(死傷)하지 않기 때문이다.

▼ 처(妻)를 구박 구타한다

남명(男命)에서 칠살에 충극 되고, 처(妻)의 명조에서 상관이 정관을 충극 하였으면, 자기 말이 법(法)이고 처를 학대하고 술만 먹으면 구타하는 것이다. 이치(理致)는 칠살은 처의 의식(意識)이 되고, 자신을 미워하는 증오심이 되며, 언변이 되고 자궁이 되며, 자신을 사상(死傷)하는 칠살이 되므로 악(惡)의 식신을 생하여 칠살을 제(制)하고 살아남으려 하기 때문이고, 처(妻)의 명조(命造)에서는 상관이 정관을 사상(死傷)하니 정관 남편입장에서 상관은 자신을 사상(死傷)하는 칠살이 되므로 악(惡)의 식신을 생하여 칠살을 제(制)하고 살아남으려 하기 때문이다.

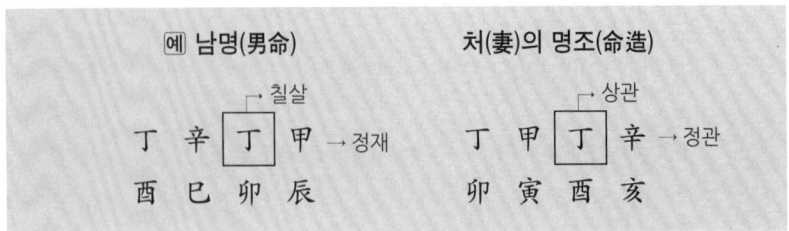

이 명조(命造)는 정재(正財)가 연상(年上)에 떨어져 있고, 월상(月上) 시상(時上)에 칠살이 정신극(丁辛剋) 하고, 처의 명조에서는 상관이 정관을 정신극(丁辛剋) 하고 있다. 자기 말이 법(法)이고 처를 구박하고 술만 먹으면 시비 구타하여 칠살운인 정해년(丁亥年)에 처가 가출하여 이혼하였다.

- **처(妻)를 구박하거나 구타하지 않는다**

남명(男命)에서 칠살에 충극 되었어도 처(妻)의 명조(命造)에서 상관이 없으면 처(妻)를 구박하거나 구타하지 않는 것이다. 이치(理致)는 처의 명조에서 남편을 사상(死傷)하는 상관이 없기 때문이다.

▼ **신약 칠살 혼잡 태강하고 처에 복종하는 공처가**

관살이 혼잡 태강하고 일주(日主)가 태약하면 칠살에 충극이 되었어도 처(妻)가 하자는 대로 따르는 공처가가 되는 것이다.
이치(理致)는 신약하므로 식신을 생하여 칠살을 억제할 수 없기 때문이다.

이 명조(命造)는 무토일주(戊土日主)가 인월(寅月)에 생(生)하고 무토(戊土)가 사령(司令)하여 득령(得令)은 하였으나 겁재(劫財)가 약(弱)하여 조력(助力)하지 못하고 관살(官殺)이 혼잡 태강(太强)하며 인성(印星)과 식상(食傷)이 없으니 세(勢)에 종(從)하므로 가종살격(假從殺格)이 되었다. 처(妻)가 하자는 대로 따르고 복종(服從)하는 공처가다.

▼ 집에서는 처를 구박하고 밖에서는 호인(好人)

예 일주 甲 ― 庚은 己의 상관(傷官)
　　└ 체(體)　└ 처의 상관: 甲, 체를 사상(死傷)

예 일주 甲 ― 庚은 강자, 상급자, 손님
　　└ 체(體)　└ 체(體)

남명(男命)에서 편관이나 칠살에 충극된 명조(命造)는 집에서는 자기 말이 법(法)이고 쌍욕을 하면서 처(妻)를 구박하고, 밖에서 타인에게는 삭삭하고 사교적이며 잘 베푸니 모두 사람 좋다며 호인(好人)이라고 하는 것이다. 그래서 사람들은 처를 만나면 좋은 신랑 만나서 얼마나 좋냐며 칭찬을 하게 된다.

처(妻)는 뭐라고 답변은 못하고 마음속으로 "당신들이 데리고 살아봐라. 얼마나 속 터지는 인간인가? 내가 살고 싶어 사는 줄 아냐? 새끼 때문에 할 수 없이 사는 거지."라며 혼잣말을 하거나 생각하게 된다.

이치(理致)는 처의 관계에서 칠살은 처의 의식(意識)이 되고, 입이 되며, 자궁이 되고, 자신을 사상(死傷)하는 칠살이 되므로 악(惡)의 식신을 생(生)하여 칠살을 제(制)해야 살아 남을수 있기 때문이며, 대인 관계에서 칠살이나 편관은 강자(强者), 상인(上人), 손님이 되며, 상급자가 되므로 관인(官印) 상생(相生)으로 유도하여 친구처럼 사이좋게 지내려 하기 때문이다.

이 명조(命造)는 편관(偏官)이 혼잡하여 병임충(丙壬冲)이 되고 편재(偏財)가 있다 집에서는 자기 말이 법(法)이고 쌍욕을 하면서 처를 구박하고, 대항하거나 술을 먹으면 시비 구타하며 타인에게는 삭삭하고 사교적이며 잘 베푸니 모두 사람 좋다며 호인이라고 하는 사람이다.

▼ 칠살에 충극 되면 애인두고 간통한다

남명(男命)에서 시상(時上)이나 월상(月上)에 칠살이 있어 충극 되고 재성이 혼잡하면 10중 9는 애인을 두고 간통하게 되는 것이다. 이치(理致)는 칠살은 처의 자궁이 되고 자신을 사상(死傷)하므로 처와 성관계하면 정력이 약해져 조루증이 오고 재미가 없으며, 다른 여자 애인과 성관계하면 정력이 강해지고 재미가 있기 때문이며, 재성(財星)의 혼잡은 여러 여자가 되기 때문이다.

이 명조(命造)는 연월상(年月上)에 편관이 있어 일주(日柱)를 병임충(丙壬冲) 하고, 일지(日支) 안방에는 겁재의 처 편재가 있다. 처(妻)와 성관계하면 정력이 약해지고 조루증으로 3분도 못 가 사정하므로 재미가 없고, 애인과 성관계하면 정력이 강해지고 재미가 있으므

로 여자관계가 혼잡한 사람인데 칠살에 편재운인 임신년(壬申年)에 시골에서 친구 부인과 간통하다 친구에게 발각되어 난처해지자 농약 먹고 자살하였다.

- **첩이나 애인 관계가 처에게 발각되는 운은**

남명(男命)에서 첩(妾)이나 애인을 두고 간통하다 처(妻)에게 발각되는 운(運)은 10중 9는 칠살에 충극 되는 운이나 칠살에 편재운이 되는 것이다. 이치(理致)는 편재는 애인이 되고 편관이나 칠살은 처의 의식(意識)으로 남편을 미워하는 증오심이 되며 이별살이 되기 때문이다.

▼ 칠살(七殺)은 불화, 이혼살

남명(男命)이 재성이 혼잡하고 칠살에 충극되었거나 겁재가 정재와 동주(同柱) 또는 가까이 있으면 10중 9는 불화하고 이혼하는 것이다.

이치(理致)는 칠살이나 편관은 처(妻)가 자신을 미워하는 증오심이 되고, 자궁이 되며, 자신의 체(體)를 사상(死傷)하는 살기가 되어 처와 성관계하면 정력이 약해져 조루증이 오므로 재미가 없고, 다른 여자와 성관계하면 정력이 강(强)해지고 재미가 있기 때문이며, 악(惡)의 식신을 생(生)하여 칠살을 제(制)해야 살아남을 수 있으므로 자기 말이 법(法)이고, 처를 구박하고 대항하면 구타하기 때문이다.

예 남명(男命): 庚辰년, 애인관계 이혼

┌ 칠살: 처의 증오심
庚 甲 丁 己 → 정재, 처
午 辰 丑 酉 → 정관, 자식
└ 애인, 편재

이 명조(命造)는 시상(時上)에 칠살이 갑경충(甲庚冲) 하고 일지(日支) 안방에는 편재가 있으며, 정재는 연주(年柱)에 정관과 떨어져 있다. 무인년(戊寅年)에 애인 만나 간통해 오다가 칠살에 편재운인 경진년(庚辰年)에 처가 알게 되어 불화하다 이혼하고 자식은 처와 살고 있다.

▼ 칠살(七殺)은 여자의 증오심 구속영장

남명(男命)에서 칠살은 여자의 의식(意識)이 되고 자신을 미워하는 증오심이 되며 구속영장이 되는 것이다. 이치(理致)는 재성이 편관 칠살을 생하였기 때문이며 관성은 관청이 되고 일주(日主)를 억제하는 것이니 법(法)의 강제집행이 되기 때문이다.

남명(男命)이 칠살운을 만나면 칠살은 여자의 자궁이 되므로 성욕이 생성되어 재성이 혼잡한 명조는 여자를 강간하게 되는 것이다.

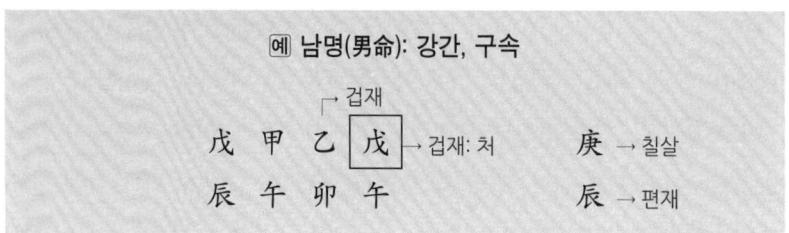

이 명조(命造)는 겁재와 겁재의 처(妻)편재가 있다. 칠살과 편재운인 경진년(庚辰年), 정해월(丁亥月)에 선배의 부인을 강간하고 구속되었다.

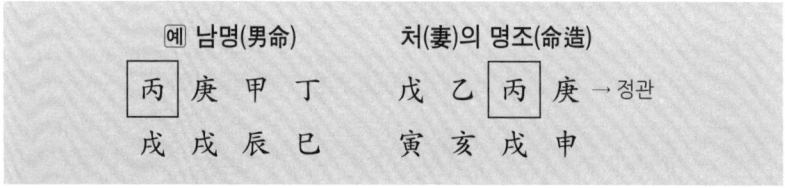

이 명조(命造)는 칠살운인 병술년(丙戌年)에 가출소녀를 강간하고 구속 되었는데, 처의 명조에서는 병(丙)은 상관(傷官)이 된다.

6. 남명(男命) 자식론(子息論)

▼ 배다른 자식이 있다

남명(男命)에서 재성이 혼잡하고 겁재가 없으며 관성(官星)을 생한 근원이 다르면, 상처(喪妻)하였거나 작첩(作妾) 하여 배다른 자식이 있는 것이다.

```
              예 남명(男命)
            ┌ 편재
          辛 丁 戊 庚 → 정재
          丑 亥 寅 子 → 정재가 낳은 자식
                └ 편재가 낳은 딸
```

이 명조(命造)는 연지(年支)에 정재가 생(生)한 편관이 있고 편재가 생한 정관은 일지(日支)에 있다. 처첩(妻妾)이 있고 배다른 자식이 있는 사람이다.

▼ 씨다른 자식이 있다

남명(男命)에서 관성이 겁재와 동주(同柱)하고 있거나 가까이 있으면 자신의 자식이 아니고 겁재의 자식이 되는 것이다. 이치(理致)는 겁재와 동주(同柱)한 것은 겁재의 자식이 되기 때문이다.

```
              예 남명(男命)
                  ┌ 겁재의 처
          乙 壬 丙 己 → 겁재의 아들
          巳 申 子 酉
         이혼녀 ┘   └ 겁재
```

이 명조(命造)는 연상(年上)에는 겁재의 아들 정관이 있고 월지(月支)에는 겁재가 편재와 동주(同柱)하고 있으며 시지(時支)에는 겁재의 처 편재가 있다. 노총각이 자식 낳고 이혼한 이혼녀와 결혼하였다.

▼ 자식과 떨어져 살게 된다

남명(男命)에서 관성이 원주(遠柱)인 연주(年柱)에 있고 겁재가 없으면 자신의 자식이 되고 자식과 떨어져 살고 있는 것이다.

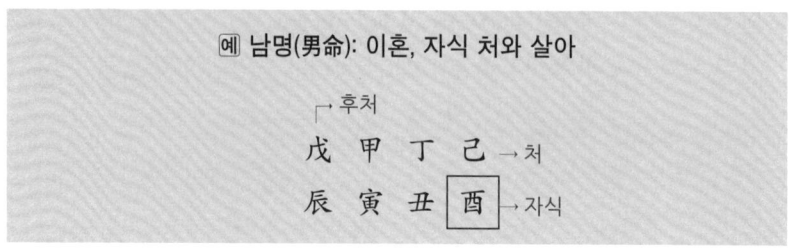

예 남명(男命): 이혼, 자식 처와 살아

이 명조(命造)는 정재와 정관이 연주(年柱)에 동주(同柱)하고 있으며 시주(時柱)에는 편재가 있다. 애인 만나 간통하다 경진년(庚辰年)에 처가 알게 되어 이혼하고 자식은 처와 살고 있으니 만나지 못한다.

▼ 자식이 효자

관성(官星)이 유기(有氣)하고 신약 하여 인성(印星)이 용신이나 희신이면 자식이 효도하는 것이다. 이치(理致)는 자식의 의식(意識)인 인성이 신약한 일주(日主)를 생(生)하기 때문이다.

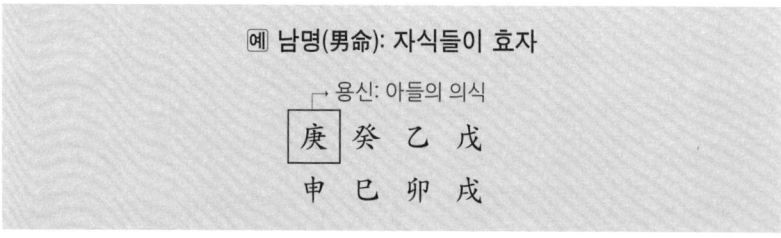

예 남명(男命): 자식들이 효자

이 명조(命造)는 계수일주(癸水日主)가 묘월(卯月)에 생(生)하여 실령(失令) 하였으며, 식신에 설기 되고 재관이 강하여 신약 하며 자식의 의식(意識)인 정인이 용신이다. 자식들이 모두 효자다.

▼ 사망한 자식이나 불구 자식이 있다

관성(官星)이 약하고 식상(食傷)이 강하며 관성이 형충 되었거나 관성이 입묘(入墓) 되었으면 사망한 자식이나 불구 자식이 있는 것이다. 이치(理致)는 식상은 관성을 극 하여 사상(死傷)하기 때문이며, 관성 입묘는 자식의 무덤이 되기 때문이다.

```
例 남명(男命): 아들, 딸 사망

    壬  丙  乙  丙
   [辰] 午  未  戌
    └ 관성입묘: 자식의 무덤
```

이 명조(命造)는 식상이 혼잡 태강(太强)하고 관성이 태약하며 진(辰)에 입묘(入墓) 되었다. 아들 둘에 딸을 한 명 두었다가 질병과 사고사 등으로 모두 죽고 막내아들만 살아남았다.

```
例 남명(男命)

    庚  癸  辛  丙
    申  丑 [丑] 戌  → 아들: 장애자
```

이 명조(命造)는 관성(官星)이 백호살(白虎殺)이고 축술형(丑戌刑)이 되었다. 큰아들이 말을 못하고 수족도 못 쓰는 뇌성마비 불구다.

▼ 자식이 사망하는 운은?

남명(男命)에서 식상(食傷)이 관성을 충극 하고 관성이 병(病)이나 사(死) 묘(墓)나 절(絶)이 되는 운에 자식이 질병이나 사고 등으로 사망하는 것이다.

이치(理致)는 병사(病死)는 기(氣)가 저절로 빠져나가 병들고 사망에 이르기 때문이며, 묘(墓)는 자식의 무덤이 되어 입묘(入墓) 되기 때문이고, 절(絶)은 관성의 생이 다하여 기(氣)가 끊어지기 때문이다.

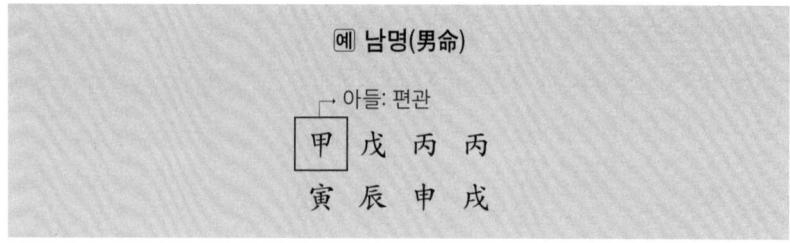

이 명조(命造)는 식신이 편관을 갑경충(甲庚冲) 하고, 사지(死支)가 되는 경오년(庚午年), 절(絶)이 되는 갑신월(甲申月)에 아들이 교통사고로 사망하였다. 아들 입장에서 경오(庚午)는 칠살에 사지(死支)가 된다.

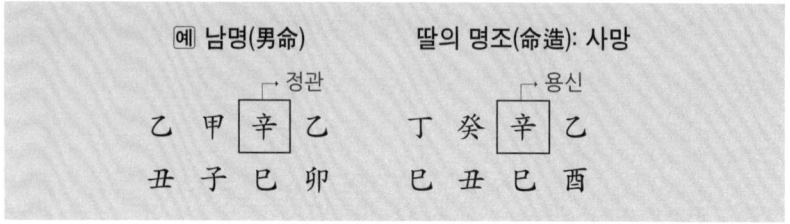

이 명조(命造)는 상관이 정관을 정신극(丁辛剋) 하고 관성(官星)이 설기 되어 병(病)이 되는 정해년(丁亥年) 병오월(丙午月)에 딸이 교통사고로 사망하였다.

딸의 명조에서는 정해년(丁亥年) 병오월(丙午月)은 인성(印星) 용신이 재운을 만난 것이며 역마가 사해충(巳亥冲)이다.

7. 여명(女命) 편관론(偏官論) - 이분법 적용

▼ 여명(女命)에서 정관은 남편이 되고, 편관은 재혼의 남편이나 애인이 되며 겁재의 남편이 되는 것이다.

예 일주 甲 — 庚은 편관 乙은 겁재
  └ 겁재의 남편

이치(理致)는 편관은 겁재입장에서 정관(正官)이 되기 때문이다.

▼ 편관(偏官)남편

여명(女命)에서 편관만 있고 겁재가 없으면 남편을 편관으로 만난 것이다. 이치(理致)는 겁재가 있으면 남의 남편이 되며 겁재가 없으니 자신의 남편이 되기 때문이다.

예 여명(女命)

```
              ┌ 자신이 낳은 자식
壬  壬  甲  戊  → 편관: 남편
寅  申  寅  戌
```

이 명조(命造)는 편관(偏官)이 있고 겁재가 없으니 편관을 남편으로 만난 것이다.

예 여명(女命)

```
              ┌ 겁재의 자식
壬  壬  甲  戊  → 편관: 겁재의 남편
寅  申  寅  子  → 겁재
```

연지(年支)에 겁재가 있으면, 편관은 겁재의 남편이 되므로 월주(月柱)의 식신은 자신이 낳은 자식이 아니고 겁재가 낳은 자식이 되는 것이니, 처녀가 후처(後妻)로 결혼하였다.

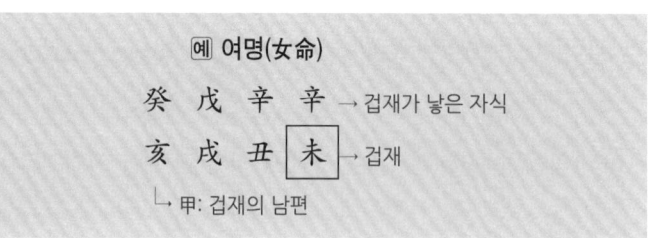

이 명조(命造)는 연주(年柱)에 겁재와 상관이 있고 시지(時支)에는 해중갑목(亥中甲木) 편관이 암장(暗藏)되어 있다. 처녀가 남의 남편과 인연이 된 것이니 후처나 첩(妾)이 된다. 남의 남편과 첩으로 간통하며 살고 있다.

▼ 남자 성격이고 남자와 대화가 잘 통해

여명(女命)에서 관성이 혼잡하고 인성이 있으면 남자 성격 같고, 남자와 대화가 잘 통하며, 남자 친구가 많고, 남자 친구가 많으니 애인을 두고 살게 되는 것이다. 이치(理致)는 관살에 동화(同化)되어 같은 성질로 변화하기 때문이고, 인성은 남자의 의식(意識)으로 자신을 사랑하는 마음이 되고 성기가 되기 때문이다.

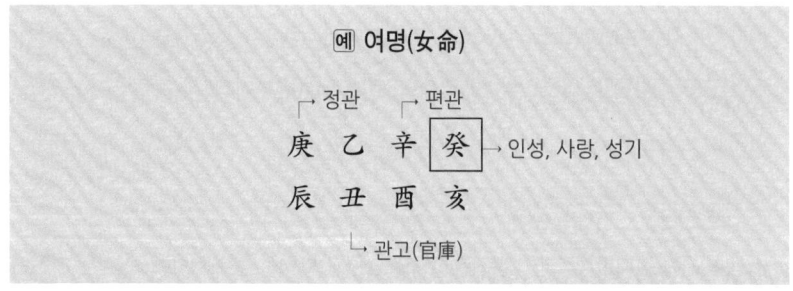

이 명조(命造)는 관성이 혼잡하고 인성(印星)이 있어 관인(官印)상생(相生)이 되었다. 남자 성격 같고, 남자 친구가 많으며, 남자와 대화가 잘 통하는 여인이다. 결혼은 하였으나 애인을 두고 간통하며 살고 있다.

▼ 관살(官殺)이 혼잡하여도 인성(印星)이 없으면 애인이 없는 것이다. 이치(理致)는 인성은 남자의 의식(意識)이 되고 사랑이 되는데 인성이 없기 때문이며, 관살은 자신을 극(剋)하여 사상(死傷)하는 칠살이 되므로 겁이 많고 남자들을 무서워하기 때문이다.

예 여명(女命): 식상제살격

식신 ← 丙 甲 丁 辛 → 정관
　　　　寅 申 酉 巳
　　　　　　↳ 편관

이 명조(命造)는 갑목일주(甲木日主)가 유월(酉月)에 생(生)하고 신금(辛金)이 사령(司令)하여 실령(失令)하고 관성(官星)이 득령(得令)하여 연지(年支)에 비견이 조력(助力)하나 신약하고 인성이 없고 관성이 태강하니 식상제살격(食傷制殺格)이 된다. 관살이 혼잡 태강하여 애인이 많을 것 같으나 인성이 없어 애인이 없고, 겁이 많아 남자들을 무서워하며 의식(意識)인 식상으로 관살을 제(制)하니 남자들을 무시하고 싫어하는 여인이다.

✓ **여명(女命)이 애인을 만나는 운은?**
▼ 여명(女命)에서 겁재와 관성운(官星運)에 남자를 만나는 것이다. 이치(理致)는 겁재는 음양이 다르므로 남자가 되고 관성도 남자가 되기 때문이다.

예 여명(女命)

戊 辛 己 戊　　庚 — 겁재
戌 丑 未 申　　午 — 편관

이 명조(命造)는 겁재와 관성운(官星運)인 경오년(庚午年)에 애인을 만나고, 그해 성관계하였다. 신미년(辛未年)에 결혼하였다.

▼ 여명(女命)에서 겁재와 인성운(印星運)에 남자를 만나는 것이다. 이치(理致)는 겁재는 음양이 다르니 남자가 되고, 인성은 남자의 사랑이 되기 때문이다.

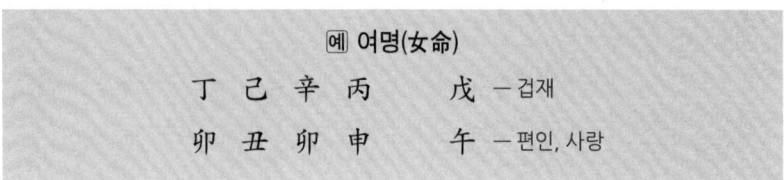

이 명조(命造)는 겁재와 편인운(偏印運)인 무오년(戊午年)에 애인을 만나 성관계하였다.

▼ 여명(女命)에서 겁재와 상관운에 애인을 만나는 것이다. 이치(理致)는 겁재는 음양(陰陽)이 다르니 남자가 되고, 상관은 남편을 미워하고 편관 애인을 좋아하는 마음이 되기 때문이다.

이 명조(命造)는 월상(月上)에 편관이 있고 시지(時支)에 정관이 있어 관성이 혼잡하다. 겁재에 상관운인 병술년(丙戌年)에 애인을 만나 간통하고 돈을 빌려주었다.

▼ 여명(女命)에서 겁재운에 애인을 만나는 것이다. 이치(理致)는 겁재는 음양(陰陽)이 다르므로 남자가 되기 때문이다.

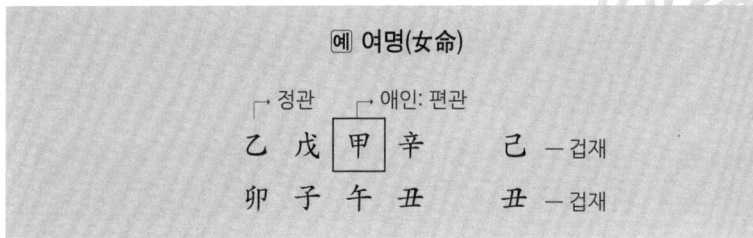

이 명조(命造)는 겁재운(劫財運)인 기축년(己丑年)에 애인을 만났다.

▼ 여명(女命)에서 식상이 인성과 합(合)이 되는 운에 애인을 만나는 것이다. 이치(理致)는 자신의 의식(意識)이며 자궁인 식상과 남자의 의식이며 성기인 인성이 합이 되기 때문이다.

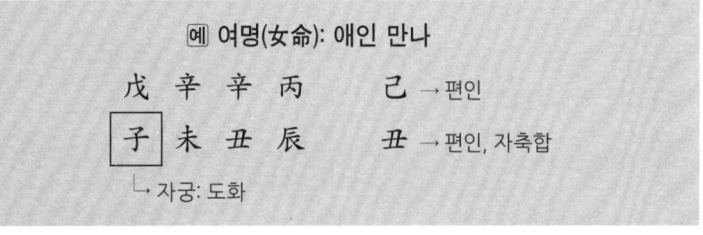

이 명조(命造)는 남자의 사랑에 해당하는 인성(印星)이 혼잡하다. 의식(意識)이며 자궁인 식신과 남자의 의식(意識)이며 성기인 인성이 자축합(子丑合)이 되는 기축년(己丑年)에 애인을 만나 성관계하였다.

▼ 여명(女命)에서 상관과 관성운(官星運)에 애인을 만나는 것이다. 이치(理致)는 상관은 남편을 미워하는 마음이 되고 관성은 남자가 되기 때문이다.

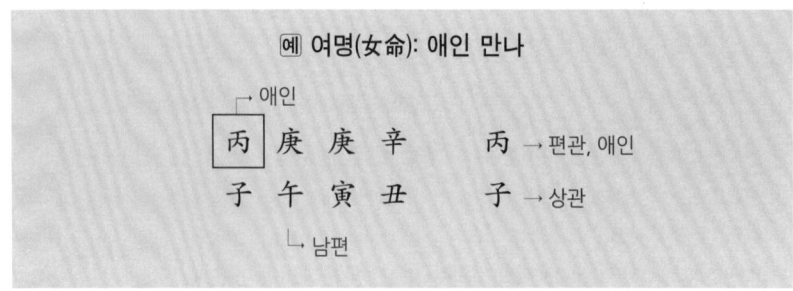

예 여명(女命): 애인 만나

丙 庚 庚 辛 　　丙 → 편관, 애인
子 午 寅 丑 　　子 → 상관

(애인 ↑ 丙, 남편 ↓ 午)

이 명조(命造)는 관성이 혼잡하고 상관이 정관을 자오충(子午冲) 하였으니 남편과 정이 없다. 상관과 편관운인 병자년(丙子年)에 남편과 불화하던 중 갑오월(甲午月) 신사일(辛巳日)에 우연히 애인을 만나 간통하며 살고 있다.

▼ 여명(女命)에서 식상이 관성과 합(合)이 되는 운에 애인을 만나는 것이다. 이치(理致)는 의식(意識)이 관성합(官星合)은 자신이 남자를 좋아하여 만나는 것이 되기 때문이다.

예 여명(女命)

癸 乙 辛 庚 → 남편 　　丙 — 상관
未 巳 巳 子 　　　　　　子 — 편인

(애인: 편관 ↑ 辛)

이 명조(命造)는 상관이 정관을 극(剋)하고 편관은 병신(丙辛)으로 간지(干支) 암합(暗合)이 되어 애인이 있는 명조이다. 의식(意識)인 상관이 정관을 병경극(丙庚剋) 하고 편관과 병신합(丙辛合)이 되는 병자년(丙子年)에 애인을 만났다.

▼ 여명(女命)에서 관성과 인성운(印星運)에 애인을 만나는 것이다. 이치(理致)는 관성은 남자가 되고, 인성은 남자의 의식(意識)이 되며, 자신을 사랑하는 마음이 되기 때문이다.

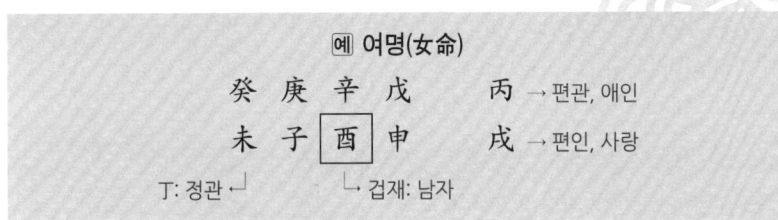

이 명조(命造)는 편관과 편인운인 병술년(丙戌年)에 애인을 만나 가출하였다.

▼ 여명(女命)에서 관성이 천간합(天干合)이나 일지(日支) 안방에 합(合)이 되는 운에 애인을 만나는 것이다. 관성은 남자가 되고, 합(合)이 되기 때문이다.

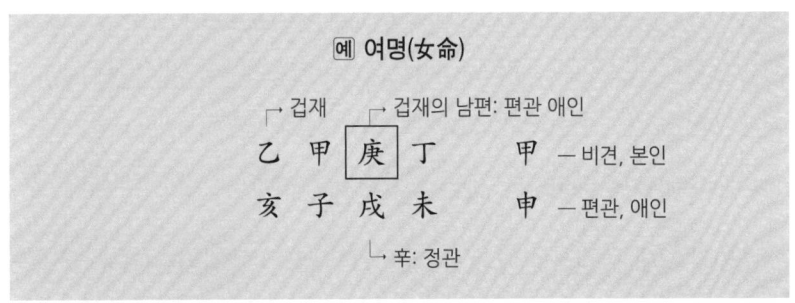

이 명조(命造)는 정관은 월지(月支)에 암장(暗藏)되고 겁재의 남편 편관이 월상(月上)에 있다. 편관이 일지(日支)에 신자합(申子合)하는 갑신년(甲申年)에 애인을 만나 가출하였다.

▼ 여명(女命)에서 애인을 만나는 운(運)은 총 8가지로 분류되어 있으므로 혼돈이 되나 알기 쉽게 요약(要約)하면 다음과 같다.

• 여명(女命)의 의식(意識)이며 자궁인 식상(食傷)
• 관성(官星)의 의식(意識)이며 사랑이 되는 인성(印星)
• 남자가 되는 관성(官星)
• 음양(陰陽)이 달라 남자가 되는 겁재(劫財)

이 네 가지가 교차하고 합(合)과 충극의 작용에 의하여 만남이 이루어지는 것이니 이치(理致)를 알면 응용하는데 어려운 것은 아니다.

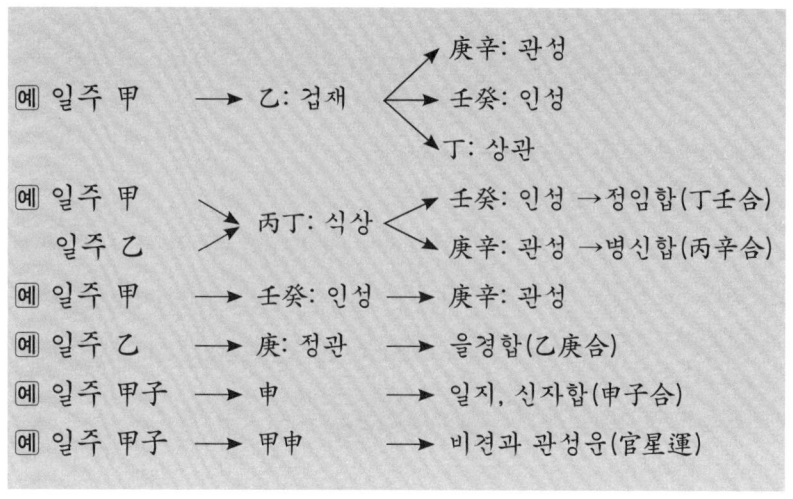

▼ **애인관계가 남편에게 발각되는 운은**

여명(女命)에서 애인을 두고 살다가 애인관계가 발각되는 운은 상관운이 되는 것이다. 이치(理致)는 상관은 정관을 극(剋)하므로 불화 이별살이 되기 때문이다.

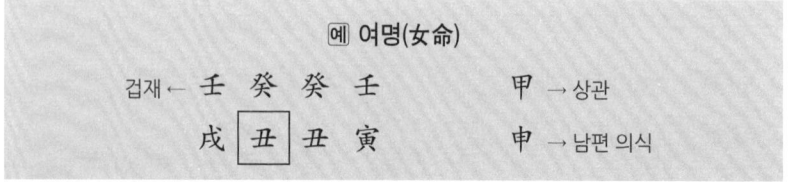

이 명조(命造)는 애인을 두고 살다가 상관(傷官)과 정인(正印)이 인신충(寅申冲)이 되는 갑신년(甲申年) 임신월(壬申月)에 남편에게 애인 관계가 발각되었다.

8. 신약은 칠살에 충극 되면 사망

▼ 신약(身弱)하고 편관이나 칠살에 충극 되면 젊은 나이에 사망하는 것이다. 이치(理致)는 칠살은 자신을 사상(死傷)하기 때문이다.

```
          예 남명(男命): 23세 사망
      ┌칠살
       丙 庚 丁 甲      丙 → 칠살
       子 申 卯 寅      子 → 사지상관
```

이 명조(命造)는 경금일주(庚金日主)가 묘월(卯月)에 생(生)하고 을목(乙木)이 사령(司令) 하여 실령(失令) 하고, 재관이 강하여 비견이 조력(助力)하여도 태약하며 칠살에 병경극(丙庚剋)이 되었다. 칠살에 사지(死支)가 되는 병자년(丙子年)에 교통사고로 23세에 사망하였다.

9. 고조부(高祖父)

고조부는 편관이 되고 고조모는 겁재가 되며, 고조부의 재물은 비견, 겁재가 되는 것이다.

▼ 고조부가 부자였다

비겁(比劫)이 연월주(年月柱)에 있고 충극이 없이 유기(有氣) 하며 관성이 혼잡하지 않으면 고조부는 부자로 산 것이다. 이치(理致)는 고조부 입장에서 비겁은 재물이 되기 때문이다.

```
      예 남명(男命)
      癸 戊 辛 甲  → 고조부
      亥 辰 未 辰  → 고조의 재물
```

이 명조(命造)는 연월주(年月柱)에 비겁이 충극 되지 않아 유기(有氣) 하며 관성이 혼잡하지 않으니 고조부가 부자로 살았다.

▼ 고조부가 빈곤(貧困)하였다

관성(官星)이 혼잡하고 연월주(年月柱)에 관성이 비견을 충극(沖剋) 하였으면 고조부는 빈곤하게 산 것이다. 이치(理致)는 고조부 입장에서 비겁은 재성이 되고 관성은 비겁이 되기 때문이다.

```
      예 남명(男命)
      壬 丁 癸 癸  → 고조부
      寅 丑 亥 巳  → 고조모
                └ 고조의 겁재
```

이 명조(命造)는 관성이 혼잡하고 관성에 비겁(比劫)이 사해충(亥巳沖) 정계충(丁癸沖)이 되었다. 고조부는 상처(喪妻)하고 빈곤(貧困)하게 살았다,

10. 칠살(七殺) 귀신론(鬼神論)

▼ 칠살은 저승사자

신약한 명조(命造)는 칠살에 병(病)이나 사(死)운 신왕한 명조(命造)는 칠살에 묘(墓)나 절(絶)운에 저승사자가 꿈에 나타나는 것이다. 이치(理致)

는 칠살은 자신을 사상(死傷)하는 것이니 저승사자가 되는 것이며, 신약의 병사(病死)는 설기 되어 기(氣)가 저절로 새어 나가 병들고 사망할 수 있기 때문이며, 신왕은 묘(墓)는 기(氣)가 취합(聚合)되어 입묘(入墓)로 무덤에 들어가는 시기가 되고, 절(絶)은 일생의 기(氣)가 다하여 끊어지는 시기가 되기 때문이다.

```
        예 여명(女命)
    甲 己 癸 己     乙 → 저승사자
    戌 酉 酉 酉     亥 → 절지
```

이 명조(命造)는 기토일주(己土日主)가 유월(酉月)에 생(生)하고 신금(辛金)이 사령(司令)하여 실령(失令) 하고 비겁이 조력(助力)하나 식신이 혼잡하여 설기 하므로 신약이다. 칠살에 절지운(絶支運)인 을해년(乙亥年)에 저승사자와 죽은 언니가 꿈에 자주 나타나 가위에 눌리고 고통을 받다가 우울증과 정신분열증으로 신굿도 하고 정신과 치료를 받았다.

▼ 칠살(七殺)은 처의 영혼

칠살은 처(妻)의 영혼이 되는 것이다. 이치(理致)는 정재는 체(體)가 되고 관성은 처의 의식(意識)이 되며 죽으면 영혼이 되는 것이다. 그러므로 상처(喪妻)한 명조(命造)는 칠살운에 처의 영혼이 꿈에 나타나는 것이다.

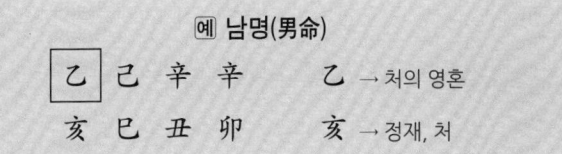

이 명조(命造)는 겁재에 재성의 입묘(入墓) 되는 무진년(戊辰年)에 처(妻)가 바람나 가출하였다가 사망하였다.

칠살에 절이 되는 을해년(乙亥年)에 잠이 들면 검은 옷을 입은 저승사자와 처의 영혼이 꿈에 나타나 가위에 눌리고 몸이 아파 고통을 받았다.

▼ 칠살(七殺)은 부친의 영혼

칠살은 부친의 영혼이 되는 것이다. 이치(理致)는 편재는 체(體)가 되고, 관살은 살아 있을 때는 의식이 되고 죽으면 영혼이 되기 때문이다. 부친이 사망한 명조(命造)는 편관이나 칠살운에 부친의 영혼이 꿈에 보이는 것이다.

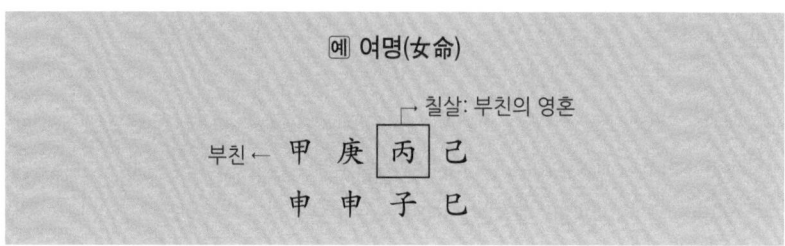

이 명조(命造)는 부친이 사망하였는데 칠살운인 병술년(丙戌年)에 부친이 꿈에 보이고 집안에 우환이 많았다고 하는 사람이다.

11. 편관, 칠살, 업보론(業報論)

▼ 전생(前生)에 남자(男子)

여명(女命)에서 관성이 혼잡하고 인성이 있으면 전생에 남자로 남자성격 같고, 남자 친구가 많으며, 남자와 대화가 잘 통하는 것이다. 이치(理致)는 전생에 습(習: 익힐 습)이 있고, 관성이 많고 가까이 있으면 관성(官星)에 동화(同化: 같은 성질로 변화함)되기 때문이다.

예 여명(女命)

정관← 庚 乙 辛 癸 →편인, 사랑
　　　辰 丑 酉 亥 →정인, 사랑

이 명조(命造)는 관성이 혼잡하고 인성이 있어 관인(官印)상생(相生)이 되었다. 전생에 남자였기에 남자 성격 같고 남자 친구가 많으며 남자들과 대화가 잘 통하는 여인이다.

▼ 여명(女命)에서 편관은 전생(前生)의 인연(因緣)이 되는 것이며 전생에서 사모(思慕: 애틋하게 그리워함)하였거나 배우자로 못다 한 사랑이 있어 금생(今生)에 다시 만나는 인연이 되는 것이다.

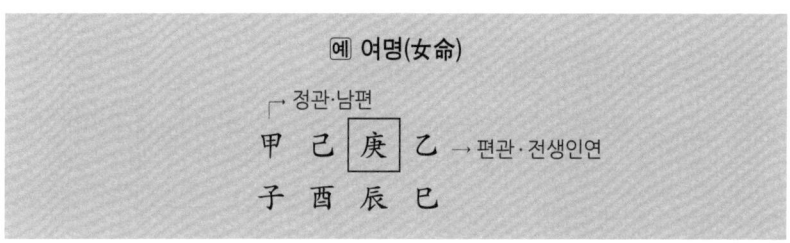

이 명조(命造)는 연상(年上)에 편관이 있고, 의식(意識)인 상관이 편관과 을경합(乙庚合)하고, 정관을 갑경충(甲庚冲) 하였다. 남편과 정이 없어 전생의 인연을 금생(今生)에서 애인으로 만나 사랑하고 있는 여인이다.

12. 편관(偏官) 용신(用神) 기신운(忌神運)

- 편관(偏官)이 용신이면 편관운에 관운이 좋아지고, 당선, 각종시험 합격, 학생은 진학시험에 합격한다. 이치(理致)는 관성은 관청이 되고, 권력이 되며, 직책이 되고, 인성이 있으면 관인상생(官印相生)이 되기 때문이다.
- 편관(偏官)이 용신이면 편관운에 상업자는 손님이 많이 오는 것이다. 이치(理致)는 관성은 손님이 되기 때문이다.
- 인성(印星)이 있는 미혼 여명(女命)은 편관 겁재운, 편관 인성운, 편관 상관운에 남자를 만나 결혼하고 기혼(旣婚) 여명(女命)은 애인을 만난

다. 이치(理致)는 관성은 남자가 되고 겁재도 음양이 다르므로 남자가 되며, 인성은 남자의 사랑이 되고 상관은 의식이 되며, 결혼한 기혼 여명은 남편을 미워하고 애인을 사랑하는 마음이 되기 때문이다.

▼ 편관이나 칠살운에 남명(男命)은 불화하거나 이혼하는 것이다.

칠살은 처(妻)의 상관이 되고, 자신의 체(體)를 사상하는 칠살이 되므로 악(惡)의 식신을 생 하여 제(制)하고 살아남으려 처를 구박하고 대항하면 구타하므로 불화, 이별살이 되기 때문이다.

예 남명(男命): 애인 만나 이혼

丁 乙 癸 庚
애인, 편재 ← 丑 卯 未 戌 → 정재, 처

이 명조(命造)는 칠살(七殺) 상관운(傷官運)인 신사년(辛巳年)에 애인 관계가 처에게 발각되어 불화하다 이혼하였다.

▼ 겁재가 정재와 동주(同柱)하였거나 칠살에 충극 되고 겁재가 있어 처가 바람날 명조(命造)는 편관 겁재운에 처가 애인을 만나는 것이다.

편관은 처가 자신을 미워하는 마음이 되고, 겁재를 좋아하는 마음이 되며, 겁재는 처의 애인이 되기 때문이다.

예 남명(男命): 처가 애인 만나

甲 丙 丁 辛 → 정재, 처
午 辰 酉 丑

이 명조(命造)는 겁재와 정재가 월주(月柱)에 동주(同柱)하고 있으니, 처가 애인을 만날 명조이다. 칠살 겁재운인 임오년(壬午年)에 처가 애인을 만나 간통하며 살고 있다.

▼ 편관(偏官) 칠살이 기신(忌神)이면 칠살운에 재물이나 여자로 인하여 관재(官災)가 발생하는 것이다. 이치(理致)는 칠살은 권력기관이고, 법(法)의 강제집행으로 구속영장이 되고 편관, 칠살은 재성이 생(生) 한 것이기 때문이다.

예 남명(男命): 절도, 구속

```
甲 壬 丙 戊     戊 — 칠살
辰 戌 辰 午     寅 — 식신
```

이 명조(命造)는 칠살에 식신이 인오술(寅午戌) 삼합(三合)이 되는 무인년(戊寅年) 무오월(戊午月)에 남의 물류창고에서 물건을 절도(竊盜: 남의 물건을 훔치는 일)하여 매도하고 구속되었다.

예 남명(男命): 사업 실패, 관재

```
壬 壬 戊 辛     戊 → 칠살
寅 午 戌 丑     寅 → 인성 절지
```

이 명조(命造)는 임수일주(壬水日主)가 술월(戌月)에 생(生)하고 무토(戊土)가 사령(司令)하여 실령(失令) 하였으며 재관이 태강하여 신약이다. 칠살에 식신이 인오술(寅午戌) 삼합(三合)이 되는 무인년(戊寅年)에 친구, 친척 등에게 돈을 빌리고 부친의 부동산을 담보로 대출을 받아 볼링장을 창업하였다가 사업이 부진하여 부도(不渡)나 16억 재산을 탕진하고 관재(官災)가 발생하였다.

예 남명(男命): 시비, 소송

```
戊 辛 丙 庚     丁 → 칠살
子 丑 戌 寅     亥 → 상관
```

이 명조(命造)는 칠살(七殺)에 상관운인 정해년(丁亥年)에 건물주인이 전세보증금을 주지 않아 반환 소송을 하였다.

▼ 칠살(七殺)이 기신(忌神)이면 칠살운에 돈으로 고통

재다신약(財多身弱) 한 명조(命造)는 칠살운에 돈으로 고통을 받는 것이다. 이치(理致)는 재성이 칠살을 생(生)하여 일주(日主)를 충극 하기 때문이다.

> [예] 남명(男命): 사업 실패, 자살
>
> 戊 壬 己 己　　戊 → 칠살
> 용신 ← 申 寅 巳 丑　　寅 → 식신 삼형

이 명조(命造)는 임수일주(壬水日主)가 사월(巳月)에 생(生)하고 경금(庚金)이 사령(司令)하여 득령(得令)은 하였으나 재관이 강하여 신약하므로 시지(時支)의 편인이 용신이다. 칠살에 식신이 인사형(寅巳刑)이 되고 인성(印星)이 절지(絶支)가 되는 무인년(戊寅年)에 사업이 실패하여 돈으로 고통을 받던 중 처가 생활고에 시달리다 이혼을 요구하고 친정으로 가버리자 몸에 기름을 뿌리고 분신자살을 하였다.

> [예] 남명(男命): 꽃뱀에게 사기
>
> 戊 癸 丁 癸　　己 ─ 칠살
> 午 酉 巳 卯　　卯

이 명조(命造)는 계수일주(癸水日主)가 사월(巳月)에 생(生)하고 병화(丙火)가 사령(司令)하여 실령(失令) 하였으며 재성이 혼잡태강하여 재다신약(財多身弱)이다. 칠살운인 기묘년(己卯年)에 여자에게 속아 재산을 탕진하고 당뇨병이 발생하였다.

✔ 칠살(七殺)에 병사묘절(病死墓絶)은 생명이 위험

▼ 칠살은 고통의 살(殺)이고 자신을 사상(死傷)하는 것이다. 칠살에 충극 되고 병(病)이나 사(死), 묘(墓)나 절(絶)이 되는 운에는 질병·사고, 사망, 수술, 뇌졸중, 중풍, 구완와사, 각종 암병, 자살, 피살, 육친의 사망 등이

발생하는데, 신왕은 입묘(入墓)나 절지(絶支)운, 신약은 설기 되는 병사(病死) 운에 발생하는 경우가 많다. 각(各) 육친도 같은 원리로 응용한다. 이 치(理致)는 병사(病死)는 설기 되어 기운이 저절로 빠져나가 득병하여 죽음에 이르기 때문이고, 묘(墓)는 기(氣)가 취합(聚合)되어 입묘(入墓) 되기 때문이며, 절(絶)은 일생의 기(氣)가 다하여 끊어지기 때문이다.

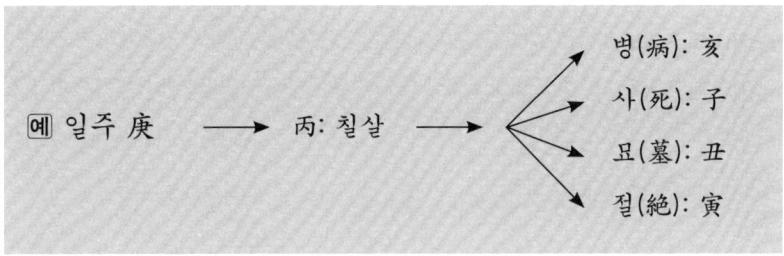

[예] 남명(男命): 폐암 사망

己 庚 丁 戊   丙 → 칠살
卯 申 巳 寅   子 → 사지상관

이 명조(命造)는 경금일주(庚金日主)가 사월(巳月)에 생(生)하고 병화(丙火)가 사령(司令)하여 실령(失令) 하였으며, 인비(印比)가 생조(生助) 하나 재관이 태강하여 신약이다. 칠살과 사지(死支)가 되는 병자년(丙子年), 입묘(入墓) 되는 신축월(辛丑月)에 폐암으로 사망하였다.

[예] 남명(男命): 1922년생

乙 甲 辛 壬   庚 → 칠살
丑 午 亥 戌   午 → 사지상관

이 명조(命造)는 갑목일주(甲木日主)가 해월(亥月)에 생(生)하고 임수(壬水)가 사령(司令)하여 득령(得令) 하고 인성과 겁재가 생조(生助) 하여 신왕이다. 칠살에 사지(死支)가 되는 경오년(庚午年)에 뇌출혈로 반신불수(半身不遂)가 되었다.

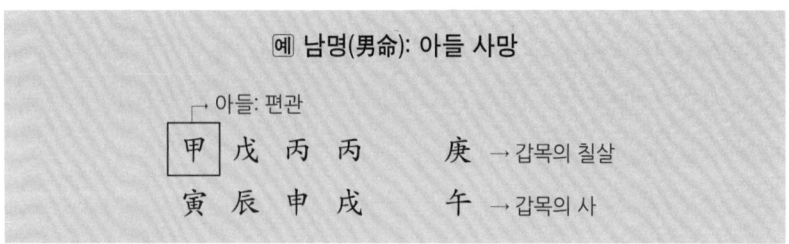

이 명조(命造)는 식신이 편관을 갑경충(甲庚冲) 하고 관성(官星)의 사지(死支)가 되는 경오년(庚午年)에 아들이 교통사고로 사망하였다. 아들 편관 입장에서 경(庚)은 칠살(七殺)이 되고 오(午)는 사지(死支)가 된다.

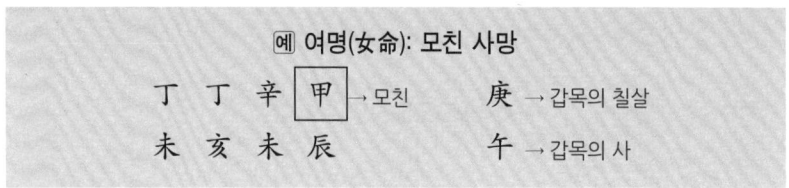

이 명조(命造)는 정재(正財)가 정인(正印)을 갑경충(甲庚冲) 하고 정인(正印)의 사지(死支)가 되는 경오년(庚午年)에 모친이 병사(病死)하였다. 모친 입장에서 경(庚)은 칠살(七殺)이 되고, 오(午)는 사지(死支)가 된다.

09 정관(正官)

일주(日主) 나를 극(剋)하는 오행(五行)이고 음양(陰陽)이 조화되어 정관(正官)이라 이름한 것이다.

편관 정관을 관성(官星) 또는 관살(官殺)이라고 하는 것이다.

정관은 국가를 다스리는 법(法)이 되고 사회를 다스리는 질서가 되는 것이다.

남명(男命)에서는 딸, 조카, 증조모가 되고, 여명(女命)에서는 남편, 증조모가 되는 것이다.

1. 정관(正官)의 성정(性情)

법(法), 질서(秩序), 관청, 준법성, 공무(公務: 국가나 공적인 사무), 정치(政治), 충성심, 정직(正直), 도덕(道德), 윤리, 신용, 명예(名譽), 자존심, 어른이나 상사존경, 원칙(原則: 융통성 없음), 보수적(保守的), 순수하고 올바름, 사명감(使命感: 임무 수행 의지), 신용(信用) 등이고, 귀인(貴人: 신분이 높은 사람), 상인(上人), 상급자, 손님 등이며 처와 부친의 의식(意識)이 되고, 처와 부친이 자신을 사랑하는 마음이 되는 것이며 어른을 존경하는 마음이 있는 것이다.

2. 정관(正官)의 응용(應用)

 정관은 인성(印星)을 생(生)하고 겁재를 극제(剋制) 하며, 상관의 극(剋)을 받고 재성으로부터 생(生)을 받는 것이다.
 정관은 체(體)와 의식(意識) 이분법(二分法)의 원리로 응용하는 것이다.
 정관과 관련된 육친(六親)과 사물(事物)과 생설극제(生洩剋制) 하면서 생성(生成)되는 길흉(吉凶)과 이해(利害)와 육친 간의 의식(意識) 작용을 응용하는 것이다.

- 정관(正官)은 재성(財星)이 많으면 생왕(生旺)이 되는 것이다.
- 정관(正官)은 관성(官星)이 많으면 조왕(助旺)이 되는 것이다.
- 정관(正官)은 인성(印星)이 많으면 설기약(洩氣弱)이 되는 것이다.
- 정관(正官)은 비겁(比劫)이 많으면 소모약(消耗弱)이 되는 것이다.
- 정관(正官)은 식상(食傷)이 많으면 극제약(剋制弱)이 되는 것이다.

 정관은 겁재를 극제(剋制) 하여 정재를 보호하므로 길신(吉神)이 되는 것이다.
 정관은 정재를 겁탈하는 겁재를 억제하며 법(法)과 윤리(倫理)와 도덕(道德: 양심)이 되는 것이다.
 정관은 일주(日主)를 통제하고 규제하여 법(法)과 질서를 지키게 하는 것이다. 상관이 있고 정관이 없으면 통제하고 규제받는 것을 싫어하고 방종(放縱)하여 제멋대로 행동하는 것을 좋아하는 것이다.
 정관은 법인(法人)이 되는 것이다. 정관이 있고 재왕(財旺)하면 법인사업자로 큰 사업가가 되는 것이다.
 정관(正官)은 음양이 조화되어 일주(日主)를 적당히 극(剋)하여 쓸모 있는 물건이 되도록 정성을 다하여 정제(精製: 정성을 들여 만듦)하는 것과 같은 것이니, 정관(正官)이 있어야 사회에서 쓸모 있는 사람이 되는 것이며 지위가 높고 명예가 있는 것이다.

정관은 상관이 있어 방종(放縱)하는 것을 규제(規制)하고 통제(統制)하는 법(法)이 되므로 방종하지 못하게 하는 것이다.

▼ 정관은 길신(吉神)이지만 신약하고 인성(印星)이 없으며 정관이 많으면 인덕(人德)이 없고 빈곤(貧困)하여 돈으로 고통을 받게 되며 단명(短命)하는 것이다. 이치(理致)는 정관이 재성을 설기 하여 재성이 태약해지기 때문이고, 정관이 과다하면 칠살(七殺) 작용을 하므로 일주(日主)를 사상(死傷)하기 때문이다.

예 남명(男命): 사망

정관← 庚 乙 庚 戊   辛 →칠살
    辰 卯 申 申 →정관 巳 →상관, 병

이 명조(命造)는 정관이 혼잡 태강하고 인성이 없다. 인덕이 없고 빈곤하여 돈과 질병으로 고통을 받다가 칠살에 상관운인 신사년(辛巳年)에 간암으로 사망하였다. 명조의 일지(日支)에 해(亥) 정인이 있었다면 관인상생(官印相生)으로 인덕이 있고, 질병으로 고통을 받거나 단명(短命)하지는 않았을 것이다.

• 관성(官星)이 혼잡 태강하면 자식을 많이 낳을수록 빈곤(貧困)해 지는 것이다. 이치(理致)는 관성이 재성(財星)을 설기(泄氣) 하여 재성이 태약(太弱)해지기 때문이다.

▼ 정관이 길신(吉神)이나 혼잡 과다하여 기신(忌神)이면 칠살 작용을 하므로 식상으로 극제(剋制) 하는 것이 좋은 것이다.

이 명조(命造)는 갑목일주(甲木日主)가 유월(酉月)에 생(生)하고 신금(辛金)이 사령(司令)하여 실령(失令) 하였으며 정관이 혼잡 태강하여 신약하고 인성이 없어 정관이 칠살작용을 하므로 월상(月上)의 상관으로 제살 하여야 하니 상관제살격(傷官制殺格)이다. 목화운(木火運)이 길(吉)하고 토금수운(土金水運)은 불길하다.

▼ 정관은 부친의 의식(意識)으로 자신을 사랑하는 마음이 되는 것이다. 이치(理致)는 정관은 적당히 극(剋)하여 쓸모 있는 물건이 되도록 정성을 다하여 정제(精製)하는 것과 같기 때문이다.

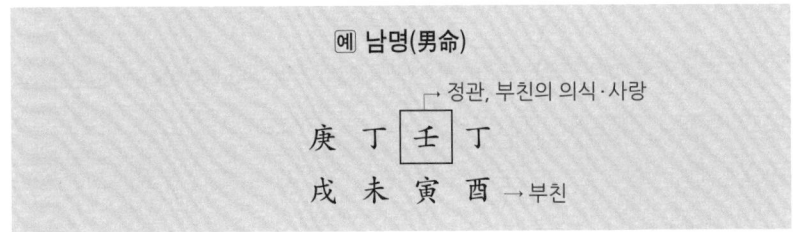

이 명조(命造)는 부친의 의식인 정관이 일주(日主)와 정임합(丁壬合) 하고 식상은 편재를 생 하고 있다. 부친의 사랑을 받고 성장하였으며 유산을 물려받았고 자신은 효도하였다.

▼ 정관은 음양이 조화되어 나를 적당히 극(剋)하여 방종하지 못하도록 통제하고, 겁재를 극하여 정재를 보호하므로 길신(吉神)이 되는 것이다.

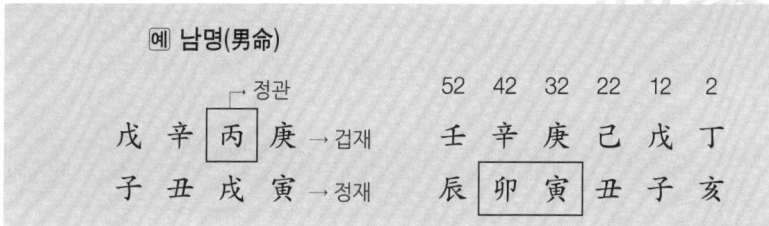

이 명조(命造)는 신금일주(辛金日主)가 술월(戌月)에 생(生)하고 무토(戊土)가 사령(司令)하여 득령(得令) 하였으며 인성과 겁재가 생조(生助) 하여 신왕 하므로 인성을 제(制)하는 정재가 용신이고 식상이 희신(喜神)이며, 연상(年上)의 겁재는 용신을 극(剋)하니 병(病)이고, 정관이 약신(藥神)이다. 정관이 있어 겁재를 제(制)하니 인묘(寅卯) 재운에 발복하여 부자가 되었다. 그러나 진(辰)대운은 불길하다.

• 정관은 상인(上人), 귀인, 손님 등이 되고 공인(公人)이 되는 것이다.

▼ 정관이 길신(吉神)이지만 인성(印星)이 없으면 인덕이 없어 명리(名利: 명예와 이익)를 얻기 어려운 것이다. 이치(理致)는 인성은 일주(日主)를 생(生)하고 관성의 의식이 되기 때문이다.

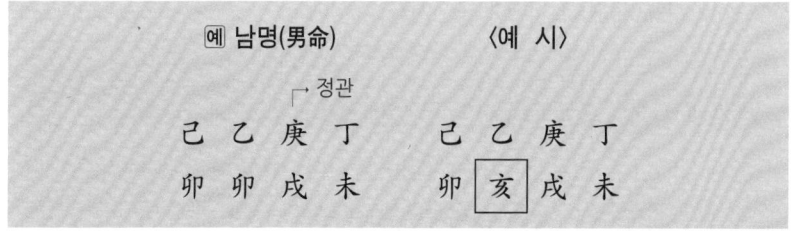

이 명조(命造)는 을목일주(乙木日主)가 술월(戌月)에 생(生)하고 신금(辛金)이 사령(司令)하여 실령(失令) 하였으며 비견이 조력(助力)하나 재관이 혼잡하여 신약하고 정관이 월상(月上)에 있으나 인성이 없다. 상인(上人)의 덕이 없고 인덕이 없으며 명예도 없는 농민이다. 일지(日支)에 해(亥) 정인이 있었다면 직위도 있고 명예도 있으며 인덕이 있는 것이다.

- 편관은 아들이고 정관은 딸이 되는데 양기(陽氣)는 아들이 되고 음기(陰氣)는 딸이 되며, 천간(天干)은 양(陽)이 되고 지지(地支)는 음(陰)이 되므로 일정하지는 않은 것이다.
  정관이 천간(天干)에 있고 유기(有氣)하면 아들이 되기도 하고 편관이 지지(地支)에 있고 약하면 딸이 되기도 하는 것이다.

▼ 정관이 용신이나 희신이면 문관(文官)이며 행정 공무원으로 진출하는 것이다. 이치(理致)는 정관은 관청이고 관직이며 명예가 되기 때문이다.

```
                예 남명(男命)
              ┌ 정인  ┌ 정관
               己 庚  丁 辛  → 겁재: 정관이 제함
      정재 ← 卯 午 酉 丑
```

이 명조(命造)는 경금일주(庚金日主)가 유월(酉月)에 생(生)하고 신금(辛金)이 사령(司令)하여 득령(得令) 하였으며 인성과 겁재가 생조(生助) 하니 신왕 하므로 겁재를 제(制)하는 월상(月上)의 정관이 용신이며, 오(午)에 통근(通根)하고 재성이 생조(生助) 하여 유기(有氣)하다. 행정 고위 공무원으로 명예가 높은 사람이다.

▼ 관성이 혼잡하고 식상이 용신이면 기술과 예능에 소질이 있고 음식, 식품업, 생산업 등으로 진출하게 되는 것이다. 이치(理致)는 식상은 기술, 예능, 생산, 식품, 음식 등을 의미하기 때문이다.

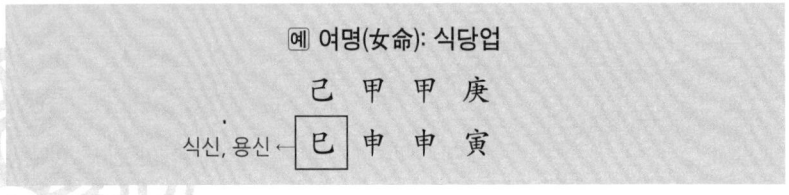

이 명조(命造)는 관살이 혼잡 태강하여 식신으로 관살을 억제해야 하므로 식신제살격

(食神制殺格)이니 식신이 용신이다. 식당업을 하여 부자가 되었다.

- 정관이 공망(空亡)되거나 상관에 충극 되면 정관의 기능을 못하므로 불길할 것이다. 이치(理致)는 공망이 되면 있어도 없는 것과 같기 때문이며, 형충 되면 정관이 상(傷)하기 때문이다.

3. 정관(正官) 독심술(讀心術) - 이분법 적용

■ 자존심이 강하고 정직하며 어른을 존경

신왕 하고 정관이 용신이나 희신이며 상관이 없으면 품행이 단정하고 정직하며 자존심이 강하고 원리원칙이며, 융통성은 없고 신용이 있으며 법(法)과 질서를 잘 지키고 어른을 존경하는 것이다.

이치(理致)는 정관은 일주(日主) 자신을 적당히 극(剋)하여 규제하고 통제하며 법과 질서 명예가 되므로 윤리 의식이 생성(生成)되기 때문이다.

이 명조(命造)는 을목일주(乙木日主)가 묘월(卯月)에 생(生)하고 갑목(甲木)이 사령(司令)하여 득령(得令) 하고 인비(印比)가 생조(生助) 하여 신왕(身旺) 하니 시상(時上)에 정관(正官)이 용신이다. 자존심이 강하고 정직하며 원리 원칙이고 어른을 존경하며 신용이 있고

법(法)과 질서를 잘 지키며 경우 없는 언행(言行)을 안 하고, 정인과 정재가 있어 치밀 철저하며, 근검절약하는 사람이다.

❷ 상관이 있고 정관이 있으면 법과 질서를 잘 지키는 것이다

정관(正官)은 일주(日主)를 통제하고 규제하는 법(法)과 질서가 되고 손님, 상인이 되므로 정관이 있고 상관이 있으면 법가 질서를 잘 지키며 말을 함부로 하지 않고 조심해서 하는 것이다.

이치(理致)는 법에 위반되지 않도록 조심해서 행동하기 때문이고 말을 잘못하면 시비구설이 생길 것 같은 마음이 생성되기 때문이다.

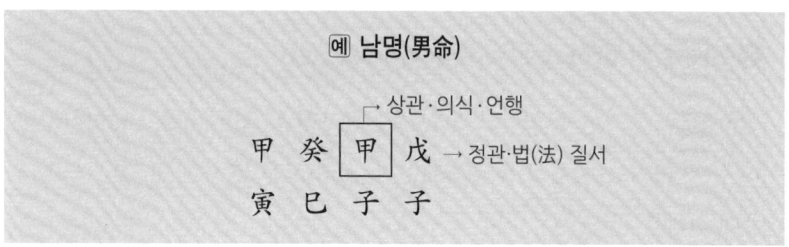

이 명조(命造)는 의식인 상관(傷官)이 혼잡 태강하여 정관(正官)을 갑무극(甲戊剋) 하였다. 법과 질서를 잘 지키고 조심해서 언행하는 사람이다.

❸ 상관이 강하고 정관이 없으면 법과 질서를 무시

신왕(身旺) 하고 상관이 있고 정관이 없으면 자존심이 강하고 방종(放縱)하여 질서를 무시하고 제멋대로 함부로 행동하니 상인을 무시하고 상대를 않으려 피하거나 이론적으로 대항하고 약자는 동정하여 너그럽게 대하는 것이다.

이치(理致)는 법과 질서 상인(上人)이 되는 정관이 없고 정관을 극하는 상관만 있어 방종하여 제멋대로 행동하기 때문이다.

```
           예 남명(男命)
                  ┌→ 정관
           丙 乙 己 丙 →상관
           戌 卯 亥 子
```

이 명조(命造)는 을목일주(乙木日主)가 해월(亥月)에 생(生)하고 갑목(甲木)이 사령(司令)하여 득령(得令) 하였으며, 비겁(比劫)이 혼잡하고 인비(印比)가 생조(生助) 하니 신왕(身旺)하며, 상관이 강하고 정관이 없다. 자존심이 강하며, 방종하여 법과 질서를 무시하고 제멋대로 행동하며, 상인을 무시하고 상대를 않으려 피하거나 대항하며, 약자는 동정하여 너그럽게 대하는 사람이다.

❹ 정관이 있고 인성이 없으면 인덕 없어

신약(身弱)하고 정관이 있고 인성(印星)이 없으면 인덕이 없고 상인(上人)의 덕(德)이 없으며, 상인과 어울리지 못하는 것이다. 이치(理致) 정관의 의식(意識)인 인성이 없기 때문이다.

```
           예 남명(男命)
                  ┌→ 정관
           辛 甲 戊 甲
           未 寅 辰 申
```

이 명조(命造)는 갑목일주(甲木日主)가 진월(辰月)에 생(生)하고 계수(癸水)가 사령(司令)하여 득령(得令) 하였으나 재성이 혼잡 태강하여 신약하니 비견이 용신이고, 인성이 희신이다. 정관(正官)이 시상(時上)에 있으나 인성이 없다. 인덕이 없고, 상인의 덕이 없으며, 상인과 어울리기 싫어하며 비견이 용신이므로 형제와 친구들을 좋아하며, 형제나 친구의 덕은 있는 사람이다.

5 체면과 명예를 중요하게 생각

정관이 유기(有氣)하고 인성이 있어 관인상생(官印相生)이 되었으면 법과 질서를 잘 지키고, 체면과 명예를 중요하게 생각하며 자존심이 강한 것이다. 이치(理致)는 정관은 명예와 명성이 되기 때문이다.

```
      예 남명(男命)
       ┌정관  ┌식신
       乙 戊 庚 戊
       卯 午 申 戌
```

이 명조(命造)는 무토일주(戊土日主)가 신월(申月)에 생(生)하고 무토(戊土)가 사령(司令)하여 득령(得令)은 하였으나 식신이 설기 하고 정관이 극(剋)하여 신약하다. 정관이 있고 일지(日支)에 정인이 있어 관인상생(官印相生)이 되고, 의식(意識)인 식신이 정관과 을경합(乙庚合)이 되었으니 체면과 명예를 중요하게 생각하며 자존심이 강하고 경우 없는 언행(言行)은 하지 않는 사람이다.

6 정관(正官)이 강하면 귀인(貴人) 행세를

정관(正官)이 있으면 거짓이 없이 정직하게 보여 사람들이 잘 믿으니 명예도 없으면서 유식(有識)한 척 자기 자랑을 잘하고 귀인의 행세를 하는 것이다. 이치(理致)는 정관은 명예와 귀인이 되기 때문이다.

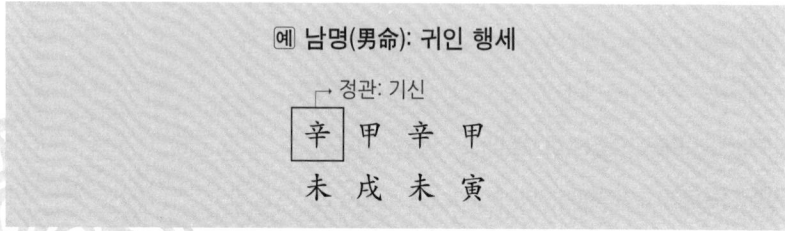

이 명조(命造)는 갑목일주(甲木日主)가 미월(未月)에 생하고 기토(己土)가 사령(司令) 하여 실령(失令) 하였으며 재관(財官)이 혼잡하여 신약하고 정관이 강하고 인성이 없다. 거짓

이 없고 정직해 보이며 회사 생산직에 근무하여 명예도 없으면서 허풍이 심하며 유식(有識)한 척 자기 자랑을 잘하고 귀인(貴人)의 행세를 하는 사람이다.

7 정관(正官)은 사명감(使命感), 보수적(保守的)

정관(正官)이 있고 정관을 극(剋)하는 상관이 없으면 보수적이라, 변화를 싫어하고 전통적인 것을 좋아하며, 사명감(使命感)이 있어 맡은바 임무를 잘 수행하는 것이다. 이치는 정관은 보수적이고 책임감이 되기 때문이다.

```
    예 남명(男命): 보수적, 사명감
정관 ← 丁 庚 己 乙
       丑 寅 丑 酉 → 겁재
```

이 명조(命造)는 경금일주(庚金日主)가 축월(丑月)에 생하고 신금(辛金)이 사령(司令)하여 득령(得令) 하고 겁재와 정인이 생조(生助) 하여 신왕 하므로 정관이 용신이고, 일지(日支)의 편재가 희신이다. 정관이 있고 상관이 없어 보수적이라 변화를 싫어하고, 사명감이 강하며 정인이 있어 치밀 철저하고 완벽하며, 겁재가 있어 욕심이 많고 경쟁심이 강하니 사명감이 더욱 투철한 사람이다.

8 정관(正官)이 있어도 편애(偏愛)하고 잘못은 시인 안해

정관이 있고 인성(印星)이 없으며 신약하면, 잘못하고도 잘못한 일을 지적하면 잘못을 시인하지 않고 그럴듯한 이유를 대며 변명하고 거칠고 사납게 대항하며 편애하여 자신이 좋아하는 사람만 상대하는 것이다.

이치는 관성이 강하고 신약하니 칭찬받는 것을 좋아하고 공격받는 것을 싫어하며 자신을 위해주고 의지가 되는 사람만 좋아하기 때문이고, 정관도 강하면 칠살 작용을 하고 자신을 공격하는 것도 칠살이 되므로, 식신을 생하여 칠살을 제하려 하기 때문이다.

이 명조(命造)는 갑목일주(甲木日主)가 유월(酉月)에 생하고 신금(辛金)이 사령(司令) 하여 실령(失令) 하였으며 재성과 정관이 혼잡 태강하여 신약하다. 자신이 잘못한 일도 시인하지 않고 변명을 하고 합리화(合理化)시키며 거칠고 사납게 대항하며 칭찬받는 것을 좋아하고 편애하여 자신을 위해주고 의지가 되는 사람만 좋아하는 사람이다.

4. 처(妻)의 관계 - 이분법 적용

▼ 정관은 처가 나를 사랑하는 마음

남명(男命)에서 관성은 처의 의식(意識)이 되고 정관은 처가 나를 사랑하는 마음이 되며, 편관 칠살은 처가 나를 미워하는 증오심이 되는 것이다.

이치(理致)는 정관은 적당히 극(剋)하여 쓸모 있는 물건이 되도록 정성을 다하여 정제(精製)하는 것과 같기 때문이며, 칠살은 일주(日主)를 충극하여 사상(死傷)하기 때문이다.

예 남명(男命): 정관은 처의 사랑

정재 ← 庚 丁 壬 丁
　　　　戌 亥 寅 丑

이 명조(命造)는 정관이 천을귀인이고, 일주(日主)와 정임합(丁壬合)이 되었으며 관인상생(官印相生)이 되고 식상(食傷)이 정재를 생(生)하고 있다. 처(妻)가 자신을 사랑하여 내조(內助)를 잘하고 자신도 처를 사랑하며 해로(偕老)하였다.

▼ 처(妻)가 모친과 형제들을 미워한다

남명(男命)에서 겁재가 강하고 정재가 약하며 정관(正官)이 겁재를 충극 하였으면, 처(妻)가 모친과 자신의 형제들을 미워하고 증오(憎惡)하는 것이다.

이치(理致)는 신약한 정재, 처 입장에서는 겁재는 자신을 사상(死傷)하는 칠살이 되므로 처의 의식(意識)인 정관을 생하여 겁재를 제하고 살아남으려 하기 때문이다.

```
            예 남명(男命)

            ┌─ 정관: 처의 의식
  庚 辛 丙 庚 → 모친의 의식이며 형제인 겁재
  寅 丑 戌 寅 → 처
```

이 명조(命造)는 겁재가 혼잡 태강하고 정재(正財)가 태약(太弱)하며 처(妻)의 의식(意識)인 정관(正官)이 겁재를 병경극(丙庚剋)하고 있다.

처가 모친과 자신의 형제들을 미워하고 증오(憎惡)하여 의절(義絕)하고 집에 못 오게 막으며 상대도 않으니 남만 못한 사이가 되었다.

5. 남편 관계 - 이분법 적용

✓ 만남, 결혼(結婚)

▼ 여명(女命)에서 겁재와 관성운(官星運)에 남자를 만나는 것이다. 이치(理致)는 겁재는 음양(陰陽)이 다르므로 남자가 되고 관성도 남자가 되기 때문이다.

예 여명(女命)

```
戊 辛 己 戊    庚 ← 겁재, 남자
戌 丑 未 申    午 ← 편관, 남자
```

이 명조(命造)는 겁재와 관성운인 경오년(庚午年) 의식(意識)이 편관과 간지(干支) 암합(暗合)이 되는 정해월(丁亥月)에 남편을 만나고, 신미년(辛未年)에 결혼하였다.

▼ 여명(女命)에서 겁재와 인성운(印星運)에 남자를 만나는 것이다. 이치(理致)는 겁재는 음양이 다르니 남자가 되고, 인성은 남자의 사랑이 되기 때문이다.

예 여명(女命)

```
丁 辛 辛 丙    庚 — 겁재, 남자
卯 巳 卯 辰    辰 — 정인, 사랑
```

이 명조(命造)는 겁재와 정인운인 경진년(庚辰年)에 남편을 만나 신사년에 결혼하였다.

▼ 여명(女命)에서 겁재와 식상운(食傷運)에 남자를 만나는 것이다. 이치(理致)는 겁재는 음양이 다르니 남자가 되고 식상은 설기 되어 불안하며 외로운 마음이 생성되고 자식이 되므로 동물로 말하면 발정기(發情期)에 해당하고 사람은 배란기에 해당되기 때문이다.

예 여명(女命)

```
乙 戊 戊 壬    辛 — 상관
卯 寅 申 子    未 — 겁재, 남자
```

이 명조(命造)는 겁재(劫財)와 상관운(傷官運)인 신미년(辛未年)에 남편만나 그해 결혼하였으며 임신하였다.

▼ 여명(女命)에서 식상과 인성이 합(合)이 되는 운(運)에 남자를 만나는 것이다. 이치(理致)는 식상은 자신의 의식(意識)이 되고 자궁이 되며, 인성(印星)은 남자의 의식이 되고 성기가 되며, 합(合)은 서로 좋아하여 사랑하고 성관계를 하는 것이 되기 때문이다.

예 여명(女命)

庚 辛 丙 甲　　己 — 편인, 사랑
寅 卯 子 寅　　丑 — 자축합

이 명조(命造)는 36세까지 노처녀로 있다가 편인이 식신과 자축합(子丑合)이 되는 기축년(己丑年) 경오월(庚午月)에 남자 만나 갑술월(甲戌月)에 결혼하였으며 임신을 하였다.

▼ 여명(女命)에서 식상(食傷)과 관성운(官星運)에 남자를 만나는 것이다. 이치(理致)는 식상은 의식(意識)이 되고 자식이 되니 임신하는 시기로 성욕이 생성되고 관성은 남자가 되기 때문이다.

예 여명(女命)

丁 辛 己 癸　　丁 — 편관, 남자
酉 丑 未 亥　　亥 — 상관, 간지암합

이 명조(命造)는 상관과 편관이 간지(干支) 암합(暗合)되는 정해년(丁亥年)에 남자 만나 성관계하고 무자년(戊子年)에 결혼하였다.

▼ 여명(女命)에서 관성과 인성운(印星運)에 남자를 만나는 것이다. 이치(理致)는 관성은 남자가 되고 인성은 남자의 마음, 사랑이 되기 때문이다.

예 여명(女命)

甲 丙 壬 庚   甲 — 편인, 사랑
午 寅 午 子   子 — 정관, 남자

이 명조(命造)는 정관에 편인운인 갑자년(甲子年)에 남편을 만나 결혼하였다.

▼ 여명(女命)에서 관성이나 인성(印星)이 천간합(天干合)이나 일지합(日支合)이 되는 운(運)에 남편을 만나는 것이다. 이치(理致)는 관성은 남자가 되고 인성은 남자의 의식이 되며 사랑이 되고 관성이나 인성이 합(合)이 되기 때문이다.

예 여명(女命)

庚 辛 辛 辛   丙 → 정관, 남자
寅 卯 卯 酉   戌 → 정인, 사랑

이 명조(命造)는 정관과 정인이 일주(日主)와 병신합(丙辛合), 묘술합(卯戌合)이 되는 병술년(丙戌年)에 남자 만나 결혼하였다.

▼ 비견(比肩)과 관성운(官星運)에 남편을 만나는 것이다. 이치(理致)는 비견은 일주(日主)가 되고 관성은 남자가 되기 때문이다.

예 여명(女命)

壬 丁 辛 壬   丁 → 비견, 자신
寅 未 亥 戌   亥 → 정관

이 명조(命造)는 비견(比肩)과 정관운(正官運)인 정해년(丁亥年)에 남자를 만나 결혼하였다.

✔ 여명(女命)에서 남자를 만나 결혼하는 운(運)은 총 8가지로 분류되어 있으므로 혼돈이 되나 알기 쉽게 요약하면 다음과 같다.

- 여명(女命)의 의식(意識)이며 자궁인 식상(食傷)
- 관성(官星)의 의식(意識)이며 성기와 사랑이 되는 인성(印星)
- 관성(官星) → 남자가 되는 관성
- 겁재(劫財) → 음양이 달라 남자가 되는 겁재

이 네 가지가 교차하고 합(合)과 충극의 작용에 의하여 만나고 결혼이 되는 것이니 이치(理致)를 알면 응용하는데 어려운 것은 아니다.

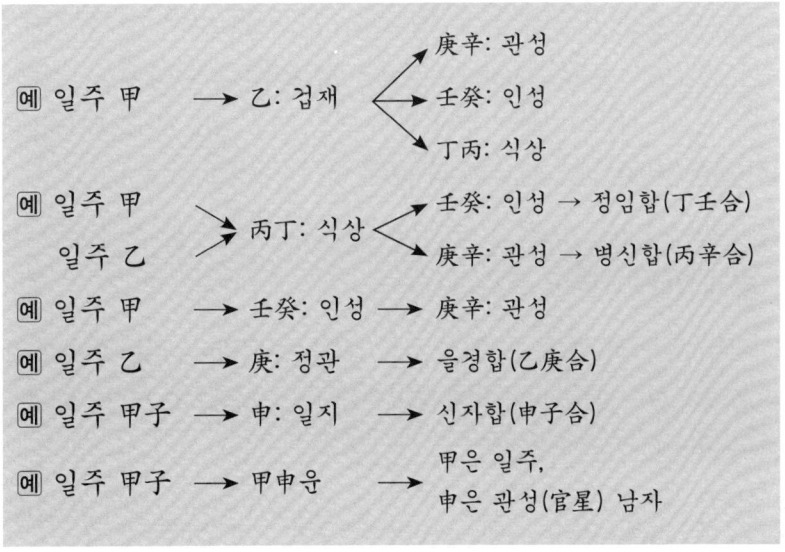

▼ 남편을 사랑한다

여명(女命)에서 상관이 없고 식신과 정관이 있으면 남편을 사랑하는 것이다.

이치(理致)는 식신은 남편을 사랑하는 마음이 되고 상관은 남편을 미워하는 마음이 되기 때문이다.

```
           예 여명(女命)

       ┌ 정관
       壬  丁  辛  己  → 식신: 남편을 사랑하는 마음
       寅  亥  未  酉
       └ 정인: 용신·남편의 사랑
```

이 명조(命造)는 정화일주(丁火日主)가 미월(未月)에 생(生)하고 정화(丁火)가 사령(司令)하여 득령(得令) 하였으나 재관이 강하여 신약하므로 남편의 사랑인 정인(正印)이 용신이고, 남편을 사랑하는 마음 식신이 있으니 부부가 사랑하며 행복하게 살고 있다.

▼ 남편을 미워하고 증오한다

여명(女命)에서 상관이 정관을 충극(沖剋) 하였으면, 남편과 대화가 안되고 자기 말이 법(法)이며, 구박하고 대항하면 구타하므로 남편을 미워하고 증오(憎惡)하는 것이다.

이치(理致)는 상관은 남편을 미워하는 증오심이 되며, 정관의 체(體)를 사상(死傷)하기 때문이고, 정관 남편 입장에서 상관은 처의 의식이 되고 자신을 미워하는 증오심이 되며, 자신을 사상(死傷)하는 칠살이 되므로 악(惡)의 식신을 생(生)하여 칠살을 제(制)하고 살아남으려 하기 때문이다.

예 여명(女命)

```
          ┌→ 상관·남편을 미워하는 마음
    乙 己 庚 甲  → 정관: 丙을 생성, 경을 제함
    亥 丑 午 辰  → 남편의 첩
```

이 명조(命造)는 기토일주(己土日主)가 오월(午月)에 생(生)하고 병화(丙火)가 사령(司令)하여 득령(得令) 하였으며, 인성과 비겁이 생조(生助) 하여 신왕 하고, 상관이 정관을 갑경충(甲庚冲) 하였다. 남편이 자기 말이 법(法)이고 대화가 안 되며, 구박하고 술만 먹으면 시비구타 하면서 작첩(作妾)하여 미워하고 증오하다가 상관에 겁재운인 경진년(庚辰年)에 이혼하였다.

▼ 남편은 자신에게 복종하는 공처가

여명(女命)에서 식상이 혼잡 태강하고 정관이 태약하며, 정관이 상관(傷官)에 충극(沖剋) 되지 않고 식신(食神)과 합(合)이 되었거나 암장(暗藏) 되었으면, 남편이 자신이 하자는 대로 따르고 복종하며, 자신은 남편을 측은하고 불쌍하게 생각하며 남편은 처에게 모성애를 느끼는 것이다.

이치(理致)는 정관이 약하고 상관의 극(剋)을 받지 않아 대항하지 않고 세력에 종(從) 하기 때문이다.

예 여명(女命)

```
              ┌→ 정관
    壬 戊 乙 庚  → 의식과 을경합(乙庚合)
    戌 午 酉 戌
```

이 명조(命造)는 식상이 혼잡 태강하나 상관이 정관을 충극 하지 않았고 태약한 정관이 식신과 을경합(乙庚合)이 되었다. 남편이 자신이 하자는 대로 따르고 복종하며, 자신은 남편을 측은하고 불쌍하게 여기며 남편은 처에게 모성애를 느끼는 사람이다.

- 상관이 강하면 남편이 성공하지 못한다.
  여명(女命)에서 상관이 혼잡태강(太强)하면 남편이 되는 일이 없어 무능해지며, 성공하거나 출세하지 못하는 것이다.
  이치(理致)는 상관이 정관을 극(剋)하여 사상(死傷)하기 때문이고, 남편 입장에서 상관은 자신을 사상(死傷)하는 칠살이 되고, 칠살은 재성이 생(生)한 것이니 돈으로 고통을 받는 것이 되기 때문이다.
- 상관이 있어도 남편이 성공한다.
  여명(女命)에서 정관이 강하면 상관이 있어도 성공하며 출세하는 것이다. 이치(理致)는 정관이 강하면 정관입장에서 상관은 편관이 되고 재관(財官)이 용신이 되기 때문이다.

이 명조(命造)는 정관이 재성의 생을 받아 태강하고 상관(傷官)이 병경극(丙庚剋) 하였으나 남편이 능력이 있고 직장에서 승진도 잘되어 출세하였다. 비겁(比劫)과 식상은 정관입장에서 재관(財官)이 되고 용신이 되기 때문이다.

▼ 남편 때문에 스트레스를 받는다

여명(女命)에서 인성이 혼잡 태강하여 식상이 충극 되었으면 남편이 속 터지는 언행(言行)을 골라 하여 스트레스를 받는 것이다. 이치(理致)는 인성은 남편의 의식(意識)이 되고 식상은 자신의 의식이 되는데 인성에 식상이 충극 되어 상(傷)하기 때문이다.

▼ 남편이 조루증이다

여명(女命)에서 정관이 약하고 상관이 정관을 충극 하였으면 남편이 조루증(早漏症)으로 성관계하면 5분도 못 가 사정하는 것이다. 이치(理致)는 상관은 자궁이 되고 정관을 극(剋)하여 사상(死傷)하기 때문이며 이것을 자궁살이라고 하는 것이다.

[예] 여명(女命)

┌ 정관   ┌ 상관, 자궁살
辛 甲 丁 庚 → 편관, 애인
未 午 亥 戌

이 명조(命造)는 정관이 태약하고 상관이 정관을 정신극(丁辛剋) 하였다. 남편이 조루증(早漏症)으로 성관계하면 3분도 못 가 사정하고 끝나며 애인과 성관계하면 정력이 강하여 30분 이상 성관계를 즐긴다는 여인이다.

▼ 남편이 작첩(作妾: 애인)하고 구박, 구타

여명(女命)에서 상관이 정관을 충극 하였으며 정관이 겁재와 동주(同柱) 하였거나 가까이 있으면 남편이 구박하고 작첩(作妾: 애인)하는 것이다.

이치(理致)는 상관은 의식(意識)이 되고 남편을 미워하는 증오심이 되며, 자궁이 되고 남편의 체(體)를 사상(死傷)하며, 겁재는 남편의 애인이 되고 상관은 정관 남편 입장에서는 처의 자궁이 되고, 자신을 사상(死傷)하는 칠살이 되므로 악(惡)의 식신을 생(生)하여 칠살을 제(制)하고 살아남으려 하기 때문이고, 처(妻)와 성관계하면 살기에 압도되어 조루증이 오고 재미가 없으며, 애인과 성관계하면 정력이 강해지고 재미가 있기 때문이다.

이 명조(命造)는 상관이 정관을 정신극(丁辛剋) 하고 정관이 겁재와 동주(同柱)하고 있다. 남편이 자기 말이 법(法)이고 구박하며 작첩(作妾: 애인)하여 상관에 편인운인 정해년(丁亥年)에 이혼을 요구하자 남편이 가출하였다.

✔ 여명(女命) 이혼할 명조

▼ 여명(女命)에서 관성이 혼잡하고 인성이 있으면 자신이 애인 두고 간통하다 이혼하는 것이다. 이치(理致)는 편관은 애인이 되고, 인성은 남자의 사랑이 되기 때문이다.

```
        예 여명(女命)
  애인 ← 辛 乙 庚 庚 → 남편
        巳 亥 辰 子
```

이 명조(命造)는 관성이 혼잡하며 인성(印星)이 있다. 애인을 두고 간통하다가 남편에게 발각되어 이혼하였다.

▼ 여명(女命)에서 비겁이 혼잡하고 정관이 겁재와 동주(同柱) 또는 가까이 있거나 상관이 정관을 충극 하였으면 남편과 이혼할 명조가 되는 것이다.

이치(理致)는 상관은 의식(意識)이 되고 남편을 미워하는 증오심이 되며, 겁재는 남편의 애인이 되고, 상관은 정관 남편 입장에서 처의 자궁이 되며 자신의 체(體)를 사상(死傷)하는 칠살이 되므로 악(惡)의 식신을 생(生)하여 칠살을 제(制)해야 살아남을 수 있기 때문이며, 처와 성관계하면 정력이 약해져 조루증이 오고 재미가 없으며 애인과 성관계하면 정력이 강해지고 재미가 있기 때문이다.

[예] 여명(女命): 상관년, 이혼

```
       ┌ 상관    ┌ 정관
      癸  庚  丁  丙
      未  辰  酉  辰
              └ 겁재
```

이 명조(命造)는 정관이 겁재와 동주(同柱)하고 시상(時上)에 상관이 정관을 정계충(丁癸冲) 하였다. 남편이 작첩(作妾)하여 미워하고 불화하다 이혼할 명조이다. 상관운인 계미년(癸未年)에 이혼하였다.

✔ 이혼(離婚)하는 운은?

▼ 여명(女命)에서 이혼할 명조는 상관운(傷官運)에 이혼하는 것이다. 이 치(理致)는 상관은 의식(意識)이 되고, 남편을 미워하는 증오심이 되기 때문이다.

[예] 여명(女命): 상관년, 이혼

```
              ┌ 정관: 壬을 생성
      辛  乙  庚  丙 → 상관
      巳  卯  子  申
```

이 명조(命造)는 을목일주(乙木日主)가 자월(子月)에 생(生)하고 임수(壬水)가 사령(司令)하여 득령(得令) 하였으며 인비(印比)가 생조(生助) 하여 신왕 하고 상관이 정관을 병경극(丙庚剋)하였다. 남편은 자기 말이 법(法)이고 대화가 안 되며, 구박하고 술만 마시면 시비 구타하여 상관운인 병자년(丙子年)에 가출 후 이혼하였다.

▼ 겁재(劫財)와 상관운(傷官運) 이혼한다. 여명(女命)에서 겁재와 상관운에 남편이 애인 만나 간통하여 이혼하거나 자신이 애인을 만나 이혼하는 것이다. 이치(理致)는 상관은 자신의 의식(意識)이 되고 남편을 미워하는 증오심이 되며, 겁재는 남편의 첩이 되고 겁재는 음양이 다르므로 남자가 되기 때문이다.

[예] 여명(女命): 남편 바람, 이혼

```
                    ┌→ 정관
상관 ← 戊  丁  壬  丙 → 겁재
       申  酉  辰  午
```

이 명조(命造)는 월상(月上)에 정관이 연상(年上) 겁재와 병임충(丙壬冲)이 되고 시상(時上)에 상관이 무임극(戊壬剋) 하였으니 이혼할 명조이다. 겁재에 상관운인 병술년(丙戌年)에 남편이 바람나 이혼하였다.

[예] 여명(女命): 애인 만나 이혼

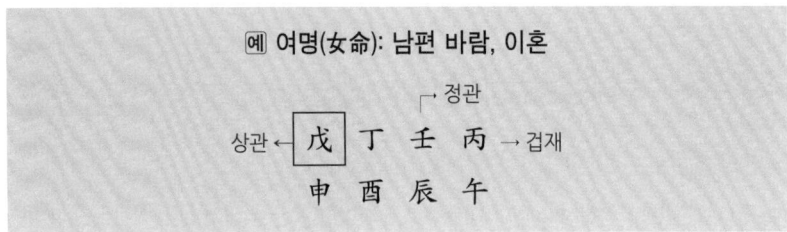

이 명조(命造)는 의식(意識)인 상관이 정관을 병경극(丙庚剋)하고 편관과 병신합(丙辛合)이 되었다. 상관운인 병자년(丙子年)에 자신이 애인을 만나 간통하다 남편에게 발각되어 이혼하였다.

✓ 상부(喪夫) 남편이 사망하는 운은

▼ 여명(女命)에서 관성이 입묘(入墓) 되었거나 정관이 태약하여 상부(喪夫)할 명조는 상관운에 남편이 질병이나 사고로 사망하는 것이다.

이치(理致)는 관성 입묘는 남편의 무덤이 되기 때문이고, 상관은 정관을 사상(死傷)하기 때문이다.

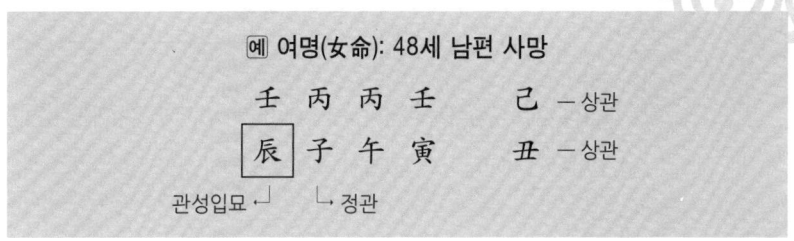

이 명조(命造)는 관성이 입묘(入墓) 되고 정관이 태약하다. 남편이 상관운인 기축년(己丑年)에 뇌암으로 사망하였다.

▼ 여명(女命)에서 정관(正官)이 약하면 상관이 정관을 충극(沖剋) 하는 운에 남편이 사고나 질병으로 사망하는 것이다. 이치(理致)는 상관에 정관이 사상(死傷)되기 때문이다.

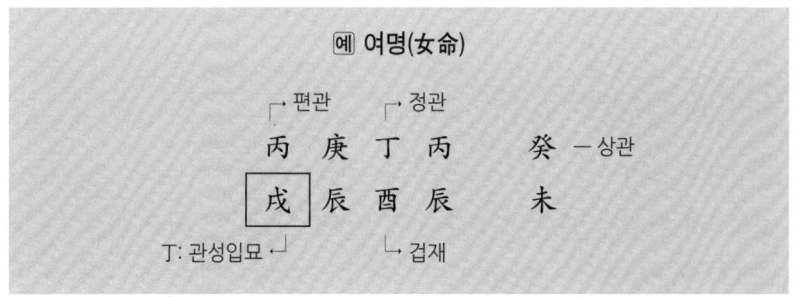

이 명조(命造)는 정관이 태약하고 입묘(入墓) 되었다. 상관이 정관을 정계충(丁癸冲) 하는 계미년(癸未年)에 남편이 심장마비로 사망하였으며 재혼하였다.

▼ 여명(女命)에서 관성이 없어도 정관과 상관운 또는 정관이 상관과 충극(沖剋) 되는 운에 남편이 사망하는 것이다. 이치(理致)는 남편이 정관이므로 남편과 살고 있으면 정관이 있는 것과 같기 때문이다.

예 여명(女命): 남편 사망

```
壬 壬 癸 丁        乙 → 상관
寅 寅 卯 亥        丑 → 정관
```

이 명조(命造)는 식상이 혼잡 태강하고 정관이 없으나 남편과 살고 있으니 정관이 명조에 있는 것으로 응용한다. 상관에 정관운인 을축년(乙丑年)에 남편이 간암으로 사망하였다.

▼ 정관(正官)이 태약하면 설기 되는 인성운에 남편이 사망하는 것이다. 이치(理致)는 인성에 설기 되어 정관이 태약해 져 사상(死傷)되기 때문이다.

예 여명(女命): 32세 남편 사망

```
癸 壬 丙 己 → 정관      庚 → 편인, 정관설기
卯 申 子 丑              申 → 관성의 병
```

이 명조(命造)는 정관(正官)이 태약(太弱)하다. 정관이 설기(泄氣) 되고 관성(官星)의 병(病)이 되는 경신년(庚申年)에 남편이 교통사고로 사망하였다.

▼ 여명(女命)에서 관성이 입묘(入墓) 되었거나 정관이 약한 명조(命造)는 상관과 관성의 병(病)이 되는 운에 남편이 질병이나 사고로 사망하는 것이다. 이치(理致)는 상관은 정관을 사상(死傷)하기 때문이고, 관성의 병(病)은 관성을 생하는 재성의 절(絶)이 되어 관성을 생하지 못하고 병이 되는 인성에 설기 되어 상(傷)하기 때문이다.

[예] 여명(女命): 甲申년, 남편 사망

```
丙 癸 乙 甲     甲 → 상관
辰 酉 亥 午     申 → 정관설기
  └ 정관: 남편
```

이 명조(命造)는 상관(傷官)과 정관의 병(病)이 되는 갑신년(甲申年)에 남편이 위암으로 사망하였다.

▼ 여명(女命)에서 관성이 입묘(入墓) 되었거나 정관이 약한 명조는 상관과 관성의 사지(死支)가 되는 운에 남편이 사망하는 것이다. 이치(理致)는 상관은 정관을 사상(死傷)하기 때문이고, 사지는 음양이 조화되어 기운이 과다하게 설기 되어 사상되기 때문이다.

[예] 여명(女命): 27세 남편 사망

```
丁 己 丁 甲 → 정관     庚 → 상관
卯 巳 丑 辰             午 → 정관사지
```

이 명조(命造)는 정관(正官)이 태약하다. 상관이 정관을 갑경충(甲庚冲) 하고 사지(死支)가 되는 경오년(庚午年)에 남편이 교통사고로 사망하였다.

▼ 여명(女命)에서 관성이 입묘(入墓) 또는 형충(刑沖) 되었으면 상관에 관성이 입묘(入墓) 되는 운(運)에 남편이 질병이나 사고로 사망하는 것이다. 이치(理致)는 상관은 정관을 극(剋)하여 사상(死傷)하기 때문이고, 입묘는 남편의 무덤이 되며 무덤에 들어가는 시기가 되기 때문이다.

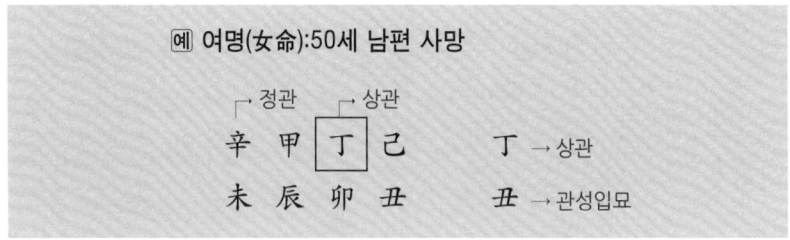

이 명조(命造)는 관성이 입묘(入墓) 되고 상관이 정관을 정신극(丁辛剋)하였다. 상관에 관성이 입묘(入墓) 되는 정축년(丁丑年)에 남편이 교통사고로 사망하였다.

▼ 여명(女命)에서 관성이 입묘(入墓) 또는 형충 되었거나 태약하면 관성의 절지(絶支)에 상관운이면 남편이 사망하는 것이다. 이치(理致)는 상관은 정관을 극(剋)하여 사상(死傷)하기 때문이고, 절(絶)은 관성의 생이 다하여 기(氣)가 끊어지기 때문이다.

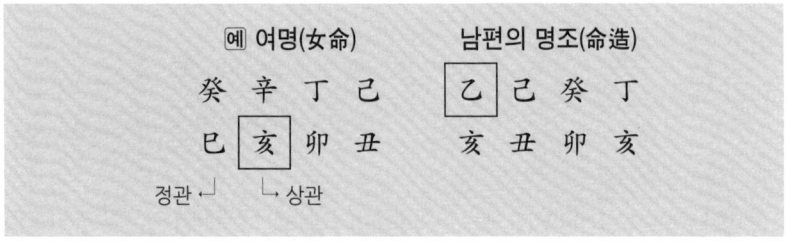

이 명조(命造)는 상관이 정관을 사해충(巳亥冲) 하였다. 관성의 절지(絶支)에 상관운인 을해년(乙亥年), 입묘(入墓) 되는 丙술월(丙戌月)에 남편이 심장마비로 사망하였다. 남편의 명조에서는 칠살에 절지운(絶支運)이다.

✔ 여명(女命)에서 상부(喪夫: 남편이 죽음)하는 운(運)은 여러 가지로 분류되어 있으므로 혼돈이 되나 알기 쉽게 요약하면 다음과 같다.

• 남편(男便)에 해당되는 정관(正官)

- 정관(正官)을 사상(死傷)하는 상관(傷官)
- 정관(正官)을 설기(泄氣) 하는 편인(偏印)
- 정관(正官)의 병(病) 사(死) 묘(墓) 절(絶)

이 네 가지가 교차하면서 합(合)과 충극의 작용에 의하여 남편이 사망하는 것이니 이치(理致)를 알면 응용하는데 어려운 것만은 아니다.

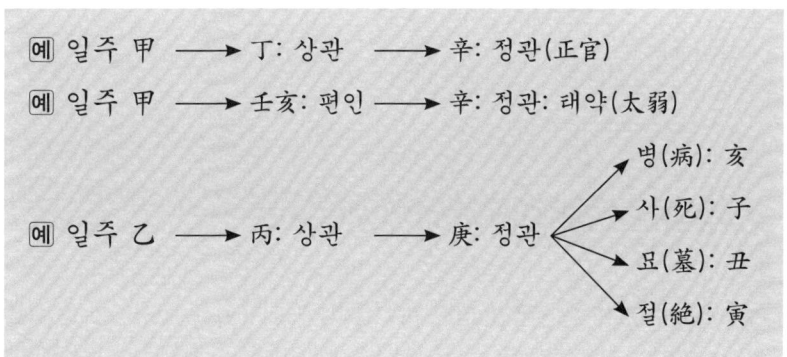

6. 정관(正官)은 증조모

정관(正官)은 증조모(曾祖母)가 되고, 식신(食神)은 증조부(曾祖父)가 된다.

▼ 명조(命造)에 식상(食傷)이 혼잡 태강하고 상관이 정관을 충극하였으면, 증조모는 단명(短命)한 것이다.

이치(理致)는 식신 증조부 입장에서 상관은 정재를 사상(死傷)하는 겁재가 되고, 정관 증조모 입장에서 상관은 자신을 사상하는 칠살(七殺)이 되기 때문이다.

```
[예] 남명(男命)

辛 丙 己 戊  → 증조부·식신
卯 申 未 子  → 증조모·정관
         └ 壬: 작은 증조모
```

이 명조(命造)는 연지(年支)에 정관이 태약하고 식상이 혼잡 태강하며, 상관이 정관을 극(剋)하고 있다. 증조모가 단명(短命)하고 증조부는 재혼하여 작은 증조모가 있으니 증조모가 두명이다.

7. 정관(正官) 용신(用神) 기신운(忌神運)

▼ 정관(正官)이 용신이면 정관운(正官運)에 직장인은 승진하고 명예를 얻는 것이다. 이치(理致)는 정관은 직위(職位)와 명예가 되기 때문이다.

```
[예] 남명(男命): 승진

용신 ← 壬 丁 丁 戊
      寅 酉 巳 申
```

이 명조(命造)는 정화일주(丁火日主)가 사월(巳月)에 생하고 병화(丙火)가 사령(司令) 하여 득령(得令) 하였으며 인성(印星)과 비겁이 생조(生助) 하여 신왕 하므로 정관이 용신이다. 행정직 공무원인데 정관운인 임오년(壬午年)에 승진이 되었다.

▼ 상관이 정관을 충극 하는 운(運)에 말을 함부로 하거나 구설(口舌)로 인하여 명예가 손상되는 것이다. 이치(理致)는 관성은 상인(上人)이나 상대하는 사람이 되고 상관은 정관을 극(剋)하니 상대 입장에서 상관은 자신을 극(剋)하여 상(傷)하게 하는 칠살이 되므로 식신을 생(生)하여 칠살

를 제(制)하려 하기 때문이다.

> 예 남명(男命): 구설, 관재
>
> ┌ 정관
> 辛 甲 乙 甲
> 未 戌 亥 辰

이 명조(命造)는 상관이 정관을 정신극(丁辛훼)에 재성이 축술미(丑戌未) 삼형(三刑)이 되는 정축년(丁丑年)에 여자 문제로 구설이 발생하고 관재(官災)가 발생하여 명예가 크게 손상되었다.

▼ 정관이 용신인 명조(命造)는 정관운에 진학시험, 공무원시험, 자격증 시험 등에 합격하는 것이다. 이치(理致)는 정관(正官)은 관청이 되고, 명예가 되며, 행정직이 되고, 인성은 관성이 생한 것이니 공문서가 되기 때문이다.

> 예 남명(男命): 공무원 시험 합격
>
> 壬 丁 壬 庚 → 희신
> 寅 卯 午 申

이 명조(命造)는 정화일주(丁火日主)가 오월(午月)에 생(生)하고 기토(己土)가 사령(司令)하여 실령(失令) 하였으나 인비(印比)가 생조(生助) 하여 신왕 하므로 정관이 용신이다. 정관운인 임오년(壬午年)에 행정직 공무원시험에 합격하였다.

- 정관(正官)이 용신인 명조(命造)는 정관운에 직장을 얻는 것이며, 기신(忌神)인 명조(命造)는 직장을 얻지 못한다.
- 정관(正官)이 용신인 명조(命造)는 정관운에 훈장, 표창 등을 받고, 명

- 예가 상승하는 것이다.
- 정관(正官)이 용신인 명조(命造)는 정관운에 관청(官廳)과 관련된 각종 인허가 등이 잘 해결 되는 것이다.
- 사업가는 관성운에 손님이 많이 오는 것이다. 이치(理致)는 상인(上人)이나 손님은 관성이 되기 때문이다.
- 정관이 용신인 명조(命造)는 정관운에 건강이 좋아지고 모든 일이 순성(順成) 되는 것이다.
- 관인상생(官印相生)이 되고 관성(官星)이 용신인 명조(命造)는 정관운에 상인(上人)의 도움을 받는다.

▼ 정관(正官)이 용신인 명조(命造)는 상관운(傷官運)에 실직(失職)하는 것이다. 이치(理致)는 상관(傷官)은 정관(正官)을 상(傷)하게 하기 때문이다.

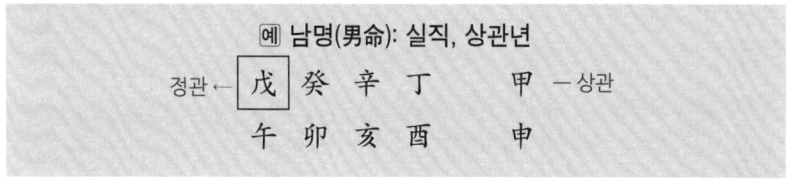

이 명조(命造)는 계수일주(癸水日主)가 해월(亥月)에 생하고 임수(壬水)가 사령(司令) 하여 득령(得令) 하고 겁재와 인성이 생조(生助) 하여 신왕 하므로 정관이 용신이다. 상관운인 갑신년(甲申年)에 감원조치로 퇴사하였다.

- 관성이 기신(忌神)인 명조(命造)는 정관, 상관운에 관재(官災)가 발생하는 것이다.
  이치는 정관은 법(法)인데 상관이 정관을 극(剋)하니 법을 무시하기 때문이다.

▼ 상관이 정관을 충극 하는 운(運)에는 관재, 시비, 사고, 교통사고 등

이 발생하는 것이다. 이치(理致)는 정관은 법(法)이며 상인(上人), 손님, 등이 되는데 상관은 정관을 사상(死傷)하기 때문이며, 정관 상인이나 손님입장에서 상관은 자신을 사상(死傷)하는 칠살이 되므로 악(惡)의 식신을 생(生)하여 칠살을 제하려 하기 때문이다.

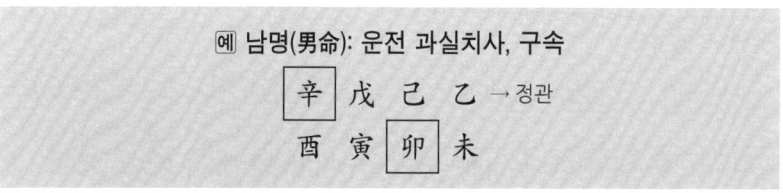

이 명조(命造)는 상관이 정관을 을신충(乙辛冲) 묘유충(卯酉冲) 하는 을유년(乙酉年) 을유월(乙酉月)에 운전하다 과실로 상대를 치어 사망하게 하고 도망갔다가 뺑소니로 구속되었다.

- 남명(男命)에서 상관이 정관을 충극 하는 운(運)에는 자식에게 관재(官災)가 발생하는 것이다. 이치(理致)는 정관입장에서 상관은 칠살이 되고, 칠살은 구속영장이 되고, 여자의 증오심(憎惡心)이 되기 때문이다.

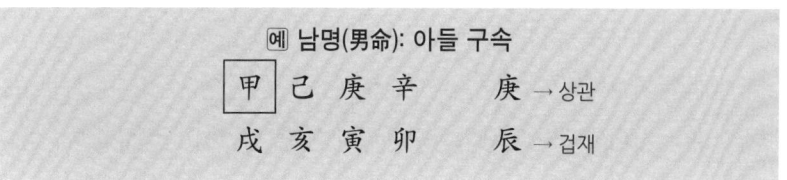

이 명조(命造)는 상관이 정관을 갑경충(甲庚冲) 하는 경진년(庚辰年)에 아들이 여자친구를 성폭행하려다 거부하자 구타하여 구속되었다.

10 편인(偏印)

일주(日主) 나를 생(生)하는 오행(五行)이며, 양(陽)이 양을 만나고, 음(陰)이 음을 만나서 음양이 같아서 편인(偏印)이라 이름한 것이다.

남명(男命)과 여명(女命)에서 편인은 조부가 되고, 계모(繼母: 부친의 후처), 서모(庶母: 부친의 첩), 양모(養母)가 되며, 외삼촌이 되는 것이다.

1. 편인(偏印)의 성정(性情)

권태증(倦怠症: 게으름증, 싫증), 편법(便法: 원칙에서 벗어난 쉬운 방법), 임기응변(臨機應變: 처한 일에 재빨리 대처), 융통성(형편에 따라 변통 재주), 재치(눈치 빠름), 수단(手段), 모사(謀士: 꾀를 내 일을 성사), 민첩성(敏捷性), 용두사미(龍頭蛇尾: 시작은 용머리 끝은 뱀꼬리), 변덕(變德), 위선(僞善: 거짓으로 착한 척), 시기심(猜忌心), 종교(宗敎) 권모술수(權謀術數: 온갖 모략, 술책) 등이 된다.

또한, 강자(强者)나 상인(上人)의 의식(意識), 남명은 자식의 의식, 여명은 남편의 의식 등이 되는 것이다.

2. 편인(偏印)의 응용(應用)

편인은 체(體)와 의식(意識) 이분법(二分法)의 원리로 응용하는 것이다.

편인(偏印)은 겁재를 정생(正生) 하고 일주(日主)를 편생(偏生) 하며, 식신을 극(剋)하고, 재성의 극을 받으며, 관성으로부터 생(生)을 받는 것이다.

편인(偏印)은 편인과 관련되는 육친과 사물(事物)과 성정(性情)을 응용하는 것이다.

편인은 생설극제(生泄剋制) 하면서 생성(生成)되는 길흉(吉凶)과 이해(利害)와 육친 간의 의식(意識) 작용을 응용하는 것이다.

- 편인(偏印)은 관성(官星)이 많으면 생왕(生旺)이 되는 것이다.
- 편인(偏印)은 인성(印星)이 많으면 조왕(助旺)이 되는 것이다.
- 편인(偏印)은 비겁(比劫)이 많으면 설기약(泄氣弱)이 되는 것이다.
- 편인(偏印)은 식상(食傷)이 많으면 소모약(消耗弱)이 되는 것이다.
- 편인(偏印)은 재성(財星)이 많으면 극제약(剋制弱)이 되는 것이다.

편인(偏印)과 정인(正印)을 인성(印星)이라고 하는 것이다.

관살(官殺)이 혼잡하여 기신(忌神)이고 인성이 관살을 설기 하여 일주(日主)을 생하는 것을 살인상생(殺印相生) 또는 관인상생(官印相生)이라 하는 것이며 인성이 용신이면 인성은 통관신(通關神)이 되므로 관살로 부터 일주(日主)를 보호하는 것이다.

정관을 인성(印星)이 설기 하여 일주(日主)을 생하는 것을 관인상생(官印相生)이라 하는 것이다.

편인은 식신을 극(剋)하여 사상(死傷)하므로 편인을 도식(倒食: 넘어질 도, 밥 식), 탈식(奪食: 빼앗을 탈, 밥 식)또는 효신(梟神)이라고 하며 식신을 파극하니 복(福)을 해치는 것이다.

식신은 재성을 생하고 자신을 사상(死傷)하는 칠살을 제하여 일주(日主)를 보호하여 주는데, 편인이 식신을 극하면 칠살을 억제하지 못하여 사상되므로 효신(梟神: 목베일 효)이라 하는 것이다.

편인(偏印)은 정관을 설기하고 식신을 사상(死傷)하여 여러가지 형태로 불행한 일이 발생하므로 흉신(凶神)이 되는 것이다.

▼ 인성이 혼잡태왕 하면 생산(生産)하는 능력이 없어서 돈 버는 지혜가 부족한 것이다. 이치(理致)는 의식(意識)이며 생산하는 식상이 인성에 충극(沖剋) 되어 상(傷)하기 때문이다.

[예] 남명(男命)

```
                    ┌편인
     정인← 甲 丁 乙 甲 →정인
           辰 丑 亥 寅 →정인
```

이 명조(命造)는 인성(印星)이 혼잡하여 식상(食傷)을 극하니 돈을 버는 지혜가 부족하여 37세가 넘도록 결혼도 못하고 재산이 500만 원도 없는 사람이다.

▼ 식신제살격(食神制殺格)이나 식신이 용신인 명조(命造)는 편인을 만나면 수복(壽福: 목숨과 복)을 해치므로 재화(災禍)를 당하여 가난하거나 단명(短命)하는 것이다. 이치(理致)는 일주(日主)를 극(剋)하여 사상(死傷)하는 칠살을 식신으로 제(制)하는데, 편인이 도식(倒食)하면 식신이 칠살을 제(制)하지 못하고 재성을 생할 수 없기 때문이다.

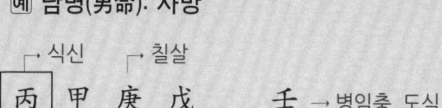

이 명조(命造)는 갑목일주(甲木日主)가 인월(寅月)에 생하고 경금(庚金)이 사령(司令)하여 실령(失令)하였으며 칠살이 혼잡 태강하여 신약하고 인성(印星)이 없어 시상(時上)의 식신으로 칠살을 억제해야 하니 식신제살격(食神制殺格)이다. 편인이 식신을 도식(倒食)하고 일주(日主)의 절(絶)이 되는 임신년(壬申年)에 모든 일이 불성되어 스트레스를 받다 심장마비로 사망하였다.

- 식신은 관살를 제(制)하여 일주(日主)를 보호하므로 수성(壽星: 목숨을 지키는 별)이라고 하는 것이다.
- 편인 도식(倒食)이 있으면 식신을 상(傷)하게 하여 관살을 제(制)하지 못하므로 재복이 없고 단명하는 것이나, 편인이 있다하여 모두 그런 것은 아니다.

  편인도 일주(日主) 나를 생(生)하는 것이니, 관살이 혼잡하고 정인이 없고 편인이 있어 살인상생(殺印相生)으로 정인 역할을 하면 흉신 편인이 길신(吉神)으로 변화하는 것이다.

  칠살과 일주(日主)사이를 편인이 관인상생(官印相生)으로 통관(通關)하므로 칠살를 두려워할 필요가 없으니 칠살을 제(制)하여 일주(日主)를 보호하는 수성(壽星)인 식신이 없어도 장수할 수 있으며, 인덕이 있고, 상인(上人)의 덕이 있는 것이다.

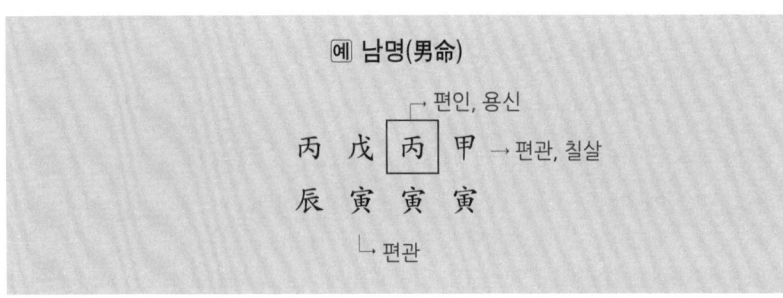

이 명조(命造)는 무토일주(戊土日主)가 인월(寅月)에 생(生)하고 갑목(甲木)이 사령(司令)하여 실령(失令)하였으며 관살(官殺)이 혼잡 태강하여 신약이다. 월상(月上)과 시상(時上)에 편인도식(倒食)이 있어 살인상생(殺印相生)으로 용신이 되니 편인이 흉신이나 길신으로 변하였다, 수성(壽星)식신이 없어도 90세가 넘도록 장수하였고, 직업은 경찰 공무원 이었다

- 편인(偏印)의 특징은 모사(謀士), 술수(術數), 편법(便法), 변덕(變德), 권태(倦怠) 등이 되는 것이다.
- 편인(偏印)은 정관을 설기하여 겁재를 생하고 의식인 식신을 충극하여 건전한 의지(意志)를 좌절시키는 것이다.

▼ 식신이 강하고 일주(日主)가 약하며 편인이 있어 일주를 생하면 도식(倒食)하지 않는다. 이치는 신약한 일주가 편인을 설기(泄氣)하고 편인은 신약한 일주를 생하고 식신이 강하여 도식되지 않기 때문이다.

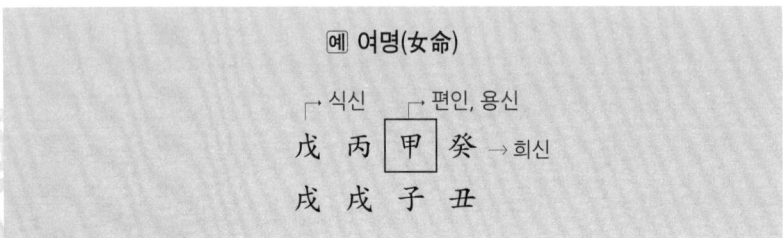

이 명조(命造)는 병화일주(丙火日主)가 자월(子月)에 생(生)하고 계수(壬水)가 사령(司令)

하여 실령(失令)하였으며 식신에 설기되고 관성이 혼잡하여 신약하니 편인이 용신이다. 신약한 일주(日主)를 생하므로 도식으로 보지 않는다. 용신에 해당하는 편인운인 인대운(寅大運)에 대길하여 공부도 잘하고 교사가 되었다.

▼ 편인(偏印)이 있어도 편재가 제(制)하고 있으면 길명(吉命)이 되는 것이다. 이치(理致)는 편재가 편인을 제(制)하므로 편인이 식신을 도식하지 못하기 때문이다.

[예] 여명(女命)

```
  ┌식신    ┌편재가 편인을 억제
  己  丁  辛  乙 →편인
  酉  亥  巳  未
              └→정관
```

이 명조(命造)는 월상(月上)에 편재가 사유(巳酉)에 통근(通根)되어 유기(有氣)하여 편인을 제(制)하고, 정관은 겁재를 제(制)하고 있으니 길명(吉命)으로 변하였다.

▼ 편인이 많고 편재가 없거나 약하면 가난을 면하기 어려운 것이다. 이치(理致)는 식신은 재성을 생(生)하는 근원인데 식신이 상(傷)하여 재성을 생할 수 없기 때문이다.

[예] 남명(男命)

```
  ┌식신    ┌편인
  乙  癸  辛  癸
  卯  酉  酉  丑
```

이 명조(命造)는 편인이 혼잡 태강하여 식신을 도식(倒食)하고 있다. 막노동으로 하루하루를 어렵게 살아가고 있으며 재물도 처도 없는 사람이다.

▼ 편인(偏印)이 있고 겁재가 있으며 편관이 혼잡하면 용신운을 만나도 발복(發福)을 못하여 가난을 면하기 어려운 것이다. 이치(理致)는 편인이 식신을 극(剋)하여 재성을 생할수 없고, 겁재는 정재를 겁탈(劫奪)하며, 편관은 재성을 설기하기 때문이다.

> **예 남명(男命): 막노동, 불량 거래자**
>
> ┌편관
> 戊 壬 戊 庚
> 申 午 子 子 →겁재

이 명조(命造)는 편인이 있고 편관이 혼잡 태강하며 겁재가 혼잡하다. 50세가 넘도록 독신으로 막노동을 하면서 살고 있으며 불량거래자다.

▼ 인성(印星)은 나를 생(生)하여 양육하는 것과 같아서 학식(學識)이고 지식이니 연구하고 교육하는 것이며 문학이 되므로 연구직, 교직이고, 인성은 상인(上人)의 의식(意識)이 되며, 관인상생(官印相生)으로 일주(日主)를 생하니 참모(參謀), 비서, 기획 등의 분야가 된다.

고로, 편인이 용신이나 희신(喜神)이고 상관이 유기(有氣)하면 참모, 비서, 기획전문가, 연구원, 교수, 교사 강사 등으로 진출하는 것이다. 이치(理致)는 편인은 편업(偏業)이 되고, 교육. 문학이 되며, 민첩하고 수단이 좋으며, 상관이 있어 총명하니, 비약적(飛躍的)인 발상을 잘하기 때문이고 상관은 편인에 상하지 않기 때문이다.

> **예 여명(女命): 교사**
>
> 辛 己 壬 庚 →상관
> 未 未 午 申

이 명조(命造)는 편인격(偏印格)이고 식상이 유기(有氣)하다. 학원 강사를 하다가 임용고시에 합격하여 교사가 되었다.

예 남명(男命): 연구원

상관 ← 己 辛 己 癸
     亥 亥 未 丑 → 편인

이 명조(命造)는 편인(偏印)이 혼잡하고 상관(傷官)이 유기(有氣)하다. 삼성 전자 연구원으로 근무하고 있다.

▼ 편인(偏印)이 있고 상관이 있으면 의사, 배우, 이발사, 미용사, 의상디자이너, 건축설계사, 부동산중개사, 운명감정사, 피부관리사 등으로 진출하는 것이다. 이치(理致)는 편인은 편업(偏業)이 되고, 문서가 되며, 민첩하고 수단이 좋으며, 상관이 있어 기술이 좋고, 예능에 소질이 있기 때문이다.

예 남명(男命): 내과 의사

丙 乙 甲 癸 → 편인
戌 未 子 丑

이 명조(命造)는 편인이 혼잡하고 상관이 유기(有氣)하며, 축술미(丑戌未) 삼형살(三刑殺)이 있다. 내과의사가 되었다.

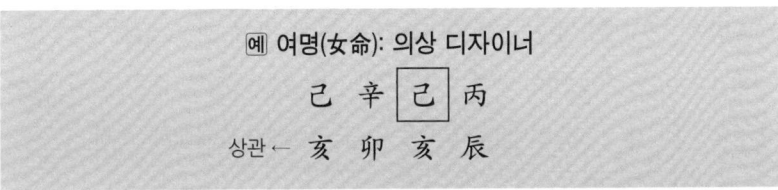

예 여명(女命): 의상 디자이너

상관 ← 己 辛 己 丙
     亥 卯 亥 辰

이 명조(命造)는 편인이 혼잡하고 상관이 있다. 기술이 좋고 판단력이 뛰어나 의상 디자이너로 일하고 있다.

```
예 남명(男命): 미용사

    癸  丁  辛  戊 → 상관
편인 ← 卯  亥  酉  午
```

이 명조(命造)는 편인이 희신(喜神)이고 상관이 있다. 판단력이 빠르고 기술이 좋아 미용사로 일하고 있다.

3. 편인(偏印) 독심술(讀心術)

1 판단력이 뛰어나 척 보면 안다

편인이 강하고 식신이 없으며 상관이 유기(有氣)하면, 총명하고 치밀, 철저하며 변덕은 있으나 재치가 있어 눈치가 빠르고 민첩하며, 융통성이 있고 말을 잘하며 모사(謀士)에 능하고 수단이 좋으며, 사물(事物)이나 상대를 척 보면 어떤 사람인지, 어떤 상황인지 척 아는 예지능력이 있어 큰일을 성사(成事)시키는 능력이 탁월하여 연구원, 학자, 작가, 정치인, 기획전문가, 경영인, 수사관. 운명감정사 등으로 진출하면 성공할 수 있으나 기신운(忌神運)으로 향하면 권모술수로 온갖 모략가 술책을 부리는 사기꾼, 브로커(broker)가 되는 것이다.

이치(理致)는 상관은 상관생재(傷官生財) 하니 식신과 같이 생산성이 되고 편인은 상관을 극(剋)하여 사상(死傷)하지 않고 의식(意識)인 식신을 탈식(奪食)하므로 변덕이 생기며, 편인의 민첩, 재치, 모사, 술수, 수단, 융통성 등과 상관의 총명, 언변술, 예지력 등이 상호작용하기 때문이다.

예 남명(男命)

```
        ┌ 상관
   甲 癸 乙 庚
   寅 亥 酉 子
            └ 편인
```

이 명조(命造)는 식신과 정인(正印)이 을경합(乙庚合)하여 정인(正印)이 상관(傷官)을 충(沖)하지 아니하고 월지(月支)에 편인이 있어 묘격(妙格)이 되었다. 변덕은 있으나 치밀, 철저하며 민첩하고 재치가 있어 눈치가 빠르며 언변술이 있고 모사에 능하며 수단이 좋고 총명하며 예지능력이 뛰어나 사물이나 사람을 척 보면 어떤 상황인지 어떤 사람인지 척 아는 사람으로 검사로 진출하여 수사능력이 뛰어나 고속승진을 하여 부장검사가 되었다.

예 남명(男命): 소설가

```
         ┌ 상관
   戊 甲 丁 乙
   辰 午 亥 酉
```

이 명조(命造)는 갑목일주(甲木日主)가 해월(亥月)에 생(生)하여 편인격이고, 상관 정화(丁火)가 오(午)에 통근(通根)하여 유기(有氣)하다. 변덕은 있으나 치밀, 철저하며 예지능력이 뛰어나고 비약적인 발상을 잘하여 국내 최고의 소설가가 되었다.

예 남명(男命)

```
        ┌ 상관
   己 丁 戊 乙
   酉 卯 子 亥 → 정관
         └ 편인
```

이 명조(命造)는 편인이 용신이고 상관이 있으며, 관살이 혼잡하고 재관이 천을귀인(天乙貴人)이다. 인덕이 있고 사교성이 뛰어나고 언변술이 좋으며 변덕은 있으나 치밀, 철저하며 민첩하고 재치가 있어 눈치가 빠르고 융통성이 있으며 수단이 좋고, 예지능력이 탁월하여 사물과 사람을 척 보면 어떤 상황인지, 어떤 사람인지 척 아는 사람으로 운명감정가로 진출 능력을 발휘하여 명성이 높았고 대부(大富)가 되었다.

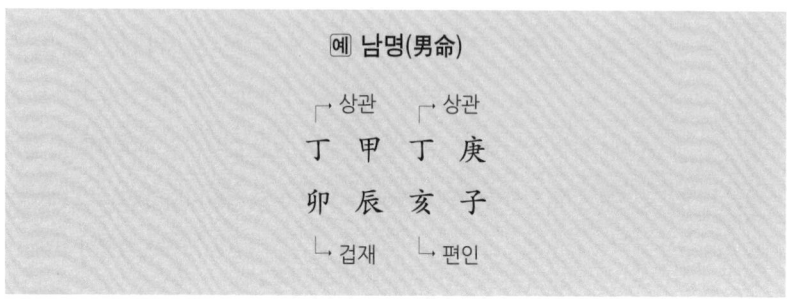

이 명조(命造)는 편인과 상관이 있고 겁재와 편재가 있다. 변덕은 있으나 치밀, 철저하며 민첩하고 재치가 있어 눈치가 빠르고 융통성이 있으며 예지능력이 있어 사물과 사람을 척 보면 어떤 상황인지, 어떤 사람인지 척 아는 사람이나, 대운(大運)이 기신(忌神)으로 향하니 사기꾼이 되어 사기전과가 많다

❷ 식상이 인성에 충극되면 스트레스 잘 받아

인성이 혼잡 태강하여 식상(食傷)을 충극하였으면 스트레스를 잘 받는 것이다. 이치(理致)는 의식(意識)인 식상이 인성에 충극되어 상(傷)하기 때문이다.

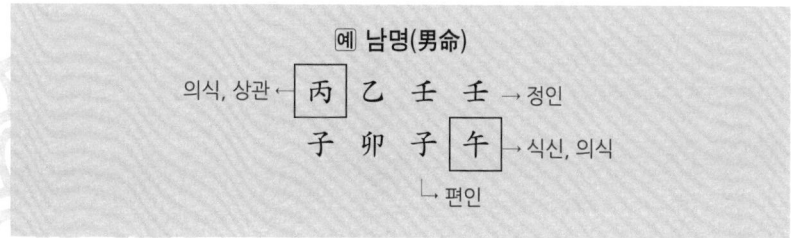

이 명조(命造)는 인성이 혼잡 태강하여 의식(意識)인 식상을 병임충(丙壬冲), 자오충(子午冲)하여 스트레스를 잘 받는 사람이다.

❸ 인성과 식상이 합(合)이 되는 운에 정신이상

신왕하고 식신이나 상관이 하나이면 인성(印星)과 식상이 합이 되는 운(運)에 정신이상이 되고, 귀신에 빙의(憑依)되는 것이다. 이치(理致)는 신왕이 설기구가 막혀 소통이 안 되기 때문이고, 다른 이치로는 식상이 합으로 의식(意識)에 귀신이 빙의되기 때문이다.

```
예 남명(男命): 정신 이상

 己 庚 己 庚      丁 → 증조모
 卯 子 丑 戌      丑 → 증조모 영혼
    └ 상관
```

이 명조(命造)는 경금일주(庚金日主)가 축월(丑月)에 생하고 신금(辛金)이 사령(司令)하여 득령(得令)하고 인비(印比)가 생조(生助)하여 신왕하며, 설기는 일지(日支) 상관하나이다. 정인과 상관이 자축합(子丑合)이 되는 정축년(丁丑年)에 정신이상이 되었는데, 증조모와 저승사자가 보인다고 하여 신굿까지 하였다. 정축년(丁丑年)에서 정(丁)은 정관이니 증조모가 되고 축(丑)은 증조모의 영혼이 되는 것이다.

❹ 위선(僞善)되고 시기하고 심술이 많으며 배신을 잘해

편인(偏印)과 겁재가 있고 신왕하면 겉으로는 착한 척 위선(僞善)된 언행을 잘하고 상대가 어려움에 처하면 도움을 주는척 하다가 자신보다 잘 되는것 같으면 시기하고 방해하며, 자신이 불리하면 손해를 보지 않으려 배신을 잘하고 남의 험담을 잘하며 심술이 많아 남이 잘못 되는 것을 좋아하고 잘되는 것을 시기하는 것이다.

이치(理致)는 계모에 속하는 편인이 자기의 자식인 겁재는 정생(正生)하고 자신은 마지못해 편생(偏生)하기 때문이며 겁재는 경쟁자가 되기 때문이다.

예 남명(男命)

```
    ┌ 겁재   ┌ 겁재
    癸  壬  癸  壬
    卯  寅  丑  申 → 편인
```

이 명조(命造)는 연지(月支)에 편인이 있고 월상(月上)과 시상(時上)에 겁재가 있다 겉으론 착한 척 위선된 언행을 잘하여 상대가 어려움에 처하면 도움을 주는 척하다가 자신보다 잘 되는것 같으면 시기하고 방해하며 자신이 불리하면 배신을 잘하여 손해를 보지 않고 남의 험담을 잘하며 심술이 많고 경쟁심이 강하여 시비 분쟁이 일어나면 이겨야 하고, 남이 자신보다 잘 되는 것을 싫어하며 잘못 되는 것을 좋아하는 사람이다.

5 위선(僞善)된 언행을 안 하고 불리해도 배신을 안 한다

편인에 장생(長生)하고 겁재가 없으면 위선된 언행을 하지 않으며 시기심과 심술이 없는 것이다. 이치(理致)는 편인에 장생(長生)하여 혼자 생(生)을 받기 때문이다.

예 여명(女命)

```
    壬  壬  甲  戊
    寅 [申] 寅  戌
         └ 편인
```

이 명조(命造)는 겁재가 없고 일지(日支)의 편인에 장생(長生)하고 있으며 편인이 용신이다. 시기심과 심술이 없으며 신약하고 인성이 용신이니 이기주의(利己主義) 성격으로 자신이 유리한 쪽으로 언행하는 사람이다.

6 신약하고 편인이 용신이면 인덕 있어

신약(身弱)하고 편인이 있어 용신이나 희신이면 인덕이 있고 상인(上人)을 좋아하며 상인과 어울리게 되고, 나이어린 하인(下人)과 어울리기를 싫어하는 것이다. 이치(理致)는 관성의 의식(意識)인 편인이 일주(日主)를 생(生)하므로 나이가 많은 상인은 의지가 되어 마음이 편하고 나이가 적은 하인은 의지가 안 되어 불편한 마음이 생성되기 때문이다.

```
        예 남명(男命)
      丙 乙 癸 庚 → 정관
      戌 卯 未 戌
```

이 명조(命造)는 을목일주(乙木日主)가 미월(未月)에 생하고 기토(己土)가 사령(司令)하여 실령(失令)하였으며 재성이 강하여 신약하다. 월상(月上)에 편인이 용신이다. 인덕이 있으며 상인(上人)을 좋아하고 상인의 덕(德)이 있으며, 상인은 의지가 되어 편하므로 잘 어울리고 나이어린 하인은 의지가 안 되어 불편하므로 어울리지 않는 사람이다.

7 편인이 강하면 게으르고 성격은 낙천적

편인(偏印)이 혼잡하거나 강하면 게으르고 급한 것이 없고 느긋하며 낙천적인 성격이 되는 것이다.

이치는 편인이 하는 일 식신을 충극하여 탈식(奪食: 빼앗을 탈)하므로 마땅히 할 일이 없기 때문이다.

```
        예 남명(男命)
      癸 癸 辛 辛 → 편인
      丑 酉 丑 酉
         └→ 편인
```

이 명조(命造)는 편인(偏印)이 혼잡하다. 게으르고 급한 것이 없고 느긋하며 성격이 낙천적인 사람이다.

8 편인이 있으면 게으르고 시작은 잘하나 마무리를 못해

편인(偏印)이 강하면 시작은 열정적으로 잘하나 조금 지나면 권태증(倦怠症)이 있어 게으르고 싫증이 나서 하던 일은 게을리 하고 "뭐 다른 좋은 것 없을까?" 다른 구상을 하게 되며 오늘 할 일을 내일로 미루고 미뤄놓았다가 한꺼번에 하는 습성이 있고 편법(便法)으로 쉬운 방법을 찾아 재빨리 처리하며 마무리는 거칠은 것이다. 이치(理致)는 의식(意識)이며 하는 일인 식신이 편인에 충극되어 탈식(奪食: 빼앗을탈)되기 때문이다.

예 남명(男命)

| 壬 | 壬 | 壬 | 己 |
| 寅 | 申 | 申 | 亥 |

이 명조(命造)는 임수일주(壬水日主)가 신월(申月)에 생하고 비겁이 혼잡하여 신왕하고 편인이 혼잡하다. 권태증이 있어 느긋하고 게으르며 시작은 열정적으로 잘하나 벌려놓고 마무리를 못하며 싫증이 나서 하던 일은 게을리 하고 "뭐 다른 좋은 것 없을까?" 다른 구상을 하게 되며, 오늘 할 일을 내일로 미루고 편법(便法)으로 일을 처리하여 마무리가 거칠은 사람이다.

9 편재가 있으면 태만하지 않고 임무수행

편인(偏印)이 혼잡해도 편재가 강하면 태만하여 게으르지 않고 민첩하여 책임을 완벽하게 수행하며 마무리 잘하고 변덕이 없는 것이다.
이치는 편재가 편인을 지키고 있어 식신을 충극하지 못하기 때문이다.

예 남명(男命)

```
                    ┌ 편인: 용신
    병신 ←  丙  壬  庚  庚
            午  辰  辰  寅
                    └→ 편관
```

이 명조(命造)는 임수일주(壬水日主)가 진월(辰月)에 생(生)하고 무토(戊土)가 사령(司令)하여 신약하니 편인이 용신이고 재성이 병(病)이며 비겁이 약신이다. 편인이 두 개가 있으나 편재가 강하여 견제하니, 편인이 식신을 극하지 않는다. 게으르지 않고 마무리를 잘하며 변덕이 없는 사람이다.

10 치밀 철저하고 마무리를 잘한다

편인이 유기(有氣)하고 상관이 있으며 식신이 없으면 변덕은 있으나 치밀, 철저하고 마무리를 잘하는 것이다. 이치(理致)는 상관은 상관생재(傷官生財)하니 식신과 같이 생산성(生産性)이 되고 편인은 상관을 극(剋)하여 사상(死傷)하지 않으므로 생산활동을 방해받지 않기 때문이고 편인이 의식인 식신을 탈식(奪食: 빼앗을 탈)하여 변덕이 생기는 것이다.

예 남명(男命): 1922년생

```
         乙  甲  辛  壬 →편인
         丑 [午] 亥  戌
              └→ 상관
```

이 명조(命造)는 갑목(甲木)이 해월(亥月)에 생(生)하고 임수(壬水)가 사령(司令)하여 득령(得令)하고 일주(日主)가 해미(亥未)에 통근(通根)하였으며 편인이 생조(生助)하여 신왕하고 편인이 유기하며 상관이 있고 식신이 없으니 변덕이 심하나 민첩하고 치밀, 철저하며 일을 시작하면 완벽하게 마무리를 잘하는 사람이다.

⓫ 의지하고 편애(偏愛)한다

편인이 있고 신약하면 게으르고 변덕이 있으며, 모친이나 형제에게 의지하고 편애(偏愛)하는 성질이 있어 자기가 좋아하는 사람만 상대하는 것이다. 이치는 의식이며 하는 일인 식신을 탈식(奪食) 하니 마음이 변하고 할 일이 없기 때문이며, 신약하여 지구력이 약하고 도움을 받아야 하니 잘해주고 의지가 되는 사람만 좋아하기 때문이다.

> 예 남명(男命)
> 편인 ← 壬 甲 辛 甲
> 　　　　申 戌 未 辰

이 명조(命造)는 편인이 있고 비견이 있으나 재다 신약이다.
게으르고 변덕이 있으며 모친과 형제에게 의지하고 편애하는 성질이 있어 자신에게 잘해주고 의지가 되는 형제와 친구를 좋아하고 상대하는 사람이다.

⓬ 편인이 있으면 소화가 잘 되고 먹는 것을 즐긴다

편인(偏印)이 강한 명조(命造)나 식신이 편인에 충극된 명조는 식사후 조금 있으면 소화가 되고 속이 헛헛하여 간식을 잘하고 먹는 것을 즐기는 것이다. 이치(理致)는 식신은 음식이 되고 편인이 식신을 극(剋)하여 탈식(奪食)하므로 소화촉진 작용을 하기 때문이고 전생에 굶주리고 살아서 먹는 것이 원이 되었기 때문이다.

> 예 남명(男命)
> 丁 戊 癸 辛
> 巳 辰 巳 丑
> 　　　└ 편인　└ 편인

이 명조(命造)는 편인이 혼잡하다. 식사 후 조금 있으면 소화가 다 되고 속이 헛헛하여 간식을 잘하며 먹을 것을 즐기는 사람이다.

4. 서모(庶母), 계모론(繼母論)

서모(庶母)는 부친의 첩(妾)이 되고, 계모(繼母)는 부친의 후처(後妻)가 된다. 명조(命造)에 편인이 있다 하여 모두 서모, 계모가 있는 것은 아니다. 서모나 계모가 있으려면, 모친이 사망 또는 부모가 이혼하고 부친이 재혼해야 계모가 있는 것이며, 부친이 작첩(作妾)하였으면 서모가 있는 것이다.

▼ 모친이 사망하고 부친이 재혼하여 계모가 있다

비겁(比劫)이 혼잡하고 정인이 태약하거나 입묘(入墓)되고, 편인과 편재가 동주(同柱)하였거나 가까이 있으며, 편인이 겁재를 생하였으면 계모가 있는 것이다. 이치(理致)는 태약한 모친 정인이 비겁에 설기(泄氣)되어 사상(死傷)되고 동주는 함께 있는 것이 되기 때문이며, 편인은 부친의 후처가 되고 겁재는 이복형제가 되기 때문이다.

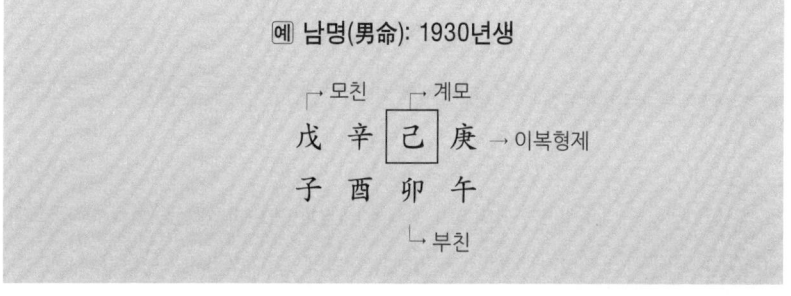

이 명조(命造)는 비겁(比劫)이 혼잡하고 시상(時上)에 정인이 태약하며, 월주(月柱)에 편

인과 편재가 동주(同柱)하고, 연상(年上)에는 편인이 생(生)한 겁재가 있다. 정인의 사지(死支)가 되는 계유년(癸酉年)에 모친이 병으로 사망하고, 부친이 재혼하여 계모가 있고 이복형제가 있다.

▼ 부친이 작첩(作妾)하여 서모나 계모가 있다

비견이나 일주(日主)가 편재를 충극하고, 편재가 편인과 동주(同柱)하였거나 가까이 있고, 정인이 편재와 떨어져 있으면, 부친이 자기 말이 법(法)이고 모친을 구박하며 대항하면 구타하여 불화하다 이혼하였거나 작첩(作妾)하여 서모나 계모가 있는 것이다.

이치(理致)는 비견이나 일주(日主)는 모친 입장에서는 의식(意識)이 되고, 남편을 미워하는 증오심이 되며, 자궁이 되고 남편의 체(體)를 사상(死傷)하는 상관이 되기 때문이며, 편재 부친 입장에서는 처(妻)의 의식이 되고, 처가 자신을 미워하는 증오심이 되며, 자궁이 되고 자신을 사상하는 칠살이 되므로 악(惡)의 식신을 생(生)하여 칠살을 제(制)하고 살아남으려 하기 때문이며, 처와 성관계하면 정력이 약해져 조루증이 오고 재미가 없으며 다른 여자와 성관계하면 정력이 강해지고 재미가 있기 때문이다.

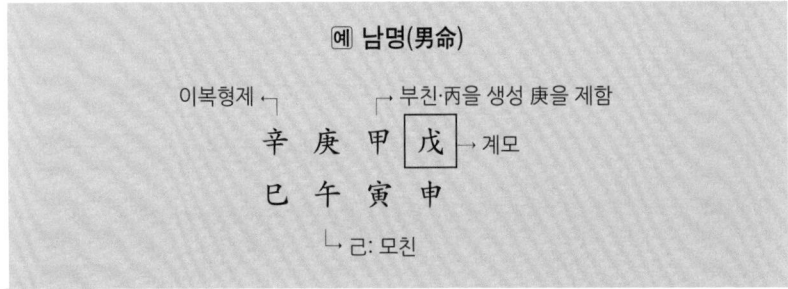

이 명조(命造)는 일주(日主)와 비견이 편재를 갑경충(甲庚冲), 인신충(寅申冲)하였으며, 연상(年上)에 편인이 있고 시주(時柱)에 겁재와 편인이 동주(同柱)하고 있다. 부친이 자기 말이 법(法)이고 모친을 구박하고 구타하면서 작첩(作妾: 애인)하여 모친이 가출 이혼하고, 부친이 재혼하여 계모가 있고 이복여동생이 있는 사람이다.

▼ 모친이 바람나 부모 이혼, 재혼 계모 있어

정인(正印)과 정재가 동주(同柱)하였거나 합(合)이나 충극되고, 일주(日主)나 비견이 편재를 충극하였으며, 편재와 편인이 동주(同柱)하였거나 가까이 있으면, 모친이 바람나 부모가 이혼하고 부친이 재혼하여 계모가 있는 것이다. 이치(理致)는 정재는 모친의 애인이 되고, 비견은 모친의 의식으로 부친을 미워하는 증오심이 되며, 편인은 계모가 되기 때문이다.

```
          예 여명(女命)
        丙  丙  癸  乙  → 모친
        申  寅  未  丑  → 辛: 정재, 모친 애인
       부친┘   └ 계모
```

이 명조(命造)는 정인이 암장(暗藏), 정재와 연주(年柱)에 동주하고 일지(日支)에는 편인 계모가 있으며 시지(時支)에는 편재 부친이 있다. 모친이 바람나 가출하고 부친이 재혼하여 계모가 있다.

▼ 모친이 첩이나 후처로 큰 엄마가 있다

편인(偏印)은 큰어머니가 되고 정인은 모친이 되며 정재(正財)는 부친이 된다. 모친이 후처가 되므로 모친 입장에서는 편관이 남편이 된다. 편인이 입묘(入墓)되었거나 태약하고 또는 편인이 유기하고 겁재가 정재를 충극(沖剋)하였으면, 부친이 상처(喪妻: 처가죽음), 또는 이혼하였으며, 모친과 재혼하였거나 모친을 첩(妾)으로 만난 것이다.

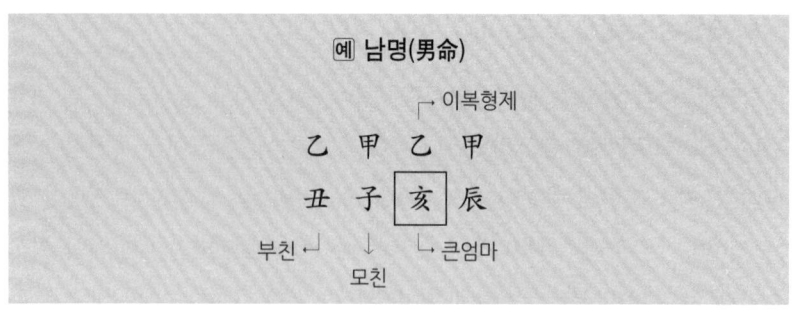

이 명조(命造)는 월주(月柱)에 편인과 겁재가 동주(同柱)하고, 시주(時柱)에 겁재가 정재를 극(剋)하고 있으며, 일지(日支)에 정인 모친은 정재 부친과 자축합(子丑合)이 되었다. 부친이 처가 있는 유부남으로 처녀였던 모친을 작첩(作妾)하여 큰엄마와 이복형제가 있다.

5. 수양부모(收養父母)가 있다

편인(偏印)은 수양모(收養母: 자기를 길러준 어머니)가 되고, 정재(正財)는 수양부(收養父)가 되는 것이다.

비견이 혼잡하고 관성(官星)이 없거나 약하며 정인이 태약하거나 입묘(入墓)되고, 연주(年柱)에 떨어져 있으며, 일지(日支)나 시주(時柱)에 편인과 정재가 있으면 부모에게 버림받고 수양부모와 살게 되는 것이다. 이치(理致)는 비견의 혼잡은 편재를 극(剋)하여 사상(死傷)하고, 약한 정인을 설기하여 상(傷)하게 하므로 부모를 해치는 기운이 강하여 버림받게 되는 것이다.

예 여명(女命)

```
庚 己 丁 己
午 亥 丑 巳  → 모친·정인
 │  │   └ 癸: -부친·편재
 양모  양부·정재
```

이 명조(命造)는 비견이 혼잡 태강하고 편재는 암장되어 약하며, 정인은 비견에 설기되어 태약하고 연지(年支)에 떨어져 있으며 양모 편인은 시지(時支)에 있고 양부 정재는 일지(日支)에 가까이 있다. 태어나기 몇 개월 전 부모가 이혼하여 출생 하자마자 모친이 고아원에 맡기고 입양을 부탁하였다. 기사년(己巳年) 정축월(丁丑月)에 수양부모에게 입양 되었다.

6. 조부론(祖父論)

▼ 조부(祖父)가 부귀 장수하였다

편인이 관성의 생(生)을 받아 유기(有氣)하고, 식상이 왕성하면 조부는 부귀 장수(長壽)한 것이다. 이치(理致)는 관성이 편인을 생하였기 때문이며, 식상은 조부의 재물이 되기 때문이다.

예 남명(男命)

```
          ┌ 조부: 의식
戊 丙 丙 │甲│ → 조부
戌 申 子 戌  → 조부의 재물
```

이 명조(命造)는 인성(印星)이 혼잡하지 아니하고 연주(年柱)에 편인이 식신에 좌(座)하고 정관의 생(生)을 받아 유기(有氣)하다. 조부입장에서 월상(月上)의 비견은 식신이 되고,

연지(年支)의 식신은 재성이 되므로 식신생재(食神生財)가 되는 것이다. 조부가 부귀하였고 장수하였다.

▼ 조부(祖父)는 빈곤(貧困)하였다

인성이 혼잡하고 식상이 약하면 조부는 빈곤(貧困)하게 살은 것이다. 이치(理致)는 인성 혼잡은 조부입장에서는 비겁(比劫)혼잡이 되기 때문이고 식상은 재물이 되기 때문이다.

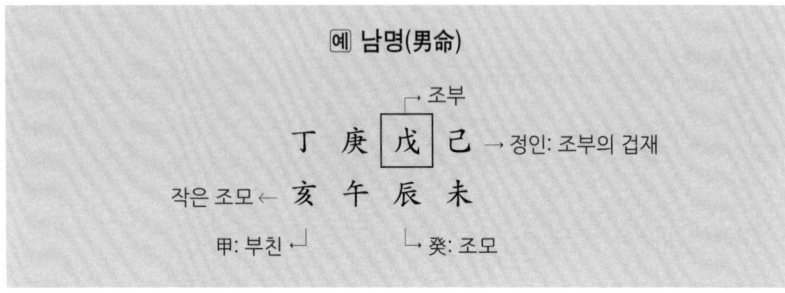

이 명조(命造)는 연월주(年月柱)에 인성(印星)이 혼잡하고 상관이 진(辰)에 입묘(入墓)되었으며 시지(時支)에 작은 조모 식신이 있고 편재를 생하였다. 조부가 상처(喪妻)하고 재혼하여 부친을 낳았으며 조부는 가난한 농부였다.

▼ 조부(祖父)의 유산(遺産)을 받는다

연주(年柱)에 재성이 있고 용신이나 희신이며, 식상이 있으면 조부의 유산(遺産: 사후 남겨놓은재산)을 받는 것이다. 이치(理致)는 조부궁에 재물이 있고 용신이 되기 때문이며, 식상은 의식(意識)이 되고 재물을 차지하려는 욕심이 되기 때문이다.

```
[예] 남명(男命)

정관 ← 丁 庚 辛 辛 → 겁재
     亥 辰 丑 卯 → 정재·조부의 재물
       └ 식신: 亥卯합
```

이 명조(命造)는 경금일주(庚金日主)가 축월(丑月)에 생(生)하고 기토(己土)가 사령(司令)하여 득령(得令)하였으며 인성과 겁재가 생조(生助)하여 신왕하다. 한랭하여 조후(調候)가 필요하니 겁재를 제(制)하는 정관이 용신이고, 재성이 희신이며 연지(年支) 조부궁에 정재가 있다. 의식인 식신이 해묘합(亥卯合)이 되어 욕심이 많아 도시 근처에 조부명의 임야(林野) 5200평을 누님들 모르게 문서를 위조하여 상속하였는데, 도시계획에 편입되어 100억이 넘는다. 겁재운인 신묘년(辛卯年)에 두누님이 유산문제로 시비하여 5억씩 주기로 합의하였다

▼ 조부가 단명(短命)하였다

편인(偏印)이 태약하거나 입묘(入墓)되고 재성이 혼잡 태강하며 편재가 편인을 충극하였으면 조부가 단명(短命)한 것이다. 이치(理致)는 상관 조모 입장에서 편재는 남편을 사상(死傷)하는 상관이 되고, 편인 조부입장에서는 자신을 사상(死傷)하는 칠살이 되기 때문이다.

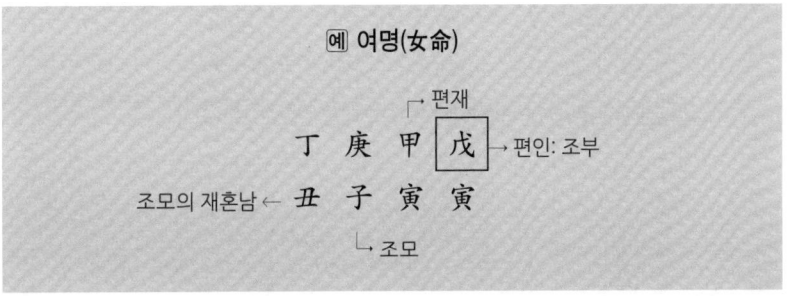

이 명조(命造)는 편재가 혼잡 태강(太强)하고 태약한 편인을 갑무극(甲戊剋)하였다. 조부가 단명(短命)하고 조모는 재혼하였다.

```
            예 남명(男命)

  조모의 애인 ← 甲 丁 丙 己
         조모 ← 辰 卯 寅 酉 → 편재
                  └ 편인: 조부
```

이 명조(命造)는 편재(偏財)와 편인(偏印)이 묘유충(卯酉沖)이 되었다. 조모가 바람나자 조부가 농약 먹고 자살하였다.

• 조부와 조모는 불화하였다.

편재가 편인을 충극하였으면 조부와 조모는 불화한 것이다. 이치(理致)는 편인 조부입장에서 편재는 처(妻: 조모)의 의식(意識)이 되고 자신을 미워하는 증오심이 되며, 자신의 체(體)를 사상(死傷)하는 칠살이 되므로 악(惡)의 식신을 생하여 칠살을 제(制)하고 살아남으려 자기 말이 법(法)이고, 처를 구박하고, 대항하면 구타하기 때문이다.

▼ 비견이나 일주(日主)가 태왕하고 편재를 충극하였으면 조부와 부친은 불화하는 것이다. 이치(理致)는 편인 조부 입장에서 비견은 의식(意識)이 되고 아들(부친)을 미워하는 증오심이 되며 아들의 체(體)를 사상(死傷)하는 상관이 되고, 편재 부친입장에서는 자신의 체를 사상(死傷)하는 칠살이 되므로 악(惡)의 식신을 생(生)하여 칠살을 제(制)하고 살아남으려 조부를 구박하여 불화하기 때문이다.

```
            예 남명(男命)

                  ┌ 편재: 부친
         壬 辛 乙 辛 → 조부의 식신
         辰 卯 未 未 → 조부
```

이 명조(命造)는 조부의 의식(意識)이며 식신인 비견이 편재를 을신충(乙辛冲)하였다. 부친이 술로 세월을 보내면서 술만 먹으면 조부를 구박하여 불화가 많았다.

7. 편인(偏印) 업보론(業報論)

▼ 전생에 심술부리고 방해(妨害)한 업(業)

자신이 전생에서 남이 하는 일에 심술을 부리고 방해(妨害)한 업(業)이 많으면 그 업보로 편인이 혼잡하게 기신(忌神)으로 생성되며 그 업보를 금생(今生)에서 받게 되니, 인덕이 없고, 일이 되는 것 같으면 방해하는 경쟁자가 생기며, 처음에는 잘 되는 것 같다가 조금 지나면 막히고 실패하게 되며 느긋하고 게으른 것이다. 이치(理致)는 편인은 상인(上人)이나 손님의 의식(意識)이 되고, 하는 일 식신을 탈식(奪食)하니 할 일이 없고 재물을 생할 수 없기 때문이다.

```
        예 남명(男命)

    丁  戊  癸  丙 → 편인
    巳  寅  巳  申 → 식신
            ↳ 편인
```

이 명조(命造)는 전생에서 타인이 하는 일을 심술을 부리고 방해하여 고통을 준 업(業)이 있어, 그 업보(業報)로 편인이 혼잡하게 식신을 극하도록 기신(忌神)으로 생성(生成)되었다. 인덕이 없고, 사업을 하면 처음에는 되는 것 같다가 막히며, 방해하는 경쟁자가 나타나 실패하고 독신으로 막노동을 하면서 살고 있으며, 56세가 되도록 처와 재산도 없는 신용 불량 거래자다.

▼ 전생(前生)에서 다인(多人)에게 스트레스를 준 업(業)

자신이 전생에서 많은 사람에게 심술을 부리고 학대하며 스트레스를 준 업(業)이 있으면 그 업보(業報)로 인성이 혼잡 과다하여 식상을 충극하도록 생성되는 것이다.

그 업보를 금생(今生)에서 받게 되니, 전생에서 가장 많이 스트레스를 받은 인연이 남명(男命)은 자식으로 점지되고, 여명(女命)은 남편으로 점지되어 속 터지는 언행(言行)을 골라하여 스트레스를 받게 되는 것이다. 이 이치(理致)는 인성은 관성이 생(生)한 것이니 남명은 자식의 의식(意識)이 되고, 여명은 남편의 의식이 되며, 자신의 의식(意識)인 식상을 극(剋)하여 상(傷)하게 하기 때문이다.

```
                  예 여명(女命)
                           ┌ 의식
     남편의 언행 ← 癸 甲 │丁│ 乙
                   酉 辰 亥 亥 → 남편의 언행
                          └ 남편
```

이 명조(命造)는 전생에서 하인(下人)을 두고 살면서 하인들을 학대하여 스트레스를 준 업(業)이 있어 그 업보로 인성이 혼잡 태강하게 기신(忌神)으로 생성되어 정인이 상관을 정계충(丁癸冲)하였다. 전생에서 가장 많이 스트레스를 받은 인연이 남편으로 점지되어 남편이 무능하고 책임감이 없으며 평생 속 터지는 언행(言行)을 골라하여 스트레스를 받은 여인이다.

▼ 전생(前生)에 굶주리고 살아서 먹는 것을 즐긴다

전생에서 빈곤(貧困)하여 굶주리고 배고프게 살아 먹는 것이 한이 된 업(業)이 있으면, 그 업보로 편인이 혼잡하게 생성되어 식사를 하고 조금 지나면 속이 헛헛하여 먹는 것을 즐기고 간식을 잘하는 것이다. 이치(理致)는 식신은 음식이고 편인이 식신을 극(剋)하여 탈식(奪食)하므로 소화 촉진 작용을 하기 때문이다.

이 명조(命造)는 전생에서 빈곤하여 굶주리고 배고프게 살아 먹는 것이 한이 된 업(業)이 있어 그 업보로 식신을 극하는 편인이 혼잡하게 생성되었다. 소화가 잘되어 식사를 하고 조금 있으면 속이 헛헛하여 먹는 것을 즐기고 간식을 잘하는 사람이다.

8. 편인(偏印) 용신(用神) 기신운(忌神運)

▼ 부동산을 사고 파는 매매는 인성운에 매매가 순조롭게 이루어지는 것이다. 이치(理致)는 인성은 관성 관청이 생(生)한 것으로 공문서나 계약서가 되기 때문이다.

예 남명(男命)

壬 癸 己 戊   辛 → 편인, 문서
子 卯 未 申   巳

이 명조(命造)는 계수일주(癸水日主)가 미월(未月)에 생하고 정화(丁火)가 사령(司令)하여 실령(失令)하였으며, 관성이 혼잡 태강하고 식신에 설기되어 신약하다. 겁재가 용신이고 인성(印星)이 희신이다. 편인 정재운인 신사년(辛巳年), 정재에 정인운인 병신월(丙申月)에 치킨점을 매수하였고 정인운(正印運)인 경진년(庚辰年) 계미월(癸未月) 신미일(辛未日)에 아파트를 매도 계약하였으며 다음날 임신일(壬申日)에 아파트를 매수 하였다.

▼ 편인이 기신(忌神)이면 편인 상관운에 상사가 미워하여 실직(失職)하게 되는 것이다. 이치(理致)는 신왕하므로 편인은 기신으로 하는 일 식신을 극(剋)하여 도식(倒食)하기 때문이며, 정관은 상사가 되는데 상관이 정관을 극하여 상(傷)하게 하므로 상사 정관 입장에서 상관은 자신을 극하는 칠살이 되므로 악(惡)의 식신을 생(生)하여 칠살을 제(制)하려 하니 상사가 자신을 미워하고 스트레스를 주기 때문이다.

> 예 남명(男命): 상사 다툼, 퇴사
>
> 丁 甲 癸 己　　　丁 → 상관
> 卯 寅 酉 亥　　　亥 → 편인

이 명조(命造)는 갑목일주(甲木日主)가 유월(酉月)에 생하고 신금(辛金)이 사령(司令)하여 실령(失令)하였으나 인비(印比)와 겁재가 생조(生助)하여 신왕하므로 편인은 기신(忌神)이 된다. 상관에 편인운인 정해년(丁亥年)에 직장상사가 하는 일을 트집 잡아 시비하여 스트레스를 받고 대항하다 정미월(丁未月)에 사표를 내고 퇴사 하였다.

▼ 직장인은 편인운에 권태증(倦怠症: 싫증을 느끼는 증세)이 생성(生成)되어 퇴직하는 경우도 있는 것이다. 이치(理致)는 편인이 하는 일 식신을 도식(倒食)하기 때문이다.

> 예 남명(男命): 실직
>
> ┌ 편인
> 庚 壬 壬 庚　　　庚 → 편인
> 戌 辰 午 子　　　辰 → 편관충

이 명조(命造)는 편인이 혼잡하다. 교사였는데 편인운인 경진년(庚辰年)에 권태증을 느껴 사표를 내고 교직을 떠났다.

- 신약(身弱)하여 편인이 용신이면 편인운에 입찰, 인허가 표창 등 관청과 관계 되는 일이 쉽게 이루어지는 것이다. 이치(理致)는 관성은 관청이 되고, 관인상생(官印相生)이 되기 때문이다.

▼ 신왕(身旺)하여 편인이 기신(忌神)이면, 편인운에 입찰,인허가 등이 순조롭지 못하며, 하는 일이 불성(不成)되어 부도(不渡)가 나는 것이다. 이치(理致)는 식신이 편인에 도식(倒食)되어 재물을 생(生)할 수 없기 때문이다.

```
             예 남명(男命)
  식신 ← 丙 甲 壬 丁
           寅 戌 子 酉
```

이 명조(命造)는 갑목일주(甲木日主)가 자월(子月)에 생하고 계수(癸水)가 사령(司令)하여 득령(得令)하고, 인비(印比)가 생조(生助)하여 신왕하므로 인성을 제(制)하는 재성이 용신이고 식신이 희신이다. 용신을 설기하고 편인이 희신인 식신을 병임충(丙壬沖)하는 임신년(壬申年)에 사업이 침체되어 실패하였다.

- 편인(偏印)이 용신이면 편인운(偏印運)에 취미활동을 하거나 풍수, 역학, 침술 등 새로운 것을 배우려 하는 것이다.
  이치(理致)는 도식(倒食)이 되므로 의식이 변하고 새로운 것을 하고 싶은 마음이 생성(生成)되며, 편인은 편업(偏業)이 되기 때문이다.
- 신약(身弱)하여 편인이 용신이면 편인운에는 상인(上人)의 도움이 있고 하는 일이 순성(順成) 되는 것이며, 신규 사업을 하게 되는 것이다.
  이치(理致)는 편인은 관성이 생(生)한 것으로 관인상생(官印相生)이 되어 일주(日主)를 생(生)하기 때문이다.

▼ 신왕(身旺)하여 편인이 기신(忌神)이면, 편인운에 식신이 충극되어 손님이나 상인(上人)과 언쟁(言爭)하고 스트레스를 받게 되는 것이다.

이치(理致)는 상인의 의식(意識)인 편인에 자신의 의식인 식신이 충극되어 상(傷)하기 때문이다.

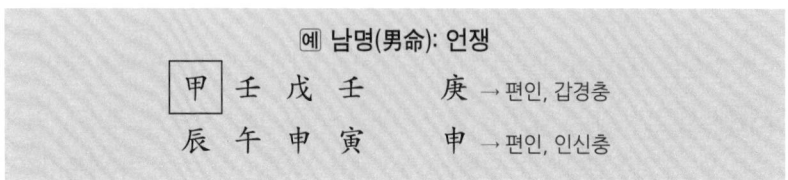

예 남명(男命): 언쟁

甲 壬 戊 壬   庚 → 편인, 갑경충
辰 午 申 寅   申 → 편인, 인신충

이 명조(命造)는 스님인데 편인(偏印)이 식신(食神)을 갑경충(甲庚冲)하는 경신일(庚申日)에 탁발(托鉢)을 나와 식당에 들어가 염불을 하는데 식당주인이 "우리는 교회 다녀요. 하나님 믿으세요." 하자 스님이 "저를 욕보이려 하십니까. 하나님이 무엇인데." 하자 "부처는 무엇이냐."며 쌍욕을 하면서 덤벼 망신을 당하고 도망갔다.

- 사업가는 편인이 기신(忌神)이면 편인운에 하는 일로 인하여 관재(官災)가 발생하는 것이다. 이치(理致)는 편인은 관성이 생한 것이니 해당 공무원의 의식(意識)이 되기 때문이다.
- 사업가가 신왕하여 편인이 기신(忌神)이면, 편인운에 경영이 부진하여 사업을 계속 해야 할지? 접어야 할지? 다른 사업으로 전환해야 할지? 를 고민하게 되는 것이다. 이치(理致)는 편인이 경제활동인 식신을 도식(倒食)하여 재성을 생할 수 없기 때문이다.
- 식신이 용신인 명조(命造)는 편인운에 건강이 나빠지고 스트레스를 받는 일이 발생 하는 것이다. 이치(理致)는 의식(意識)이며 음식인 식신이 도식(倒食) 되어 상(傷)하므로 스트레스를 받거나 음식으로 인하여 질병이 발생하기 때문이다.
- 여명(女命)이 신왕하여 편인이 기신(忌神)이면, 편인운에 남편이 속터지

는 언행(言行)을 하여 스트레스를 받는 것이다. 이치(理致)는 편인은 관성이 생(生)한 것으로 남편의 의식(意識)인 편인이 자신의 의식인 식신을 극(剋)하여 상(傷)하게 하기 때문이다.

▼ 여명(女命)이 편인운에 식상과 합(合)이 되면 애인을 만나 사랑하고 성관계를 하는 것이다. 이치(理致)는 편인은 관성의 의식(意識)으로 남자의 사랑과 성기가 되고, 식상은 여자의 의식이 되고 자궁이 되어 합(合)이 되기 때문이다.

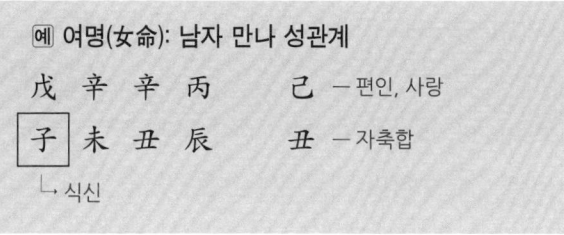

이 명조(命造)는 자신의 의식(意識)이며 자궁인 식신과 남자의 의식이며 성기인 편인이 자축합(子丑合)하는 기축년(己丑年)에 애인을 만나 성관계 하였다.

▼ 여명(女命)이 신왕하여 편인이 기신(忌神)이면 편인운에, 자식이 사망하는 것이다. 그러나 신약하고 식신이 강하면 자식이 사망하지 않는 것이다.
이치(理致)는 신왕하면 도식(倒食)하여 식신을 사상(死傷)하나 신약하면 정인을 대신하여 일주(日主)를 생하는 작용을 하고 식신이 강하니 사상(死傷)되지 않기 때문이다.

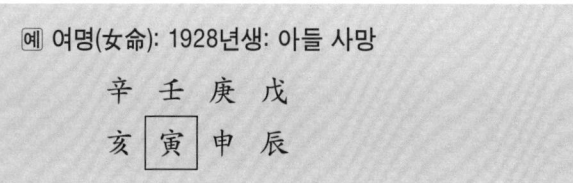

이 명조(命造)는 임수일주(壬水日主)가 신월(申月)에 생하고 경금(庚金)이 사령(司令)하여

득령(得令)하였으며 인비(印比)가 생조(生助)하여 신왕이니 편인은 기신(忌神)이다. 편인과 식신이 인신충(寅申冲)하고 절(絕)이 되는 무신년(戊申年)에 아들이 물에 빠져 익사 하였다.

```
예 여명(女命)
丙 癸 乙 癸
辰 酉 卯 卯
```

이 명조(命造)는 계수일주(癸水日主)가 묘월(卯月)에 생(生)하고 을목(乙木)이 사령(司令)하여 실령(失令)하였고, 식신이 혼잡 태강하여 신약하니 편인이 용신이다. 편인이 묘유충(卯酉冲)하는 을유년(乙酉年)에 아들이 원하는 대학에 합격하였다.

▼ 여명(女命)에서 편인과 식신이 충극되는 운(運)에는 자연유산이 되거나 낙태수술을 하며, 자궁이나 유방수술을 하는 것이다. 이치(理致)는 식신은 자궁, 유방, 태아가 되므로 편인이 충극하면 식신이 사상(死傷)되기 때문이다.

```
예 여명(女命)
丁 癸 己 丁
巳 酉 酉 巳
```

이 명조(命造)는 편인(偏印)과 식신이 묘유충(卯酉冲)하는 기묘년(己卯年)에 처녀가 임신을 하여 낙태수술을 하였다.

```
예 여명(女命)
乙 甲 庚 丙  → 식신: 자식
丑 辰 子 午
```

이 명조(命造)는 편인(偏印)이 식신(食神)을 병임충(丙壬冲)하고 정인(正印)과 상관(傷官)

이 자오충(子午冲)하는 임오년(壬午年)에 8개월 된 태아가 사산(死産) 되었다.

▼ 여명(女命)이 인성과 식상이 충극이 되거나 합(合)이 되는 운(運)을 만나면 임신을 하는 것이다. 이치(理致)는 인성은 성기와 정자(精子)가 되고 식상(食傷)은 자궁과 난자(卵子)가 되기 때문이다.

> **예 여명(女命)**
>
> 甲 辛 戊 甲　　정자 → 戊
> 午 丑 辰 寅　　난자 → 子

이 명조(命造)는 편인과 식신이 자축합(子丑合) 자진합(子辰合)되는 무자년(戊子年) 병진월(丙辰月)에 임신하였다.

- 신약(身弱)하여 편인이 용신이면 학생은 성적이 향상되고 시험에 합격하는 것이다. 그러나 신왕하여 편인이 기신(忌神)이면 공부는 안되고 스트레스를 받게 되므로 시험에 합격하지 못하는 것이다.
  이치(理致)는 신약하면 편인도 정인과 같이 일주(日主)를 생(生)하는 작용을 하고, 신왕하면 도식작용을 하므로 의식(意識)인 식신을 상(傷)하게 하기 때문이다.

11 정인(正印)

정인(正印)은 인수(印綬: 도장 인, 끈 수)라고 한다. 편인(偏印) 정인을 인성(印星)이라고 하며, 일주(日主)를 생(生)하는 오행이다.

음양(陰陽)이 교차하여 생(生)하고 생(生)을 받으니 정인이라 이름한 것이다. 정인은 일주(日主)를 정생(正生) 하고 겁재를 편생(偏生) 하는 것이다. 정인은 남명(男命)에서는 모친, 외손녀가 되며, 여명(女命)에서는 모친, 손자가 되는 것이다.

1. 정인(正印)의 성정(性情)

교육(教育), 학문(學文), 연구, 자비(慈悲: 불쌍히 여김), 인덕(人德), 종교(宗教), 보수적(保守的: 변화를 싫어함), 이기주의(利己主義), 계승(繼承: 전임자의 뒤를 이어받음), 상속, 문서(文書: 공문서, 계약서), 인장(印章: 도장, 인감), 철저(徹底: 빈틈이 없고 꼼꼼함), 신심(信心), 상인(上人)의 의식(意識), 남명(男命)은 자식의 의식(意識), 여명(女命)은 남편의 의식(意識), 사랑 등으로 구분된다.

2. 정인(正印)의 응용(應用)

정인(正印)은 체(體)와 의식(意識) 이분법(二分法)의 원리로 응용하는 것이다. 정인은 일주(日主)를 정생(正生) 하고, 겁재를 편생(偏生) 하며, 상관을 극(剋)하고, 재성의 극(剋)을 받으며, 관성으로부터 생(生)을 받는 것이다. 정인은 정인과 관련되는 육친과 사물(事物)과 성정(性情)을 응용하는 것이다. 정인은 생설극제(生洩剋制) 하면서 생성(生成)되는 길흉(吉凶)과 이해(利害)와 육친 간의 의식(意識) 작용을 응용하는 것이다.

- 정인(正印)은 관성(官星)이 많으면 생왕(生旺)이 되는 것이다.
- 정인(正印)은 인성(印星)이 많으면 조왕(助旺)이 되는 것이다.
- 정인(正印)은 비겁(比劫)이 많으면 설기약(洩氣弱)이 되는 것이다.
- 정인(正印)은 식상(食傷)이 많으면 소모약(消耗弱)이 되는 것이다.
- 정인(正印)은 재성(財星)이 많으면 극제약(剋制弱)이 되는 것이다.

정인(正印)은 직접 나를 생하니 모친이 되는 것이며, 음양(陰陽)의 조화로 생(生)을 많이 하여 나를 양육하는 것이다.

정인(正印)은 상관을 극제(剋制)하여 방종(放縱)하지 않게 견제하여 주는 것이다.

정인(正印)이 관살을 설기 하여 일주(日主)를 생하는 것을 살인상생(殺印相生) 또는 관인상생(官印相生)이라 하는 것이며, 인성이 용신이면 인성은 통관신(通關神)이 되므로 관살로부터 일주(日主)를 보호하는 것이다.

정인이 정관을 설기 하여 일주(日主)를 생하는 것을 관인상생(官印相生)이라 하는 것이다.

정인은 나를 생하여 양육하는 것과 같아서 학식(學識)이고 지식이니 연구하고 교육하는 것이며, 문학이고 정도가 되므로 교직(敎職)이며 연구직이 된다.

　정인(正印)이 있고 형충 되지 아니하면 학문에 뜻이 있고 공부를 잘하며, 문장력이 좋고 월지(月支)에 있으면 더욱 좋으며 총명하고 말이 적으며 인격이 고상(高尙)하여 뜻이 깨끗하고 학식이 높은 것이다.

▼ 정인(正印)이 용신이나 희신이고 상관(傷官)이 있으면 교수, 교사, 강사, 연구원등으로 진출하는 것이다. 이치(理致)는 정인은 학식과 지식이 되므로 지혜로우며, 상관이 있어 총명하고, 정인은 방종하는 상관을 견제하여 방종하지 못하게 하기 때문이다.

　이 명조(命造)는 을목일주(乙木日主)가 신월(申月)에 생(生)하고 경금(庚金)이 사령(司令)하여 실령(失令) 하였으며, 신약하니 정인이 희신(喜神)이고 상관(傷官)을 방종하지 못하게 견제하고 있다. 지혜롭고 총명하며, 학문에 뜻이 있으므로 공부를 잘하여 장학금을 타며 공부를 하였고, 명문대 교수가 되었다.

• 정인(正印) 편인은 일간(日干)을 생조(生助)하는 것이니 종교가 되는 것이다.
　신약하여 인성(印星)이 용신이나 희신이면 종교를 믿게 되고 신앙심이 강한 것이다.

▼ 정인이 없고 상관이 강하면 공부를 하기 싫어하는 것이다. 이치(理

致)는 총명하여 머리는 좋으나 학문이며 교육인 정인(正印)이 없으므로 공부를 하기 싫어하고 방종(放縱)하여 제멋대로 행동하기 때문이다.

> 예 남명(男命)
>
> 甲 辛 壬 壬 →상관
> 午 酉 寅 申

이 명조(命造)는 상관이 유기(有氣)하나 정인도 없고 법(法)이 되는 정관도 없다. 총명하여 머리는 좋으나 공부를 하기 싫어하고 제멋대로 행동하니 항상 반에서 꼴등을 하였고 중학교를 중퇴하였다.

▼ 정인(正印)은 계승(繼承: 뒤를 이어받음)과 상속(相續)을 의미하므로 연월지(年月支)에 정인이 용신이나 희신이면, 부모의 가업을 계승하며 상속을 받는 것이다. 이치(理致)는 정인은 일주(日主)를 생(生)하는 것이니 계승이 되기 때문이다.

> 예 남명(男命): 유산 상속 80억
>
> 癸 辛 戊 辛
> 부친의 사랑← 巳 卯 戌 亥 →상관
>   └ 정인

이 명조(命造)는 신금일주(辛金日主)가 술월(戌月)에 생(生)하고, 무토(戊土)가 사령(司令)하여 득령(得令) 하였으며, 인비(印比)가 생조(生助) 하여 신왕 하다. 월지(月支)의 정인은 태강하지 않은 일주(日主)를 생하고, 시지(時支)에 부친의 의식(意識)인 정관이 있으며, 연지(年支)의 상관에 정재가 암장(暗藏)되고 일지(日支)에 해묘합(亥卯合)이 되었다. 부모의 관심과 사랑을 받고 성장하였으며, 부친에게서 80억 원 정도의 재산과 가업을 상속받았으니 부모 덕은 타고난 사람이다.

▼ 신왕(身旺) 사주가 인성이 많으면 자식이 없거나 적고 빈곤(貧困)하며 고독한 것이다. 이치(理致)는 여명(女命)은 자식인 식상(食傷)을 인성이 충극 하여 사상(死傷)하고, 남명(男命)은 관성을 설기 하여 상(傷)하게 하고, 식상이 상하여 재성을 생(生)할 수 없기 때문이다.

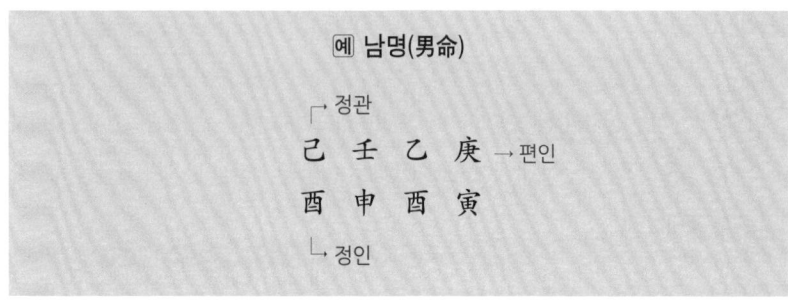

이 명조(命造)는 인성(印星)이 혼잡 태강하여 신왕 하고 식신을 인신충(寅申冲) 하였으며, 관성은 인성에 설기 되어 태약하다. 60세가 넘도록 빈곤하여 전세방에 살고 있으며 자식이 없는 사람이다.

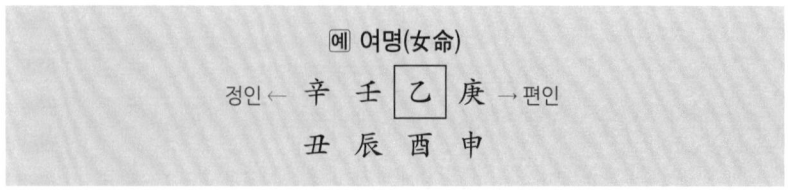

이 명조(命造)는 인성(印星)이 혼잡 태강하고 상관(傷官)이 태약하다. 유산이 되고 계미년(癸未年)에 난소암으로 제거 수술을 하여 자식을 출산할 수 없는 여인이다.

▼ 정인이 용신이면, 정재운에 필사(必死)하는 것이다. 이치(理致)는 정재가 정인을 극하여 사상(死傷)하니 일주(日主)를 생(生)할 수 없기 때문이다.

```
┌─ 예 여명(女命): 22세 사망

        己 丙 癸 壬
        丑 辰 卯 子
               └→ 정인: 용신
```

이 명조(命造)는 병화일주(丙火日主)가 묘월(卯月)에 생하고 을목(乙木)이 사령(司令) 하여 득령(得令) 하였으나 관성이 혼잡하여 신약으로 월지(月支)의 정인이 용신이다. 정재가 정인을 묘유충(卯酉冲)하는 계유년(癸酉年), 갑자월(甲子月), 기축일(己丑日)에 교통사고로 사망하였다.

▼ 정인(正印)이 용신이나 희신이면, 상인(上人)의 덕(德)이 있고, 인덕이 있는 것이다. 이치(理致)는 관성은 상인(上人)이 되고, 정인은 상인의 의식(意識)이 되며, 신약한 일주(日主)를 생(生)하기 때문이다.

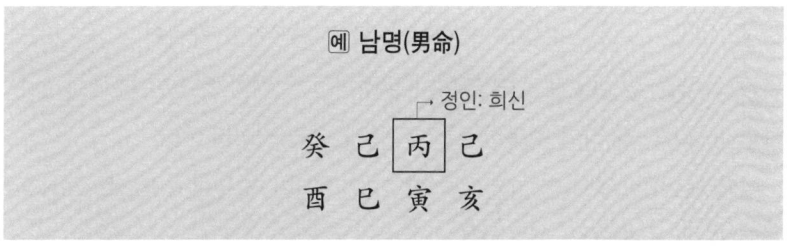

이 명조(命造)는 기토일주(己土日主)가 인월(寅月)에 생(生)하고 병화(丙火)가 사령(司令) 하여 득령(得令) 하였으며, 재관이 있고 식신에 설기 되어 신약하니 정인이 희신이고, 정관이 있어 관인상생(官印相生)되었다. 부가(富家)에 태어나 부모의 사랑을 받고 성장하였으며, 대학교수가 되었고, 인덕이 있어 어딜 가나 도움을 주는 사람이 많았다고 하는 사람이다.

▼ 인성(印星)은 도장이 되며, 문서(文書)가 되고 공문서 등기 등 계약서가 되는 것이다. 그러므로 부동산을 사고파는 계약은 인성운(印星運)에

이루어지는 것이다. 이치(理致)는 인성(印星)은 관성(官星: 관청)이 생(生)한 것이니 공문서, 등기, 문서가 되기 때문이다.

```
     예 여명(女命)
     壬 壬 甲 己      辛 → 정인, 문서
     寅 申 戌 亥      未 → 전, 답
```

이 명조(命造)는 정인(正印), 정관운(正官運)인 신미년(辛未年), 병신월(丙申月)에 전(田)을 매입하였는데, 신(辛)은 문서가 되고, 미(未)는 전(田)이 된다.

3. 성격(性格) 독심술(讀心術) - 이분법 적용

1 인자하고 온화하며 복(福)이 많다

정인(正印)이 형충이 없고 용신이나 희신(喜神)이면 학식이 높고 인자하며 온화하고 인정이 많으며 품행이 단정하고 인덕이 있으며 재산이 풍부하니 복(福)을 누리며 행복한 일생을 살게 되는 것이다.

이치(理致)는 정인(正印)은 학식이고, 지식이며 교육이고 관성의 의식이 되는데 생(生)을 받기 때문이다.

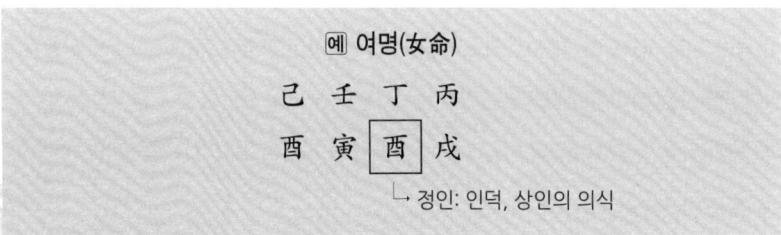

이 명조(命造)는 임수일주(壬水日主)가 유월(酉月)에 생(生)하고 신금(辛金)이 사령(司令)하여 득령(得令) 하였으며, 정인이 형충이 없고 월지(月支)와 시지(時支)의 정인이 생조(生

助) 하여 신왕 하며 식신이 재성을 생(生)하고, 재성이 관성을 생하고 관성이 정인을 생하여 오행이 중화(中和)되어 귀격(貴格)이다. 부가(富家)에 태어나 부모의 사랑을 받고 성장하여 교사가 되었으며, 인자하며 자비심이 있어 어딜 가나 주위 사람이 신망하고 인덕이 있어 도움을 주는 사람이 많았으며, 자산이 풍부하고 건강하며 가족과 화목하여 지금까지 살아오면서 아무런 어려움도 없이 즐겁게 살아 이 세상에 자신보다 행복하게 살은 사람은 없을 것이라고 말하는 여인이다.

❷ 이기적(利己的) 편애(偏愛)한다

 신약(身弱)하여 정인이 용신이나 희신(喜神)이면 인정이 없고 이기심(利己心)이 있어 자신이 유리한 대로 언행(言行) 하고 편애하는 성질이 있어 자신이 좋아하는 사람만 상대하는 것이다.
 이치는 신약하니 자신이 도움을 받아야 하기 때문이고 자신을 위해주고 의지가 되는 사람만 좋아하기 때문이다.

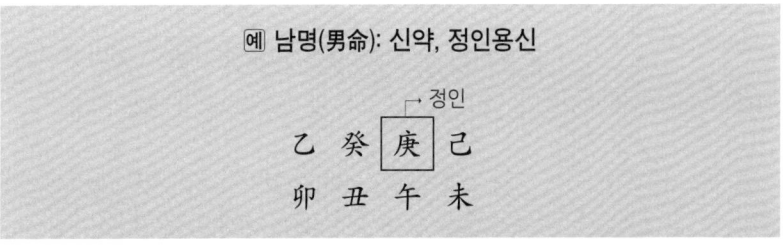

이 명조(命造)는 계수일주(癸水日主)가 오월(午月)에 생(生)하고 기토(己土)가 사령(司令)하여 실령(失令) 하였으며, 재관이 강하고 식신에 설기 되어 태약하다. 인정이 없고 모친과 형제에게 의지하며, 자기 유리한 대로 언행(言行)하고 편애하여 자신이 좋아하는 사람만 상대하는 사람이다.

❸ 치밀·철저하고 융통성이 없다

 정인(正印)이 있으면 치밀 철저하여 빈틈이 없고 꼼꼼하며 원리 원칙이고 융통성(融通性)이 없는 것이다.

이치는 정인은 학문이 되고 문서가 되기 때문이다.

이 명조(命造)는 정인격(正印格)이고 관성(官星)이 혼잡하다. 치밀 철저하고 원리원칙이며 융통성이 없는 사람이다.

4 상인(上人)을 좋아하고 손아랫사람을 싫어한다

신약(身弱)하고 정인이 있으면 나이가 많은 상인(上人)의 덕이 있고 상인을 좋아하여 친구처럼 어울리고 나이가 적은 손아랫사람과 어울리는 것을 싫어하는 것이다. 이치(理致)는 상인은 관성이 되고 인성은 관성의 의식(意識)이 되며 일주(日主)를 생하니, 상인은 의지가 되어 마음이 편안하고, 손아랫사람은 의지가 안 되어 불편한 마음이 생성(生成)되기 때문이다.

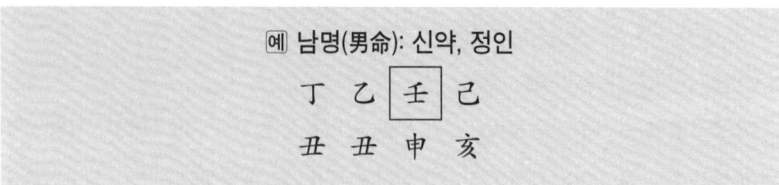

이 명조(命造)는 을목일주(乙木日主)가 신월(申月)에 생(生)하고 무토(戊土)가 사령(司令)하여 실령(失令) 하였으며 재관이 강하여 신약하므로 정인이 용신이다. 상인의 덕(德)이 있고 상인과 어울리면 의지가 되어 마음이 편하고 하인과 어울리면 의지가 안 되어 불편하므로 하인과 어울리는 것을 싫어하는 사람이다.

5 인성(印星)이 없으면 인덕이 없고 외로워

인성(印星)이 년주에 있거나 인성이 없으면 인덕(人德)이 없고 외로운 것이다. 이치(理致)는 인성은 유정(有情)으로 인덕과 사랑이 되기 때문이며 인성이 멀리 있으면 일주를 생할 수 없기 때문이다.

```
        예 남명(男命)

        己 甲 丙 己
        巳 寅 寅 未
```

이 명조(命造)는 인성(印星)이 없어 외로움을 타는 사람이다.

4. 모친론(母親論) - 이분법 적용

▼ 모친을 좋아하고 의지(依支)한다

신약(身弱)하여 정인이 용신이나 희신이면 모친을 좋아하고 의지하며, 모친도 자신을 도와주게 되는 것이다. 이치(理致)는 신약하므로 정인의 생을 받아야 하고, 정인은 생을 하여야 하니 모친은 자신이 도와주지 않으면 안될 것 같은 측은(惻隱: 가엾고 불쌍함)한 마음과 도와주고 싶은 마음이 생성(生成)되기 때문이다.

```
          예 남명(男命)
              ┌→ 정인, 용신
          ┌─┐
          │甲│ 丁 壬 辛
          └─┘
           辰 丑 辰 酉
```

이 명조(命造)는 정화일주(丁火日主)가 진월(辰月)에 생(生)하고 무토(戊土)가 사령(司令)

하여 실령(失令) 하였으며 재관이 혼잡하고 상관에 설기 되어 신약하므로 정인이 용신이다. 모친을 좋아하고 의지하며, 모친도 아들이 측은하게 생각되어 도와준다고 한다.

▼ 모친을 미워하여 불화(不和)한다

신약(身弱)하여 정인이 용신이라도 상관과 정인이 충극되면, 모친을 보면 스트레스를 받고 신경질적으로 대하여 모친과 불화하는 것이다. 이치(理致)는 자신의 의식과 모친의 체(體)가 충극 되어 의식이 상(傷)하기 때문이다.

이 명조(命造)는 임수일주(壬水日主)가 묘월(卯月)에 생(生)하고 갑목(甲木)이 사령(司令)하여 실령(失令) 하였으며, 상관에 설기 되고 관성이 혼잡하여 신약하므로 정인이 용신이 된다. 그러나 자신의 의식(意識)과 모친의 체(體)가 묘유충(卯酉冲)이 되었다. 모친을 만나면 스트레스를 받고 신경질을 내어 모친과 불화하며, 신약하나 모친에 의지하지 않고 떨어져 살면서 전화도 하지 않고 모친을 만나러 오지도 않는 사람이다.

▼ 모친이 계모(繼母)같이 학대한다

비견(比肩)이 혼잡 태강하고 편재를 생(生)하는 식상이 없으며, 정인이 태약하고 정인을 생(生)하는 관성이 없으면 부모가 학대하는 것이다. 이치(理致)는 비견은 편재를 극(剋)하여 사상(死傷)하고 정인을 설기 하여 상(傷)하게 하기 때문이다.

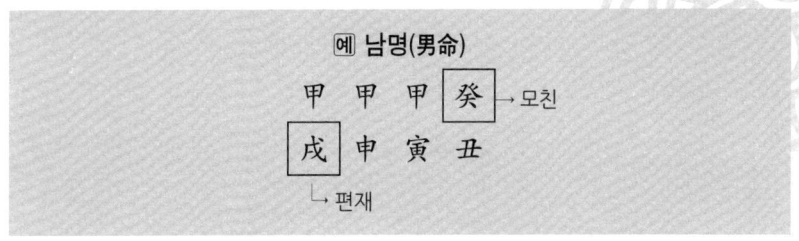

이 명조(命造)는 비견이 혼잡 태강하여 편재를 극(剋)하고 태약한 정인을 설기 하여 상(傷)하게 하니, 부모를 해(害)하는 명조이다. 부모가 자신을 확대하다가 부친은 사망하고 모친은 재혼하여 살고 있는데 계모같이 학대하여 소식을 끊고 사는 사람이다.

▼ 모친의 덕(德)이 있다

연월주(年月柱)에 정인이 있고 용신이나 희신이면 모친의 덕(德)이 있어 도움을 받는 것이다. 이치(理致)는 정인이 용신이 되기 때문이다.

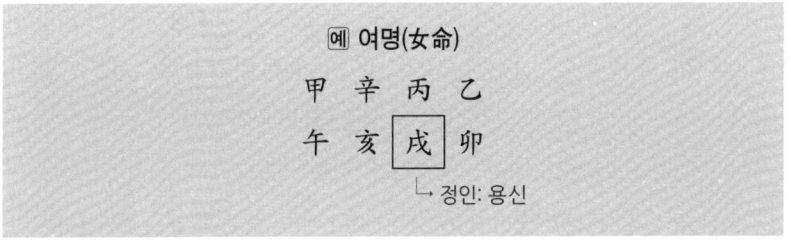

이 명조(命造)는 신금일주(辛金日主)가 술월(戌月)에 생(生)하고 무토(戊土)가 사령(司令)하여 득령(得令)은 하였으나 재관이 강하여 신약이다. 월지(月支)의 정인이 용신이며, 관성(官星)의 생(生)을 받아 유기(有氣)하다. 모친을 좋아하고 모친도 딸을 가엽게 여겨 사랑하며 돕고 있다. 결혼 후 모친이 3억 원 정도의 한복가게를 물려주었다.

▼ 모친의 덕(德)이 없다

신왕하고 월주(月柱)에 비견이나 겁재가 있으면 모친의 덕(德)이 없고 모친을 도와주어야 하는 것이다. 이치(理致)는 모궁(母宮)에 비겁이 있으니 모친이 빈곤하여 겁재 작용을 하기 때문이다.

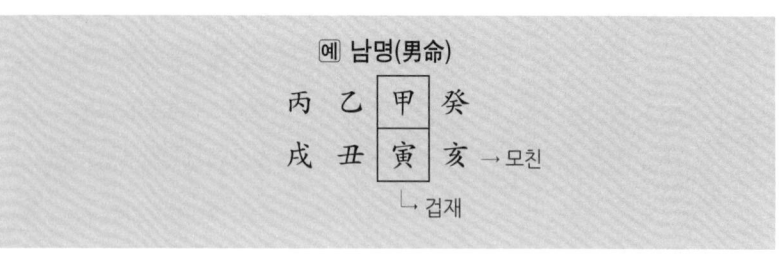

 이 명조(命造)는 을목일주(乙木日主)가 인월(寅月)에 생(生)하고 무토(戊土)가 사령(司令)하여 실령(失令)하였으나 인성(印星)과 겁재가 생조(生助)하여 신왕 하니 월주(月柱)의 겁재가 기신(忌神)이다. 모친의 덕이 없고 모친이 겁재 작용을 하므로 모친이 빈곤하고 건강하지 못해 돈을 달라고 찾아오고 모친에게 생활비와 치료비를 주어야 하는 사람이다.

▼ 부모가 이혼하여 모친을 만나지 못한다

 편재가 편인과 동주(同柱)하였거나 가까이 있고 비견이나 일주(日主)가 편재를 충극 하였으면, 부친이 자기 맘이 법(法)이고 모친을 구박하고 작첩(作妾: 애인)하여 부모가 이혼하고, 모친이 재혼하여 모친을 만날 수 없는 것이다.
 이치(理致)는 부친입장에서 비견이나 일주(日主)는 처(妻)의 자궁이 되고 자신을 사상(死傷)하는 칠살이 되므로 처와 성관계하면 조루증이 오고 재미가 없으며 다른 여자와 성관계하면 정력이 강해지고 재미가 있기 때문이며, 악(惡)의 식신을 생(生)하여 칠살을 제(制)하고 살아남으려 하기 때문이다.

예 남명(男命)

```
      ┌ 부친      ┌ 정인: 모친
   乙  辛  戊  庚  → 이복형제
   未  酉  寅  申
      └ 계모     └ 모친의 재혼남
```

이 명조(命造)는 비겁(比劫)이 혼잡하고 편재를 신을충(辛乙冲) 하였으며, 편재는 편인과 동주(同柱)하고 정인은 정재와 동주(同柱)하고 있다. 부친이 작첩(作妾)하여 부모가 비견에 편인운인 신미년(辛未年)에 이혼하고, 재혼하여 모친을 만날 수 없으며 계모와 이복형제가 있다.

▼ 모친을 만나는 운은

부모가 이혼하여 모친을 만나지 못하는 명조(命造)는 정인운(正印運)이 오면 인성의 기운이 동(動)하여 모친 생각이 나고 모친을 보고 싶은 마음이 생성(生成)되는 것이며, 모친궁인 월지(月支)나 일지(日支)에 인성(印星)이 합(合)이 되는 운에 모친을 만나며, 자신의 의식(意識)과 모친의 의식이 합이 되는 운에도 모친을 만나는 것이다.

예 남명(男命)

己 癸 乙 丁 →부친
未 酉 巳 丑
조부┘ └庚: 모친 丙: 모친의 애인

이 명조(命造)는 모친이 바람나 부모가 이혼하여 조부, 조모와 함께 살고 있는데, 정인에 상관운인 갑신년(甲申年)에 교통사고로 병원에 입원하고 있었다. 모친궁인 월지(月支)로 정인이 사신합(巳申合)이 되는 갑신년(甲申年), 일지(日支)에 사유합(酉巳合)이 되는 기사월(己巳月)에 모친이 병원에 찾아와 만나게 되었으며, 한 달 동안 간호를 해주고 돌아갔다.

예 남명(男命)   모친의 명조(命造)

壬 丁 戊 丙   丙 癸 壬 癸
寅 亥 戌 寅   辰 巳 戌 卯

이 명조(命造)는 부모가 갑술년(甲戌年)에 이혼하여 부친과 살고 있으므로 모친의 소식을 모르고 지내다가 정인운(正印運)인 갑신년(甲申年) 갑술월(甲戌月)에 모친이 전화하여 통화하였고, 편인과 편재운인 을유년(乙酉年), 정인이 일지(日支)에 합(合)이 되는 무인월(戊寅月)에 부친과 함께 모친을 만났다.

✔ 모친이 단명(短命)하였다

▼ 비겁(比劫)이 혼잡하고 정인이 태약하거나 입묘(入墓) 되었으며 편인이 편재와 동주(同柱)하였거나 가까이 있는 명조(命造)는 모친이 단명(短命)하는 것이다. 이치(理致)는 입묘는 무덤이 되기 때문이고, 편인은 계모가 되며 계모와 살도록 인연이 되어 있기 때문이다.

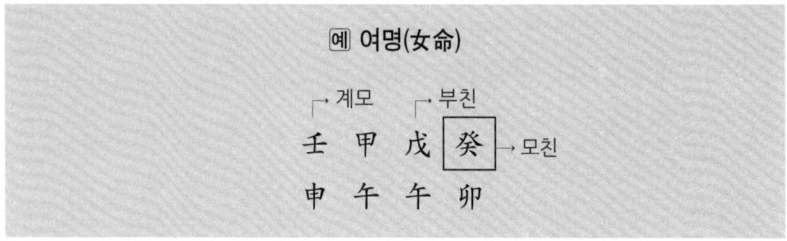

이 명조(命造)는 정인(正印)이 연상(年上)에 있고 태약하며, 시상(時上)에 편인은 편관에 장생(長生)하며 일주(日主)를 생(生)하고 있다. 어려서 모친이 병사(病死)하여 계모에게 성장하였다. 모친이 사망하고 계모와 살도록 운명(運命)이 지어져 있기 때문이니 어찌 전생의 업(業)의 업보라고 아니 할 수 있겠는가.

▼ 비겁(比劫)이 혼잡하고 정인이 입묘(入墓) 되었거나, 정인이 태약하고 정인을 생(生)하는 관성이 없으면, 모친이 단명(短命)하는 것이다. 이치(理致)는 입묘(入墓)는 무덤이 되기 때문이고, 정인이 비견에 설기 되어 사상(死傷) 되기 때문이다.

이 명조(命造)는 정인(正印)이 입묘(入墓) 되고 월지(月支) 모친궁에는 편인이 있다. 모친이 자신을 낳고 한달 뒤 경술년(庚戌年) 임오월(壬午月)에 사망하여 계모에게 성장하였다.

▼ 정인이 약하고 형충파해(刑沖破害)되었으며 정인을 생하는 관성(官星)이 없으면 모친이 단명(短命)하는 것이다. 이치(理致)는 정인이 형충파해 되어 상(傷)하기 때문이다.

예 여명(女命): 모친 17세 사망

戊 庚 辛 辛
子 子 丑 未 → 정인

이 명조(命造)는 비겁(比劫)이 혼잡 태강하고 정인을 생하는 관성이 없어 정인이 태약하며 축미충(丑未冲)이 되었다. 정인이 축술미(丑戌未) 삼형이 되고, 입묘(入墓)가 되는 병술년(丙戌年)에 모친이 심장마비로 사망하였다.

예 남명(男命): 모친 15세 사망

庚 壬 甲 癸
子 午 子 酉 → 정인

이 명조(命造)는 비겁(比劫)이 혼잡 태강하고 정인을 생하는 관성이 없어 정인이 태약(太弱)하며 자유파(子酉破)가 되었다.
모친이 심장마비로 사망하였다.

✔ 모친이 사망하는 운(運)은

▼ 정인이 병(病)이나 사(死), 묘(墓)나 절(絶)이 되고 비겁이나 정재운에 모친이 사망하는 것이다.

이치(理致)는 병사(病死)는 설기(泄氣)되어 기운이 과다하게 빠져나가 병(病)이 들고 사망하기 때문이며, 묘(墓)는 입묘(入墓)로 죽어서 무덤에 들어가는 시기가 되기 때문이고, 절(絶)은 일생의 기(氣)가 다하여 끊어지기 때문이며, 비겁은 정인을 설기(泄氣)하여 상(傷)하게 하고 정재는 정인을 사상(死傷)하기 때문이다.

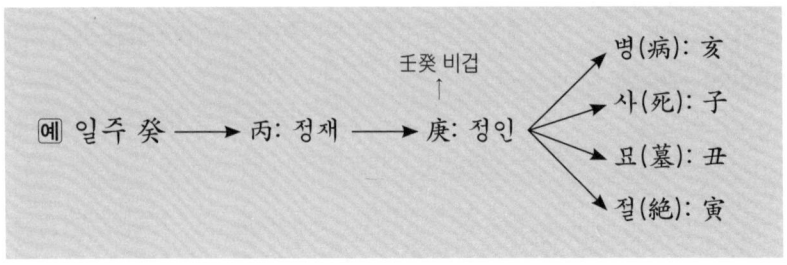

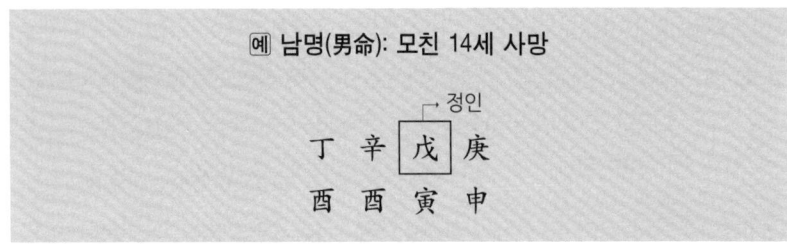

이 명조(命造)는 비겁(比劫)이 혼잡하여 정인을 설기 하니 태약하다. 정인을 설기하고 사지(死支)가 되는 계유년(癸酉年)에 모친이 병사(病死)하였다.

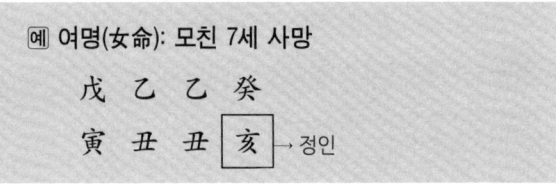

이 명조(命造)는 재성이 혼잡하고 비겁 또한, 혼잡하여 정인이 관성(官星)의 생을 받지못해 태약하다. 정인이 사해충(巳亥冲)되고, 정인(正印)의 절지(絕支)가 되는 기사년(己巳年)에 모친이 교통사고로 사망하였다.

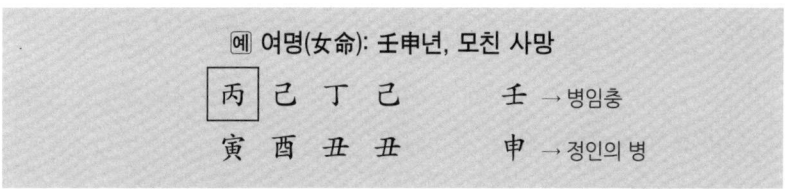

이 명조(命造)는 비견이 혼잡 태강하여 정인을 설기하나 정인(正印)이 인(寅)에 장생(長生)하여 유기(有氣)하다. 정재가 정인을 병임충(丙壬冲) 하고 정인의 병지(病支)가 되는 임신년(壬申年)에 모친이 노환(老患)으로 사망하였다.

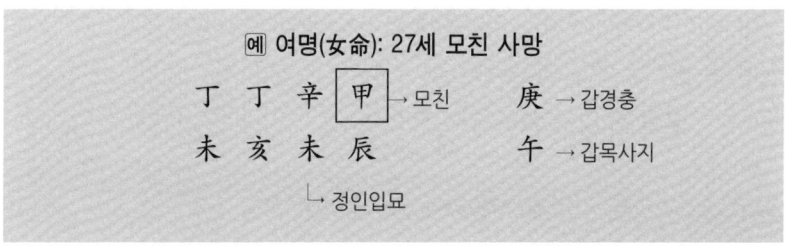

이 명조(命造)는 정인(正印)이 월지(月支) 미(未)에 입묘(入墓) 되었으며 태약하다. 정재가 정인을 갑경충(甲庚冲) 하고, 정인의 사지(死支)가 되는 경오년(庚午年)에 모친이 위암으로 사망하였다.

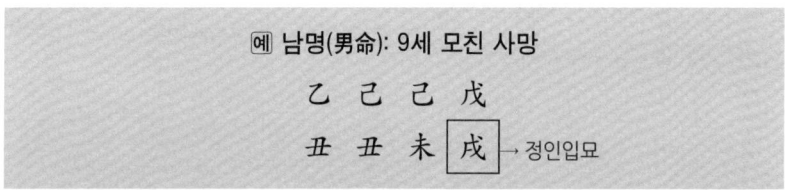

이 명조(命造)는 비겁(比劫)이 혼잡 태강(太强)하고 정인(正印)이 술(戌)에 입묘(入墓) 되었다. 정인이 오술합(午戌合)으로 입묘(入墓) 되는 병오년(丙午年)에 모친이 병사(病死)하였다.

예 여명(女命): 7세, 모친사망   23 13 3

```
乙 癸 甲 戊        辛 壬 癸
卯 丑 寅 申 → 정인   亥 子 丑
         └ 정인절지
```

이 명조(命造)는 모친궁인 월지(月支)가 정인(正印)의 절지(絶支)가 되고, 정인은 연지(年支)에 있으며 식상(食傷)이 혼잡 태강(太强)하여 관성(官星)을 극(剋)하니 관성이 정인을 생(生)할 수 없으므로 정인이 약하다. 정인이 입묘(入墓) 되는 축대운(丑大運), 절지(絶支)가 되는 갑인년(甲寅年), 정재와 정인의 사지(死支)가 되는 병자월(丙子月)에 모친이 병사하였다.

▼ 비겁이 혼잡 태강하고 정인이 없는 명조(命造)는 식상운에도 모친이 사망하고, 비견운, 정재와 정인운에 모친이 사망하는 것이다. 이치(理致)는 식상이 정인을 생(生)하는 관성을 극(剋)하기 때문이고, 비견에 정인이 설기 되어 상(傷)하기 때문이며, 정재는 정인을 사상(死傷)하기 때문이다.

예 남명(男命): 27세, 모친 사망

```
乙 癸 癸 戊        甲 → 상관
卯 卯 亥 子        寅 → 금, 인성절지
```

이 명조(命造)는 비겁이 혼잡 태강하여 신왕 하며 식신이 혼잡하고 정인이 없다. 상관에 인성의 절지(絶支)가 되는 갑인년(甲寅年), 정인의 사지(死支)가 되는 병자월(丙子月)에 모친이 병사하였다.

예 여명(男命): 47세, 모친 사망

```
甲 壬 戊 乙        辛 → 정인
辰 寅 寅 巳        卯 → 상관
```

이 명조(命造)는 식상이 혼잡 태강하여 정인을 생하는 관성(官星)을 극 하고 있으며 정인은 없다. 상관(傷官)에 정인운인 신묘년(辛卯年)에 모친이 병사하였다.

5. 인성은 자식의 의식(意識)

▼ 자식들이 효도(孝道)한다

남명(男命)에서 식상(食傷)이 관성(官星)을 충극(沖剋) 하지 않고 관성이 유기(有氣)하며 인성이 용신이나 희신이면, 자식들이 효도하고 자신도 자식들을 사랑하는 것이다. 이치(理致)는 자식의 의식인 인성(印星)이 일주(日主)를 생하는 것은 효심이 되기 때문이다.

```
예 남명(男命); 효자

        ┌→ 정인: 용신, 자식의 의식
        癸 甲 己 己
        酉 子 巳 卯
        └→ 정관: 자식
```

이 명조(命造)는 갑목일주(甲木日主)가 사월(巳月)에 생(生)하고 병화(丙火)가 사령(司令)하여 실령(失令) 하였으며, 재성이 강하고 식상에 설기 되어 신약하고 화왕절(火旺節)이라 조후(調候)가 필요하니 정인이 용신이 된다. 자식들이 모두 효자다.

▼ 자식들 때문에 스트레스를 받는다

남명(男命)에서 인성이 혼잡 태강하여 기신(忌神)이고 식상을 충극 하였으면, 자식들이 속 터지는 언행(言行)을 골라 하여 스트레스를 받는 것이다. 이치(理致)는 인성은 자식들의 의식(意識)이 되고 식상은 자신의 의식이 되는데, 인성에 식상이 충극 되어 상(傷)하기 때문이다.

┌───┐
│   예 남명(男命): 불효자   │
│   │
│   ┌ 의식   │
│   辛 癸 甲 庚 → 자식의 의식   │
│ 자식의 의식 ← 酉 卯 申 辰 → 자식   │
└───┘

이 명조(命造)는 계수일주(癸水日主)가 신월(申月)에 생(生)하고 임수(壬水)가 사령(司令)하여 득령(得令) 하였으며, 혼잡 태강한 인성이 생조(生助) 하여 신왕 하니 인성이 기신(忌神)이고, 자신의 의식(意識)인 식상을 갑경충(甲庚冲), 묘유충(卯酉冲) 하였다. 아들이 속 터지는 언행을 골라하여 일생동안 스트레스를 받은 사람이다.

6. 여명(女命) 정인론(正印論) - 이분법 적용

▼ 인성(印星)은 남편의 사랑이다

여명(女命)에서 신약하고 인성이 용신이나 희신이면 남편의 덕(德)이 있고 사랑을 받는 것이다. 이치(理致)는 인성은 정관의 식상으로 남편의 의식(意識)이 되고 신약한 일주(日主)를 생하기 때문이다.

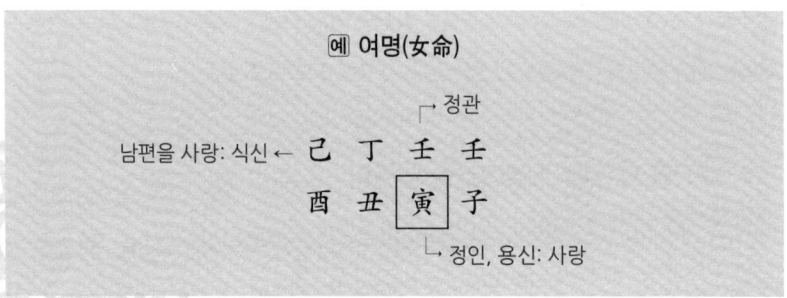

이 명조(命造)는 정화일주(丁火日主)가 인월(寅月)에 생(生)하고 병화(丙火)가 사령(司令)하여 득령(得令) 하였으나 관성이 혼잡하고 식신에 설기 되어 신약하므로 정인(正印)이 용신이며, 남편을 사랑하는 마음 식신이 있다. 남편의 사랑을 받으며 자신도 남편을 사랑하는 여인이다.

▼ 남편에게 스트레스를 받는다

여명(女命)에서 신왕 하여 인성이 기신(忌神)이고, 인성이 혼잡하여 식상을 충극 하였으며 상관이 있으면, 남편이 속 터지는 언행(言行)을 골라 하여 스트레스를 받고 남편을 미워하는 것이다. 이치(理致)는 남편의 의식(意識)인 인성이 자신의 의식인 식상을 충극하여 상(傷)하게 하기 때문이며, 상관은 남편을 미워하는 마음이 되기 때문이다.

그러나 상관이 없으면 남편이 자신을 지극히 사랑하는 것이다.

예 여명(女命)

┌ 정인   ┌ 상관
癸 甲 丁 庚 → 애인
酉 辰 亥 子
        └ 남편

이 명조(命造)는 갑목일주(甲木日主)가 해월(亥月)에 생(生)하고 무토(戊土)가 사령(司令)하여 실령(失令) 하였으나 혼잡한 인성이 생조(生助) 하여 신왕 하므로 인성이 기신(忌神)이며, 정인이 상관을 정계충(丁癸冲) 하였다. 남편이 능력이 없고 돈벌어 도와주면 하는 일마다 실패하고 속 터지는 언행을 골라하여 스트레스를 받고 남편을 미워하는 여인이다. 상관이 없었다면 지극한 사랑을 받았을 것이다.

▼ 여명(女命)에서 인성은 남자의 사랑과 성기

여명(女命)에서 관성이 없고 인성이 혼잡하여도 애인이 많은 것이다. 이 치(理致)는 인성은 관성의 식상으로 남자의 의식(意識)이 되고 성기와 사랑이 되며, 남자인 관성이 없는 것은 다른 사람 모르게 숨어서 사랑하는 것이 되기 때문이다.

예 여명(女命)

사랑, 성기 ┐　　　┌ 사랑, 성기
戊　辛　己　庚
子　亥　丑　子
　　　　└ 사랑, 성기

이 명조(命造)는 관성은 없고 인성과 식상이 혼잡하다. 남자는 없고 사랑만 있으니 남편과 살면서 애인의 자식을 잉태하여 이혼하고 또 다른 애인의 자식을 낳아 세 남자의 자식을 낳았다.

7. 정인(正印) 용신(用神) 기신운(忌神運)

정인(正印)이 용신이면 정인운에 토지, 가옥 등 매매(賣買)가 순조롭게 이루어지는 것이다. 이치(理致)는 정인(正印)은 문서로 계약서가 되기 때문이다.

예 남명(男命)

壬　乙　丙　戊　　丁
午　亥　辰　戌　　亥 → 정인, 문서

이 명조(命造)는 을목일주(乙木日主)가 진월(辰月)에 생(生)하고 무토(戊土)가 사령(司令)하여 실령(失令) 하였으며, 식상에 설기 되고 재성이 혼잡 태강하여 신약하므로 정인이 용신이 된다. 정인운인 정해년(丁亥年), 무신월(戊申月), 계사일(癸巳日)에 전(田)을 매도하였다.

▼ 정인(正印)이 용신이면, 정인운에 승진, 진급 등이 되고 명예가 따르는 것이다. 이치(理致)는 관성이 정인을 생(生)하여 일주(日主)를 생(生)하기 때문이다.

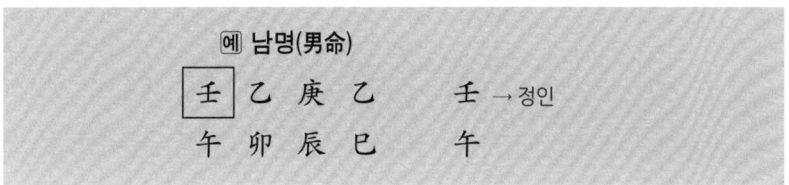

이 명조(命造)는 을목일주(乙木日主)가 진월(辰月)에 생(生)하고 무토(戊土)가 사령(司令)하여 실령(失令) 하였으며, 인비(印比)가 생조(生助) 하나 식상에 설기 되고 재관이 강(强)하여 신약하니 정인이 희신(喜神)이다. 행정 공무원인데 정인운인 임오년(壬午年)에 승진하였다.

- 정인(正印)이 용신이면 정인운에 학위 논문발표, 저서출판 등 성과가 좋은 것이다.
- 정인이 기신(忌神)인 명조(命造)는 정인운에 승진이나 진급 등이 안 되고 직장상사로 인하여 스트레스를 받게 되는 것이다. 이치는 정인은 관성의 의식(意識)으로 자신의 의식인 상관을 극(剋)하여 상(傷)하게 하기 때문이다.
- 정인이 용신인 명조(命造)는 정인운에 인허가, 입찰 등이 순조롭게 이루어지는 것이다. 정인은 관성이 생(生)한 것으로 공문서가 되고 일주(日主)를 생(生)하기 때문이다.

- 인성이 기신(忌神)인 명조(命造)는 정인운에 인허가, 입찰 등이 이루어지지 않는 것이다. 인성이 하는 일 식상을 극(剋)하여 상(傷)하게 하기 때문이다.
- 인성(印星)이 용신인 명조(命造)는 정인운에 공부가 잘되고 진학시험이나 공무원 시험에 합격하는 것이다. 이치(理致)는 정인은 학문과 교육이 되고 관인상생(官印相生)이 되기 때문이다.

예 여명(女命): 임용고시 합격

| 戊 | 癸 | 辛 | 乙 | 庚 | → 정인, 용신 |
| 午 | 丑 | 巳 | 卯 | 寅 | |

이 명조(命造)는 계수일주(癸水日主)가 사월(巳月)에 생(生)하고 무토(戊土)가 사령(司令)하여 실령(失令) 하였으며 재관이 강하고 식신에 설기 되어 신약하므로 월상(月上)에 편인이 용신이 된다. 정인운인 경인년(庚寅年)에 임용고시에 합격하였다.

- 신왕(身旺) 하여 정인이 기신(忌神)이면 정인운에 공부가 안 되고 시험에 불합격하는 것이다.
  이치(理致)는 정인이 기신이면 의식(意識)인 상관을 극(剋)하므로 스트레스를 받아 공부가 안되기 때문이다.
- 정인(正印)이 용신이고 조상이나 부모의 재산이 있어 재산을 상속받을 명조(命造)는 정인운에 상속을 받거나 부모에게서 도움을 받는 것이다. 이치(理致)는 정인은 일주(日主)를 생하고 계승이 되기 때문이다.
- 신약(身弱)하여 정인이 용신인 명조(命造)가 질병이 있으면 정인운에 건강이 좋아지는 것이다. 이치(理致)는 신약한 일주(日主)를 생(生)하여 일주가 강해지기 때문이다.
- 신약(身弱)하여 정인이 용신인 명조(命造)는 정인운에 상인(上人)의 도

움이 있고, 귀인(貴人)을 만나 도움을 받을 수 있는 것이다. 이치(理致)는 관성은 상인(上人)이 되고 귀인이 되며, 정인은 귀인의 의식(意識)으로 신약한 일주(日主)를 생(生)하기 때문이다.

- 사업자가 신약하여 정인이 용신이면, 정인운에 손님이 많이 오므로 사업이 번창하는 것이다. 이치(理致)는 관성은 손님이 되고, 정인은 손님의 의식(意識)이 되는데 신약한 일주(日主)를 생(生)하기 때문이다.
- 여명(女命)에서 정인이 상관을 충극 하는 운(運)에는 부부가 불화하고 남편에게 스트레스를 받는 것이다. 이치(理致)는 남편의 의식(意識)인 정인이 자신의 의식인 상관을 충극하여 상(傷)하게 하기 때문이다.
- 여명(女命)에서 상관이 약한 명조(命造)는 정인이 상관을 충극(沖剋)하는 운(運)에 자식이 사망하는 것이다. 이치(理致)는 정인에 충극되어 상관이 사상(死傷)되기 때문이다.
- 여명(女命)에서 정인이 상관을 충극 하는 정인운에는 태아가 유산되거나 자궁이나 유방에 질병이 발생하는 것이다. 이치(理致)는 정인에 상관이 충극 되어 상관이 사상(死傷)되기 때문이며, 상관은 태아, 자궁, 유방이 되는 것이다.
- 정인운(正印運)에는 모친에게 길흉(吉凶)이 발생하는 것이다. 정인은 모친이 되기 때문이다.

제 8 장
용신(用神) 격국(格局)

01 일주(日主)의 강약(强弱)   546
02 용신(用神)   552
03 격국(格局)   558

01 일주(日主)의 강약(强弱)

　명리학(命理學)에 있어서 운명감정의 중요한 작용을 하는 것은 오행(五行)의 구성과 태과(太過) 불급(不及: 미치지 못함)의 조화(調和)상태를 보고 길흉(吉凶)을 판단하는 방법이다. 제살(諸殺: 모두제), 제합(諸合), 십이운(十二運) 및 육신에 의한 운명 감정법도 궁극적으로는 오행의 조화(調和) 여부를 살피는 것이다.
　이 방법은 운명 감정법의 중심이 되는 것으로 사주팔자(四柱八字)는 먼저 이 방법에 의하여 길흉(吉凶), 선악을 판단한 연후 제살. 제합 육신, 십이운(十二運) 및 체(體)와 의식(意識) 이분법(二分法)등에 의한 감정법이 적용되어야 한다.
　예를 들어, 양인, 삼형 등의 흉살(凶殺)이 있더라도 비인격자라고 판단해서는 안 되며, 천을귀인(天乙貴人), 학당(學堂)등의 길신(吉神)이 있다하여 훌륭한 인격자라고 판단해서도 안 된다.
　오행(五行)의 조화 상태에 의하여 운명의 길흉(吉凶)을 판단하는 방법은 사주팔자상의 음양과 오행의 강약(强弱) 왕쇠(旺衰)을 관찰하여 운명의 길흉 선악을 감정하는 것으로 강약 왕쇠가 없는 중화(中和)를 지향(志向)한다. 오행의 조화는 우선 사주팔자의 기본이 되는 일간(日干) 즉, 일주(日主)부터 되어야 한다.
　일주(日主) 오행이 갑(甲) 또는 을목(乙木)인 경우 비겁 목(木)이 지나치게 강왕(强旺)하여도 아니 되며 쇠약해서도 아니 된다. 일주(日主)가 강왕

하면 처재(妻財)를 극(剋)하여 사상(死傷)하므로 대흉하고, 일주(日主)가 쇠약하면 부모 형제에 의지하며 지구력이 부족하고 흉운을 만나면 병고(病苦)와 빈곤으로 고통을 받게 되기 때문이다. 일주(日主)가 왕성하고 강한 것은 신강(身强), 신왕(身旺)이라 하고, 쇠약하거나 무력한 것은 신약(身弱)이라고 한다. 신강 및 신약을 구분하는 표준은 다음과 같다.

- 출생월이 일주(日主)가 왕성한 달인가? 쇠약한 달인가? 를 살펴야 하는데, 이것은 오행(五行)계절(季節)의 왕쇠(旺衰)와 지장간을 참고 한다.
- 일주(日主)가 생조(生助)되면 신강이고, 극설(剋洩)되면 신약이다. 일주를 생조하는 것은 정인, 편인, 비견, 겁재, 양인등을 만나는 것이다. 극설(剋洩)되는 것은 편관, 정관, 편재, 정재, 식신, 상관 등을 만나는 것을 말한다.
- 일주(日主)가 십이운성의 포태법의 장생(長生), 건록(建祿), 제왕(帝旺) 등을 만나면 득기(得氣)하여 강해지고, 병사묘절(病死墓絶)등을 만나면 실기(失氣)되어 약해지는 것이다.
- 일간(日干)이 월령(月令)의 지장간에서 여기, 중기, 정기 등을 관찰하여 득기(得氣)하여 득령(得令)하였는가? 실기(失氣)하여 실령(失令)하였는가? 를 관찰한다.
- 일주(日主)가 지지(地支)의 지장간 속에 오행상 동기(同氣)인 비겁이 있어 통근(通根)하였는지의 유무를 살핀다. 통근이 되면 뿌리가 되어 강해지기 때문이다.

신강, 신약의 판단은 이상의 여러 표준을 종합하여 결정해야 하는데 구별하기 곤란한 경우가 많아 대가들도 틀리는 경우가 간혹 있다. 대체로 사주팔자에 일주(日主)를 생조(生助)하는 육신과 설기 극해(剋害)하는 육신의 수를 비교하여 신약(身弱) 신강(身强)을 판단하는 것이다. 또한, 간합

(干合), 삼합(三合), 육합(六合) 등이 되어 다른 오행으로 화(化)하는 것도 참고한다.

▼ 천간(天干)보다 지지(地支)의 작용력이 강하다고 하는 설이 있으나 얼마나 차이가 있는지 막연한 추측일 뿐 정확한 과학적통계는 없는 실정이다. 이것을 소승이 운명감정을 하면서 실증(實證)을 하고 연구를 하여 신왕 신약을 가려내는 방법을 제시(提示)하면 다음과 같다.

▼ 비율 배정표 → 비겁 · 인성 기준

時	日	月	年	사주
10	10 일주	10	10	천간 비율
10	10	비겁 +40 인성 +30	10	지지 비율

▼ 비율 배정표 → 식상 · 재성 · 관성 기준

時	日	月	年	사주
10	10 일주	10	10	천간 비율
10	10	관성 −40 식상, 재성 −30	10	지지 비율

이 방법은 사주팔자의 일주(日主)가 최강해지는 건록(建祿: 양인(陽刃)월은 40점+, 일주가 쇠약해지는 관성(官星)월은 40점−, 나머지 간지(干支)는 10점을 부여 하여 산출하면 총 110점이 된다.

다음은 일주(日主)가 왕(旺)해지는 편인(偏印), 정인(正印) 인성(印星)월은 30점+, 약해지는 재성(財星), 식상(食傷)월은 30점−, 나머지 간지(干支)는 10점을 부여하여 산출하면 100점이 된다.

득령(得令)과 통근(通根)은 +5점을 부여하고 점수에 가산하며, 통근 되지 않은 것은 상존하여 영향을 주는 것이 아니므로 0점, 실령(失令)한 것은 -5점을 삭감한다.

사주팔자 중에 일주(日主)및 일주를 생조(生助)하는 점수만 산출하여 110점 기준은 60점 이상이면 신왕(身旺)으로 결정하고, 100점 기준은 55점 이상이면 신왕(身旺)으로 결정한다.

예 남명(男命)

```
        10   10
      己 甲 甲 戊
      巳 辰 子 辰  乙 +5
              乙 +5  30
                    壬득령 +5
```

이 명조(命造)는 갑목일주(甲木日主)가 인성(印星)인 자월(子月)에 생(生)하여 +30점 임수(壬水)가 사령(司令)하여 득령(得令) +5점, 통근(通根) +10점, 천간(天干) 20점 등을 산출하면 100점 만점에 65점이 되므로 신왕(身旺)으로 결정하는 것이다.

예 남명(男命)

```
                      56  46  36  26  16   6
   10  10
  己 辛 甲 甲         庚 己 戊 丁 丙 乙
  丑 亥 戌 午         辰 卯 寅 丑 子 亥
  10     30
       戊득령 +5
```

이 명조(命造)는 신금일주(辛金日主)가 정인(正印)인 술월(戌月)에 생(生)하여 +30점, 무토(戊土)가 사령(司令)하여 득령(得令) +5점, 천간(天干)에서 일주(日主)와 편인(偏印) 30점 등을 산출하면 100점 만점에 65점이 되므로 신왕(身旺)이다. 인묘(寅卯) 재성대운(財星大運)에 사업을 하여 부자가 되었다.

예 여명(女命)

```
         10  10  10              59  49  39  29  19   9
         己  甲  甲  乙          庚  己  戊  丁  丙  乙
         巳  寅  申  酉          寅  丑  子  亥  戌  酉
                 10 득령壬 +5
```

이 명조(命造)는 갑목일주(甲木日主)가 신월(申月)에 생(生)하고 임수(壬水)가 사령(司令)하여 득령 +5,점 천간(天干)에 비겁 +30점, 일지(日支) 비견 +10점 등을 산출하면 110점 만점에 45점이 되므로 신약으로 결정하는 것이다. 해자(亥子) 대운에 발전하고 축(丑) 재운에 대흉(大凶)하였다.

위와 같은 방법으로 비율을 산출하면 대부분 맞는편이나 절대적인 것은 아니므로 참고하기 바란다.

▼ 득령(得令)과 실령(失令)

월령(月令)의 지장간(地藏干)에서 여기, 중기, 정기 중 일주(日主)를 생조(生造)하는 비겁이나 인성에 해당하면 득령(得令)한 것이고, 식상, 재성, 관성에 해당하면 실령(失令)한 것이다.

▼ 득세(得勢)

득세는 일간(日干)과 월지(月支)를 제외하고 다른 간지(干支)에서 비겁이나 인성의 세력을 3개 이상 얻으면 득세(得勢)한 것이다. 지지(地支)의 경우는 사령신(司令神)도 포함된다.

▼ 득지(得地)

득지는 월지(月支)를 포함한 모든 지지(地支)에서 일주(日主)와 동기(同氣)인 비겁을 3개 이상 얻으면 득지(得支)한 것이다. 이 경우는 사령신(司令神)과 관계가 없다. 득령, 득세, 득지등 두가지 이상 득령과 득세, 득령과 득지를 갖추면 신왕으로 보고 그렇지 않으면 신약으로 보는 것이다.

▼ 통근(通根)

통근은 일주(日主)와 동기(同氣)인 비겁을 지장간에서 만나면 이를 통근(通根)이라 하고 세력을 얻어서 강해지는 것이다.

▼ 투간(透干) 투출(透出)

투간 투출은 지장간이나 월령(月令)의 사령신이 천간(天干)에 나타나 있는 것을 말한다.

▼ 희신(喜神), 약신(病神), 기신(忌神), 구신(仇神), 한신(閑神)은?

희신(喜神: 기쁠희)은 용신(用神: 쓸용)을 생조(生助)하는 육신이고, 기신(忌神: 꺼릴기)은 용신을 파극(破剋)하는 육신이며, 병(病)이고 약신(病神: 약약)은 기신인 병(病)을 파극(破剋)하는 육신이며, 구신(仇神: 원수구)은 기신을 생조(生助: 날생.도울조)하는 육신이고, 한신(閑神: 한가할한)은 길흉(吉凶)에 어떠한 영향을 주지 않고 한가로이 있다고 하여 붙여진 이름이다.

02 용신(用神)

 용신(用神)은 사주팔자의 음양 및 오행의 조화(調和)를 위해 소용되는 육신(六神)을 말하는 것이다. 신왕이면 억제하거나 왕성한 기운(氣運)을 설기하는 육신이 필요하고, 반대로 신약하면 일주(日主)를 생조(生助)하는 육신이 필요하다. 이것을 용신이라고 하는 것이다.
 사주팔자에 용신의 위치, 강약(强弱) 및 어떤 육신에 해당하느냐에 따라 운명의 길흉(吉凶)과 선악이 결정되므로 용신이란, 운명감정의 핵심이라 할 수 있다. 용신을 모르고는 사주를 감정 할 수가 없는 것이다.
 용신을 찾는 법은 일정하지 아니하며, 격국(格局)과 더불어 설명하겠으나 그 기준은 다음과 같다.

1. 억부용신(抑扶用神)

 일주(日主)를 생조(生助)하는 육신(六神)이 많으면 신왕이 되고, 신왕이 되면 일주(日主)를 극설(剋泄)하는 것이 용신이며, 극(剋)이 되고 설기가 많아 신약이면 생조(生助)하는 육신이 용신이다. 이를 억부(抑扶: 누를억, 도울부) 용신이라 하는 것이다.
 비겁이 혼잡하여 강한 경우는 신왕(身旺)이라 하고, 인성이 혼잡하여 강한 경우에는 신강(身强)이라 한다.

```
 예 남명(男命)
                       52 42 32 22 12  2
   ┌용신
   戊 癸 戊 庚      甲 癸 壬 辛 庚 己
   午 巳 子 子      午 巳 辰 卯 寅 丑
```

이 명조(命造)는 계수일주(癸水日主)가 자월(子月)에 생하고 계수(癸水)가 사령(司令)하여 득령(得令)하였으며, 인비(印比)가 생조(生助)하여 신왕하므로 이를 억제하는 시상에 정관이 용신이고, 용신을 생조(生助)하는 재성이 희신이 된다. 화토운(火土運)이 길하고 금수목(金水木)운은 불길(不吉)하다. 사오(巳午) 희신운에 발복하여 수백억대의 부자가 되었다.

```
 예 남명(男命)
                       50 40 30 20 10
   辛 丁 庚 己      乙 丙 丁 戊 己
   丑 亥 午 亥      丑 寅 卯 辰 巳
       └용신
```

이 명조(命造)는 정화일주(丁火日主)가 오월(午月)에 생하고 정화(丁火)가 사령(司令)하여 득령(得令)하였으나 식신에 설기되고 재관이 혼잡하여 신약하므로 일주(日主)를 생조(生助)하는 월지(月支)의 비견이 용신이 되고, 인성이 희신이 된다. 용신.희신에 해당되는 정묘(丁卯), 병인(丙寅)대운에 사업이 창성하여 100억대의 부자가 되었다.

2. 병약(病藥) 용신(用神)

▼ 병(病)이란 용신을 충극하거나 불필요한 육신이 태왕하여 길격(吉格)으로 구성하는데, 방해되는 육신을 병(病)이라 하고, 병이 되는 육신을 억제하는 육신을 약신(藥神)이라 하는 것이다.

```
예 여명(女命)

    병        용신              52  42  32  22  12   2
    ┌         ┌
    庚 丙 甲 癸         庚 己 戊 丁 丙 乙
    寅 申 子 亥         午 巳 辰 卯 寅 丑
         └
         丙, 약신
```

이 명조(命造)는 병화일주(丙火日主)가 자월(子月)에 생하고 계수(癸水)가 사령(司令)하여 실령(失令)하였으며, 관살이 혼잡 태강하여 신약하고 관인상생(官印相生)으로 월상(月上)에 편인이 용신이며, 인(寅)에 통근(通根)되어 유기(有氣)하다. 시상(時上)에 재성이 병(病)이고, 비견은 약신(藥神)이 되는 것이다. 목화운(木火運)이 대길하다. 정묘대운(丁卯大運) 을유년(乙酉年)에 사법고시에 합격하였다.

3. 조후용신(調候用神)

▼ 추우면 따뜻함이 필요하고 더우면 서늘함이 필요하다. 지구상의 음양의 조화(調和)를 조후(調候: 고를조,기후후)라고 하는 것이다. 기후와 마찬가지로 한난조습(寒暖燥濕)은 오행의 조후이다.

한·난·조·습에서 천간(天干)의 금수(金水) 경신임계(庚辛壬癸)는 한(寒: 찰 한)이고, 목화(木火) 갑을병정(甲乙丙丁)은 난(暖: 따스할 난)이며, 토(土) 무기(戊己)는 한난의 중간에 위치하고, 지지(地支)는 금수(金水) 신유해자(申酉亥子)와 토(土) 진축(辰丑)은 습(濕: 젖을 습)이며, 목화(木火) 인묘사오(寅卯巳午)와 토(土) 술미(戌未)는 조(燥: 마를 조)하다.

계절로는 가을 겨울은 한습(寒濕)이고, 봄과 여름은 난조(暖燥)하다. 사주팔자가 과하게 한습하면 난조한 기운이 필요하고, 과하게 난조하면 한습한 기운이 필요하다. 따라서 사주(四柱)가 과하게 한습 또는 난조할 때는 지구에 있는 물질 오행으로 응용하면 조후용신의 이론이 맞는 것이나 태양계에 있는 오행성 별의 기(氣) 작용으로 운세가 변화하는 것이니 조후용신의 이론은 틀리는 것이다. 고로 신왕 하거나 신약한 경우 억부용신을 적용하면 조후가 되므로 용신론에서 애매모호한 조후용신은 제외한다.

```
[예] 남명(男命): 1927년생    55  45  35  25  15  5
     己 甲 乙 丁            己 庚 辛 壬 癸 甲
     巳 寅 巳 卯            亥 子 丑 寅 卯 辰
```

이 명조(命造)는 갑목일주(甲木日主)가 사월(巳月)에 생(生)하고 비겁(比劫)이 혼잡하나 신약하니 비겁이 용신이고 인성이 희신이다. 어렵게 살다가 해자운(亥子運)에 부귀하게 되었다.

```
[예] 남명(男命)              58  48  38  28  18  8
     乙 甲 己 庚            乙 甲 癸 壬 辛 庚
     亥 子 丑 子            未 午 巳 辰 卯 寅
```

이 명조(命造)는 갑목일주(甲木日主)가 축월(丑月)에 생(生)하여 한습(寒濕)하고 겁재와 인성이 생조하여 신왕하니 재성이 용신이고 식상이 희신이다. 어렵게 살다가 사오(巳午)대운에 길(吉)하여 부유 해졌다.

4. 전왕(專旺) 종용신(從用神)

사주가 특정 오행에 편중 되어 억제하기 곤란하여 그 세력에 따르는 것이 종(從) 용신이 되는 것이다. 종격(從格) 화격(化格)등 외격(外格)에 속하는 사주는 모두 같다.

5. 통관(通關) 용신(用神)

▼ 사주 중에 왕성한 두 오행이 대립되어 어느 쪽이나 억제하기 곤란한 경우 이를 오행상생(五行相生)의 원리에 의하여 서로 소통(疎通)하는 오행으로 용신을 삼는 것을 통관(通關) 용신이라 하는 것이다.

```
        예 여명(女命)
    乙  戊  乙  庚
    卯  申  酉  子 → 통관, 용신
```

이 명조(命造)는 일주(日主)는 신약하고 식상과 관성이 서로 대립 되어 있다. 금생수(金生水) 수생목(水生木)으로 통관 시키는 재성이 용신이 되는 것이다. 재운이 길하고 재성을 생하는 식상운도 길하나 식상과 관성이 충극되면 시비 구설 관재가 발생하므로 대흉한 것이다.

```
        예 여명(女命)
    戊  癸  戊  乙
    午  卯  寅  巳 → 통관, 용신
```

이 명조(命造)는 일주(日主)을 생조(生助)하는 인비(印比)가 없고 식상과 관성이 서로 대립 되어 있다. 목생화(木生火) 화생토(火生土)로 통관 시키는 재성이 용신이 되는 것이다. 용신에 해당하는 사오(巳午)재운(財運)에 화장품 판매업을 하여 부자가 되었다.

• 대다수의 사주(四柱)는 억부, 병약, 전왕 등에 속하며, 통관, 조후용신 등은 간혹 있다. 사주팔자가 길(吉)하기 위해서는 용신이 뚜렷하고 유기(有氣)하여야 한다.
용신이 강하며 형충파해(刑沖破害)가 되지 아니하면 길명(吉明)이 되는 것이다. 다른 오행에 의해 용신이 형충파해가 되었어도 사주에 약(藥)이 있어 병(病)을 억제하면 길(吉)하다.

만약 용신이 형충 되더라도 서로 형충하는 지지(地支)가 어느 한쪽이 다른 지지와 삼합(三合)이나 육합(六合)이 되면 형충은 해소 되는 것이다.

대세운에서 용신이 형충되면 용신 작용을 못하므로 불길한 것이다.

03 격국(格局)

　격(格)이란 국가가 되고 체제가 되며 사회주의체제, 자본주의체제, 국가질서의 근본바탕이다. 국가에는 법(法)과 질서가 있듯이 격(格)에 따라서 지켜야할 규칙(規則)이 있다. 격은 규칙 안에서의 활동하는 무대이다.
　정재격은 월급나라, 정인격은 학자 선비나라, 정관격은 행정나라, 격이 낮으면 작은 나라, 통치가 안 되는 미미한 나라가 되므로 격(格)이 낮으면 직업이 미천微賤)하고, 격이 높으면 직업이 뚜렷하며 존귀(尊貴)하다.
　국(局)이란 삼합(三合), 방합(方合)등 합국(合局)을 말하는 것으로 합국에 의하여 격(格)은 변화하는 것이다.
　격국에 따라 일주(日主)의 세력이 변화하는 것이니 사주의 강약(强弱)을 보고 국세(局勢)를 정하였으면 그 격(格)에 의해서 용신을 결정하는 것이다. 용신은 나라 전체를 관리하는 총리가 된다. 희신(喜神)은 총리를 돕는 장관, 일주(日主)는 대통령이다.
　일주가 신왕(身旺) 해야 한다. 대통령이 강해야 총리을 부려먹고 나라를 다스린다. 대통령이 약하면 총리가 대통령을 무시하므로 통치가 안 된다.

　격(格)은 사주를 분류하는 편의에 의하여 그 유형에 따라 붙인 명칭으로 용신과는 다르다.
　격(格)은 사주의 신약, 신왕을 따지지 아니하고 다만 월지(月支)을 중심으로 하여 그 기세(氣勢)의 왕성한 오행에 따라 정하는 십정격(十正格)이 있고, 월지(月支)를 불문하고 그 기세(氣勢)에 따르는 종격(從格)이 있다. 십정격(十正格)은 내격(內格)이라 하고, 종격(從格)은 외격(外格)이라고 하는 것이다.

외격(外格)에 속하는 사주는 월지(月支)의 여하를 불문하고 그 격(格)에 따른다.

1. 십정격(十正格)

1 건록격(建祿格)

```
丁 丙 丁 戊
酉 戌 巳 辰
       └ 건록
```

병화일주(丙火日主)가 사월(巳月)에 생(生)하고 사(巳)는 건록(建祿)이라 건록격이다.

2 양인격(陽刃格)

```
乙 甲 辛 辛
丑 寅 卯 丑
       └ 양인
```

이 명조(命造)는 갑목일주(甲木日主)가 묘월(卯月)에 생하고, 묘(卯)는 양인이라 양인격(陽刃格)이다.

❸ 식신격(食神格)

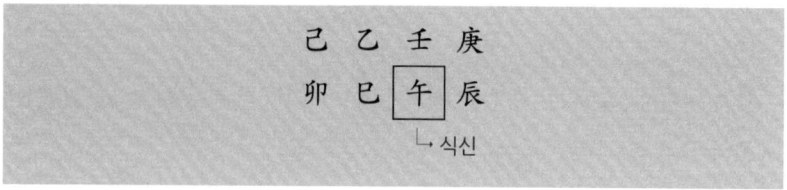

이 명조(命造)는 을목일주(乙木日主)가 오월(午月)에 생(生)하고, 오(午)는 식신이라 식신격(食神格)이다.

❹ 상관격(傷官格)

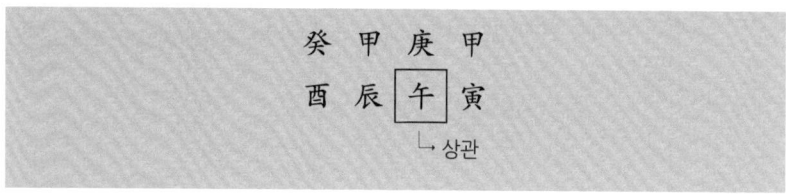

이 명조(命造)는 갑목일주(甲木日主)가 오월(午月)에 생(生)하고, 오(午)는 상관(傷官)이라 상관격이다.

❺ 편재격(偏財格)

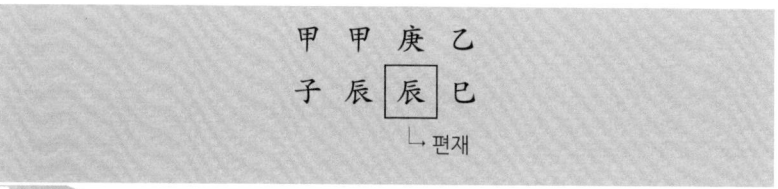

이 명조(命造)는 갑목일주(甲木日主)가 진월(辰月)에 생(生)하고, 진(辰)은 편재이니 편재격(偏財格)이다.

6 정재격(正財格)

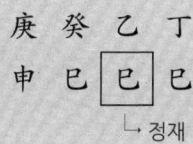

이 명조(命造)는 계수일주(癸水日主)가 사월(巳月)에 생(生)하고 사(巳)는 정재(正財)이니 정재격이다.

7 편관격(偏官格)

이 명조(命造)는 갑목일주(甲木日主)가 신월(申月)에 생(生)하고 신(申)은 편관(偏官)이라 편관격(偏官格)이다.

8 정관격(正官格)

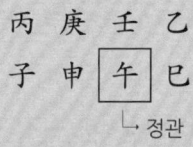

이 명조(命造)는 경금일주(庚金日主)가 오월(午月)에 생(生)하고, 오(午)는 정관이라 정관격(正官格)이다.

9 편인격(偏印格)

이 명조(命造)는 갑목일주(甲木日主)가 해월(亥月)에 생(生)하고 해(亥)는 편인이라 편인격(偏印格)이다.

10 정인격(正印格)

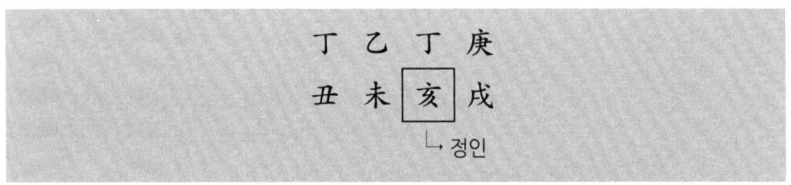

이 명조(命造)는 을목일주(乙木日主)가 해월(亥月)에 생(生)하고, 해(亥)는 정인(正印)이라 정인격(正印格)이다.

2. 종격(從格)

종격(從格)은 화격(化格) 양신성상격(兩神成象格) 일행득기격(一行得氣格)등은 지금까지 설명한 십정격(十正格)과 같이 월지(月支)를 중심으로 하지 아니하고 특별한 원칙에 의하므로 이를 명리학상의 용어로 외격(外格)이라 하는 것이다.

▼ 종강격(從强格)

종강격(從强格)은 사주의 전부 또는 대부분이 비겁보다 인성이 많은 것을 종강격(從强格)이라 한다.

세력에 종(從)하는 비겁이 용신이고, 생조(生助)하는 인성이 희신이며 식상은 왕기(旺氣)를 설기시켜 관성을 극하여 약신(藥神)이나 인성과 극(剋)이 되어 흉(凶)하고 관성은 용신을 극하니 기신(忌神)이고, 기신을 생하는 재성은 구신(仇神)이다.

```
비겁, 용신 ← 甲 甲 癸 癸 → 인성, 희신
            子 子 亥 亥
```

이 명조(命造)는 갑목일주(甲木日主)가 해월(亥月)에 생(生)하고, 비견이 있으나 사주의 대부분이 인성으로 종강격(從强格)이 되었다. 인성의 왕세(旺勢)를 설기하는 비견이 용신이고 인성은 희신이 된다. 비겁, 인성운이 대길(大吉)하고, 인성(印星)과 비겁을 극하는 관성, 재성운은 대흉하며, 식상운(食傷運)은 인성(印星)과 극(剋)이 되어 흉(凶)하다.

▼ 종왕격(從旺格)

종왕격(從旺格)은 비겁(比劫)이 대부분을 차지하고 인성(印星)이 있는 것을 말한다.

비겁에 종(從)이 된 것이니 세력에 따르는 비겁이 용신이고 인성이 희신이며, 식상은 왕기(旺氣)를 설기시켜 관성을 극하여 약신(藥神)이고, 관성은 용신을 극(剋)하여 기신(忌神)이며, 기신을 생하는 재성은 구신(仇神)이다.

```
비겁, 용신 ← 乙 甲 乙 癸 → 인성, 희신
            亥 寅 卯 卯
```

이 명조(命造)는 갑목일주(甲木日主)가 묘월(卯月)에 생(生)하고 인해(寅亥) 합목(合木)되어 사주 대부분이 비겁이고, 연상(年上)에 인성이 있어 종왕격이 되었다. 비겁이 용신이고, 인성이 희신이다.

▼ 종살격(從殺格)

종살격(從殺格)은 명조(命造)의 대부분이 관살(官殺)로 되어 있는 것을 말한다.

종살격은 기세(氣勢)에 따르는 관성이 용신이고 재성은 희신이며, 인성은 약신(藥神)이고 식상은 용신을 극하여 기신(忌神)이며, 비겁은 기신을 생하고 일주(日主)를 조력(助力)하여 구신(仇神: 원수구)이다.

```
                   庚 乙 乙 庚  → 용신, 관성
      재성, 희신 ←  辰 酉 酉 申
```

이 명조(命造)는 을목일주(乙木日主)가 유월(酉月)에 생(生)하고 을경합금(乙庚合金), 진유합금(辰酉合金)이 되어 사주 전체가 관살이니 종살격이 되었다. 관성이 용신이고, 재성이 희신이다.

▼ 종재격(從財格)

종재격(從財格)은 사주의 전체 또는 대부분을 재성(財星)이 차지하고 있어 재성의 세력에 따르는 것을 말한다.

종재(從財)는 재성이 용신이 되고, 식상은 희신이 되며, 관성은 왕기(旺氣)를 설기하고 비겁을 극제하니 약신(藥神)이 되며, 비겁은 기신(忌神)이고 기신을 생하는 인성은 구신(仇神)이다.

```
      재성, 용신 ←  丙 壬 己 甲  → 식상, 희신
                   午 午 巳 午
```

이 명조(命造)는 임수일주(壬水日主)가 사월(巳月)에 생(生)하고 사주의 대부분이 재성으로 종재격이 되었다. 재성이 용신이고 식상은 희신이며, 관성은 약신(藥神)이다. 재성, 식상, 관성운은 길(吉)하고 비겁은 용신을 극하며 인성은 비겁을 생하고 식상을 극하여 흉(凶)하다.

▼ 종아격(從兒格)

종아격은 명조(命造)의 대부분 또는 전부를 식상(食傷)이 차지하여 식상의 기세(氣勢)에 따르는 것을 말한다.

종아격은 명조에 재성이 있거나 재운을 만나면 대길하여 부귀하지 않는 사람이 없으며 지혜가 있어 총명한 것이다. 왕기(旺氣)을 설기하는 식상이 용신이고, 비겁은 일주(日主)와 통근(通根)되어 희신은 없으며, 재성은 왕기를 설기시켜 인성을 극하여 약신(藥神)이고, 인성은 용신을 극하여 기신(忌神)이며, 기신을 생하는 관성은 구신(仇神)이다.

예 여명(女命)				42	32	22	12	2
甲	癸	甲	癸	己	戊	丁	丙	乙
寅	卯	寅	卯	未	午	巳	辰	卯

└→ 丙: 용신

이 명조(命造)는 계수일주(癸水日主)가 인월(寅月)에 생(生)하고 식상이 혼잡 태강하여 종아격이 되었다. 22세 이후 왕기(旺氣)를 설기하는 사오(巳午) 재성운에 옷장사를 하여 50억대의 부자(富者)가 되었다.

▼ 가종격(假從格)

종격(從格)은 종강격(從强格) 외에는 모두 일주(日主)가 태약(太弱)하고 천간(天干)에 비겁이나 인성이 없거나 있더라도 미약하다.

지지에 인성이나 비겁이 있으면 종격(從格)으로 보지 않고 억부법(抑扶法)에 의한다. 그러나 천간(天干)에 한두개의 비겁이나 인성이 있고 미약하며 나머지 간지(干支)가 식상(食傷) 또는, 재성(財星), 관살(官殺)등으로 되어 있으며, 비겁이나 인성이 파극(破剋)될 때는 이를 가종격(假從格)이라 하고 종격과 같은 법칙에 의한다.

따라서 사주에 식상이 많을 때는 종아격(從兒格), 재성이 많으면 종재격(從財格), 관살이 많으면 종살격(從殺格) 등의 법칙에 따른다.

예 남명(男命)

　　　　┌─편인
丙　壬　庚　丙
午　寅　寅　午

이 명조(命造)는 임수일주(壬水日主)가 인월(寅月)에 생(生)하고 재성이 혼잡 태왕하며, 월상(月上)에 편인이 있으나 태약하고 재성에 극(剋)이 되어 일주(日主)를 생조(生助)할 수가 없다. 식신이 일월지(日月支)에 있고 재성이 왕성하여 종아격이 가종재격(假從財格)이 되었다. 재성운은 대길하고, 식상, 관성운은 길하며, 인성, 비겁운은 대흉(大凶)하다. 사오(巳午) 재성운에 발복(發福)하여 부자가 되었다.

예 남명(男命)

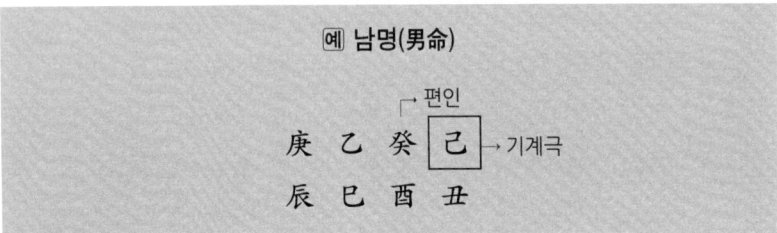

이 명조(命造)는 을목일주(乙木日主)가 유월(酉月)에 생(生)하고 사유축(巳酉丑) 금국(金局)이 되어 관살이 혼잡 태강하며 월상(月上)에 편인이 있어 관인상생(官印相生)이 될 것 같으나 연상(年上)에 편재가 기계극(己癸剋)하여 일주(日主)를 생할 수 없으니 가종살격이

되었다. 관성이 용신이고 재성은 희신이다. 재관운(財官運)에 대길(大吉)하였고, 식상(食傷)운에 대흉(大凶)하였다.

3. 화격(化格)

화격(化格)은 간합(干合)이 일주(日主)를 중심으로 해서 시간(時干) 또는, 월간(月干)에 있고 간합이 표시하는 오행이 간지(干支)에 많은 것을 화격이라 하는 것이다. 화격은 화신(化神)을 생(生)하는 오행이 용신이 되는 것이다.

▼ 화토격(化土格)

갑일주(甲日主)나 기일주(己日主)가 토왕절(土旺節)인 진술축미(辰戌丑未)월에 생(生)하고 기토(己土)가 있어 합(合)이 되면 갑기화토격(甲己化土格)이 된다.

토(土)가 용신이고 토을 생하는 화(火)는 희신(喜神)이며, 금(金)은 왕기(旺氣)을 유통시켜 목(木)을 제(制)하여 약신(藥神)이고, 용신을 극(剋)하는 목(木)은 기신(忌神)이며, 기신을 생하는 수(水)는 구신(仇神)이다.

```
戊 甲 己 戊    용신 ― 土
辰 辰 未 戊    희신 ― 火
```

이 명조(命造)는 갑일주(甲日主)가 미월(未月)에 생(生)하고 갑기화토(甲己化土)하였으며, 사주 대부분이 토(土)가 차지하고 있으므로 화격(化格)이 되었다. 용신은 토(土)가 되고, 토을 생하는 화(火)는 희신이다. 용신 희신에 해당하는 화토운(火土運)은 대길(大吉)하고, 금(金)은 약신(藥神)이라 길(吉)하다. 목(木)은 기신(忌神)이고, 기신을 생하는 수(水)는 구신(仇神)으로 수목(水木)운은 대흉(大凶)하다.

▼ 화금격(化金格)

을일주(乙日主)나 경일주(庚日主)가 금왕절(金旺節)인 신유(辛酉)월에 생하고 경금(庚金)이 있어 합(合)이 되면 을경화금격(乙庚化金格)이 된다.

금(金)이 용신이고, 금을 생하는 토(土)는 희신이며, 수(水)는 왕기을 유통시켜 화(火)을 제(制)하여 약신(藥神)이고, 용신을 극(剋)하는 화(火)는 기신(忌神)이며, 기신을 생하는 목(木)은 구신(仇神)이다.

```
庚 乙 辛 戊    용신 - 金
辰 酉 酉 申    희신 - 土
```

이 명조(命造)는 을일주(乙日主)가 유월(酉月)에 생(生)하고 을경화금(乙庚化金)하였으며, 사주 대부분이 금(金)이 차지하고 있으므로 화격(化格)이 되었다. 용신은 금(金)이 되고, 금을 생하는 토(土)는 희신이다. 용신 희신에 해당하는 토금운은 대길하고 수(水)는 화(火)를 극하여 약신(藥神)이라 길(吉)하며, 화(火)는 용신을 극하여 기신(忌神)이고, 기신을 생하는 목(木)은 구신(仇神)이라 목화운은 대흉(大凶)하다.

▼ 화수격(化水格)

병일주(丙日主)나 신일주(辛日主)가 수왕절(水旺節)인 해자(亥子)월에 생(生)하고 신금(辛金)이 있어 합(合)이 되면 병신화수격이 된다.

수(水)가 용신이고, 수(水)를 생하는 금(金)은 희신이며, 목(木)은 왕기(旺氣)을 유통(流通)시켜 토(土)를 제(制)하여 약신(藥神)이고, 용신을 극(剋)하는 토(土)는 기신(忌神)이며, 기신을 생하는 화(火)는 구신(仇神)이다.

```
丙 辛 壬 壬    용신 - 水
申 亥 子 辰    희신 - 金
```

이 명조(命造)는 신금일주(辛金日主)가 자월(子月)에 생(生)하고 병신화수(丙辛化水)하였으며, 사주 대부분이 수(水)가 차지하고 있으므로 화격(化格)이 되었다. 용신은 수(水)가 되고, 희신은 수를 생하는 금(金)이 된다. 용신 희신에 해당하는 금수(金水)운은 대길(大吉)하고, 목(木)은 토(土)를 극하여 약신(藥神)이라 길(吉)하며, 토(土)는 용신을 극하니 기신(忌神)이고, 기신을 생하는 화(火)는 구신(仇神)이라 화토운은 대흉(大凶)하다.

▼ 화목격(化木格)

임일주(壬日主)나 정일주(丁日主)가 목왕절(木旺節)인 인묘(寅卯)월에 생(生)하고 정화(丁火)가 있어 합(合)이 되면 정임화목격(丁壬化木格)이 된다.

목(木)이 용신이고, 목을 생하는 수(水)는 희신이며, 화(火)는 왕기를 유통시켜 금(金)을 제하여 약신(藥神)이고, 용신을 극(剋)하는 금(金)은 기신(忌神)이며, 기신을 생하는 토(土)는 구신(仇神)이다.

| 丁 | 壬 | 甲 | 癸 | 용신 — 木 |
| 未 | 寅 | 寅 | 卯 | 희신 — 水 |

이 명조(命造)는 임수일주(壬水日主)가 인월(寅月)에 생(生)하고 정임화목(丁壬化木)하였으며 묘미목국(卯未木局)이 되고 사주 대부분이 목(木)이 차지하고 있으므로 화격(化格)이 되었다. 용신은 목(木)이 되고 희신은 목을 생하는 수(水)가 된다.

용신 희신에 해당하는 수목(水木)운은 대길(大吉)하고, 화(火)는 금(金)을 극하여 약신(藥神)이라 길하며, 금(金)은 용신을 극하여 기신(忌神)이고, 기신을 생하는 토(土)는 구신(仇神)이라 토금운은 대흉(大凶)하다.

▼ 화화격(化火格)

계일주(癸日主)나 무일주(戊日主)가 화왕절(火旺節)인 사오(巳午)월에 생(生)하고 무토(戊土)가 있어 합(合)이 되면 무계화화격(戊癸化火格)이 된다.

화(火)는 용신이고, 화을 생하는 목(木)은 희신이며, 토(土)는 왕기(旺氣)

을 유통시켜 수(水)을 제하여 약신(藥神)이고, 용신을 극(剋)하는 수(水)는 기신(忌神)이며, 기신을 생하는 금(金)은 구신(仇神)이다.

```
丁 戊 癸 丙    용신 — 火
巳 午 巳 寅    희신 — 木
```

이 명조(命造)는 무일주(戊日主)가 사월(巳月)에 생(生)하고 무계화화(戊癸化火)하였으며, 인오화국(寅午火局)에 사주전체가 화(火)가 차지하고 있으므로 화격(化格)이 되었다. 용신은 화(火)가 되고, 희신은 화를 생하는 목(木)이 된다. 용신·희신에 해당하는 목화(木火)운은 대길(大吉)하고, 토(土)는 수(水)를 극하여 약신(藥神)이라 길(吉)하며, 수(水)는 용신을 극하여 기신(忌神)이고, 기신을 생(日主)하는 금(金)은 구신(仇神)이라 금수운은 대흉(大凶)하다.

4. 가화격(假化格)

가화격(假化格)은 화격(化格)중 그 사주 중에 화기(化氣)와 상충되는 간지(干支)가 있는 것을 말한다. 즉 병신(丙辛) 화수격(化水格)이 수기(水氣)와 상충되는 토(土)나 화(火)가 있는 것을 말한다. 용신 희신은 화격(化格)과 같다.

```
丙 辛 壬 丁 → 화
申 亥 子 丑
```

이 명조(命造)는 신금일주(辛金日主)가 자월(子月)에 생(生)하고 병신화수(丙辛化水)되었으며, 사주 대부분이 수(水)가 차지하고 있으나 수(水)가 극(剋)하는 화(火)가 연상(年上)에 있어 가화격이 되었다. 용신은 수(水)가 되고 희신은 수를 생하는 금(金)이 된다. 용신 희신에 해당하는 금수(金水)운은 대길(大吉)하고, 목(木)은 왕기을 설기시켜 토(土)를 극하여 약신(藥神)이라 길(吉)하다. 토(土)는 용신을 극하여 기신(忌神)이고, 기신을 생하는 화(火)는 구신(仇神)이라 화토운은 대흉(大凶)하다.

```
甲 己 己 戊
戌 未 未 寅  → 목, 병
```

이 명조(命造)는 기토일주(己土日主)가 미월에 생(生)하고 갑기화토(甲己化土)하였으며 사주 대부분이 토(土)가 차지하고 있으나 연지(年支)에 토(土)를 극(剋)하는 목(木)이 있어 가화격(假化格)이 되었다. 용신은 토(土)가 되고 토를 생하는 화(火)는 희신이 된다. 용신 희신에 해당하는 화토(火土)운은 대길하고, 금(金)은 왕기을 설기시켜 목(木)을 극하여 약신(藥神)이라 길(吉)하다. 목(木)은 용신을 극하여 기신(忌神)이고, 기신을 생하는 수(水)는 구신(仇神)이라 수목운은 대흉(大凶)하다.

5. 일행득기격(一行得氣格)

일행득기격(一行得氣格)은 일명(一名) 전왕격(專旺格)이라고 한다.
사주 전체가 비겁으로 되어 있어 종왕격(從旺格)과 비슷하다. 비겁이 용신이고 용신을 생하는 인성은 희신이며, 식상은 왕기을 설기시켜 관성을 극하여 약신(藥神)이고, 관성은 기신(忌神)이며, 기신을 생하는 재성은 구신(仇神)이다.

▼ 곡직격(曲直格)

갑을일생(甲乙日生)이 지지(地支)에 해묘미(亥卯未) 또는, 인묘진(寅卯辰)이 전부가 있고, 금(金)이 없는 것을 곡직격(曲直格)이라 한다.

```
乙 甲 乙 癸
亥 寅 卯 卯
```

이 명조(命造)는 갑목일주(甲木日主)가 묘월(卯月)에 생(生)하고 해묘(亥卯)가 목국(木局)되어 사주 전체를 목(木)이 차지하고 있으며, 금(金)이 없으므로 곡직격(曲直格)이 되었다. 용신은 비겁이고 희신은 인성이다. 용신·희신에 해당하는 비겁, 인성운은 대길하고, 식상은 왕기(旺氣)을 설기시켜 관성을 극하여 약신(藥神)이라 길(吉)하다. 관성은 용신을 극하여 기신(忌神)이고, 기신을 생하는 재성은 구신(仇神)이라 재성, 관성운은 대흉(大凶)하다

▼ 염상격(炎上格)

병정일생(丙丁日生)이 지지(地支)에 사오미(巳午未) 또는, 인오술(寅午戌)이 전부가 있고, 수(水)가 없는 것을 염상격(炎上格)이라 한다.

```
甲 丙 甲 丙
午 寅 午 戌
```

이 명조(命造)는 병화일주(丙火日主)가 오월(午月)에 생(生)하여 인오술(寅午戌) 화국(火局)이 되고, 화기(火氣)가 강(强)하여 염상격(炎上格)이 되었다. 용신은 비겁이 되고, 희신은 인성(印星)이 된다. 인성·비겁운은 대길(大吉)하고, 식상은 왕기을 설기시켜 관성을 극하여 약신(藥神)이라 길(吉)하다. 관성은 용신을 극하여 기신(忌神)이고, 기신을 생하는 재성은 구신(仇神)이라 관성 재성운은 대흉(大凶)하다.

▼ 가색격(稼穡格)

무기일주(戊己日主)가 지지에 진술축미(辰戌丑未)가 전부가 있고, 목(木)이 없는 것을 가색격(稼穡格)이라 한다.

```
己 戊 己 戊
未 辰 未 辰
```

이 명조(命造)는 무토일주(戊土日主)가 미월(未月)에 생(生)하고 사주 전체를 토(土)가 차지하고 있으므로 가색격이 되었다. 용신은 비겁이 되고 희신은 인성이 된다. 인성, 비겁운은 대길하고, 식상은 왕기을 유통시켜 관성을 극하여 약신(藥神)이라 길(吉)하다. 관성은 용신을 극하여 기신(忌神)이고, 기신을 생하는 재성은 구신(仇神)이라 관성, 재성운은 대흉(大凶)하다

▼ 종혁격(從革格)

경신일주(庚辛日主)가 지지에 신유술(申酉戌) 또는, 사유축(巳酉丑)이 전부가 있고 화(火)가 없는 것을 종혁격(從革格)이라 하는 것이다.

```
癸 辛 乙 庚
巳 丑 酉 申
```

이 명조(命造)는 신금일주(辛金日主)가 유월(酉月)에 생(生)하고 사유축(巳酉丑) 금국(金局)이 되고, 을경합금(乙庚合金)되어 사주 대부분을 금(金)이 차지하고 있으므로 종혁격이 되었다. 용신은 비겁이 되고 희신은 인성이 된다. 인성·비겁운은 대길하고, 식상은 왕기을 설기시켜 관성을 극하여 약신(藥神)이라 길(吉)하다. 관성은 용신을 극하여 기신(忌神)이고, 기신을 생하는 재성은 구신(仇神)이라 관성 재성운은 대흉(大凶)하다

▼ 윤하격(潤下格)

임계일주(壬癸日主)가 지지에 해자축(亥子丑) 또는, 신자진(申子辰)이 전부가 있고 토(土)가 없는 것을 윤하격이라 하는 것이다.

```
壬 癸 癸 癸
子 丑 亥 亥
```

　이 명조(命造)는 계수일주(癸水日主)가 해월(亥月)에 생(生)하고 사주 전체를 수(水)가 차지하고 있으므로 윤하격이 되었다. 용신은 비겁이 되고 희신은 인성이 된다. 인성·비겁운은 대길하고, 식상은 왕기를 설기시켜 관성을 극하여 약신(藥神)이라 길(吉)하다. 관성은 용신을 극하여 기신(忌神)이고, 기신을 생하는 재성은 구신(仇神)이라 관성·재성운은 대흉(大凶)하다.

6. 종세격(從勢格)

　▼ 종세격(從勢格)이란 명조(命造)에 인성과 비겁이 없거나 있더라도 극히 미약하며, 재성, 관성, 식상, 삼자가 세력이 비슷하여 서로 그 강약(强弱)을 구별할 수 없는 것을 말한다.
　어느 한쪽이 세력이 왕성하면 종아격, 종재격, 종관살격으로 변화한다. 종세격은 오행상생의 법칙에 의하여 식상과 관살을 화해시키는 재성이 용신이며, 식상은 희신이나 관성과 충극되는 운은 시비·구설·관재가 발생하여 흉(凶)하다. 통관 용신과 유사하다.

```
                  ┌─ 재성: 용신
乙 癸 │丙│ 乙 → 식신
卯 巳  戌  丑 → 관성
```

　이 명조(命造)는 계수일주(癸水日主)가 술월(戌月)에 생하고 일주를 생조(生造)하는 비겁과 인성이 없으며, 식상, 재성, 관성으로 되어 있어 종세격(從勢格)으로 식상과 관살을 화해시키는 재성이 용신이다.

7. 양신성상격(兩神成象格)

양신성상격(兩神成象格)이란 목화(木火), 화토(火土), 수목(水木), 토금(土金)등 두가지 오행이 사주의 양간(兩干) 양지(兩支)를 차지하고 있는 것을 말한다.

그러나 양신성산격의 이론은 애매모호하고 이치에 어긋난 부분이 많아 수십 명의 양신으로 된 사주를 실증(實證)해 본 결과 맞지 않으므로 이치에 맞게 수정(修整)하였다.

이치는 목(木) 일주(日主)의 목화양신, 화 일주의 화토양신, 토 일주의 토금양신, 금 일주의 금수양신, 수 일주의 수목양신 등은 억부용신(抑扶用神) 법을 적용하고 목 일주에 수목양신, 화 일주에 목화양신, 토 일주에 화토양신, 금 일주에 금토양신, 수 일주에 금수양신 등은 종강격과 같은 원리를 적용한다.

▼ 토금(土金) 양신(兩神)

```
庚  戊  庚  戊  → 용신
申  辰  申  戌
```

이 명조(命造)는 토(土)와 금(金)이 반반씩 차지하고 있으므로 양신이나 억부용신법을 적용한다. 무토일주(戊土日主)가 신월(申月)에 생하여 실령(失令)하고 식신이 혼잡하여 설기하니 신약하므로 비견이 용신이고 인성이 희신이다. 그러므로 비겁과 인성운이 길하다.

▼ 금수(金水) 양신(兩神)

```
인성, 희신 ← 辛 癸 庚 癸 → 용신
            酉 亥 申 亥
```

이 명조(命造)는 금수(金水)가 반반씩 차지하고 있으므로 양신이며 비겁과 인성이니 종강격이 된다. 비겁이 용신이고 인성이 희신이다. 비겁과 인성운이 길하다.

▼ 수목(水木) 양신(兩神)

```
甲 癸 乙 癸
寅 亥 卯 亥
```

이 명조(命造)는 계수일주(癸水日主)가 묘월(卯月)에 생(生)하고 수목(水木)이 반반씩 차지하여 양신이나 해묘합목(亥卯合木), 인해합목(寅亥合木) 되어 종아격이 되었다.

식상을 설기하는 재성이 용신이고 식상이 희신이다. 그러므로 재성, 식상운이 길하다.

▼ 토목양신상극(土木兩神相剋)

```
甲 戊 甲 戊 → 용신
寅 辰 寅 戌
```

이 명조(命造)는 무토일주(戊土日主)가 인월(寅月)에 생(生)하고 목토(木土)가 양신(兩神)으로 되어 있어 양신성상격으로 보기 쉬우나, 목토(木土)는 상극(相剋)이므로 억부(抑扶) 용신법(用神法)을 적용하는 것이다. 칠살이 강하여 신약하니 비견이 용신이고, 인성이 희신이며, 칠살운 병(病)이 되고, 칠살을 제하는 식신은 약신(藥神)이 되는 것이다.

▼ 일귀격(日貴格)

일귀격(日貴格)이란 천을귀인(天乙貴人)이 일지(日支)에 있는 것을 말하는데, 즉 정유일(丁酉日), 정해일(丁亥日), 계묘일(癸卯日), 계사일(癸巳日) 등 이다.

형충, 공망이 있으면 파격(破格)이 되어 일귀격에서 제외된다.

일귀격은 부귀영화(富貴榮華)를 누리고 인덕이 있으나 형충이나 공망(空亡)이 있으면 총명하여도 일생(一生) 동안 고생이 많고 빈곤한 것이다.

예 남명(男命)	60	50	40	30	20	10
辛 丁 庚 己	甲	乙	丙	丁	戊	己
丑 亥 午 亥	子	丑	寅	卯	辰	巳

이 명조(命造)는 정해일주(丁亥日柱)로 일귀격이나 인성이 없으니 귀격(貴格)은 못된다. 그러나 형충이 없으니 때를 기다려야 한다. 정화일주(丁火日主)가 오월(五月)에 생(生)하고 정화(丁火)가 사령(司令)하여 득령(得令)은 하였으나 재관이 강(强)하고 식신이 설기하여 신약하므로 월지(月支)의 비견이 용신이 되고 인성이 희신이다. 정묘(丁卯) 병인(丙寅)대운에 상인(上人)의 도움으로 납품업을 하여 부자(富者)가 되었다.

▼ 시상일귀격(時上日貴格)

시상일귀격(時上日貴格)이란 신왕하고 시상에 편관이 있어 용신이 되면 시상일귀격이 되고 기신(忌神)이면 불취(不取)하는 것이다. 신왕하고 시상(時上)에 성격(成格)하는 중에는 시상일귀격이 최길(最吉)한 것이다.

예 남명(男命)
丙 庚 己 庚
戌 申 丑 寅

이 명조(命造)는 경금일주(庚金日主)가 축월(丑月)에 생(生)하고 겁재와 인성이 생조(生

助)하여 신왕하고 한냉(寒冷)하여 시상에 편관이 용신이니 시상일귀격이다. 무관으로 진출하여 재관운에 경찰서장이 되었다.

▼ 시상편재격(時上偏財格)

시상편재격(時上偏財格)이란 신왕하고 시상에 편재가 있어 용신이 되면 시상편재격이 되고, 기신(忌神)이면 불취(不取)하는 것이다. 편재가 용신이고 식상이 희신이며, 비겁(比劫)이 있으면 관성이 약신(藥神)이고, 비겁은 용신을 극하니 기신(忌神)이며, 기신을 생하는 인성은 구신(仇神)이 되는 것이다.

예 남명(男命)

丙	壬	甲	乙
午	戌	申	酉

이 명조(命造)는 임수일주(壬水日主)가 신월(申月)에 생(生)하고 임수(壬水)가 사령(司令)하여 득령(得令)하였으며, 인성이 생조(生助)하여 신왕(身旺)하므로 시상에 편재가 용신이니 시상편재격이며 오술(午戌)에 통근하여 재왕(財旺)하다. 수백억대의 부자가 되었다.

▼ 시상상관격(時上傷官格)

시상상관격(時上傷官格)은 신왕하고 시상에 식신이나 상관이 있어 용신이 되면 시상상관격이 되고, 기신(忌神)이면 불취(不取)하는 것이다. 상관이 용신이고 신왕으로 비겁은 기신(忌神)이니 희신은 없으며, 인성이 태왕하여 기신이면 비겁이 희신이 되기도 하는 것이다. 재성은 식상을 설기하나 인성을 제하므로 약신(藥神)이고, 인성은 식상을 극하니 기신(忌神)이며, 기신을 생하는 관성은 구신(仇神)이 되는 것이다.

例 남명(男命)

```
    ┌→상관
    壬 辛 己 戊 →병
    辰 亥 未 戌
```

이 명조(命造)는 신금일주(辛金日主)가 미월(未月)에 생하고 인성이 혼잡 태왕하여 생조(生造)하니 신왕하며 시상(時上)에 상관이 있어 용신이니 시상상관격이다. 상관이 용신이고 인성(印星)이 태왕하여 기신(忌神)이니 인성의 왕기(旺氣)를 설기하여 상관과 통관(通關)시키는 비겁이 희신이다. 상관을 설기하여 인성을 제하는 재성이 약신(藥神)이고 인성은 용신을 극하니 기신이며, 기신을 생하는 관성은 구신(仇神)이다.

▼ 가상관격(假傷官格)

가상관격(假傷官格)은 월령(月令)의 진상관(眞傷官)과 시상상관격(時上傷官格)을 제외하고 식상이 용신이 되면 가상관격이 되고, 기신(忌神)이면 불취(不取)하는 것이다.

例 남명(男命)

```
          ┌→가상관격
    戊 己 庚 己
    辰 未 午 酉
```

이 명조(命造)는 기토일주(己土日主)가 오월(午月)에 생하고 정화(丁火)가 사령(司令)하여 득령(得令)하였으며, 인성과 비겁이 혼잡하여 신왕하므로 왕성한 토기(土氣)를 누설(漏泄)하는 월상에 상관이 용신으로 가상관격이다. 상관이 용신이고 희신은 없으며, 편인이 있어 용신을 극하니 병(病)이고 재성은 약신(藥神)이다. 식상, 재성운은 대길하고, 용신을 극하는 인성은 기신(忌神)이고, 기신을 생하는 관성은 구신(仇神)이다. 인성, 관성운은 대흉(大凶)하다.

▼ 살인상생격(殺印相生格)

살인상생격(殺印相生格)은 관살이 많고 인성이 있어서 관살을 설기하여 일주(日主)를 생하고, 인성이 용신이면 살인상생격이 되는 것이며, 인성이 혼잡하여 기신(忌神)이면 살인상생하는 목적이 없으므로 불취(不取)하는 것이다.

살인상생격은 일주(日主)가 약해서 인성을 용신하므로 관성은 기신(忌神)이라 희신은 없으며, 용신을 극하는 재성이 있으면 비겁은 약신(藥神)이고, 재성은 용신을 극하니 기신((忌神)이 되며, 기신을 생하는 식상은 구신(仇神)이다.

예 남명(男命)

```
    ┌용신   ┌칠살
    庚  癸  己  癸
    申  未  未  巳 →병
```

이 명조(命造)는 계수일주(癸水日主)가 미월(未月)에 생(生)하고 기토(己土)가 사령(司令)하여 실령(失令)하였으며, 재관이 혼잡 태강하여 신약하다. 시상(時上)에 정인이 있어 살인상생(殺印相生)으로 정인이 용신이고, 희신은 없으며 연지(年支)의 재성이 병(病)이고 비겁은 약신(藥神)이다. 인성, 비겁운은 대길(大吉)하고, 재성은 용신을 극하여 기신(忌神)이며, 기신을 생하는 식상은 구신(仇神)이니 재성, 식상, 관살운은 대흉(大凶)하다.

▼ 식신제살격(食神制殺格)

식신제살격(食神制殺格)은 신약하고 관살이 왕성하여 기신(忌神)이며 인성이 없으면 식신으로 관살을 제(制)해야 한다. 이런 유형의 사주를 식신제살격(食神制殺格)이라 하는 것이며, 식신이 용신이고 비겁은 희신이며, 재성은 관살을 생하니 약신(藥神)은 없고 관살은 기신(忌神)이며, 기신을 생하는 재성은 구신(仇神)이 된다.

예 남명(男命)

식신, 용신 ┐　　┌ 칠살
丙 甲 庚 戊
寅 寅 申 申

이 명조(命造)는 갑목일주(甲木日主)가 신월(申月)에 생(生)하고 칠살이 혼잡 태강하며 인성이 없으니 시상(時上)의 식신으로 칠살을 제(制)해야 하니 식신제살격이다. 식신이 용신이고 용신을 생하는 비겁이 희신이다. 요리사가 되었으며 목화운에 대길(大吉)하였다.

▼ 재다신약격(財多身弱格)

재다신약격(財多身弱格)은 재성이 왕성하여 기신(忌身)으로 신약한 일주(日主)를 조력(助力)하는 비겁이 용신이고, 용신을 생하는 인성(印星)은 희신이 되며, 식상은 관성을 제하고 용신을 보호하여 약신(藥神)같으나 재성을 생하니 약신은 없다.

재성이 기신(忌神)이고 기신을 생하는 식상은 구신(仇神)이 되는 것이다. 인성과 비겁운이 대길(大吉)하고 식상 관살 재운은 대흉(大凶)하다.

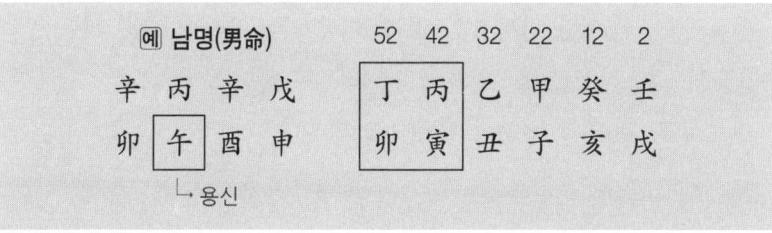

이 명조(命造)는 병화일주(丙火日主)가 유월(酉月)에 생(生)하고 재성이 혼잡 태왕하여 재다신약으로 일지(日支)의 겁재가 용신이고 인성이 희신이다. 축대운(丑大運)에는 흉운으로 빈곤하게 살았으나 병인대운(丙寅大運)에 접어들면서 사업이 창성하여 부자가 되었다.

▼ 상관생재격(傷官生財格)

　신왕하고 상관이 재성을 생(生)하여 재성이 용신이 되는 것을 상관생재격이라 하는 것이다.

　재성이 용신이고 재성을 생하는 식상(食傷)은 희신(喜神)이며, 용신을 극하는 비겁이 병(病)이고, 병을 제하는 관성이 약신(藥神)이며, 병(病)을 생하는 인성은 구신(仇神)이 되는 것이다.

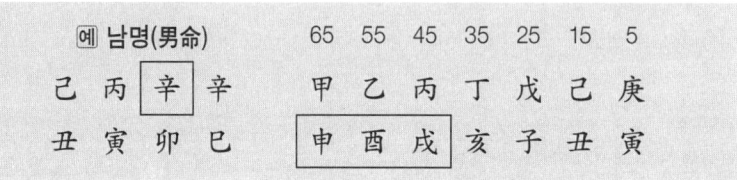

　이 명조(命造)는 병화일주(丙火日主)가 묘월(卯月)에 생(生)하고 을목(乙木)이 사령(司令)하여 득령(得令)하고 인비(印比)가 생조(生助)하여 신왕하며, 상관이 생재(生財)하고 시지(時支)에 재고(財庫)가 있다. 재성이 용신이고, 식상이 희신으로 상관생재격이다. 술유신(戌酉申)대운에 발복하여 2000억대의 부자가 되었다.

▼ 일록격(日祿格)

　일록격(日祿格)이란 일지(日支)에 녹(祿)이 있어 용신이 되는 것을 말하며, 일명(一名), 좌록(坐祿), 전록(專祿)이라고도 한다.

　甲寅, 乙卯, 庚申, 辛酉 등이 일록(日祿)이 된다.

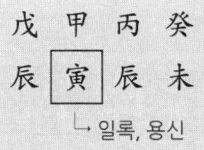
└ 일록, 용신

　이 명조(命造)는 갑목일주(甲木日主)가 진월(辰月)에 생(生)하고 무토(戊土)가 사령(司令)하여 실령(失令)하였으며, 재성이 혼잡과다 하여 재다신약으로 일지(日支)의 인록(寅祿)이 용신이니 일록격(日祿格)이다.

▼ 시록격(時祿格)

시록격(時祿格)이란 일주(日主)가 태약하고 시(時)에 녹(祿)이 있어 용신이 되면 시록격이라 하는 것이다.

```
癸 丙 庚 癸
巳 戌 申 卯
└→ 시록, 용신
```

이 명조(命造)는 병화일주(丙火日主)가 신월(申月)에 생(生)하고 무토(戊土)가 사령(司令)하여 실령(失令)하였으며, 재관이 강하고 식신에 설기되어 신약하다. 시지(時支)의 녹(祿)이 있어 용신이니 시록격(時祿格)이다.

제 9 장
간명법(看命法)

01 중화(中和)   586
02 용신(用神)의 진가(眞假)   588
03 용신(用神)의 기반(羈絆)   589
04 용신(用神)의 합화(合化)와 형충(刑冲)   590

01 중화(中和)

사주(四柱)가 가장 길(吉)한 것은 중화(中和)된 사주로 중화되면, 오복(五福)을 갖추어 부귀영화를 누리는 것이다. 억부법도 신강(身强)하면 억제하고, 신약(身弱)하면 생조(生助)하여 사주상의 중화를 시키는 것이다. 대체로 사주가 오행이 중화되지 않아 신약 아니면 신왕하며, 혹은 용신이 약하다. 이런 사주는 용신을 생조(生助)하는 운(運)을 만나면 길(吉)하나, 용신을 극(剋)하는 운을 만나면 고난에 처하게 되는 것이다.

그러나 중화된 사주는 용신운에는 대발전하고 기신운(忌神運)에도 평안 무사하게 지낼 수 있는 것이다. 중화된 사주는 사주팔자의 오행이 생설(生洩)에 부족됨이 없고, 일주(日主)를 극루(剋漏)하는 육신과 생조(生助)하는 육신이 서로 균등하게 조화(調和)를 이루고 있는 것을 말한다.

```
            예 남명(男命)
   용신 ←   戊  癸  庚  辛
   재성, 희신 ← 午  巳  子  卯
```

이 명조(命造)는 계수일주(癸水日主)가 자월(子月)에 생하고 계수(癸水)가 사령(司令)하여 득령(得令)하였으며, 인비(印比)가 생조(生助)하여 신왕하다. 시상(時上)의 정관이 용신이고, 재성이 희신이며, 식신은 재성을 생하고, 재성은 관성을 생하고, 관성은 인성을 생하여 오행이 중화되어 귀격(貴格)이다. 기신운(忌神運)에도 평탄 무사하였으며, 사오미(巳午未) 용신, 희신운에는 발복(發福)하여 대부(大富)가 되고, 정계(政界)에 진출하여 국회의원이 되었다.

예 여명(女命)

| 甲 | 壬 | 甲 | 丙 | | 丁 → 정재 |
| 辰 | 戌 | 午 | 申 →용신 | | 巳 → 편재, 용신극 |

 이 명조(命造)는 임수일주(壬水日主)가 오월(午月)에 생(生)하여 재성이 강하고 신약하다. 편인이 용신이나 연지(年支)에 떨어져 있고, 태약하니 중화되지 않아 탁격(濁格)이다. 입묘(入墓)되는 진대운(辰大運), 절지(絶支)가 되고 재성이 용신을 극하는 정사년(丁巳年)에 우울증으로 고생하다 음독자살하였다.

02 용신(用神)의 진가(眞假)

용신에는 진신(眞神)과 가신(假神)이 있다. 진신은 사주에서 일주(日主)가 가장 필요한 육신(六神)으로 용신을 삼는 것이고, 가신(假神: 거짓가)은 진신이 없어 사주의 배합상 차선책으로 용신을 삼는 것을 말한다.

예를 들어, 갑목(甲木)이 인월(寅月)에 생(生)하고 신왕이면 수기(秀氣)를 유행시키는 식상이 가장 적합하다. 그러나 식상은 없고 관성이 있을 때는 차선책으로 관성을 용신으로 삼는 것이다. 이러한 경우, 관성은 가신(假神)이 되고, 식상이 있다면 식상이 진신이 되는 것이다.

용신이 진신이고, 진신을 생조(生助)하는 운(運)을 만나면 부귀하지 않는 사람이 없고, 가신(假神)이 용신이면 비록 사주가 중화가 잘되었다 하더라도 평범한 일생(一生)을 살게 되는 것이다.

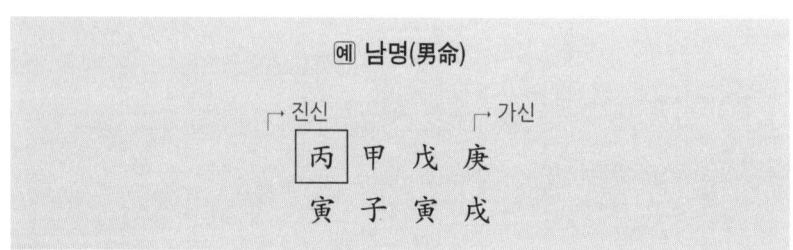

예 남명(男命)

이 명조(命造)는 갑목일주(甲木日主)가 인월(寅月)에 생(生)하고 병화(丙火)가 사령(司令)하여 실령(失令)하였으나, 인비(印比)가 생조(生助)하여 신왕하므로 설기(泄氣)하는 시상(時上)에 식신이 진신 용신이 된다. 병화(丙火)식신이 없었다면 연상(年上)의 경금(庚金)을 가신으로 용신을 삼는 것이다.

03 용신의 기반(羈絆) - 소에게 굴레를 씌우듯 자유를 얽매는 것

명조(命造)에서 간합(干合)이 있어 그것이 희신(喜神)으로 화(化)하면 길(吉)하고 기신(忌神)으로 화(化)하면 불길한 것이다. 이를 기반(羈絆)이라 하며, 용신이 합(合)이 된 것을 용신기반이라고 하는 것이며 작용력이 약해지는 것이다.

용신이 합(合)이 되었어도 합(合)이 된 자를 충극하였으면, 불합(不合)으로 기반되지 않는 것이다. 용신이 기반되면, 평생 고난을 면하지 못하는 것이다.

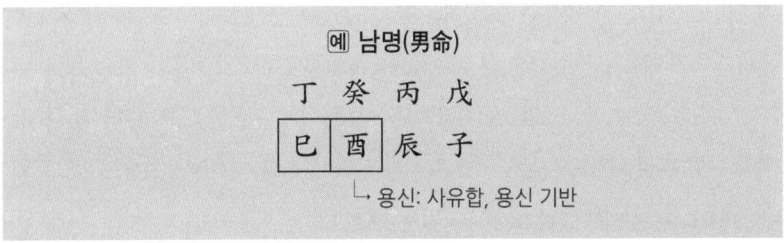

이 명조(命造)는 계수일주(癸水日主)가 진월(辰月)에 생(生)하고 무토(戊土)가 사령(司令)하여 실령(失令)하였으며, 재관이 혼잡하므로 신약이다. 일지(日支)의 편인이 용신이나 사유합(酉巳合)으로 용신이 기반 되어 용신작용이 약하다.

평생 고난이 많아 독신으로 막노동을 하면서 살고있다.

04 용신의 합화(合化)와 형충

합화(合化)나 충극(沖剋)되면 용신(用神)이 변화 하는 것이다.

예 여명(女命) → 염상격	49 39 29 19 9
甲 丙 壬 庚	丁 戊 己 庚 辛
午 寅 午 子	丑 寅 卯 辰 巳

이 명조(命造)는 병화일주(丙火日主)가 인월(寅月)에 생(生)하고 정화(丁火)가 사령(司令)하여 득령(得令)하였으며 인성과 겁재가 혼잡 태강하여 신왕(身旺)하니 월상(月上)에 편관(偏官)이 용신같으나 병임충(丙壬沖), 자오충(子午沖)으로 수기(水氣)가 증발되고 화극금(火剋金)으로 편재(偏財)가 상(傷)하여 염상격(炎上格)으로 변하였다. 비겁(比劫)이 용신이고, 인성(印星)이 희신이며, 관성이 병(病)이고 기신(忌神)이며, 기신을 생하는 재성이 구신(仇神)이고, 병(病)을 제하는 식상이 약신(藥神)이다. 용신, 희신, 약신에 해당하는 기묘(己卯), 무인(戊寅)대운(大運)에 발복(發福)하여 부자가 되었다.

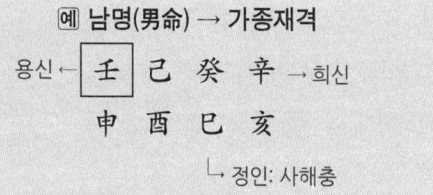

이 명조(命造)는 기토일주(己土日主)가 사월(巳月)에 생하고 병화(丙火)가 사령(司令)하여

득령(得令)하였으나 사해충(巳亥冲)으로 정인과 사중무토(巳中戊土)가 상(傷)하여 용(用)하지 못하고, 식상생재(食傷生財)로 재성이 용신이고 식상이 희신이다. 금수운(金水運)에 대길(大吉)하였다.

제 10 장
응용론(應用論)

01 육친(六親)관계 원근론(遠近論)   594
02 빈부(貧富) 장수(長壽) 단명(短命)   607
03 궁합론(宮合論)   611
04 행운(行運) 및 운명감정   627

01 육친(六親)관계 원근론(遠近論)

연주(年柱)는 멀리 있는 원주(遠柱: 멀원.기둥주)가 되기도 하고 가까이 있는 근주(近柱: 가까울근. 기둥주)가 되기도 하는 것이다. 육친이 원주에 있으면 이별되어 만나지 못하는 것이다. 그러면 육친별로 원근론을 설명하면 다음과 같다.

1. 모친과 생이별(生離別)

▼ 정인이 정재와 연주에 동주(同柱)하고 비견이나 일주(日主)가 편재을 충극하였으며, 편재가 편인과 동주(同柱)또는 가까이 있으면 부모가 이혼하여 모친을 만나지 못하니 연주는 원주(遠柱)가 되는 것이다.

이치(理致)는 정재는 모친의 애인이나 재혼남이 되기 때문이고, 비견이나 일주는 모친의 의식(意識)으로 부친을 미워하는 증오심이 되므로 불화·이별살이 되며, 편인은 부친의 애인이나 재혼녀로 계모(繼母)나 서모(庶母)가 되기 때문이다.

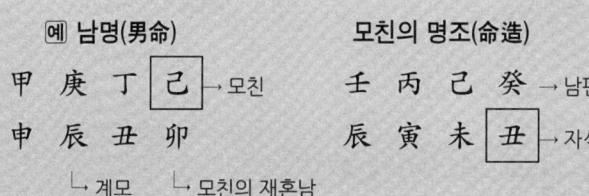

이 명조(命造)는 정인이 정재와 연주(年柱)에서 동주(同柱)하고 일지(日支)에는 편인 계모가 있으며, 모친의 의식(意識)이며 상관인 일주(日柱)가 편재을 갑경충(甲庚沖)하였으니 연주(年柱)는 원주(遠柱)가 되는 것이다. 부모가 이혼하여 부친과 살고 있으므로 모친은 만나지 못한다. 모친의 명조(命造)에서는 상관이 정관을 기계극(己癸剋)하고 정관과 상관이 연주에 동주하고 있으며 시상에 재혼남 편관이 있다.

2. 모친과 이별 안 해

▼ 연주(年柱)에 정인이 있고 월주(月柱)에 편재가 있으며 정재가 연월주(年月柱)에 없고 비견이나 일주(日主)가 편재을 충극하지 않았으면 연주(年柱)는 근주(近柱)가 되어 모친과 이별되지 않는 것이다. 이치(理致)는 부모가 연월주에 있으니 가족이 한 집안에 있는 것이 되기 때문이다.

이 명조(命造)는 정인이 연주(年柱)에 있고 편재는 월지(月支)에 있으며, 정재가 없고 모친의 의식(意識)인 일주나 비견(比肩)이 편재를 충극하지 않았으니 연주(年柱)는 근주(近

柱)가 되므로 부모가 화합하며 살고 있어 모친과 이별되지 않았다.

3. 부친과 생이별(生離別)

▼ 연주(年柱)에 편재가 편인과 동주(同柱)하고 있거나 또는 편재가 연주에 있고 비견이나 일주(日主)가 편재를 충극하였으면, 연주(年柱)는 원주가 되어 부모가 이혼하고 자신은 모친과 살게 되므로 부친과 이별되어 만나지 못 하는 것이다.

부친 입장에서 비견은 처(妻: 모친)의 의식(意識)이 되고, 처가 자신을 미워하는 증오심이 되며, 자궁이 되고 자신을 사상(死傷)하는 칠살이 되므로 악(惡)의 식신을 생(生)하여 칠살을 제(制)하고 살아남으려 자기 말이 법(法)이고 처를 구박 구타하여 불화하며 처와 성관계 하면 정력이 약해져 조루증이 오므로 재미가 없고 다른 여자와 성관계하면 정력이 강해져 재미가 있어 작첩(作妾: 애인)하기 때문이다.

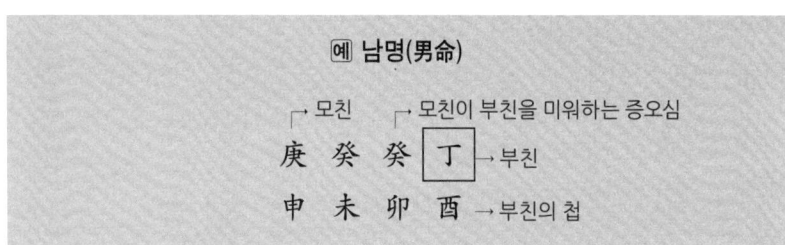

이 명조(命造)는 연지(年支)에 편재가 편인과 동주(同柱)하고 월상(月上)에 비견이 편재를 정계충(丁癸冲)하였으며, 정인은 시주(時柱)에 있으니 연주(年柱)는 원주(遠柱)가 된다. 부친이 자기 말이 법(法)이고 모친을 구박하고 구타하며 작첩하여 부모가 이혼하고 자신은 모친과 살고 있으므로 부친과 이별되어 어디서 사는지도 모르며 만나지도 못한다.

4. 정재(正財)가 연주(年柱)에 있으면 이혼

▼ 정재가 겁재와 연주(年柱)에 동주(同柱)하고 있거나 또는 정재가 관성과 동주하고 있으며, 편재가 일지(日支)나 시주(時柱)에 가까이 있고 칠살에 충극되었으면 연주(年柱)는 원주(遠柱)가 되므로 처(妻)와 이혼하는 것이다. 이치(理致)는 겁재는 처의 애인이 되고 편재는 첩(妾)이 되며, 칠살은 처의 의식(意識)이 되고 처가 자신을 미워하는 증오심이 되며 이혼살이 되기 때문이다.

예 남명(男命)

```
        ┌ 칠살
        庚 甲 丁 辛 → 자식
        午 辰 酉 丑 → 처
              └ 편재: 첩(애인)
```

이 명조(命造)는 연주(年柱)에 정관과 정재가 동주(同柱)하고, 일지(日支) 안방에는 편재가 있으며, 시상(時上)에 칠살이 갑경충(甲庚冲) 하였으니 연주(年柱)는 원주(遠柱)가 된다. 애인만나 간통하다 처에게 발각되어 이혼하고 처는 자식과 살고 있다.

5. 정재(正財)가 연주(年柱)에 있어도 이혼 안 해

▼ 정재가 연주(年柱)에 있고 월주(月柱)에 정관이 있으며 겁재와 칠살이 없으면 근주(近柱: 가까울 근)가 되므로 이별하지 않는 것이다. 이치(理致)는 관성은 처의 의식이 되고 정관은 처가 자신을 사랑하는 마음이 되며, 처와 자식이 연월주(年月柱)에 있으니 가족이 한 집안에 살고 있는 것이 되기 때문이다.

이 명조(命造)는 연상(年上)에 정재가 있고 월주(月柱)에는 정관이 있으며 겁재와 칠살이 없으니 연주(年柱)는 근주(近柱)가 되므로 처자(妻子)와 화목하게 살고 있다.

6. 정관(正官)이 연주(年柱)에 있으면 이혼

▼ 여명(女命)에서 정관이 겁재와 연주(年柱)에 동주(同柱)하고 있거나 가까이 있으며, 또는 정관이 식상과 연주(年柱)에 동주하고 일지(日支)나 시주(時柱)에 편관이 가까이 있으며 상관이 정관을 충극하였으면, 연주는 원주(遠柱)가 되므로 남편과 이혼하는 것이다.

이치(理致)는 겁재는 남편의 첩(妾: 애인)이 되고, 편관은 자신의 애인이나 재혼남이 되며, 상관은 의식(意識)이 되고 남편을 미워하는 증오심이 되며, 정관 남편 입장에서 상관은 처(妻)의 의식이 되고 자궁이 되며 자신을 사상(死傷)하는 칠살이 되므로 악(惡)의 식신을 생하여 칠살을 제하고 살아남으려 자기 말이 법(法)이고 구박하며 처와 성관계하면 정력이 약해져 조루중이 오고 다른 여자와 성관계하면 정력이 강해지고 재미가 있으니 작첩(作妾)하기 때문이다.

```
            예 여명(女命)
                ┌ 상관
            庚 己 癸 甲 → 정관: 남편
            午 卯 酉 辰 → 겁재: 남편의 애인
```

이 명조(命造)는 정관이 겁재와 연주(年柱)에 동주(同柱)하고 시상(時上)에 상관이 갑경충(甲庚冲)하였으며 일지(日支)안방에는 편관이 있으니 연주(年柱)는 원주(遠柱)가 된다. 남편이 자기 말이 법(法)이고 구박하며 애인만나 간통하여 상관 겁재운인 경진년에 이혼하고 자식과 살고 있다.

7. 정관이 연주(年柱)에 있어도 이혼 안해

▼ 여명(女命)에서 정관이 연주(年柱)에 있고 월주(月柱)에 식신이 있으며 겁재와 상관이 없으면, 연주는 근주(近柱)가 되어 남편과 이혼하지 않는 것이다. 이치(理致)는 가족인 자식과 남편이 한 집안에 살고 있는 것이 되며, 식신은 남편을 사랑하는 마음이 되기 때문이다.

```
              예 여명(女命)
                    ┌ 식신: 남편을 사랑하는 마음
              壬 戊 庚 乙 → 정관: 남편
              子 午 辰 亥
                    └ 정인: 남편의 사랑
```

이 명조(命造)는 정관이 연주(年柱)에 있고, 월상에 의식(意識)이며 자식인 식신이 정관과 을경합(乙庚合)이 되었으며, 겁재와 편관이 없으니 연주(年柱)는 근주(近柱)가 되는 것이다. 남편과 화합하며 해로하였다.

8. 남명(男命), 자식과 생이별(生離別)

▼ 남명(男命)에서 정재와 관성이 연주(年柱)에 동주(同柱)하고 칠살에 충극되었으며 편재가 일지(日支)나 시주(時柱)에 있으면, 연주(年柱)는 원주(遠柱)가 되므로 자식과 이별되어 만나지 못 하는 것이다.

이치(理致)는 편재는 첩(妾: 애인)이 되고, 칠살은 처가 자신을 미워하는 증오심이 되며 자궁이 되고 자신을 사상(死傷)하므로 자기 말이 법이고 처(妻)을 구박하며 술을 먹으면 구타하여 불화하다 이혼하며 처와 성관계하면 조루증이 오므로 재미가 없고 애인과 성관계하면 정력이 강해지고 재미가 있으니 작첩(作妾: 애인)하다 이혼하여 자식이 처와 살기 때문이다.

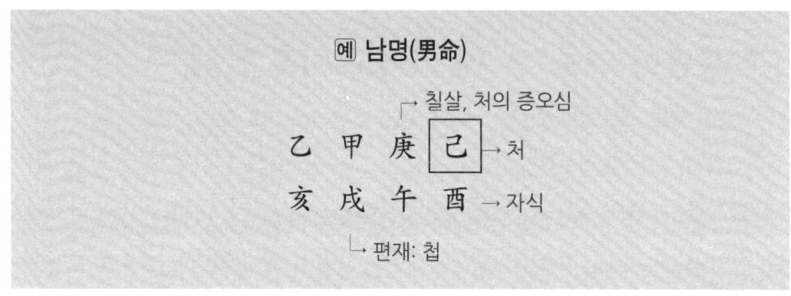

이 명조(命造)는 연주(年柱)에 정관이 정재와 동주(同柱)하고, 칠살에 갑경충(甲庚冲)이 되었으며 일지(日支) 안방에는 편재(偏財: 애인, 첩)가 있으니 연주(年柱)는 원주(遠柱)가 되는 것이다. 애인두고 간통하다 처(妻)에게 발각되어 이혼하고 자식은 처와 살고 있으니 만나지 못한다.

9. 남명(男命), 자식과 이별(離別) 안 해

▼ 남명(男命)에서 정관이 연주(年柱)에 있고 정재가 월주(月柱)에 있으며, 겁재와 칠살이 없으면 연주(年柱)는 근주(近柱)가 되므로 자식과 이별

되지 않는 것이다. 이치(理致)는 정관은 처가 자신을 사랑하는 마음이 되고, 연월주에 처와 자식이 있어 일주(日主)와 연계되므로 한 집안에 가족이 살고 있는 것이 되기 때문이다.

[예] 남명(男命)

辛 丙 辛 癸 → 자식
卯 寅 酉 丑

이 명조(命造)는 연주(年柱)에 정관이 있고 월주(月柱)에는 정재가 있으며 겁재와 칠살이 없다. 부부가 화합하며 자식과 살고 있다. 만약 임진시(壬辰時)라면 처와 이혼하고 자식은 처와 살고 있는 것이 된다.

10. 남명(男命), 겁재(劫財)의 자식

▼ 남명(男命)에서 연주(年柱)에 관성이 겁재와 동주(同柱)하고 있거나 월주(月柱)에 겁재가 있으며 편재나 정재가 있으면, 연주(年柱)에 있는 관성은 자신의 자식이 아니고 겁재의 자식이 되는 것이다. 이치(理致)는 겁재가 있고 편재가 있으면, 편재는 겁재와 자식을 낳고 살다가 이혼한 이혼녀가 되기 때문이고, 정재만 있으면 처가 간통하여 겁재의 자식을 낳았기 때문이다.

[예] 남명(男命)

丁 庚 癸 丁 → 겁재의 자식
丑 寅 丑 酉 → 겁재
　　　└→ 편재: 겁재와 살다 이혼한 이혼녀

이 명조(命造)는 연주(年柱)에 겁재와 정관이 동주(同柱)하고 일지(日支)에는 겁재의 처(妻) 편재가 있다. 총각이 자식을 낳고 이혼 한 이혼녀와 결혼하였다.

11. 여명(女命) 자식과 생이별(生離別)

▼ 여명(女命)에서 연주(年柱)에 식상이 정관과 동주(同柱)하고 있거나, 연주 가까이 월주(月柱)에 정관이 있고, 일지(日支)나 시주(時柱)에 편관이 있으면, 연주(年柱)는 원주(遠柱)가 되므로 자식과 생이별하게 되는 것이다. 이치(理致)는 애인이나 재혼남인 편관이 가까이 있고, 이혼하여 자식은 남편과 살게 되기 때문이다.

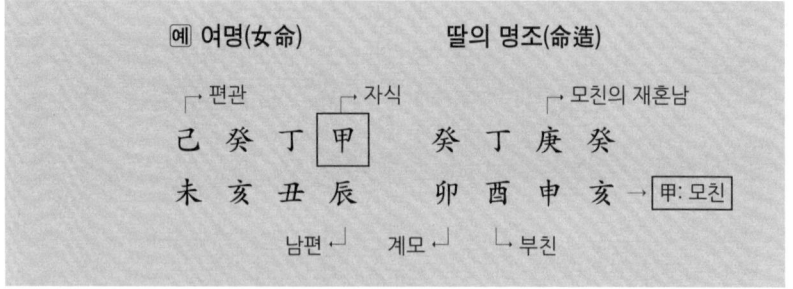

이 명조(命造)는 연주(年柱)에 정관과 상관이 동주(同柱)하고 있으며, 시주(時柱)에는 겁재의 남편 편관이 있으니 연주(年柱)는 원주(遠柱)가 된다. 남편과 이혼하고 딸은 남편과 살고 있어 딸을 만나지 못한다.

딸의 명조(命造)에서는 연지(年支)에 해중갑목(亥中甲木) 정인이 있고, 월주에는 모친의 재혼남 정재가 있으며, 일지(日支)에는 편재가 있고 시주(時柱)에는 계모 편인이 있다.

▼ 여명(女命)에서 식상(食傷)이 연주(年柱)에 있고 정관이 일주(日主) 가까이 있으면, 연주(年柱)는 원주(遠柱)가 되어 자식이 미아(迷兒)가 되거나 양자(養子)로 보내게 되어 생이별하게 되는 것이다.

이치(理致)는 상관이 정관을 충극하지 않고, 정관이 일주(日主) 안방에 있으므로 이혼한 것이 아니기 때문이다.

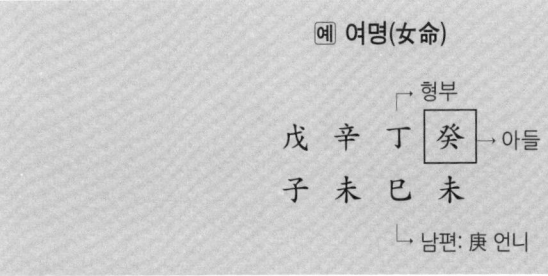

이 명조(命造)는 식신이 연상(年上)에 있고 월상(月上)에는 편관이 있으니 연주(年柱)는 원주(遠柱)가 된다. 미국에 사는 언니가 자식을 낳지 못해 자신의 아들을 형부에게 양자로 보내 생이별하고 만나지 못한다.

【예】 여명(女命)

壬 戊 甲 戊
戌 午 子 申 → 아들

이 명조(命造)는 식신이 연지(年支)에 있고 신자수국(申子水局)되어 식신이 온전하지 못하니, 아들이 수족도 못 쓰는 정신박약아로 장애자 요양소에 보내 생이별이 되었다. 시주(時柱)에 술중신금(戌中辛金)은 토생금(土生金)되어 온전하니 딸과 아들은 정상으로 건강하다.

12. 여명(女命) 자식과 이별(離別) 안 해

▼ 여명(女命)에서 연주(年柱)에 식신이 있고 월주(月柱)에 정관이 있으며 상관과 겁재가 없으면, 연주(年柱)는 근주(近柱)가 되므로 자식과 생이별 하지 않는 것이다. 이치(理致)는 식신은 남편을 사랑하는 마음이 되고, 연월주(年月柱)는 일주(日主)와 연계되어 가족이 한 집안에 사는 것이 되기 때문이다.

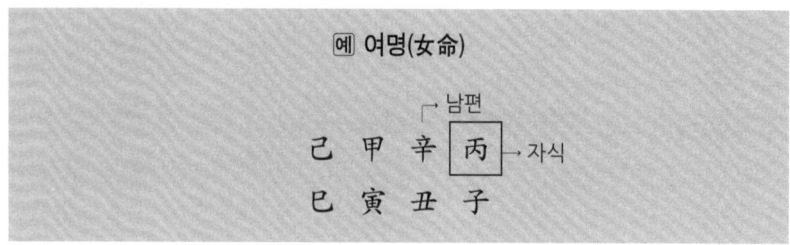

이 명조(命造)는 식신이 연상(年上)에 있고 월상(月上)에는 정관이 있으며, 의식이며 자식인 식신이 병신합(丙辛合)이 되고 겁재와 상관이 없으니 연주(年柱)는 근주(近柱)가 된다. 부부가 화합하며 해로하였으니 자식과 이별하지 않았다.

13. 여명(女命) 겁재(劫財)의 자식

여명(女命)에서 연주(年柱)에 식상이 겁재와 동주(同柱)하고 있으면 겁재의 자식이 되고, 비견과 동주(同柱)하고 있으면 자신의 자식이 되는 것이다. 이치(理致)는 비견은 자신의 과거가 되기 때문이다.

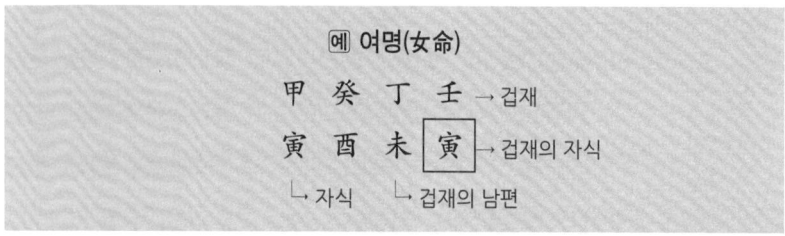

이 명조(命造)는 연주(年柱)에 겁재와 상관이 동주(同柱)하고 있으며 월지(月支)에 편관(正官)이 있으니, 자식을 낳고 이혼한 이혼남과 결혼하여 자신은 후처(後妻)가 된다.

[예] 여명(女命)

```
                    ┌ 남편의 재혼녀
         丙  癸  壬  癸  → 자신의 과거
         辰  巳  戌  卯  → 자신의 자식
                    └ 남편
```

이 명조(命造)는 연주(年柱)에 비견과 식신이 동주(同柱)하고, 월주(月柱)에는 정관과 겁재가 동주하고 있으니 연주는 원주(遠柱)가 된다. 남편과 이혼하여 자식은 남편과 살고 있으며 남편은 재혼하였다.

14. 육친(六親)관계 응용, 추정

▼ 육친의 위치와 성정(性情)을 응용하여 육친관계를 추정하는 방법이 있다. 몇 가지 사례를 제시해 보기로 한다.

[예] 여명(女命)

```
                 ┌ 모친
         ○  庚  己  庚  → 모친이 부친을 미워하는 증오심
         ○  辰  卯  午
            계모 ┘  └ 모친의 재혼남
```

이 명조(命造)는 출생시를 몰라도 일지(日支)의 편인과 월지(月支)의 정재을 응용하면, 출생시와 부모관계를 추정할 수 있다. 정재는 모친의 편관으로 재혼남이 되고, 일지의 편인은 부친의 첩(妾)이 되며, 비견은 모친의 의식(意識)이 되고 부친을 미워하는 증오심이 되므로 부친이 작첩(作妾)하여 이혼하고 재혼한 것을 추정할 수 있으며, 출생시는 무인시

(戊寅時)나 갑신시(甲申時)로 볼수 있다. 이 두가지를 분석하면 무인시(戊寅時)라는 결론이 나온다.

이치(理致)는 편재가 편인과 동주하고 있기 때문이고, 갑신시(甲申時)라면 편재가 비견에 갑경충(甲庚冲)되고 신(申)은 절지(絕支)이니 부친이 단명(短命)할 수 있기 때문이다.

그러면 부모는 언제 이혼하였을까? 비견은 모친의 상관이 되고 편재 부친입장에서는 칠살이 되므로 비견과 편재가 충극하는 운(運)에 이혼하는 것이니 편재운을 찾아 분석하면 된다. 출생이후 편재운은 갑술년(甲戌年)과 갑신년(甲申年)이 있다. 분석하면 갑술년(甲戌年)에 이혼한 것으로 결론이 나온다. 갑(甲)은 부친이 되고 술(戌)은 편인으로 부친의 첩(妾: 애인)이 되기 때문이며, 갑신년(甲申年)은 편인이 없기 때문이다. 갑술년(甲戌年)에 부친이 작첩(昨妾: 애인)하여 부모가 이혼하였다.

이 명조(命造)는 출생시를 모르나 정재와 정관이 연주(年柱)에 동주(同柱)하고 일지(日支) 안방에 겁재의 처(妻)편재가 위치하고 있는 것을 보면 작첩(作妾: 애인)하다 이혼할 명조(命造)임을 알 수 있다. 그리고 작첩(作妾: 애인)하고 이혼하는 것은 칠살(七殺)이 되므로 출생시는 경오시(庚午時)로 추정한다. 그러면 언제 작첩하다 이혼하였을까? 칠살운을 찾아보면 된다. 칠살운은 경오년(庚午年)과 경진년(庚辰年)이 있는데 이것을 분석해 보면 경진년이라는 결론이 나온다.

이치(理致)는 경(庚)은 칠살이 되고 진(辰)은 편재가 되므로 애인이 되기 때문이다. 경진년에 애인만나 간통하다 처에게 발각되어 이혼하고 처는 자식과 살고 있다.

02 빈부(貧富) 장수(長壽) 단명(短命)

▼ 부자(富者)의 명조(命造)

- 신왕(身旺) 재왕(財旺)하고 재고(財庫)가 있는 명조(命造)
- 신왕(身旺) 재왕(財旺)한 명조(命造)
- 신약하여도 오행이 중화(中和)되고 재왕(財旺)한 명조(命造)

[예] 남명(男命)

己 丙 辛 辛 → 정재
丑 寅 卯 巳
└ 재고

이 명조(命造)는 병화일주(丙火日主)가 묘월(卯月)에 생하고 인비(印比)가 생조(生助)하여 신왕하며, 겁재와 칠살이 없고 재고(財庫)가 있으며, 상관이 생재(生財)하여 정재가 유기(有氣)하다. 술유신(戌酉申)대운에 발복하여 2,000억대의 부자가 되었다.

[예] 남명(男命)   51 41 31 21 11 1

戊 辛 甲 癸   戊 己 庚 辛 壬 癸
戌 巳 寅 卯   申 酉 戌 亥 子 丑

이 명조(命造)는 신금일주(辛金日主)가 인월(寅月)에 생(生)하고 갑목(甲木)이 사령(司令)하여 실령(失令)하였으며, 재성이 왕성하여 재다신약(財多身弱)으로 술중신금(戌中辛金)이 용신이고 인성이 희신이다. 술유(戌酉)대운에 건설업으로 발복(發福)하여 150억대의 부자가 되었다.

▼ 빈자(貧者)의 명조(命造)

- 겁재(劫財)가 혼잡하여 신왕하고 재성이 약한 명조(命造)
- 재다신약(財多身弱)한 명조(命造)
- 겁재(劫財)와 편인(偏印)이 혼잡되고, 재성(財星)이 약한 명조(命造)
- 편관(偏官)과 겁재(劫財)와 편인이 있는 명조(命造)

예 남명(男命)

丙 丁 丙 己
午 巳 寅 酉 → 편재

이 명조(命造)는 겁재가 혼잡 태강하고 인성이 생조(生助)하여 신왕하며, 편재가 연지(年支)에 있고 약하며 군겁쟁재(群劫爭財)가 되었다. 재복이 없어 40세가 넘도록 결혼도 못하고 재산도 없는 불량거래자다.

예 남명(男命): 재다 신약

정재 ← 甲 辛 乙 癸
　　　午 酉 卯 卯 → 편재

이 명조(命造)는 신금일주(辛金日主)가 묘월(卯月)에 생(生)하고 을목(乙木)이 사령(司令)하여 실령(失令)하였으며 일지(日支)에 비견이 조력(助力)하나 재성이 혼잡 태강하여 재다신약(財多身弱)이다. 모친과 형제에게 의지하고, 허욕이 강하여 사기꾼이 큰돈을 벌수 있다는 말에 잘 속아 사기를 잘 당하고 또 당하는 사람으로, 집도 절도 없이 빈곤하게 살고 있다.

제10장 응용론(應用論) 609

예 남명(男命): 겁재 혼잡

庚 壬 戊 庚
戌 子 子 午 → 정재: 군겁쟁재

이 명조(命造)는 임수일주(壬水日主)가 자월(子月)에 생(生)하고 겁재가 혼잡하여 정재를 자오충(子午沖)하고 정재를 생(生)하는 식상이 없으며, 편인과 편관이 혼잡하다. 인덕이 없고, 근면 성실하지 못하며, 재복이 없어 평생 독신으로 가난하게 살다가 사망하였다.

▼ 장수(長壽)할 명조(命造)

- 오행(五行)이 중화(中和)된 명조(命造)
- 신왕(身旺)하고 식상이 있어 수기(秀氣)가 유행(流行)된 명조
- 대운(大運)이 용신(用神)과 상반 되지 않은 명조

예 여명(女命): 89세 장수

丙 甲 甲 癸
寅 戌 子 亥

이 명조(命造)는 갑목일주(甲木日主)가 자월(子月)에 생하고 계수(癸水)가 사령(司令)하여 득령(得令)하였으며, 인비(印比)가 생조(生造)하니 신왕하며 목생화(木生火), 화생토(火生土)로 수기(秀氣)가 유행이 되어 중화(中和)가 되었다. 89세인데 건강하게 살고 있다.

▼ 단명(短命)할 명조(命造)

- 신약(身弱)하고 식상의 설기(泄氣)가 많은 명조(命造)
- 기신(忌神)이 태과(太過)하여 중화(中和)가 안 된 명조(命造)
- 신왕(身旺)하고 수기(秀氣) 유행(流行)이 안 된 명조(命造)
- 인성(印星)이 용신(用神)이고 재왕(財旺)한 명조(命造)

예 남명(男命): 17세 사망

┌ 칠살
丙 庚 丁 甲   丙 → 칠살
子 申 卯 寅   子 → 사지상관

이 명조(命造)는 경금일주(庚金日主)가 묘월(卯月)에 생(生)하고 재성이 혼잡 태강하여 신약하고 시상(時上)의 칠살이 병경극(丙庚剋)하였으니 요절(夭折)할 명조이다. 칠살에 사지(死支)가 되는 병자년(丙子年)에 교통사고로 사망하였다.

예 여명(女命): 27세 사망

戊 辛 丁 己   乙
子 卯 卯 酉   亥 → 병지상관

이 명조(命造)는 신금일주(辛金日主)가 묘월(卯月)에 생(生)하고 재관이 강하며, 칠살에 충극되어 신약하므로 연지(年支)에 비견이 용신이고 인성(印星)이 희신이다. 용신이 설기되고 인성이 절(絶)이 되며, 일주(日主)가 병(病)이 되는 27세 을해년(乙亥年)에 간암으로 사망하였다.

예 남명(男命): 30세 사망

乙 甲 癸 壬   辛
亥 寅 卯 寅   未 → 묘미합, 입묘

이 명조(命造)는 사주(四柱) 대부분이 비겁(比劫)이고, 일부분이 인성(印星)으로 종강격(從强格)이다. 왕세(旺勢)의 사지(死支)가 되는 오대운(午大運), 입묘(入墓)되는 신미년(辛未年), 절(節)이 되는 병신월(丙申月)에 교통사고로 사망하였다.

03 궁합론(宮合論)

일반적으로 결혼 같은 중대사에 처하면 궁합(宮合)을 보게 되는데 궁합이 맞는다고 하여 타고난 숙명(運命: 타고난운명)이 근본적으로 변하는 것은 아니다. 운명은 전생(前生)에서 지은 업(業)의 업보(業報)로 생성되었기 때문이다. 만약 궁합이 맞는다고 하여 숙명이 변한다면 운명의 예지(豫知: 미리 아는 것)가 불가능 하게 된다. 궁합은 결혼 상대간의 성격이 화목 등 원만한 결합을 할 수 있는지의 여부와 속궁합(성 궁합)이 잘 맞는지의 여부이다.

궁합을 보려면 먼저 육신의 성정(性情)과 작용력을 숙지(熟知)하고 체(體)와 의식(意識) 이분법(二分法)의 원리를 적용하여야 한다.

1. 남명, 궁합에 필요한 십신(十神) 성정(性情)

▼ 겁재(劫財)

- 겁재는 정재를 극(剋)하여 사상(死傷)하거나 겁탈(劫奪)한다.
- 겁재는 처(妻)의 애인이나 재혼남이 된다.
- 겁재는 이성(異性)으로 여자가 된다.

▼ 식상(食傷)

- 식신은 정재를 정생(正生)하니 처(妻)을 사랑하는 마음이 된다.
- 상관은 편재를 정생(正生)하니 첩(妾)을 사랑하는 마음이 된다.
- 식상(食傷)은 여자를 사랑하는 마음이 되고, 성기가 되며 의식(意識)이 된다.
- 식신이 칠살을 제(制)하는 것은 악(惡)의 상관이 된다.

▼ 편재(偏財)

- 편재는 첩(妾: 애인)이나 후처(後妻)가 되며 전생(前生)의 인연이 된다.
- 편재가 있고 겁재가 있으면 편재는 겁재의 처가 된다.

▼ 정재(正財)

- 정재는 처(妻)가 된다.
- 재성 입묘(入墓)는 처(妻)의 무덤이 된다.

▼ 편관(偏官) 칠살(七殺)

- 칠살(七殺)은 자신을 사상(死傷)한다.
- 칠살은 처(妻)의 의식(意識)이 되고 자신을 미워하는 증오심이 된다.
- 칠살은 처(妻)의 자궁이 되고 자신을 사상(死傷)하니 자궁살이 된다. 고로, 칠살 자궁은 조루증이 온다.
- 칠살은 처와 불화하고 이혼하는 이별살이다.
- 칠살에 충극되면 처와 대화가 안 되고 자기 말이 법(法)이며 처(妻)를 구박하고 구타하며 편재가 있으면 작첩(作妾)한다.

▼ 정관(正官)

- 정관(正官)은 처(妻)가 자신을 사랑하는 마음이 된다.
- 정관은 처의 자궁으로 사랑하는 자궁이 되어 정력이 강해진다.

2. 여명, 궁합에 필요한 십신(十神) 성정(性情)

▼ 겁재(劫財)

- 겁재는 남편의 첩(妾: 애인)이나 재혼녀가 된다.
- 겁재는 이성(異性)으로 남자가 된다.

▼ 식신(食神)

- 식신은 의식(意識)이 되고 남편을 사랑하는 마음이 되고 애인을 싫어하는 마음이 된다.
- 식신은 자궁이고 남편의 정력이 강해지는 자궁이 되고 애인은 정력이 약해지는 자궁이 된다.

▼ 상관(傷官)

- 상관은 정관(正官)을 극(剋)하여 사상(死傷)한다.
- 상관은 의식(意識)이 되고 남편을 미워하는 증오심(憎惡心)이 된다.
- 상관은 자궁이 되고, 정관의 체(體)을 극(剋)하면 자궁살이 되므로 남편이 조루증이 오니 남편이 싫어하는 자궁이다.
- 상관은 입이 되고, 말이 되며, 자궁이 되고, 정관의 체을 극(剋)하여 사상(死傷)하니 남편과 대화가 안 되고, 남편이 구박하며 대항하면 구타한다.

- 상관은 불화하고 이별하는 불화 이혼살이고, 과부살(寡婦殺)이 된다.
- 식상(食傷)은 자식이 된다.

▼ 편관(偏官)

- 편관은 애인이나 재혼남이 되고 전생의 인연이 된다.
- 편관이 있고 겁재가 있으면 겁재의 남편이 된다.
- 편관이 있고 겁재가 없으면 편관이 남편이 된다.

▼ 정관(正官)

- 정관은 남편이 된다.
- 관성입묘(官星入墓)는 남편의 무덤이 된다.

▼ 편정인(偏正印)

인성(印星)은 남편의 의식(意識)이 되고, 성기가 되며, 인성이 과다하여 기신(忌神)이 되면 남편의 언행(言行)으로 스트레스를 받게 되고, 용신이나 희신이면 남편의 사랑을 받게 된다.

위 남녀(男女) 명조(命造)에서 십신(十神)의 성정(性情)을 숙지하여 궁합을 보는데 참고한다.

3. 남명(男命) 편재, 정재 분별법(分別法)

▼ 남명(男命)에서 편재와 정재가 있어 재성(財星)이 혼잡하면 편재를 처(妻)로 만날 수도 있고, 정재를 처로 만날 수도 있는 것이다. 처(妻)의 인연

을 편재로 만난 것인지 정재로 만난 것인지 분별하는 방법은, 여자의 명조(命造)에서 연주(年柱)나 일간(日干)을 기준으로 한다. 여자의 사주에서 연주(年柱)에 정재가 있으면 남명(男命)에 있는 정재를 처로 만난 것이고, 편재가 있으면 남명에 있는 편재를 처로 만난 것이다.

여자(女子)의 명조(命造)에서 연주(年柱)에 편재가 있고 일간(日干)이 정재이면, 일간을 기준으로 하여 정재를 처로 만난 것으로 본다. 여자의 명조(命造)에서 연주(年柱)나 일간(日干)이 재성이 아니고 다른 육신이면 남명에 있는 정재를 만난 것으로 보며, 남명에 정재가 없어도 정재를 만난 것으로 본다. 이치(理致)는 처가 정재이기 때문이다.

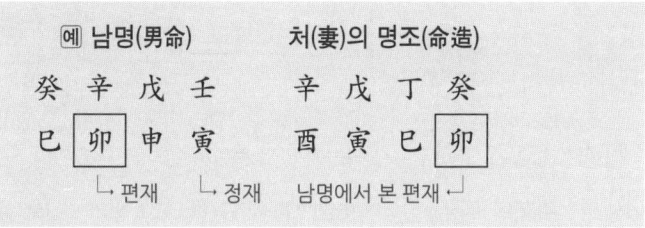

이 명조(命造)는 일지(日支)에는 편재가 있고 정재는 연지(年支)에 있다. 처(妻)의 명조에서 연지(年支)에 묘(卯) 편재가 있으니 남명의 일지(日支)에 있는 편재를 처로 만난 것이다. 만일 처의 명조에서 일간(日干)이 갑(甲)으로 정재이면 남명의 연지(年支)에 있는 정재를 처로 만난 것이 된다.

4. 여명(女命), 편관·정관 분별법(分別法)

▼ 여명(女命)에서 편관과 정관이 있어 관성(官星)이 혼잡하면, 편관을 남편으로 만날 수도 있고 정관을 남편으로 만날 수도 있는 것이다. 편관이 남편인지 정관이 남편인지 분별하는 방법은 남자의 명조(命造)에서 연주(年柱)나 일간(日干)을 기준으로 한다. 남명(男命)에서 연주(年柱)에 정관

이 있으면 여명(女命)에 있는 정관을 남편으로 만난 것이고, 편관이 있으면 편관으로 만난 것이다.

　남명(男命)의 연주에 정관이 있고 일간(日干)이 편관이면, 일간(日干)을 기준으로 하여 여명(女命)에 있는 편관을 남편으로 만난 것으로 본다. 남명(男命)에서 연주(年柱)나 일간(日干)이 관성이 아니고 다른 육신이면, 여명(女命)에 있는 정관을 만난 것으로 보며 정관이 없어도 정관을 만난 것으로 본다. 이치(理致)는 남편이 정관이 되기 때문이다.

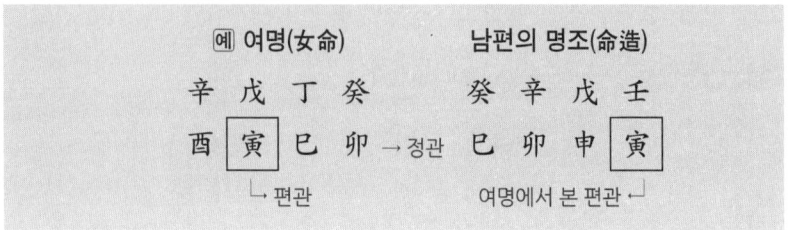

이 명조(命造)는 정관이 연지(年支)에 있고 편관이 일지(日支)에 있다. 남편의 명조(命造)에서 연지(年支)에 편관이 있으니 여명(女命)의 일지(日支)에 있는 편관을 남편으로 만난 것이며, 시주(時柱)에 상관은 편관과 살면서 낳은 자식이 된다. 만일 남편의 명조(命造)에서 일간(日干)이 을목(乙木)으로 정관이면 일간(日干)을 기준으로 여명(女命)에 있는 정관을 만난 것으로 보는 것이다.

5. 남자, 궁합을 맞출 수 없는 명조(命造)

▼ 겁재와 편관 칠살이 있으며, 재성이 입묘(入墓)된 명조(命造)나 비겁이 혼잡 태강하고 정재를 생(生)하는 식상이 없어 군겁쟁재(群劫爭財)된 명조는 숙명적으로 상처하게 되어 있는 것이다. 이치(理致)는 겁재는 정재를 극하여 사상(死傷)하기 때문이고, 편관은 재성을 설기하여 상하게 하며 재성입묘(財星入墓)는 처(妻)의 무덤이 되기 때문이다.

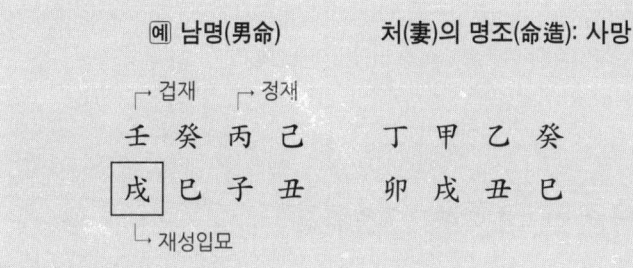

이 명조(命造)는 정재(正財)를 생(生)하는 식상(食傷)이 없고, 편관(偏官)과 정재(正財)가 있으며 재성(財星)이 입묘(入墓)되었으니 상처(喪妻)할 명조이다. 재성이 병(病)이 되는 신(申)대운, 오술합(午戌合)으로 입묘(入墓)되는 경오년(庚午年)에 처가 뇌졸증으로 사망하였다. 처의 명조는 갑목일주(甲木日主)이니 경오년(庚午年)에서 경(庚)은 칠살이 되고, 오(午)는 갑목(甲木)의 사지(死支)가 된다.

6. 여명(女命)이 궁합을 봐야하는 이유

간혹 이러한 경우가 있다. 여명(女命) 자신은 단명(短命)할 운명이 아닌데 상처(喪妻)할 명조(命造)를 남편으로 만나면 상처할 살기(殺氣)로 인하여 자신이 사망하기 때문이다.

예 여명(女命)	남편의 명조(命造)
丁 乙 丁 乙	庚 丙 甲 辛 → 정재
亥 未 亥 酉	寅 午 午 巳

이 명조(命造)는 을목일주(乙木日主)가 해월(亥月)에 생(生)하고 임수(壬水)가 사령(司令)하여 득령(得令)하고 인비(印比)가 혼잡하여 신왕하며, 오행이 중화(中和)되어 단명(短命)할 명조(命造)가 아니다. 그러나 남편의 명조는 사주 대부분이 비겁(比劫)이 차지하고 정재를 생(生)하는 식상이 없으며 군겁쟁재(群劫爭財)가 되어 상처 할 명조가 된다. 겁재운인 37

세 정사년(丁巳年)에 처(妻)가 교통사고로 사망하였으니 처의 명조는 단명할 사주가 아니므로 남편의 사주에 상처할 살기로 인하여 비명횡사한 것이다.

7. 숙명적으로 이혼할 명조(命造)

▼ 정재가 연주(年柱)에서 관성과 동주(同柱)하고 편재가 일주(日主)가까이 있으며, 칠살에 충극된 명조(命造)는 어느 여인을 처로 만나던 숙명적으로 이혼하게 되어 있으므로 궁합을 맞출 수 없는 것이다.

이치(理致)는 연주(年柱)에 정재와 관성이 있고 칠살이나 편재가 있으면, 연주(年柱)는 원주(遠柱)가 되기 때문이고, 칠살은 처(妻)의 의식이 되고 자신을 미워하는 증오심이 되며, 자궁이 되고 자신을 사상(死傷)하는 칠살이 되므로 악(惡)의 식신을 생(生)하여 칠살을 제(制)하고 살아남으려 처를 구박하고 구타하여 불화하기 때문이며, 처와 성관계하면 정력이 약해져 조루증이 오므로 재미가 없고, 다른 여자와 성관계하면 정력이 강해져 재미가 있으므로 작첩(作妾: 애인)하여 간통하게 되어 있기 때문이다.

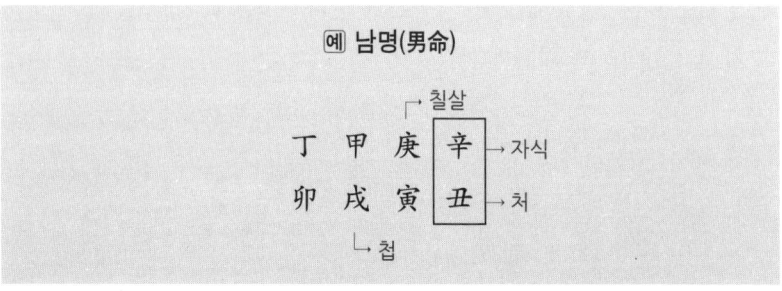

이 명조(命造)는 연주(年柱)에 정재와 정관이 동주(同柱)하고 일지(日支) 안방에는 편재가 있으며 칠살에 갑경충(甲庚冲)이 되었으니, 운명적으로 누구를 처로 만나던 자식을 낳고 이혼할 명조로 궁합을 맞출 수 없다. 자기 말이 법(法)이고 처를 구박하고 대항하면 구타하며 작첩하다가 이혼하고 자식은 처(妻)와 살고 있다.

8. 여자, 궁합을 맞출 수 없는 명조(命造)

▼ 여명(女命)에서 상관이 있고 편인이 있으며 관성이 입묘(入墓)된 명조(命造)는 숙명적으로 상부(喪夫)하게 되어 있는 것이다. 이치(理致)는 상관은 정관을 극(剋)하여 사상(死傷)하기 때문이고, 편인은 정관을 설기하여 상(傷)하게 하며, 관성입묘(官星入墓)는 남편의 무덤이 되기 때문이다.

```
        예 여명(女命)             남편의 명조(命造) 사망
              ┌─ 상관
        壬 庚 癸 庚              庚 丁 壬 甲
        午 戌 未 子 → 상관       戌 未 申 午
     정관 ┘    └─ 관성입묘
```

이 명조(命造)는 상관이 혼잡 태강하고 편인이 있으며, 관성이 입묘(入墓)되고 정관을 생(生)하는 재성이 없어 결혼하면 상부(喪夫)할 명조가 되므로 궁합을 맞출 수 없는 명조이다. 상관에 관성의 사지(死支)가 되는 34세 계유년(癸酉年)에 남편이 심장마비로 사망하였으며 재혼하였으나 또 상부하였다.

남편의 명조는 정화일주(丁火日主)가 신월(申月)에 생(生)하고 경금(庚金)이 사령(司令)하여 실령(失令)하고 재관이 강(强)하여 인비(印比)가 생조(生助)하여도 신약하니 단명(短命)할 명조가 된다. 계유년(癸酉年)은 칠살에 사지가 된다.

9. 남명(男命)이 궁합을 봐야할 이유

▼ 간혹 이러한 경우가 있다. 남명(男命)자신은 단명(短命)할 숙명(宿命)이 아닌데 처(妻)가 상부(喪夫)할 명조(命造)이면, 상부살기로 인하여 자신이 사망할 수 있는 것이다.

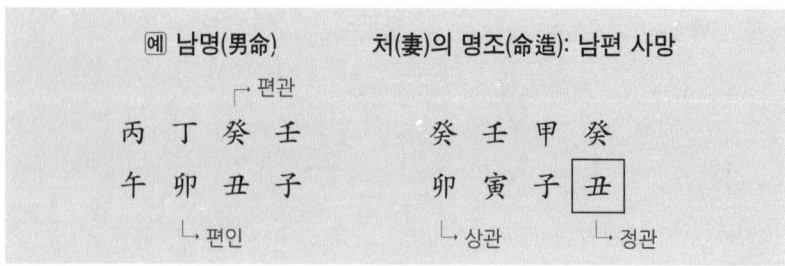

이 명조(命造)는 정화일주(丁火日主)가 축월(丑月)에 생(生)하고 기토(己土)가 사령(司令)하여 실령(失令)하였으며 관살이 혼잡하여 신약하나 일지(日支)에 인성(印星)이 있어 관인상생(官印相生)이 되고, 시주(時柱)에 비겁(比劫)이 조력(助力)하여 단명(短命)할 명조는 아닙니다. 그러나 처(妻)의 명조(命造)에서 정관이 백호살이고 재성이 없으며 식상(食傷)이 혼잡 태왕하여 남편이 혈광사(血光死)할 명조가 된다. 정관이 입묘(入墓)에 축술형(丑戌刑)되는 병술년(丙戌年) 무술월(戊戌月)에 회사에서 동료가 기계를 잘못 조작하여 기계에 압사 혈광사 하였다. 남편의 명조는 단명할 사주가 아니므로 처의 사주에 상부할 살기로 인하여 비명횡사한 것이다.

▼ 정관이 연주(年柱)에서 식상과 동주(同柱)하고 상관이 정관을 충극하였으며 편관이 있으면, 숙명적으로 어느 남자를 남편으로 만나도 자식 낳고 이혼하며, 자식은 남편과 살게 되고 자신은 재혼하게 되는 것이다. 이치(理致)는 상관은 남편을 미워하는 증오심이 되고 이별살이 되며, 편관은 재혼남이 되고 연주(年柱)는 원주(遠柱)가 되기 때문이다.

예 여명(女命)

戊 壬 丁 乙 → 자식
申 寅 亥 未 → 남편

이 명조(命造)는 연주(年柱)에 상관이 정관과 동주(同柱)하고 시상(時上)에는 편관이 있으니 연주는 원주(遠柱)가 되므로 결혼하면 자식을 낳고 남편과 이혼하고 자식은 남편과 살 명조이다. 남편과 이혼하고 자식은 남편과 살고 있으며 재혼하였다.

10. 궁합을 보고 배우자를 선택 할 명조(命造)

▼ 남명(男命)

남명(男命)이 칠살에 충극되었으면, 배우자를 만날 때 상관이 없는 여명(女命)을 처(妻)로 만나면 불화하거나 이혼은 하지 않는 것이다. 이치(理致)는 처의 명조에 정관을 사상(死傷)하고 남편을 미워하는 상관이 없기 때문이다.

예 남명(男命)				처(妻)의 명조(命造)			
戊	戊	甲	癸	戊	癸	癸	壬 → 겁재
午	申	寅	酉	午	未	丑	申

↳ 壬: 편재

이 명조(命造)는 월주(月柱)에 편관이 갑무극(甲戊剋)하였으며, 정재는 연상(年上)에 있고 일지(日支)에는 편재가 있으니 이혼 할 명조이다. 그러나 처의 명조에서 연주(年柱)는 편재가 되고 일간(日干)은 정재이니 정재를 만난 것이며, 처의 명조에 상관이 없으니 해로(偕老)하였으나 애인만나 간통하여 불화는 하였다.

▼ 여명(女命)

상관이 혼잡태강하고 편관과 정관이 있는 여명(女命)은, 편관을 남편으로 만나면 남편을 사랑하고 해로(偕老)할 수 있으나 정관을 배우자로 만나면 불화하고 이혼하게 되는 것이다. 이치(理致)는 상관은 의식(意識)이 되고 정관을 미워하는 증오심이 되며, 편관을 사랑하는 마음이 되기 때문이다. 또한 정관을 만나면 성관계시 조루증이 오고 편관을 만나면 정력이 강하고 조루증이 오지 않기 때문이다.

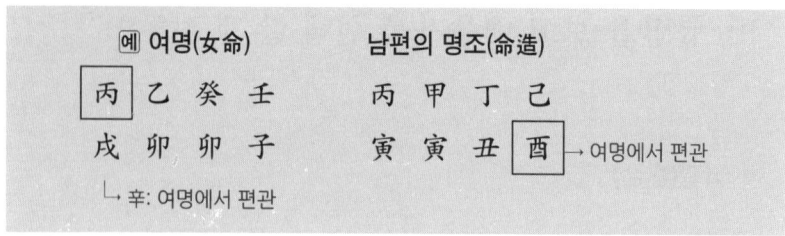

이 명조(命造)는 시주(時柱)에 상관이 강하고 술중신금(戌中辛金) 편관이 암장(暗藏)되어 있고 정관은 없다. 남편의 명조에서 연지(年支)에 유금(酉金)은 편관이니 여명(女命)의 술중신금(戌中辛金) 편관을 남편으로 만난 것이다. 고로, 상관이 있으나 부부가 화합하며 살고 있다.

11. 좋은 궁합(宮合)

▼ 남명(男命)에서 처가 미워하는 칠살이 없고 겨울에 태어나 한습(寒濕)하면, 여름에 태어나고 상관이 없으며 난조(暖燥)한 명조(命造)의 여자를 처(妻)로 만나야 하고, 여름에 태어나 난조하면 겨울에 태어나 한습한 명조의 여자를 처로 만나야 궁합이 맞는 것이다.

그리고 자신의 명조에 필요한 오행(五行)을 많이 가진 명조의 여자를 처로 만나야 궁합이 잘 맞는 것이다. 이치(理致)는 서로 필요하고 모자라는 오행을 보완하여야 조화을 이루기 때문이다. 여명(女命)도 남명과 같다.

```
예 남명(男命)         처(妻)의 명조(命造)
  己 甲 壬 丁         己 乙 庚 己
  巳 子 子 亥         卯 亥 午 丑
```

이 명조(命造)는 갑목일주(甲木日主)가 자월(子月)에 생(生)하고 인성이 혼잡 태강하여 한습(寒濕)하므로 난조(暖燥)가 필요하며 칠살이 없다. 처(妻)의 명조(命造)는 상관이 없고 을목일주(乙木日主)가 오월에 생(生)하고 난조하여 한습 한 기운이 필요하니 부부(夫婦)가 서로 모자라는 오행을 보완하여 조화(調和)를 이루었다. 부부가 화합하며 해로(偕老)하고 있다.

예 여명(女命)	남편의 명조(命造)
丁 辛 庚 戊	辛 丁 丁 癸
酉 酉 申 申	亥 巳 巳 卯

이 명조(命造)는 신금일주(辛金日主)가 신월(申月)에 생(生)하고 비겁인 금(金)이 혼잡 태강하고 관성인 화(火)가 태약하다. 남편의 명조(命造)는 비겁인 화(火)가 혼잡 태강하고 재성인 금(金)이 태약하다. 부부의 명조가 서로 약한 재성. 관성을 보완하여 조화를 이루었다. 부부가 화합하며 살고 있다.

12. 속궁합(성·궁합)

▼ 남명(男命)

남명(男命)에서 편관이나 칠살에 충극되면, 처(妻)와 속궁합이 안 맞고 정관이 있으면 속궁합이 잘 맞는 것이다. 칠살에 충극된 명조는 첩(妾: 애인)이나 재혼녀와 속궁합이 잘 맞는 것이다.

이치(理致)는 칠살은 처(妻)의 자궁이 되고, 자신을 사상(死傷)하는 살기(殺氣)가 되므로 정력이 약해지고 조루증이 오기 때문이며, 정관자궁은 자신을 사상하는 살기가 없으니 정력이 강해지기 때문이다.

```
        예 남명(男命)
           ┌처
        辛 丙 壬 壬 →칠살
        卯 申 寅 午
              └첩: 애인
```

이 명조(命造)는 편관에 병임충(丙壬冲)이 되었다. 처와 성관계하면 정력이 약해져 조루증이 오므로 속궁합이 안 맞고, 다른 여자와 성관계하면 정력이 강해지고 속궁합이 잘 맞아 친구 부인과 간통하다 친구에게 발각되자 음독자살하였다.

```
              예 남명(男命)
     성기: 식신 ← 甲 壬 己 壬
              辰 午 酉 午
```

이 명조(命造)는 칠살은 없고 정관자궁이 있으며, 식신 성기와 갑기합(甲己合)이 되었다. 처와 성관계 하면 정력이 강해지고 속궁합이 잘 맞는 사람이다.

▼ 여명(女命)

여명(女命)에서 상관이 정관을 충극하였으면 남편과 속궁합이 안 맞고 애인이나 재혼남과 속궁합이 잘 맞는 것이다. 이치(理致)는 식상은 자궁이 되고, 상관 자궁은 정관의 체(體)를 충극하여 사상(死傷)하므로 남편과 성관계하면 정력이 약해져 조루중이 오고, 식신자궁은 정관을 극(剋)하여 사상(死傷)하지 않으니 정력이 강해지며, 상관 자궁은 편관을 사상하지 않기 때문이다.

```
          예 여명(女命)
애인: 편관 ← 己  癸  甲  戊 → 정관: 남편
           未  酉  寅  戌
```

이 명조(命造)는 상관이 강(强)하고 정관을 갑무극(甲戊剋)하였다. 남편과 성관계하면 정력이 약해져 조루증으로 5분도 못 가 사정하여 재미가 없는데, 애인은 정력이 강하여 30분이상 성관계를 즐긴다는 여인이다.

```
          예 여명(女命)
식신, 자궁 ← 丁  乙  庚  壬 → 정인: 성기
           亥  卯  戌  午
```

이 명조(命造)는 상관이 없고 자궁인 식신과 성기인 정인이 정임합(丁壬合)이 되었다. 남편과 속궁합이 잘 맞아 성관계가 재미있다는 여인이다.

13. 찰떡궁합

▼ 남명(男命)은 신왕하고 식상이 강하며 정관이 유기(有氣)하고 처(妻)의 명조(命造)는 신약하며 정인이 있고 식신이 유기하면 속궁합이 잘 맞고, 식신과 인성이 합(合)이 되었으면 속궁합이 더욱 잘 맞으니 찰떡궁합이 되는 것이다.

이치(理致)는 남명에서 정관은 처가 자신을 사랑하는 마음이 되고, 속궁합이 잘 맞는 자궁이 되며, 식상은 성기가 되고 처를 사랑하는 마음이 되며 처는 신약하니 인성이 용신이 되고, 인성은 남편의 사랑과 성기가 되므로 성관계하면 피로가 없어지고 기운이 생성(生成)되기 때문이다.

처(妻)의 명조에서 식신이 약하면 자궁이 약하므로 성 관계를 좋아하지 않는 것이며, 식신이 강해야 성 관계를 좋아하는 것이다.

예 남명(男命)	처(妻)의 명조(命造)
┌→자궁　┌→성기	┌→성기
戊　癸　甲　戊	戊　辛　丙　癸 →자궁
午　巳　子　子	子　卯　辰　巳

이 명조(命造)는 계수일주(癸水日主)가 자월(子月)에 생(生)하고 계수(癸水)가 사령(司令)하여 득령(得令)하고 비견이 조력(助力)하여 신왕하며, 성기인 상관이 유기(有氣)하여 강한 정관자궁을 갑무극(甲戊剋)으로 억제하고 있다. 처(妻)의 명조는 신금일주(辛金日主)가 진월(辰月)에 생(生)하고 을목(乙木)이 사령(司令)하여 실령하였으며, 식신에 설기되고 관성이 강하여 신약하니 정인이 용신이다. 남편을 사랑하는 마음이며 자궁인 식신이 성기이며 사랑인 정인과 무계합(戊癸合) 자진합(子辰合)이 되었다. 서로 사랑하며 속궁합도 잘 맞아 찰떡궁합으로 성 관계를 즐긴다는 부부(夫婦)다.

04 행운(行運) 및 운명감정

1. 대운(大運)

 대운(大運)에서 간지(干支)을 종합하여 판단하되 지(支)가 강하므로 지지(地支)에 중점을 두어야 한다. 그러나 지지(地支)가 천간(天干)을 생조(生助)하여 천간이 강(强)하면 간(干)이 5년, 지(支)가 5년씩 간지의 기운(氣運)이 작용하는 것으로 간지에 중점을 두어야 한다. 그러나 간(干)이 지(支)를 생(生: 戊申)하거나 지(支)가 간(干)에 절지(絶支: 丁亥)이면 지(支)의 기운(氣運)이 10년 동안 작용하는 것으로 지(支)에 중점을 두어야 하는 것이다.
 대운(大運)이 용신(用神)을 생조(生助)하면 길운(吉運)이다. 대운에서 용신을 충극하거나 설기하면 흉운(凶運)이다.

 ▼ 부귀(富貴)와 빈천(貧賤)은 사주팔자에 있으나 길흉화복(吉凶禍福)은 대운(大運)에 있다. 사주팔자가 대부귀(大富貴)할 격국(格局)이라도 대운이 불길(不吉)하면 평생을 평범하고 변변하지 못한 세월을 보내고 만다. 그러므로 사주팔자와 격국의 길흉(吉凶)에 앞서 대운이 양호하여야 길(吉)하고 발복(發福)하는 것이다.

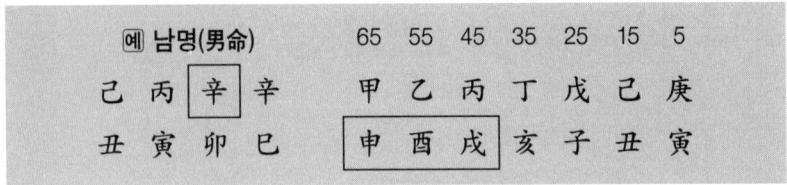

이 명조(命造)는 병화일주(丙火日主)가 묘월(卯月)에 생(生)하고 을목(乙木)이 사령(司令)하여 득령(得令)하고 인비(印比)가 생조(生助)하여 신왕하며, 의식(意識)인 상관이 생재(生財)하고 축(丑)은 재고(財庫)이며 정재가 유기(有氣)하니 재복이 있는 명조이다. 인성을 제(制)하는 재성이 용신이고 식상이 희신이다. 술유신(戌酉申) 용신, 희신, 대운을 만나 2,000억대의 거부(巨富)가 되었다.

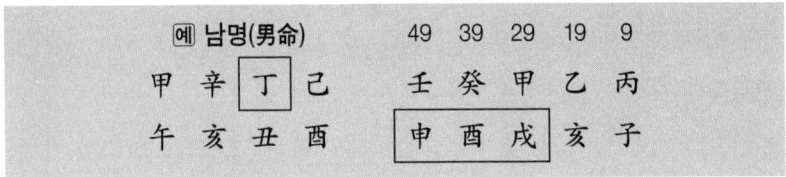

이 명조(命造)는 신금일주(辛金日主)가 축월(丑月)에 생(生)하고 기토(己土)가 사령(司令)하여 득령(得令)하였으며, 인비(印比)가 생조(生助)하여 신왕하고 조후(調候)가 필요하니 편관이 용신이고 재성이 희신이다. 편인과 상관이 있어 예지력이 있고 총명하여 고대를 졸업하고 대기업에 특채 되었으나 기신운(忌神運)인 술대운(戌大運) 경진년(庚辰年)에 퇴사하고 사업을 창업하였다가 실패하여 전재산을 탕진하고 부모에게 의지하여 살고 있다. 대운이 기신운(忌神運)으로 향하니 평생 발복하지 못할 명조이다.

• 명조(命造)가 중화(中和)되고 양호하면 용신 희신운(喜神運)에는 발복(發福)하여 부귀(富貴)가 무량할 뿐 아니라 기신운(忌神運)에도 부귀가 떠나질 않는다. 그러나 평범한 명조는 용신, 희신운에는 부귀하나 기신운에는 부귀하지 못하며, 천격(賤格)의 명조는 용신 희신운에도 발복하지 못하고 기신운(忌神運)에는 근심 걱정이 떠나질 않고 빈곤(貧困)으로 고통

을 받게 되는 것이다. 고로 용신운에 모두 성공 출세하는 것은 아니다.

▼ 대운(大運)에서 일주(日主)가 입묘(入墓)되면 자신이 해롭거나 사망하고, 관성(官星)이 입묘되면 남명(男命)은 자식이 해롭거나 사망하며 여명(女命)은 남편이 해롭거나 사망하고, 재성(財星)이 입묘되면 처(妻)가 해롭거나 사망하며 기타 육친도 이와 같다.

입묘(入墓)란 십이운(十二運)의 묘(墓)를 말하며 무덤이 되기 때문이다.

예 남명(男命)				61	51	41	31	21	11	1
乙	壬	己	壬	丙	乙	甲	癸	壬	辛	庚
巳	辰	酉	午	辰	卯	寅	丑	子	亥	戌

이 명조(命造)는 진(辰)대운 무자년(戊子年)에 자진합(子辰合)으로 입묘(入墓)되고 칠살(七殺)에 무임극(戊壬剋)되어 폐암으로 종명(終命)하였다.

예 남명(男命)				40	30	20	10
戊	丁	癸	辛	己	庚	辛	壬
申	丑	巳	卯	丑	寅	卯	辰

이 명조(命造)는 재성(財星)이 입묘(入墓)되는 축대운(丑大運) 유축합(酉丑合)으로 입묘되는 계유년(癸酉年)에 상처(喪妻)하였다.

▼ 대운(大運)에서 형충파해(刑沖破害)되는 육친이 질병이나 사고로 고통을 받거나 사망하는 것이다.

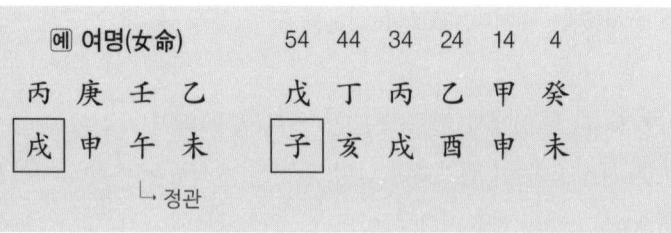

이 명조(命造)는 정관이 입묘(入墓)되었다 상관과 자오충(子午沖)이 되고 설기되는 무자(戊子)대운 인오술(寅午戌)삼합되어 입묘(入墓)되는 경인년(庚寅年), 기축월(己丑月)경진일(庚辰日)에 남편이 간암으로 사망하였다.

2. 연운(年運) 월운(月運)

- 연운(年運)의 길흉(吉凶)은 대운과 같이 년(年)의 간지(干支)가 용신을 강화하면 길(吉)하고 약화시키면 불길하다.
- 연운(年運)은 간(干)에 중점을 두어야하고 지(支)가 강하면 종합하여 판단한다.
- 월운(月運)도 연운(年運)과 같은 방법으로 판단한다.
- 연운(年運)은 좋으나 대운(大運)이 흉(凶)하면 평운이다.
- 연운(年運)과 대운(大運)이 좋으면 대길(大吉)하다.
- 연운(年運)에서 형충파해(刑沖破害)의 길흉사(吉凶事)는 육신(六神)의 성정(性情)에 의한다.
- 대운(大運)이나 연운(年運)이 삼합(三合)이나 육합(六合)이 되면 사람들이 잘 모여들고 화합(和合)이 잘 된다.
- 대운(大運)이 좋으면 연운(年運)이 흉(凶)하여도 소길(小吉)하다.
- 대운이 연운보다 강하므로 대운이 좋아야 성공(成功)할 수 있는 것이다.

3. 일진(日辰: 그날의 운세)

　대운과 연운, 월운은 용신, 희신운에 하는 일이 잘 되어 돈도 벌고 길하나 일진, 일운은 용신, 희신에 관계없이 십신(十神)의 성정(性情)대로 작용하는 것이다. 그러므로 철학원을 하시거나 상업하시는 분들은 일진이 기신(忌神) 날에도 손님이 오고 돈을 버는 것이다.

- 비겁이 혼잡하여 신왕하고 비겁이 기신이라도 비견, 겁재가 일지나 의식에 합(合)이 되는 날에 손님이 오므로 돈을 버는 것이다. 이치는 비견은 나와 같은 손님이 되고 겁재는 이성 손님이 되기 때문이다.
- 신왕하여 겁재가 기신이라도 겁재 편재 날에 손님이 오므로 돈을 버는 것이다. 이치는 겁재는 이성손님이 되고 편재는 이성손님의 재물이 되기 때문이다.
- 신왕하여 편인 정인이 기신이라도 편인, 정인 날에 손님이 작명이나 택일을 하러 오므로 돈을 버는 것이다. 이치는 인성은 문서가 되기 때문이다.
- 신왕하거나 신약하여 편관 정관이 기신이라도 편관 정관 날에 손님이 오므로 돈은 버는 것이다. 이치는 관성은 손님이 되기 때문이다.
- 상관이 정관을 충극하는 날에는 손님이 오지 않는 것이며 혹 온다 하더라도 감정 실수로 손님과 언쟁하는 것이다. 이치는 상관이 손님인 정관을 충극하기 때문이다. 그러나 상관생재격은 손님이 오는 것이다.

4. 운명감정 순서

명리학(命理學)의 원리는 오행의 생설극제(生泄剋制) 및 태과(太過) 불급(不及)을 살펴서 판단하고, 십이운(十二運)과 제합(諸合: 모두제) 제살(諸殺)등을 참작하므로 복잡하여 혼돈이 될것 같으나 다음과 같이 감정순서에 따르면 용이하고 간편하다.

① 용신　　② 성격　　　③ 운세(運勢) 대운, 연운, 월운 등
④ 재물　　⑤ 부부관계　⑥ 자식
⑦ 건강　　⑧ 부모·형제

【예】남명(男命)

```
     ┌첩   ┌처      60  50  40  30  20  10
     辛  丁  庚  己    甲  乙  丙  丁  戊  己
     丑  亥  午  亥    子  丑  寅  卯  辰  巳
     └첩이 낳은 자식┘ └처가 낳은 자식
```

 용신(用神)

이 명조(命造)는 정화일주(丁火日主)가 오월(午月)에 생(生)하여 건록격이며, 정화(丁火)가 사령(司令)하여 득령(得令)하였으나 재관이 혼잡하고 식신에 설기되어 신약하므로 월지(月支)의 비견이 용신이고 인성(印星)이 희신이며 관성이 병(病)이고 상관은 약신(藥神)이며 병을 생하는 재성은 구신(仇神)이다.

성격(性格)

　신약(身弱)하나 식신이 생재(生財)하고 편재가 있어 욕망이 크고 정관이 있어 사명감이 강하며 근면 성실하고 신용이 있으며, 상인(上人)과 관인상생(官印相生)으로 화친을 유도하려 사교성이 있으며 수단이 좋고 말을 잘하며, 신약하니 칭찬받는 것을 좋아하고 자신을 공격하는 언행(言行)은 칠살이 되므로 시비 언쟁(言爭)이 되면 상대를 제압하려 쌍욕을 하면서 거칠고 사납게 언행(言行)하며 잔돈은 아끼고 절약하나 큰돈을 쓸 때는 잘 쓰는 사람이다.

운세(運勢)

　용신 희신에 해당하는 목화(木火) 비겁(比劫) 인성(印星)운은 대길(大吉)하고 약신(藥神)에 해당하는 토(土)상관운은 길(吉)하며 식신은 정관을 제하지 못하고 용신을 설기하여 흉(凶)하며 기신(忌神) 구신(仇神)에 해당되는 금수(金水)재성(財星) 관성(官星)운은 대흉(大凶)하다. 사(巳)대운은 정관(正官)과 사해충(巳亥冲)되어 용신작용을 못하니 대흉(大凶)하여 학업을 중단하고, 부모의 농사일을 도우며 고생하다가 약신에 해당하는 무진(戊辰)대운에 식신이 축(丑)이니 목장에 취업하여 봉급생활을 시작하였다.

　30세 이후 정묘(丁卯)대운은 용신 희신운이고 관인상생(官印相生)이 되어 대길(大吉)하다. 납품사업을 창업하여 사업이 번창 병인(丙寅)대운까지 대길하여 100억대의 부자(富者)가 되었다. 을축(乙丑)대운은 을(乙)은 을경합(乙庚合)으로 희신(喜神)작용을 못하고, 축(丑)식신은 용신을 설기하여 흉(凶)하니 을축대운에 접어들면서 사업이 침체되어 폐업하였으며 의식(意識)인 식신이 축오(丑午) 귀문관살이라 귀신이 보이고 불면증과 우울증으로 정신과 치료를 받고 있다. 용신을 자오충(子午冲)하는 자(子)대운은 대흉하여 생명이 위험하다.

재물

　식신이 생재(生財)하고 겁재와 칠살이 없어 축(丑)은 재고(財庫)가 되고 재성이 유기하여 용신, 희신운에는 발복하여 부자가 되었으나 기신운에는 재물을 보존하기가 어려운 것이다.

📖 부부 관계

이 명조(命造)는 재성이 혼잡하고 여자의 의식인 정관이 일주(日主)와 정임(丁壬)으로 간지암합(干支暗合)이 되었다. 여자들이 좋아하여 잘 따르고 자신도 여자를 좋아하여 작첩(作妾)하다 이혼하고 처는 자식들과 살고 있으며 자신은 첩과 살고 있다.

📖 자식(子息)

월상(月上)에 정재가 생(生)한 관성이 있고, 시상(時上)에 편재가 생한 관성이 있으니 배다른 자식이 있으며, 관성(官星)이 천을귀인(天乙貴人)이나 자식의 의식(意識)인 인성(印星)이 투간(透干) 되지 않아 자식의 덕은 없다.

📖 건강

정화(丁火)가 식신에 설기되고 관성(官星)이 화(火)의 절지(絶支)가 되어 심장이 약하므로 심장마비를 조심해야한다.

📖 부모·형제

식신이 생재(生財)하여 편재가 유기하고 정인(正印)이 해(亥)에 장생(長生)하고, 부친의 의식(意識)인 정관과 모친의 의식인 비견이 정임암합(丁壬暗合)이 되어 부모는 화합하며 장수(長壽)하였다. 월상(月上)에 정재가 유기하니 부친에게서 500평 정도의 답(畓)을 상속받았다. 신약하고 비견이 용신이니 형제와 화목하게 지내는 사람이다.

예 여명(女命)					44	34	24	14	4
丙	丙	乙	癸	→남편	庚	己	戊	丁	丙
申	寅	丑	丑	→자식	午	巳	辰	卯	寅

📕 용신(用神)

이 명조(命造)는 병화일주(丙火日主)가 축월(丑月)에 생(生)하여 상관격(傷官格)이며 기토(己土)가 사령(司令)하여 실령(失令)하고 상관에 설기되어 신약하다. 허약한 일주(日主)을 생하는 인성(印星)이 용신이고 희신은 없으며 재성이 병(病)이니 기신(忌神)이고 기신을 생하는 식상은 구신(仇神)이며 병을 제하는 비견은 약신이다.

📕 성격

신약하고 인성(印星)이 있어 관인상생(官印相生)이 되어 상인(上人)의 덕(德)이 있고, 나이가 많은 상인과 친구처럼 어울리며 편인과 상관의 작용으로 사람이나 사물을 척 보면 상대가 어떠한 사람인지 어떠한 상황인지 척 아는 사람으로 판단력이 빠르고 자기자랑을 잘하며 변덕이 심하고 상관이 강하고 정관이 있어 언행(言行)을 잘못하여 상대에게 불쾌감을 줄까봐 말을 조심하는 편이며 상대가 어른이라도 경우없이 언행하면 무시하는 마음이 생성(生成)되고 의심이 많아 확인해야 믿는 사람이다.

📕 운세(運勢)

용신 약신에 해당하는 목화(木火)운은 대길(大吉)하고 기신 구신에 해당하는 토금(土金)운은 대흉(大凶)하다. 상관이 생재(生財)하고 인성이 용신이라 교직이 적합하다. 병인(丙寅), 정묘(丁卯)대운은 용신 약신운으로 대길(大吉)하여 공부도 잘하고 유아 교육과에 진학하여 교사가 되었다.

무진(戊辰)대운은 용신을 설기하니 불길하며, 34세 이후 기사(己巳)대운은 상관이 정관을 극(剋)하고 관성의 절지(絶支)가 되어 남편과 이별운으로 부부관계는 흉(凶)하고 사(巳)는 약신이니 하는 일은 길(吉)하며 44세 이후 경오(庚午)대운은 용신을 강화하고 겁재가 재물을 가지고 일지(日支)로 합해오니 길(吉)하다.

📚 재물

상관이 생재(生財)하고 편재가 시지(時支)에 있으며, 재고(財庫)가 있어 재물복이 있으니 작은 부자(富者)는 될 수 있다.

📚 부부 관계

상관과 정관이 연주(年柱)에 동주(同柱)하고 있으며, 시지(時支)에 편관(偏官)이 암장되어 있으니 이혼하고 재혼할 명조이다.

상관운인 기축년(己丑年)에 이혼하였다.

📚 자식(子息)

상관이 정관과 연주(年柱)에 동주(同柱)하고 있으니 자식은 이혼 후 남편과 살고 있다.

📚 건강

한동절(寒冬節)에 생(生)하여 손발이차고 혈액순환이 안 되는 편이다.

📚 부모·형제

	이복형제 ┐		┌ 모친
丙	丙	乙	癸
申	寅	丑	丑
부친 ┘	└ 계모	└ 후: 모친의 재혼남	

정인(正印)이 정재(正財)와 월주(月柱)에 동주(同柱)하고, 계모 편인(偏印)이 일지(日支)안방에 있어 장생(長生)하고 편재는 시지(時支)에 가까이 있다. 자신이 어렸을 때 모친이 바람나 가출하여 부모가 이혼하고 부친이 재혼하여 계모와 이복형제가 있으며 비견이 약신(藥神)이니 형제를 좋아하고 형제의 덕은 있다.

글을 마치며

　이 책은 소승이 사주학에 입문하여 수십여 년간 연구를 거듭하여 깨달음을 얻고 체와 의식 이분법 및 원근법의 이론을 정립하여 사주학의 새로운 지평을 열은 저서이며 내 인생에서 후학들에게 남길 마지막 지침서이다. 소승이 제자들에게 한 구절 남기고 싶은 글이 있다.

전생에 지은 업(業)의 업보(業報)로 운명이 생성(生成)되고
운(運)은 마음과 환경을 생성하며
마음은 행동을 생성하고
행동은 결과를 생성하나니 운은 마음이고
마음이 운이로다.
마음은 몸의 주인이 되어 모든 일을 시키나니
성공할 운이오면
바른 마음이 생성되어 성공할 일을 골라 행동하여
성공하게 되고
실패할 운이오면 실패할 일이 꼭 성공할 것 같은
마음이 생성되어 망(亡)할 일만 골라 행동하다
실패하게 되느니라.
고로 모든 일의 성패는 마음먹기에 달려 있는 것이 아니라
운의 흐름에 달려 있는 것이니라.

석삼정

참고문헌(參考文獻)

삼명통회(三命通會)
명리대전(命理大全)
명리비결(命理祕訣)
명리약언(命理約言)
명리탐원(命理探原)
명리정종(命理正宗)
연해자평(淵海子平)
적천수(滴天髓)
황제내경(黃帝內經)
계의신결(稽疑神訣)
천고비전(千古秘傳)
법화경(法華經)
팔정도(八正道)
대장경(大藏經)

석삼정

석삼정은 수천 년 명리학(命理學) 역사상 처음으로 명리학의 핵심인 체(體)와 의식(意識) 이분법(二分法)의 이치(理致)를 깨달아 오행 독심술(讀心術), 원근법(遠近法), 새로운 궁합법(宮合法) 등 명리학에 일대 혁명적인 이법(理法)을 정립(定立)하여 새로운 지평을 열었으며, 운명감정을 통하여 실증(實證)한 사주와 함께 원리(原理)와 이치를 초보자도 알기 쉽게 소상히 기술(記述)하였다.

문의사항 및 연락처
TEL 041-571-4400

석삼정 저서

생각나눔 | 608쪽 | 30,000원
사주대학 上

생각나눔 | 528쪽 | 30,000원
사주대학 下

생각나눔 | 288쪽 | 20,000원
e-컴퓨터 만세력